Kriterien der Abgrenzung von Anstiftung und mittelbarer Täterschaft

Schriften zum Strafrecht und Strafprozeßrecht

Herausgegeben von Manfred Maiwald

Band 67

PETER LANG
Frankfurt am Main · Berlin · Bern · Bruxelles · New York · Oxford · Wien

Bettina Noltenius

Kriterien der Abgrenzung von Anstiftung und mittelbarer Täterschaft

Ein Beitrag auf der Grundlage einer personalen Handlungslehre

PETER LANG
Europäischer Verlag der Wissenschaften

Bibliografische Information Der Deutschen Bibliothek
Die Deutsche Bibliothek verzeichnet diese Publikation in der Deutschen Nationalbibliografie; detaillierte bibliografische Daten sind im Internet über <http://dnb.ddb.de> abrufbar.

Zugl.: Trier, Univ., Diss., 2003

D 385
ISSN 0938-6181
ISBN 3-631-51520-0

www.peterlang.de

Für Ulrike und Rosmarie Noltenius

Vorwort

Die vorliegende Arbeit wurde im Sommersemester 2003 vom Fachbereich Rechtswissenschaft der Universität Trier als Dissertation angenommen. Das Erstgutachten hat *Prof. Dr. Rainer Zaczyk* erstellt. Zweitgutachter war *Prof. Dr. Hans-Heiner Kühne*.

Das Anliegen der Arbeit ist es, die Freiheit und die Selbstverantwortlichkeit der Person zur Grundlage für eine strafrechtliche Mitzurechnung zu machen. Das Thema geht auf die Anregung meines Doktorvaters und akademischen Lehrers *Professor Dr. Rainer Zaczyk* zurück. Er hat durch Seminare und wissenschaftliche Gespräche mein Interesse für die notwendige Verbindung kritischer Freiheitsphilosophie mit (Straf-) Rechtsfragen geweckt. Dieser Ansatz bestimmt auch den Gang der Arbeit. Für die vertrauensvolle Betreuung und die prägende, unwiederbringliche Zeit der wissenschaftlichen Mitarbeit an seinem Lehrstuhl möchte ich ihm ganz herzlich danken.

Besonders herzlich bedanken möchte ich mich bei *Katrin Gierhake*, die mich durch ihre kritischen Hinweise und ihren Zuspruch unterstützt hat.

Danken möchte ich auch *Ulrike Noltenius*, die mir bei der Erstellung des Textes mit ihren kritischen Anmerkungen eine wertvolle Hilfe war.

Bremen, im August 2003

Bettina Noltenius

Inhaltsverzeichnis

Einleitung

Das heutige StGB geht in den §§ 25ff. von einer Unterscheidung zwischen Alleintäterschaft und verschiedenen Beteiligungsformen aus. Diese differenzieren zwischen täterschaftlicher und teilnehmender Mitwirkung an einer Tat: Mittelbare Täterschaft und Mittäterschaft auf der einen Seite, Anstiftung und Beihilfe auf der anderen. Hieraus lassen sich zunächst drei dem Gesetz vorausliegende Annahmen ableiten: Das positive Recht geht erstens davon aus, daß Handlungen einer Person einer anderen (mit-) zugerechnet werden können. Zweitens sieht es aufgrund seiner Unterscheidung von Täterschaft und akzessorischer Teilnahme ein Beteiligungssystem vor und lehnt damit ein Einheitstätersystem ab, welches alle für den Erfolg kausalen Beiträge in einer einheitlichen Täterschaft aufgehen läßt. Drittens setzt das heutige StGB auch die Verschiedenheit von mittelbarer Täterschaft und Anstiftung voraus. Diese Vorgaben des Gesetzgebers können hingenommen und von einer Infragestellung kann abgesehen werden, wenn als Argumentationslinie allein das positive Recht als ausreichend zu erachten ist. Die Strafrechtswissenschaft soll nun aber nicht rein beschreibend tätig werden und allein darlegen „wie das Recht ist", sondern begründen, „warum es so ist, wie es ist". Dazu muß sie aber über das positive Gesetz hinausgehen und zwar auch dann, wenn sie strafgesetzliche Inhalte untersucht. Sie muß gedanklich einen Schritt vorher ansetzen und die einzelnen Vorschriften auf ihre Richtigkeit überprüfen. Die Frage etwa, ob die (Mit-) Zurechnung unrechter Handlungen anderer überhaupt möglich ist, läßt sich nicht allein vom Faktum der positiven Strafgesetze (§§ 25ff. StGB in Verbindung mit den Vorschriften des Besonderen Teils) beurteilen, sondern bedarf einer Aufklärung der interpersonalen Verhältnisse und ihrer Handlungsbezüge überhaupt. Eine im Rechtssystem selbst verbleibende Argumentationslinie kann also nicht ausreichen, um grundlegende, die menschliche Wirklichkeit umgreifende Strukturzusammenhänge, zu erfassen.[1]

Immanuel Kant hat in der Metaphysik der Sitten (§ B, „Was ist Recht?") das Problem einer rein empirischen Rechtslehre wie folgt benannt:

„(...) Was Rechtens sei (quid sit iuris), d. i. was die Gesetze an einem gewissen Ort und zu einer gewissen Zeit sagen oder gesagt haben, kann er (der Rechtsgelehrte) wohl angeben; aber, ob das, was sie wollen, auch recht sei, und das allgemeine Kriterium, woran man überhaupt Recht sowohl als Unrecht (iustum et iniustum) erkennen könne, bleibt ihm (dem Rechtsgelehrten) wohl verborgen, wenn er nicht eine Zeitlang jene empirischen Prinzipien verläßt, die Quellen jener Urteile in der bloßen Vernunft sucht (wiewohl ihm dazu jene Gesetze vortrefflich zum Leitfaden dienen können), um zu einer möglichen positiven Gesetzge-

---

1 Vgl. dazu auch *Zaczyk*, Über Begründung im Recht, in: Festschrift für E. A. Wolff, S. 509 (512); *Kahlo*, Die Handlungsform der Unterlassung als Kriminaldelikt, S. 58ff.

bung die Grundlage zu errichten. Eine bloß empirische Rechtslehre ist (wie der hölzerne Kopf in Phädrus' Fabel) ein Kopf, der schön sein mag, nur schade! daß er kein Gehirn hat."

Kant weist darauf hin, daß eine rein empirische Rechtslehre der Begründung entbehrt und letztlich in eine Tautologie verfallen muß: Recht ist, was Recht ist.[2] Verbunden ist damit aber nicht nur das Fehlen einer in sich logisch begründeten Aussage, sondern insbesondere auch eine inhaltliche Begründungsschwierigkeit. Recht läßt sich nicht mehr von Unrecht unterscheiden, denn einer übergeordneten vernünftigen Instanz, die feststellt, ob das, was die Gesetze zum Inhalt haben, auch wirklich Recht ist, bedarf es dann nicht. Recht wird damit zu einer reinen Machtfrage: Der Gesetzgeber ist an keinerlei Gerechtigkeitskriterien gebunden, da das positive Normsystem selbst nicht zwischen Recht und Unrecht unterscheidet.[3] Ob es sich bei den Aussagen des positiven Rechts um richtige, um gerechte Aussagen handelt oder das gesetzte Recht Ergebnis einer Gewaltaktion der Machthabenden ist, muß und kann bei einer rein beschreibenden Normbetrachtung nicht entschieden werden. Diese Beliebigkeit spiegelt sich schließlich auch in der Frage nach der Befugnis zur Durchsetzung der Rechtsgeltung. Recht und Rechtszwang unterliegen dann allein äußeren Machtfragen.

Beansprucht aber eine Begründung im Recht, daß das, was normiert ist, auch „richtig" (im Sinne von gerecht) ist, muß sie in ihren Überlegungen einen Schritt vor den verfaßten Gesetzen ansetzen. Sie muß „die Quellen (ihrer) Urteile in der bloßen (reinen) Vernunft finden", wie Kant schreibt. Ausgangspunkt der Betrachtung ist der einzelne denkende Mensch selbst, zunächst unabhängig von der Existenz eines Staates und seiner empirischen Gesetze. Im Denken des einzelnen und nicht in der empirischen Realität sind also die „Quellen" des Vernunft-Rechts zu suchen. So stellt das Recht in seinen Normen Sollensforderungen an den einzelnen, verlangt ein Handeln nach den aufgestellten Handlungsregeln, die es auch gegebenenfalls mit Zwangsmitteln durchsetzen kann. Das Sollen und der mit ihm verbundene Zwang werden nicht von außen in die Welt getragen,

---

2 Vgl. dazu auch *Zaczyk*, Über Begründung im Recht, Festschrift für E. A. Wolff, S. 509 (511).

3 Sicherlich ist in einem demokratischen Staat die Norm auf den Bürger zurückführbar. Angesprochen ist damit aber in der Regel eine formale Rückführung, die durch ein bestimmtes formelles Verfahren geleistet wird. Ein Verfahren, welches sicherstellt, daß das Recht nicht allein von der subjektiven Perspektive des einzelnen her bestimmt wird, sondern eine (überindividuelle) Allgemeinheit aufweist, ist auch nach dem vorliegenden Ansatz unbedingter Bestandteil für die Realisierung der Teilhabemöglichkeit des einzelnen an der Gestaltung rechtlicher Verhältnisse. Die Rechtsnormen müssen aber an der konstitutiven Leistung des einzelnen ansetzen, d. h. sie müssen nicht nur formell, sondern bereits materiell mit der Konstitution des Subjekts verbunden sein. Vgl. dazu auch *Zaczyk*, Das Unrecht der versuchten Tat, S. 163f., Fn. 166; *Murmann*, Die Nebentäterschaft im Strafrecht, S. 251, Fn. 101.

sondern sind diesseitig und müssen sich aus den die Person leitenden Prinzipien entwickeln. Der Mensch als Vernunftwesen ist in seinen praktischen Handlungen nicht schicksalhaft der Natur unterworfen, sondern besitzt die Fähigkeit, selbstbestimmt zu wirken und die dadurch hervorgebrachten Veränderungen in der Außenwelt sich und seinen Leistungen zuzuschreiben. Über dieses Prinzip der Freiheit des einzelnen kann sich kein *Rechts*system hinwegsetzen, wenn es sich als eines begreift, das den Anspruch erhebt, dem Menschen als freie Person *gerecht* zu werden. Auch der Gesetzgeber kann deshalb dieses Prinzip nicht einfach durch ein anderes - der Person nicht entsprechendes - ersetzen. Er hat sich an der Konstitution der Subjekte zu orientieren und nicht umgekehrt das Subjekt an den vom Gesetzgeber oktroyierten Strukturen. Das meint Kant, wenn er von der „bloßen (reinen) Vernunft" als Leitlinie der Rechtsbegründung und ihrer Prinzipien spricht. Ausgangspunkt für die verfaßten Rechtsregeln muß das Selbstverständnis des einzelnen als freie Person sein. Wie soll sie sich auch nach Bestimmungen richten können, die sie selber nicht einsehen könnte? Und wie soll jemand für seine Handlungen in der Außenwelt verantwortlich gemacht werden, wenn ihm eine solche Mitgestaltung der sozialen Welt gar nicht zugetraut wird?

Die (Mit-) Zurechnung der Tat eines anderen kann also nur dann als *gerecht* angesehen werden, wenn sie sich aus dem Selbstverständnis des einzelnen und seinen freien Handlungsstrukturen deduzieren läßt. Gleiches muß auch für die Differenzierung zwischen Täterschaft und Teilnahme und schließlich zwischen mittelbarer Täterschaft und Anstiftung gelten. Nur wenn die Zurechnungsmöglichkeit und die Unterscheidung verschiedener Beteiligungsformen mit der Konstitution des Subjekts als eines freien und zugleich auch unvollkommenen Wesens übereinstimmen, können sie als vernünftige Rechtsprinzipien von ihm erkannt und anerkannt werden.

Auffällig ist, daß die heutige wissenschaftliche Literatur diese oben beschriebenen, vom Gesetzgeber vorgesehenen Annahmen, als nicht näher begründungsbedürftig einstuft. So wird insbesondere die Frage, *ob* und *warum* es überhaupt *möglich* ist, jemanden für die Straftat eines anderen (mit-) verantwortlich zu machen, in der heutigen Diskussion nicht mehr gestellt. Dies verwundert um so mehr, als zugleich betont wird, daß der erwachsene einzelne für seine Taten aufgrund seiner grundsätzlichen Entscheidungs- und Willensfreiheit selbst verantwortlich ist.[4] Aus dieser Perspektive ist es zumindest nicht selbstverständlich, daß derjenige, der den tatbestandsmäßigen Erfolg selbst nicht bewirkt hat, für das durch eine andere Person bewirkte Geschehen verantwortlich bzw. *mit*verantwortlich gemacht werden kann.

---

4 Vgl. z. B. *Jescheck/Weigend,* AT, § 37 I. (S. 407ff.).

Aber auch die Differenzierung von Täterschaft und Teilnahme und schließlich von Anstiftung und mittelbarer Täterschaft scheint wegen der eindeutigen Gesetzesbestimmungen nicht weiter begründungsbedürftig zu sein. Daß aber eine solche Unterscheidung nicht unbezweifelbar ist, zeigt bereits die historische Entwicklung. Vor dem Hintergrund einer kausalen Handlungslehre wurde die Möglichkeit einer objektiven Differenzierung bis in die zwanziger Jahre des letzten Jahrhunderts verneint: Jeder, der eine Ursache zum tatbestandsmäßigen Geschehen gesetzt hatte, sollte als Täter (als Urheber) angesehen werden.[5]

Der mangelnde Begründungsaufwand für die oben aufgewiesenen grundlegenden Fragen führt schließlich dazu, daß auch die Kriterien der Abgrenzung von mittelbarer Täterschaft und Anstiftung vornehmlich den Wertungen des Gesetzes entstammen. Damit verlängert sich der aufgezeigte Begründungsmangel. Maßstab für die Unterscheidung sind primär die Aussagen des positiven Rechts. So wird der Begriff der Tatherrschaft als das „vom Vorsatz umfaßte In-den-Händen-Halten des tatbestandsmäßigen Geschehensablaufs“[6] beschrieben. Die Ausfüllung des Begriffs „tatbestandsmäßiges Geschehen“ wird dabei vornehmlich nach den Wertungen des StGB bestimmt. So nimmt der hier noch unspezifisch als „normativ“ zu bezeichnende Lösungsweg anhand der Gesetzeswertung beispielsweise dann eine mittelbare Täterschaft an, wenn der Hintermann als Sonderpflichtiger die Ausführung der Tat einem nicht sonderpflichtigen Vordermann überläßt. Das positive Recht „entlastet“ in diesen Fällen die Mittelsperson, so daß es dem Hintermann „das Geschehen als seine Tat zurechnen will“.[7] Eine „Entlastung“ des Vordermanns (durch den Gesetzgeber) führt danach automatisch zu einer strafrechtlichen „Belastung“ des Hintermanns. Dies wirft schon auf den ersten Blick Gerechtigkeitsfragen auf, begründet sich doch die Bestrafung des einen mit der Ablehnung der Bestrafung des anderen. Es wird

---

5 Vgl. auch die Regelungen beispielsweise in Italien und Österreich, die im Unrechtstatbestand keine Differenzierung von Täterschaft und Teilnahme vornehmen, sondern alle Beteiligten tatbestandlich gleichstellen und damit auch eine Akzessorietät der Beteiligung nicht fordern. So lautet die zentrale Vorschrift des Italienischen StGB (Art. 110): „Nehmen mehrere Personen an derselben strafbaren Handlung teil, so unterliegt jede von ihnen der für diese angedrohten Strafe, vorbehaltlich der Bestimmungen der folgenden Artikel.“; vgl. näher dazu *Kienapfel,* Erscheinungsformen der Einheitstäterschaft, S. 30ff. und *Jescheck/Weigend,* AT, § 61 VIII. (S. 661f.) m. w. N. § 12 des Österreichischen StG lautet: „Nicht nur der unmittelbare Täter begeht die strafbare Handlung, sondern auch jeder, der einen anderen dazu bestimmt, sie auszuführen, oder der sonst zu ihrer Ausführung beiträgt.“; vgl. *Kienapfel,* Grundriß des österreichischen Strafrechts – Allgemeiner Teil, S. 189ff.

6 Vgl. zunächst nur *Wessels/Beulke,* AT, Rn. 512 m. w. N.

7 *Roxin* in Leipziger Kommentar, § 25 Rn. 61

also letztlich aufgrund pragmatischer Erwägungen bestraft und die Strafe ist nicht mehr an das konkrete Verhalten der einzelnen Person gebunden.[8]

Der Ausgangspunkt, an dem sich die vorliegende Arbeit auszurichten hat, ist damit benannt: Es ist die einzelne autonome (aber auch endliche[9]) Person selbst, die Basis für die Bestimmung ist, ob ihr die Tat eines Dritten als Täterin oder Teilnehmerin zugerechnet werden kann. Ist das Subjekt als freies, aber auch endliches Wesen bestimmt, muß sich aus seiner Konstitution die Möglichkeit der Mitzurechnung von Handlungen anderer ergeben. Erst wenn die Möglichkeit der Zurechnung von strafrechtsrelevantem Verhalten anderer positiv aufgewiesen wurde, kann in einem zweiten Schritt überlegt werden, ob es einer Unterscheidung von mittelbarer Täterschaft als Täterform und der Anstiftung als Teilnahmeform bedarf, und was diese ausmacht.[10] Die inhaltliche Bestimmung

---

8 Es ist zudem auffällig, daß die normativen Lehren sich nicht immer vom Verantwortungsprinzip nach dem Wertmaßstab des Gesetzes leiten lassen. Das zeigt sich in der Konstruktion der Figur des „Täters hinter dem (vollverantwortlichen) Täter". Aufgrund der vom BGH zu beurteilenden Fälle, der Bestrafung der Mitglieder des Nationalen Verteidigungsrates der DDR ist diese Frage gerade heute wieder in der Diskussion. Der BGH geht in seinen Entscheidungen (die als eine solche auf Grundlage der Tatherrschaftslehre aufgefaßt werden kann) davon aus, daß bei trotz eines uneinge-schränkt verantwortlich handelnden Tatmittlers der Beitrag des Hintermanns nahezu automatisch zu der von diesem Hintermann erstrebten Tatbestandsverwirklichung führt. Solches kann vorliegen, wenn der Hintermann durch Organisationsstrukturen bestimmte Rahmenbedingungen ausnutzt, innerhalb derer sein Tatbeitrag regelhafte Abläufe auslöst (BGHSt 40, S. 236). Nach *Roxin* sollen aufgrund der Austauschbarkeit der Ausführenden eine Organisationsherrschaft seitens der Hinterleute gegeben sein. Vgl. Leipziger Kommentar, § 25 Rn. 128; Täterschaft und Tatherrschaft, S. 242ff.; JZ 1995, S. 51ff.
Damit wird eine Herrschaft begründet, die rein instrumental empirisch ist und es wird allein auf die objektiven Machtverhältnisse abgestellt. Herrschaft wird dann allein auf die Frage beschränkt, nach welcher empirisch zu begründenden Sicherheit ein bestimmtes Verhalten einen angestrebten Erfolg bewirkt.

9 Der Begriff der Endlichkeit ist nicht nur als Sterblichkeit zu verstehen, sondern umfaßt auch die Fehlbarkeit des einzelnen und damit die Möglichkeit, nicht jede Sachlage vollständig erfassen zu können oder in bestimmten Situationen an seine physischen und psychischen Grenzen zu stoßen. Der Mensch ist eben freies Wesen und zugleich endliches Sinnenwesen. Vgl. dazu die Ausführungen im 3. Kapitel.

10 Für die Notwendigkeit einer sachlogischen Begründung der Differenzierung von mittelbarer Täterschaft und Anstiftung könnte nun der Einwand vorgetragen werden, daß die Abgrenzung von Anstiftung und mittelbarer Täterschaft letztlich ein Glasperlenspiel sei, da der Anstifter ohnehin *gleich einem Täter bestraft* wird, und es daher auch gleichgültig sein könne, ob die Person als mittelbare Täterin oder Anstifterin verurteilt werde. Wissenschaftliche Begründungsfragen können aber nicht von ihren möglicherweise gleichen Ergebnissen abhängig gemacht werden. Denn entscheidend ist der Begründungsgang und seine Basis, so daß sie auch dann gestellt und beantwortet werden müssen, wenn sich am Resultat nichts ändert. Wissenschaftliche Auseinandersetzungen

des Begriffs der Tatherrschaft kann damit nicht rein normativ oder instrumental erfolgen, sondern ist an die Konstitution des einzelnen gebunden. Perspektive und Maßstab muß die Person selbst sein. Die unrechte Tat eines anderen kann nicht automatisch dem Hintermann (mit-) zugerechnet werden, sondern nur unter bestimmten Voraussetzungen, die in ihm selbst als endlicher Vernunftperson begründet sein müssen. Das Geschehen der Rechtsgutsverletzung muß sich dann als eines zeigen, das auch beim Dazwischentreten einer anderen Person mit der ersten verbunden bleibt.

Bei dieser Argumentation, daß das Recht nicht etwas ist, was die machthabende Gewalt dem einzelnen einfach überstülpt, sondern daß es an das Selbstverständnis der freien Person gebunden ist, kommt aber auch dem positiven Recht ein besonderes Moment zu. Dies zeigt sich bereits in dem Zitat Kants, wonach eine *„bloß"* empirische Wissenschaft Begründungen nicht zu leisten vermag. Das verfaßte Recht kann insofern als Leitfaden betrachtet werden, als es zumindest den Anspruch auf Richtigkeit in sich trägt.[11] Insoweit macht es auch Aussagen über die Prinzipien des positiven Rechts, die hinter den einzelnen Normen stehen und ebenfalls für sich in Anspruch nehmen, die Wirklichkeit des Menschen in sich aufzunehmen. „Das rechtsprüfende Denken mag nun die empirische Rechtsordnung 'eine Zeitlang' verlassen, wie Kant schreibt; die Wirklichkeit der Menschen verläßt es nie."[12] Die positiven Normen und die Freiheit des einzelnen stehen so in einem Wechselverhältnis. Das kritische Rechtsdenken muß sich einerseits auf die in der Gesellschaft bestehenden Rechtsnormen einlassen, darf aber nicht bei einer beschreibenden Betrachtung stehen bleiben, sondern muß die Normen zugleich auf ihren freiheitlichen Gehalt überprüfen. Bezugspunkte für die Bestimmung der Abgrenzungskriterien von Anstiftung und mittelbarer Täterschaft sollen daher zunächst die §§ 25ff. StGB sein sowie ihre historische Entwicklung in der Gesetzgebung und ihre Behandlung in Rechtsprechung und Literatur.

Die dargelegten Grundannahmen bestimmen auch den zu skizierenden gedanklichen Weg der vorliegenden Arbeit.

Gegenstand des *ersten Kapitels* ist die historische Entwicklung der Anstiftung und der mittelbaren Täterschaft in der Gesetzgebung. Hier zeigt sich bereits, daß zunächst ausgehend von der Anstiftung als intellektueller Urheberschaft und damit als Täterschaftsform, die auch Fälle der heutigen mittelbaren Täterschaft

---

wären ansonsten insgesamt entbehrlich, wenn ihre Strukturen keiner Begründung mehr bedürften. Zudem handelt es sich auch faktisch nicht um eine wissenschaftliche Spielerei, was bei der Behandlung der Sonderpflichtdelikte deutlich wird.

11 Vgl. auch *Zaczyk,* Über Begründung im Recht, in: Festschrift für E. A. Wolff, S. 509 (522)

12 *Zaczyk,* Über Begründung im Recht, Festschrift für E. A. Wolff, S. 509 (523)

erfaßte, sich eine Trennung von Anstiftung und mittelbarer Täterschaft entwickelte. Für die Arbeit ist diese Entwicklung insofern interessant, als auf der einen Seite deutlich wird, daß eine enge Verbindung beider Formen besteht - sie zum Teil auch gleichgesetzt wurden - und zum anderen, daß Unterschiede von Anfang an zumindest benannt waren.

Inhalt des *zweiten Kapitels* ist der gegenwärtige Diskussionsstand. Hier werden verschiedene Lösungsmöglichkeiten, bedingt durch die gewählte methodische Vorgehensweise der Abgrenzung von Täterschaft und Teilnahme, resp. von Anstiftung und mittelbarer Täterschaft, aufgezeigt. So ist ein methodischer Weg, die Abgrenzungskriterien normativ anhand der Wertungen des Gesetzes zu bestimmen. Daß dies nicht ausreichen kann, wurde bereits oben angedeutet. Eine andere Möglichkeit besteht darin, die Abgrenzungskriterien aus dem Handlungsbegriff abzuleiten. Eine solche Methode nimmt die Handlung des einzelnen zu ihrem Ausgang. Es hängt dann aber davon ab, wie die personale Handlung bestimmt wird, ob sie sich in einem kausalen oder finalen Verhalten erschöpft, oder ob diese für die Erfassung unzureichend sind. Anhand einer kritischen Stellungnahme zu den verschiedenen Methoden und den sich daraus ergebenden Ergebnissen zur Frage der Abgrenzung von Anstiftung und mittelbarer Täterschaft ist zum eigenen Begründungsansatz überzugehen, der Gegenstand des *dritten Kapitels* sein wird. Soll das Subjekt Maßstab und Perspektive für das Recht ebenso wie für das Unrecht und damit für die Frage der Zurechnung von Handlungen zu einer bestimmten Person sein, so muß zunächst bestimmt werden, was das Subjekt ausmacht, und wie es sich zu seiner Natur und zu anderen Mitsubjekten verhält. Es wird dabei aufzuweisen sein, daß es weder als rein intelligibles und damit freies Wesen noch als reines Natur- und (Sinnes-)wesen, sondern als sich begreifende Einheit dieser beiden Elemente zu fassen ist: Es ist sowohl autonomes als auch endliches (unvollkommenes) Wesen. In dieser Einheit steht der Mensch in einem Wechselverhältnis mit anderen ihm gleichgearteten Wesen. Es wird auf der Grundlage dieser Erkenntnisse darzulegen sein, daß sich aus der Bestimmung des Subjekts in seinen freien und endlichen Bedingungen die Möglichkeit und sogar Notwendigkeit der Beeinflussung von Handlungen durch Mitsubjekte ergibt. Bedingt durch das Zusammenleben der Personen in einer gemeinsamen Welt, hat eine von ihnen bewirkte Gestaltung der äußeren Welt zugleich auch Auswirkungen auf die mit ihm lebenden Mitsubjekte. Denn nur wenn sich zeigt, daß die einzelnen überhaupt auf die Handlungen anderer Einfluß nehmen können, kann in einem weiteren Schritt untersucht werden, ob die Möglichkeit der (Mit-) Zurechnung fremden Verhaltens besteht. Nur unter dieser Voraussetzung können die unterschiedlichen Verhältnisse der einzelnen zur Außenweltveränderung und schließlich auch zur Rechtsverletzung in den Formen wie Täterschaft und Teilnahme aufgezeigt werden. Denn sollen diese für das Strafrecht virulent sein, müssen sie sich als tatsächlich gegebene Handlungsstrukturen erweisen.

Aufgabe des *vierten Kapitels* ist es, die rechtsphilosophischen Erkenntnisse für die strafrechtlichen Begriffsbestimmungen fruchtbar zu machen. Insbesondere ist hier der Begriff der Tatherrschaft zu konkretisieren und die vom Gesetz geforderte limitierte Akzessorietät der Teilnahme zu begründen. Im *fünften Kapitel* soll schließlich die Bestimmung der Abgrenzungskriterien von Anstiftung und mittelbarer Täterschaft auf der Basis des entwickelten personalen Handlungsverständnisses vorgenommen werden.

Erstes Kapitel

Überblick über die historische Entwicklung von Anstiftung und mittelbarer Täterschaft in der Gesetzgebung

A. Einleitung

Das heutige Strafgesetzbuch differenziert zwischen mittelbarer Täterschaft (§ 25 I 2. Alt) einerseits und Anstiftung (§ 26) andererseits. Bei der Betrachtung der historischen Entwicklung der Gesetzgebung wird aber deutlich, daß die Unterscheidung der beiden Beteiligungsformen nicht immer als selbstverständlich erachtet wurde. Im 19. Jahrhundert existierte in vielen Partikulargesetzen zunächst der Begriff der *„Urheberschaft"*, der unmittelbare, mittelbare Täterschaft und Anstiftung mitumfaßte, und sich nur von der Beihilfe abgrenzte. Aber auch wenn im Laufe der Zeit eine Differenzierung von mittelbarer Täterschaft und Anstiftung vorgenommen wurde, zeigt sich, daß ihre Abgrenzung nicht einfach zu vollziehen ist. Zwar unterscheidet das heutige Gesetz die beiden Beteiligungsformen und ordnet die Anstiftung im Gegensatz zur mittelbaren Täterschaft der Teilnahme zu. In ihrer Straftatfolge stellt es diese jedoch der Täterschaft gleich. Das verwundert vor allem deshalb, weil die Anstiftungsmittel auch nach dem Willen des historischen Gesetzgebers weit zu fassen sind. Für das „Bestimmen" eines anderen zu einer Tat soll jedes Mittel genügen, soweit es sich im Tatentschluß des unmittelbar Ausführenden irgendwie ausgewirkt hat; auch wenn dabei betont wird, daß sich dieser letztlich selbstbestimmt für die tatbestandsmäßige Verwirklichung entscheidet.

In der historischen Untersuchung der Gesetzgebungsentwicklung wird damit bereits deutlich, daß sich Anstiftung und mittelbare Täterschaft sowohl in ihrer Begehungsform als auch in ihrem Strafmaß und in ihrer Strafwürdigkeit sehr nahe kommen, so daß sich die Frage der Notwendigkeit einer Differenzierung um so mehr stellen muß. Ausgehend von dem Begriff der Urheberschaft in den Partikulargesetzen vor dem Reichsstrafgesetzbuch von 1871 soll die Entwicklung bis zur heutigen Fassung der §§ 25, 26 StGB kurz dargelegt werden.

B. Der Begriff der Urheberschaft im 19. Jahrhundert in den Parti kulargesetzen vor dem Reichsstrafgesetzbuch von 1871[13]

Unter den Begriff der Urheberschaft wurden zu Beginn des 19. Jahrhunderts in den Partikulargesetzen alle Beteiligungsformen - unmittelbare, mittelbare Täterschaft und Anstiftung - gefaßt mit Ausnahme der Beihilfe. Eine Unterscheidung von Anstiftung und mittelbarer Täterschaft existierte nicht. Jeder Beteiligte, der einen anderen zu einer Tat bestimmt hatte, war *Urheber* der Tat. Art. 45 des Bayerischen Strafgesetzbuches 1813 lautete z. B.:

„Nicht bloß I. derjenige, welcher das Verbrechen durch eigene körperliche Kraft und That unmittelbar bewirkt, sondern auch ... III. alle diejenigen, welche mit rechtswidriger Absicht andere zur Begehung und Ausführung eines Verbrechens bewogen haben, sollen als die *Urheber* desselben bestraft werden.“[14]

Art. 46 bestimmt dann genauer, was unter den in III. beschriebenen „mittelbaren Urhebern“ zu fassen ist. Urheber ist derjenige, der

„durch ausdrückliche Rathertheilung, durch Auftrag, durch Versprechen oder Geben eines Lohnes, durch Gewalt, Drohung oder Befehl, oder endlich durch absichtliche Erregung eines Irrthums den Vollbringer der That zur Ausführung derselben bestimmt hat.“

Eine Unterscheidung von Anstiftung und mittelbarer Täterschaft bestand also nicht, sie wurden vielmehr beide unter den Begriff der (mittelbaren) Urheberschaft gefaßt.[15] Die Abgabe eines Lohnversprechens wurde dabei genauso wie das Hervorrufen eines Tatumstandsirrtums beim Ausführenden als Urheberschaft der Tat bewertet.[16]

---

13 Vgl. zum Begriff der Urheberschaft in den Partikulargesetzen auch *Dieter Meyer*, 1973, Das Erfordernis der Kollusion bei der Anstiftung, S. 51 ff. Er weist insbesondere darauf hin, daß die Vorschriften unabhängig davon, ob die Anstiftung als mittelbare Urheberschaft oder als akzessorische Teilnahme am Verbrechen zu verstehen ist, von einem „einverständlichen kollusiven Zusammenspiel zwischen Hintermann und Vordermann“ (S. 52) ausgingen. Vgl. zur Übersicht auch, *v. Birkmeyer*, Vergleichende Darstellung, Berlin 1908, S. 29 ff.

14 Zitiert nach *v. Birkmeyer*, Vergleichende Darstellung, Band II, Berlin 1908, S. 31. Ähnlich die übrigen Gesetze: Oldenburg 1814 Art. 67; Württemberg Art. 74; Hannover Art. 53; Hessen Art. 71; Baden § 119; Nassau Art. 67; Österreich § 5 (aaO, S. 32 Fn. 1).

15 Soweit die Anstiftung in den Partikulargesetzen - wie im Strafgesetzbuch des Königreichs Bayern - als Urheberschaft angesehen wurde, wurde konsequenterweise auch der Versuch der Anstiftung für strafbar erklärt. So indirekt Bayern 1813, Art. 48; ausdrücklich Braunschweig, § 37; Hannover, Art. 55; bzgl. der erfolglosen Anstiftung Baden, § 122.

16 Welche Geisteshaltung dem zu Grunde liegt, soll an dieser Stelle noch nicht erörtert werden. Vgl. dazu die Ausführungen im 2. Kapitel unter A. I.

Es vollzog sich aber im Laufe des 19. Jahrhunderts insofern eine Wende, als es zu einer Differenzierung zwischen *unmittelbarer* und *intellektueller* Urheberschaft kam. Das Bestreben ging bereits in der Literatur dahin, die Fälle, in denen sich der Hintermann einer schuldlos handelnden Person bedient, aus der intellektuellen Urheberschaft auszusondern und unter die *unmittelbare Urheberschaft* zu ordnen.[17] Mit der Zeit wurden auch Sachverhalte, in denen sich der Hintermann einer gezwungenen oder einer einem verbindlichen Befehl untergeordneten Mittelsperson zur Tat bediente, in die Kategorie der unmittelbaren Verursachung eingegliedert. Für die intellektuelle Urheberschaft dagegen kamen dann nur noch Sachverhalte in Betracht, in denen der Hintermann den Entschluß eines freiverantwortlichen Willens herbeiführte. In diesen Fällen wurde der Handelnde nicht mehr als „menschliches Werkzeug" in der Hand des Hintermanns gesehen, sondern die Tat stellte vielmehr das Ergebnis eines *freien Willensentschlusses* des unmittelbar Handelnden dar. Ein solcher sollte aber bereits dann nicht mehr gegeben sein, wenn beispielsweise eine Drohung ein solches Maß erreicht hat, daß der Täter den Befehl zwangsläufig ausführen muß und selbst nicht strafbar ist; der Vordermann war dann „Werkzeug" des täterschaftlichen Hintermanns. Gleiches sollte auch für solche Irrtümer gelten, die den Dolus des die Tat unmittelbar Ausführenden entfallen ließen, so daß nur ein Irrtum über den Beweggrund in der Lage war, eine Anstiftung zu begründen. Damit war die Anstiftung akzessorisch zur Tat des Vordermanns. Eine Gleichstellung mit der unmittelbaren Urheberschaft wurde aufgegeben. Das Strafgesetzbuch für die Preußischen Staaten von 1851 sah bereits mit § 34 eine Unterscheidung zwischen Anstiftung und Täterschaft vor, auch wenn es sich zum Begriff des Täters nicht explizit geäußert hat.[18]

„Als Teilnehmer eines Verbrechens oder Vergehens wird bestraft, wer den Thäter durch Geschenke oder Versprechen, durch Drohungen; Mißbrauch des Ansehens oder der Gewalt, durch absichtliche Herbeiführung eines Irrthums oder durch andere Mittel zur Begehung des Verbrechens oder Vergehens angereizt, verleitet oder bestimmt hat".

Ebenso nahm das Strafgesetzbuch für das Königreich Bayern von 1861 eine Unterscheidung von Tätern und Teilnehmern an einer Tat an. Zwar normierte es den Täterbegriff im Gegensatz zum Strafgesetzbuch für die Preußischen Staaten

---

17 So z. B. *Köstlin*, Neue Revision, S. 509ff.; *Feuerbach,* Lehrbuch des gemeinen in Deutschland gültigen peinlichen Rechts, 14. Auflage (1847), §§ 44ff.; *Abegg,* Lehrbuch der Strafrechts-Wissenschaft, S. 112ff.; vgl. zu diesen Lehren ausführlich *Bolowich,* Urheberschaft und reflexives Verständnis, S. 14ff.

18 Vgl. dazu den Kommentar von *Goltdammer,* Materialien zum Straf-Gesetzbuche für die Preußischen Staaten, Berlin 1851, S. 300; *Oppenhoff,* Strafgesetzbuch für die Preußischen Staaten, zu § 34.

explizit, es fand aber auch hier keine Abgrenzung der unmittelbaren Täterschaft zur mittelbaren Täterschaft statt.[19]

Art. 52 lautete:

„Wenn bei der Verübung eines Verbrechens mehrere Personen zusammenwirken, so trifft die auf dieses Verbrechen gesetzte Strafe nicht bloß denjenigen, welcher das Verbrechen durch eigene Handlung unmittelbar bewirkt hat (Thäter), sondern jeden Theilnehmer, dessen Absicht auf die Hervorbringung oder Unterstützung des Verbrechens gerichtet war.“

Weiter hieß es in Art. 54:

„Unter der Voraussetzung der im Artikel 52 angegebenen Absicht ist als Theilnehmer zu betrachten: 1) wer durch ausdrücklichen Rath oder Auftrag, durch Ueberredung, durch Versprechen oder geben eines Lohnes oder Geschenkes, durch Gewalt oder Befehl, durch Erregung eines Irrthums oder auf andere ähnliche Weise die strafbare That verursacht hat“.

Hervorzuheben ist aber, daß die Strafbarkeit des Anstifters, auch wenn er aus dem Urheberbegriff herausgenommen wurde, dennoch nicht in einem milderen Licht erscheinen sollte als die des Täters.[20] Unabhängig davon, welchen Grund es haben mag, ob die Verwerflichkeit des Anstifterunrechts im Korrumptionsmoment zu finden ist oder in ihrer gefährlichen Suggestionswirkung, beruhte die Trennung zwischen Täterschaft und Anstiftung nicht auf der Überlegung, die beiden Formen seien von ihrer Strafwürdigkeit her zu unterscheiden.[21]

Die Teilnahmeregelung des Reichsstrafgesetzbuches von 1871 entspricht im wesentlichen dem Preußischen Strafgesetzbuch von 1851, dessen § 34 I fast wörtlich mit dem des § 48 I StGB übereinstimmt.[22]

C. Die Anstiftung und mittelbare Täterschaft nach dem Reichsstrafgesetzbuch von 1871

Mit der Reichsgründung von 1871 vollzog sich die Vereinigung der deutschen Staaten. Es galt für das gesamte Gebiet des Deutschen Reiches ein einheitliches

19 *Weis,* Strafgesetzbuch für das Königreich Bayern, S. 158ff.

20 Vgl. dazu auch § 35 des Strafgesetzes für die Preußischen Staaten: „Auf den Theilnehmer an einem Verbrechen oder Vergehen oder an einem strafbaren Versuche eines Verbrechens oder Vergehens ist dasselbe Strafgesetz anzuwenden, welches auf den Thäter Anwendung findet.“

21 Vgl. dazu *Maiwald,* Historische und dogmatische Aspekte der Einheitstäterlösung, Bockelmann-FS, S. 350f.

22 Vorbild für den § 34 I des Preußischen Strafgesetzbuches war der Code pénale von 1810, der das Bestimmen der Unrechtsmaxime des unmittelbaren Täters auf dem Boden des Korruptionsgedankens nicht mehr als Täterschaft, sondern als streng akzessorische Teilnahme neben der Beihilfe vorsah. Vgl. dazu *Dieter Meyer,* Das Erfordernis der Kollusion bei der Anstiftung, S. 51ff. m. w. N.

Strafgesetzbuch. Auffallend ist, daß der Begriff der „Urheberschaft“ nicht mehr auftauchte, sondern Täterschaft und Teilnahme die neuen Formbegriffe der möglichen Beteiligungsweise an einer Straftat waren. Die §§ 47 bis 49 unterschieden zwischen Mittäterschaft (§ 47), Anstiftung (§ 48) und Beihilfe (§ 49).

I. Die mittelbare Täterschaft

Eine eigenständige Norm für die Alleintäterschaft und ebenso für die mittelbare Täterschaft war nicht vorgesehen, da eine ausdrückliche Regelung der gegenüber der Teilnahme stehenden (Allein-) Täterschaft als nicht erforderlich erachtet wurde, sondern sich diese bereits aus den Tatbeständen des Besonderen Teils ergeben sollte. Die mittelbare Täterschaft war also nicht unbekannt, sondern sollte von den Tatbeständen des Besonderen Teils miterfaßt sein. Wegen der strukturellen Gleichheit der mittelbaren Täterschaft mit der unmittelbaren, erschien jene genausowenig im Allgemeinen Teil des RStGB erwähnenswert wie diese.[23]

II. Die Anstiftung

1. § 48 I in der Fassung von 1871

„Als Anstifter wird bestraft, wer einen anderen zu der von demselben begangenen strafbaren Handlung durch Geschenke oder Versprechen, durch Drohung, durch Mißbrauch des Ansehens oder der Gewalt, durch absichtliche Herbeiführung oder Beförderung eines Irrtums oder durch andere Mittel vorsätzlich bestimmt hat. Die Strafe des Anstifters ist nach demjenigen Gesetz festzusetzen, welches auf die Handlung Anwendung findet, zu welcher er wissentlich angestiftet hat.“

Die sich immer mehr durchsetzende Auffassung im Gemeinen Strafrecht, daß die Anstiftung nicht mehr allgemein als Urheberschaft, sondern als akzessorische Teilnahme aufzufassen ist, fand in der Fassung des § 48 RStGB von 1871 ihren Niederschlag. Das Bestimmen wird auch nicht mehr rein kausal als „Verursachen“ begriffen, sondern als ein „Veranlassen“, d. h. als tatsächliches Hervorrufen des Tatentschlusses bestimmt.[24] Das Gesetz verlangte nach der h.M. ab 1871 eine „strafbare Handlung“, d. h. es forderte eine vorsätzliche, rechtswidrige und schuldhafte Haupttat des Vordermanns.[25] Im Strafmaß des Anstifters zeigte sich, daß die Teilnahmeform der Anstiftung als ebenso strafwürdig erachtet wurde wie die Täterschaft.

---

23 *Bolowich,* Urheberschaft und reflexives Verständnis, S. 72; vgl. dazu auch *Klesczewski,* Selbständigkeit und Akzessorietät der Beteiligung, S. 73, Fn. 121.

24 Vgl. dazu nur *Bolowich,* Urheberschaft und reflexives Verständnis, S. 71f. m. w. N.

25 *v. Hippel,* Deutsches Strafrecht, S. 461; *Finger,* Lehrbuch des Deutschen Strafrechts, 1. Bd., S. 345

Fälle dagegen, in denen der Hintermann z. B. eine willenlose Mittelsperson einschaltet, wurden aufgrund der Abhängigkeit der Teilnahmehandlung von der Haupttat nicht mehr von § 48 erfaßt und stellten damit keine Form der Anstiftung dar, es lag dann kein „Bestimmen zu einer strafbaren Handlung" vor.[26]

2. § 48 I in der Fassung von 1943

„Als Anstifter wird bestraft, wer einen anderen zu der von demselben begangenen mit Strafe bedrohten Handlung durch Geschenke oder Versprechen, durch Drohung, durch Mißbrauch des Ansehens oder der Gewalt, durch absichtliche Herbeiführung oder Beförderung eines Irrtums oder durch andere Mittel vorsätzlich bestimmt hat."

Der Sache nach sollte die Wortlautänderung „strafbare Handlung" durch „eine mit Strafe bedrohten Handlung" nichts ändern.

Mit der im Gesetz vorgenommenen Unterscheidung von Täterschaft und Teilnahme entwickelte sich in Rechtsprechung[27] und Literatur[28] der Begriff der mittelbaren Täterschaft. Bedingt durch die strenge Akzessorietät der Anstiftung und ihre Einordnung als Teilnahmeform blieben Sachverhalte übrig, bei denen der Täter einen Menschen einsetzt, der strafrechtlich nicht verantwortlich handelt. Die Figur der mittelbaren Täterschaft wurde daher für solche Fälle konstruiert, die sich unstreitig als strafwürdig erwiesen, aber gesetzlich nicht (ausdrücklich) erfaßt wurden.[29] Als mittelbarer Täter sollte derjenige behandelt werden, der sich einer unvorsätzlich, rechtmäßig oder nichtschuldhaft handelnden Person, also eines strafrechtlich nicht verantwortlichen Menschen bediente.[30] Die Beteiligungsform der mittelbaren Täterschaft ergab sich aus der Abgrenzung zur Anstiftung. Es sollte unerheblich sein, ob sich jemand eines dinglichen Werkzeugs bedient oder einen Menschen als (strafloses) Werkzeug

---

26 Vgl. nur *Bolowich*, Urheberschaft und reflexives Verständnis, S. 72.

27 Vgl. z. B. RGSt 1, 146; 30, 64; 31, 80; 41, 61; 53, 45.

28 Vgl. z. B. *Mezger*, Deutsches Strafrecht, S. 425ff.; *H. Mayer*, Strafrecht Allgemeiner Teil, S. 305ff.

29 Vgl. dagegen *H. Mayer*, Strafrecht Allgemeiner Teil, S. 305, der betont, daß der mittelbaren Täterschaft keine „Lückenbüßerfunktion" zukam, sondern sie vielmehr vom Gesetzgeber vorausgesetzt war und daher in der Akzessorietät der Anstiftung ihren Ausdruck gefunden habe.

30 Auf einzelne Abgrenzungsfragen von Anstiftung und mittelbarer Täterschaft, z. B. die Behandlung der Fälle des „absichtslosen dolosen Werkzeugs", soll hier im Rahmen des historischen Überblicks nicht weiter eingegangen werden.

für seine Straftat benutzt.[31] Ein solches Verhalten stellt aber keine Form der Teilnahme dar, sondern ist (mittelbare) Alleintäterschaft.[32]

Die mittelbare Täterschaft wurde aber auch 1943 nicht ausdrücklich eingeführt, obwohl sie in der Rechtsprechung und Literatur als Beteiligungsform anerkannt war. Das Gesetz selbst ließ damit zahlreiche Fragen offen: Zum einen die Frage, ob es überhaupt eine Form der mittelbaren Täterschaft gibt, zum anderen, welche Kriterien zur Unterscheidung von Täterschaft und Teilnahme, insbesondere auch im Verhältnis der Anstiftung zur (mittelbaren) Täterschaft, entscheidend sein sollen. Aber auch mit der Aufnahme des Begriffs der mittelbaren Täterschaft 1975 in § 25 I StGB blieben die bestehenden Fragen vom Gesetzgeber zum großen Teil unbeantwortet.

III. Die Fassung der §§ 25 I und 26 StGB vom 1.1.1975

Die Neufassung des Strafgesetzbuches, in der auch der Wortlaut der Anstiftung geändert und die mittelbare Täterschaft eingefügt wurde, wurde von drei wesentlichen Einflüssen bestimmt.[33] Zunächst hatte die Große Strafrechtskommission einen Entwurf ausgearbeitet, der (mit Änderungen) von der Bundesregierung als *Entwurf 1962* (E 1962) in den Bundestag eingebracht wurde. Hinzu kam ein aus privater Initiative deutscher und schweizerischer Strafrechtswissenschaftler im Jahre 1966 ausgearbeiteter *Alternativentwurf* (AE), der 1968 von der Fraktion der FDP in den Bundestag eingebracht und dort anschließend mit dem E 1962 beraten wurde. Schließlich brachte der Sonderausschuß des Bundestags für die Strafrechtsreform (1966-1969) die Entwürfe zu einer Einheit. Allerdings setzte sich hier mehr die Dogmatik des E 1962 durch, so daß die heutige Fassung der §§ 25, 26 StGB, den §§ 29, 30 des E 1962 entspricht, während den Vorschlägen des AE zur Bestimmung von Täterschaft und Teilnahme nicht gefolgt wurde. Am 1. 1. 1975 trat die Neufassung des Strafgesetzbuchs dann in Kraft.[34]

Die heutige Fassung der §§ 25, 26, 27 StGB und ihre Unterscheidung von Täterschaft und Teilnahme zeigt, daß der Gesetzgeber nicht wieder zurück zu einem allgemeinen Begriff der Urheberschaft oder einem Einheitstätersystem gelangt ist, welches von einer tatbestandsmäßigen Unterscheidung verschiedener Beteiligungsformen gänzlich absieht, sondern die Tatbeteiligung im Gesetz mitaufge-

---

31 Vgl. dazu mit weiteren Nachweisen *Bolowich,* Urheberschaft und reflexives Verständnis, S. 75

32 Vgl. auch *v. Liszt,* Lehrbuch des Deutschen Strafrechts, 14. Auflage, S. 220 m. w. N.

33 Vgl. zur Geschichte der 1975 erfolgten Neufassung des Strafgesetzbuches, *Jescheck/Weigend,* AT, § 11 IV. (S. 101 ff.).

34 Bekanntmachung vom 2. 1. 1975, BGBl. I S. 1.

nommen hat. Das geschah deswegen, weil ein Einheitstätersystem zum einen nach Ansicht der Mehrheit der die Entwürfe Beratenden keine wirkliche Vereinfachung darstellt, sondern schließlich der Richter in der Strafzumessung eine Unterscheidung wieder vornehmen muß. Auch müßte der Gesetzgeber vor allem bei Fällen nur versuchter oder untergeordneter Beteiligung eine Strafmilderung besonders normieren oder von Strafe absehen. Zum anderen müßte bei einem einheitlichen Täterbegriff bei bestimmten Straftaten, wie den eigenhändigen Delikten oder bei solchen, die besondere persönliche Tätermerkmale voraussetzten, für die Frage der Beteiligung an solchen Taten wiederum eine zusätzliche Regelung getroffen werden. Schließlich hätte ein Fortfall der Abhängigkeit der Beteiligung von der Haupttat eine mit dem Rechtsstaat nicht zu vereinbarende Ausweitung der Strafbarkeit zur Folge.[35]

Es blieb also bei einer Unterscheidung von Täterschaft und Teilnahme; zudem wurde die mittelbare Täterschaft in das Gesetz mitaufgenommen.

1. Die Regelung der mittelbaren Täterschaft in § 25 I 2. Alt. StGB

§ 25 I 2. Alt. StGB stellt mit seiner Formulierung „Als *Täter* wird bestraft, wer (...) die Tat durch einen anderen begeht“ klar, daß es sich um eine Form der Täterschaft und nicht der Teilnahme handelt. § 25 I StGB entspricht wörtlich dem Entwurf von 1962 und ebenso dem Alternativentwurf. Ziel jenes Entwurfs war es, durch eine ausdrückliche Regelung der Täterschaft und auch der mittelbaren Täterschaft, den verschiedenen Beteiligungsformen und ihren Abgrenzungen schärfere Konturen zu verleihen. Damit sollte auch ein eindeutiger Hinweis erbracht werden, daß die Täterschaft gegenüber der Teilnahme ein primärer Begriff ist: Eine Teilnahme liegt nur dann vor, wenn keine Täterschaft gegeben ist. Dies hat auch Folgen für die Abgrenzung von Anstiftung und mittelbarer Täterschaft.[36] So sollen in Übereinstimmung mit der „überwiegenden Auffassung in der Rechtslehre (...) Fälle, in denen jemand zur Tatbegehung einen anderen einsetzt, in erster Linie unter dem Gesichtspunkt der mittelbaren Täterschaft und nur, wenn die Täterschaftsmerkmale nicht gegeben sind, auch unter dem der Teilnahme zu prüfen“[37] sein. Begründet wird dies damit, daß es „sachgemäß und der Volksanschauung entsprechend“[38] ist, den mittelbaren Täter, der sich eines Menschen als Werkzeug bedient, genauso zu behandeln wie den unmittelbaren Täter, der eine (technische) Sache verwendet, um eine Straftat auszuführen. Als Beispiel nennt der Entwurf das Einsetzen eines Kindes, um eine fremde Sache

35 Vgl. dazu insgesamt, BT Drucks. IV/650 (E 1962), S. 147.
36 BT Drucks. IV/650 (E 1962), S. 149.
37 BT Drucks. IV/650 (E 1962), S. 149.
38 BT Drucks. IV/650 (E 1962), S. 149.

wegzunehmen und die Verwendung eines Hakens oder eines Hundes, die zur Wegnahme geführt hätten. Erster Fall sei *identisch* mit den zuletzt genannten Fällen, in denen der Täter selbst die Tat ausführe. Ob hier tatsächlich eine Gleichsetzung erfolgen kann, soll noch dahingestellt bleiben. Allerdings kann an dieser Stelle bereits darauf aufmerksam gemacht werden, daß eine solche Gleichstellung zwischen dem Einsetzen einer an sich freiverantwortlichen Person und eines technischen Werkzeugs zumindest nicht als selbstverständlich erachtet werden kann.

Als weitere Erscheinungsformen der mittelbaren Täterschaft nennt der Entwurf Fälle des irrenden oder unwissenden Tatmittlers sowie des schuldlos handelnden „Werkzeugs“. Ebenso hält er eine mittelbare Täterschaft dann für möglich, wenn dem Tatmittler besondere Absichten oder eine Pflichtenstellung fehlen, die aber der Hintermann innehabe. Allerdings betont der Entwurf auch, daß angesichts der auftauchenden Unterschiedlichkeit der Formen der mittelbaren Täterschaft auf eine abschließende Aufzählung der Fälle verzichtet werden soll, um bestimmte noch klärungsbedürftige Fragen der Wissenschaft zu überlassen und damit der Rechtsentwicklung nicht vorzugreifen. Außerdem enthalte § 29 StGB (§ 25 in der heutigen Fassung) keine abschließende Bestimmung des Täters, der sich erst im Zusammenhang mit den Vorschriften aus dem Besonderen Teil des StGB ergeben könne.

2. Die Regelung der Anstiftung in § 26 StGB

Eine Neuerung bestand darin, daß sich die Anstiftung auf eine *vorsätzlich* begangene rechtswidrige Tat beziehen muß (sog. limitierte Akzessorietät). Bereits § 50 I a. F. bestimmte zwar, daß bei einer Tatbeteiligung mehrerer „jeder ohne Rücksicht auf die Schuld des anderen nach seiner Schuld strafbar“ ist. Eine Teilnahme war somit auch an schuldloser Tat möglich. Keine Einigkeit bestand aber, ob eine Bestrafung des Teilnehmers auch möglich ist, wenn der Täter ohne Vorsatz handelt, weil § 50 I a. F. darüber keine Aussagen machte.[39] Der Entwurf begründet das Erfordernis einer vorsätzlichen Haupttat damit, daß bei vielen Tatbeständen der eigentliche Sinngehalt und Unwert der Ausführungshandlung erst durch den Vorsatz hervortrete, so daß eine Ausführungshandlung ohne Vorsatz als sinnlos erscheine (so z. B. beim „Sich-Zueignen“, „Ausbeuten“, „dem Wild nachstellen“ usw.).[40] Zudem setze die Teilnahme nach der Tatherrschaftslehre wesensgemäß eine vorsätzliche Haupttat voraus, da die Teilnahmehand-

39 Die Rechtsprechung des BGH verlangte seit BGHSt 9, 370 bereits eine vorsätzliche Haupttat; während die ältere Rechtsprechung davon ausging, daß es auch eine Anstiftung zu unvorsätzlicher Tat geben könnte (BGHSt 4, 355; 5, 47).

40 BT Drucks., IV/650, S. 148.

lung gerade von ihrer Unterordnung unter die Tatherrschaft des Täters geprägt sei. Davon könne aber nicht gesprochen werden, wenn der Täter bereits nicht vorsätzlich (sondern z. B. nur fahrlässig) handle.[41] Eine nähere Begründung für diese Ausführungen gibt der Entwurf aber nicht. Konsequenterweise müßte der Gesetzgeber eine Tatherrschaft beim Fahrlässigkeitstäter dann verneinen, so daß sich täterschaftliches Unrecht beim Fahrlässigkeitstäter nicht begründen ließe. Daß dies aber auch nach Ansicht des Gesetzgebers nicht der Fall ist, zeigen die §§ 15, 16 StGB. Geht man davon aus, daß auch (bewußt) fahrlässiges Handeln, welches zu einer Verletzung führt, die Qualität strafrechtlichen Unrechts aufweist, wäre eine Beteiligung an einer Fahrlässigkeitstat immerhin denkmöglich und nicht von vornherein aufgrund sachlogischer Erwägungen ausgeschlossen.[42] So ist auch die Einschränkung der Teilnahme an einer vorsätzlichen Haupttat in der Gesetzgebungsgeschichte und in der damaligen Literatur[43] nicht unum strittten gewesen. Der AE kritisierte eine solche Festlegung durch den Gesetzgeber, da die Frage in Rechtsprechung und Literatur noch nicht abschließend geklärt sei und ein kriminalpolitisches Bedürfnis für eine legislatorische Festsetzung nicht bestehe.[44]

---

41 Im Entwurf war ferner ein Ausnahmetatbestand der vorsätzlichen Haupttat vorgesehen, der jedoch nicht ins StGB aufgenommen wurde: § 32 regelte den Irrtum über den Tätervorsatz des unmittelbar Handelnden: „Wie ein Anstifter wird bestraft, wer vorsätzlich einen anderen zu dessen rechtswidrig begangener Tat in der irrigen Annahme bestimmt hat, der Täter werde bei der Begehung vorsätzlich handeln." Nach dem Entwurf dient diese Norm dazu, Strafbarkeitslücken zu schließen, ohne daß dabei das Wesen und der Aufbau der Teilnahmetatbestände angetastet werden sollen. Der Beteiligte hat an einer rechtswidrigen Tat mitgewirkt, die sich zumindest dem äußeren Erfolg nach mit seiner Vorstellung gedeckt hat. Es sollte ihm daher nicht zugute kommen, daß diese Tat entgegen seiner Annahme nicht vorsätzlich begangen wurde. Bewußt nicht eigenständig innerhalb der Teilnahmeregelungen aufgenommen wurden demgegenüber die Fälle, in denen der „Beteiligte" weiß, daß der Handelnde unvorsätzlich handelt. In einem solchen Fall soll nämlich in Wahrheit keine Teilnahme, sondern mittelbare Täterschaft vorliegen, da der wissende „Teilnehmende" dem unwissenden Ausführenden überlegen sei. Vgl. BT Drucks., IV/650, S. 15.
Der Gesetzgeber entschied sich schließlich gegen die Normierung dieser Fälle, da er seines Erachtens mit einer solchen Regelung zu sehr ins Detail gehen würde und diesen Fällen zudem nur eine untergeordnete praktische Bedeutung zukomme (BT Drucks. V/4095, S. 13).

42 Vgl. dazu auch die Überlegungen *M. Köhlers,* AT, S. 195. Da aber das Gesetz hier eindeutig ist, wird sich auch die vorliegende Arbeit im folgenden auf eine vorsätzlich begangene Haupttat bei der Anstiftung und ihrer Abgrenzung zur mittelbaren Täterschaft beschränken.

43 Vgl. die Nachweise bei *Roxin,* Täterschaft und Tatherrschaft, S. 364ff. und JZ 1966, S. 293ff.

44 AE, S. 67. Der Alternativentwurf wendet sich zudem auch gegen den Hinweis auf eine

Auffällig ist zudem, daß sowohl im E 1962 als auch im AE die Anstiftungsmittel nicht mehr aufgeführt werden. Grund dafür ist nach dem Entwurf von 1962, daß sie als überflüssig und mißverständlich betrachtet wurden.[45] Im Grunde sollte vielmehr jedes Mittel genügen, um einen anderen zu dessen Tat bestimmen zu können. Zudem stellten die vorher in § 48 a. F. aufgezeigten Mittel nicht zwingend eine Anstifterhandlung dar, vielmehr könne auch eine mittelbare Täterschaft gegeben sein. Allgemein kennzeichnend für die Anstiftung ist nach dem Entwurf auch nicht das Mittel, sondern das Verhältnis des Anstifters zum Angestifteten: Während bei der Anstiftung die Tatherrschaft nicht beim Anstifter, sondern beim Ausführenden zu finden ist, liegt bei der mittelbaren Täterschaft diese nicht beim Werkzeug, sondern beim Hintermann.[46] Genaugenommen betreffen diese Ausführungen aber nicht das *Verhältnis* von Anstifter und Angestiftetem, sondern stellen lediglich eine *Beschreibung* der beiden Beteiligten dar. Was unter dem Merkmal der „Tatherrschaft" zu verstehen ist, und wie das Verhältnis des Anstifters zum Angestifteten geartet sein muß, wird zudem nicht näher ausgeführt. Der Entwurf hebt auch hervor, daß mit der Gesetzeswortlautänderung bei der Anstiftung nicht beabsichtigt ist, eine inhaltliche Änderung zu vollziehen.

Unterschiedlich beurteilt wurde die Frage der Strafzumessung. Der AE ging davon aus, daß eine fakultative Strafmilderung für die Anstiftung normiert werden muß, da „das schnell gesprochene Wort des Anstifters oft geringere Strafe als das Verhalten dessen, der die maßgebliche Entscheidung über die Tat fällt und sie auch unter seiner Herrschaft durchführt"[47] verdient. Zudem würde eine fakultative Strafmilderung die Abstufung der unterschiedlichen Beteiligungsformen (Täterschaft, Anstiftung, Beihilfe) hervorheben.[48] Demgegenüber ging der Entwurf von 1962 ebenso wie der heutige § 26 StGB von einer gleichen Bestrafung des Anstifters wie des Täters aus: „Er wird also so behandelt, als ob er die Tat selbst ausgeführt hätte".[49] Begründet wird dies damit, daß der Anstifter zwar nicht an der Ausführung der Tat selbst mitwirkt, dieses Minus aber dadurch ausgeglichen wird, daß er den maßgeblichen Anstoß zur Tat gegeben hat. Wenn möglicherweise im Einzelfall tatsächlich eine geringere Strafwürdigkeit des Anstifters gegeben sei, könne dem im Rahmen des allgemeinen Strafrahmens genügend Rechnung getragen werden.[50] Damit wird immerhin -

---

rechtswidrige Haupttat; vgl. dazu ebenfalls, AE, S. 67.

45 BT Drucks. IV/690, S. 150.

46 BT Drucks. IV/690, S. 150.

47 AE, S. 69.

48 Vgl. dazu auch *F.-C. Schroeder,* Der Täter hinter dem Täter, 1964, S. 202ff.

49 BT Drucks. IV/690, S. 150.

50 BT Drucks. IV/690, S. 150.

zumindest indirekt - eingeräumt, daß die Mittel der Anstiftung in manchen Fällen als zu weitreichend angesehen werden könnten. Ein Ausgleich in der Strafzumessung setzt aber bei einer Gleichstellung der Strafe von Täter und Anstifter zu spät an. Dies zeigt sich besonders in Extremfällen: So z. B. wenn es um die Bewertung eines „Vorschlags" zu einem Mord geht.[51]

Festzuhalten ist, daß unser heutiges Gesetz eine Unterscheidung von mittelbarer Täterschaft und Teilnahme vornimmt. Es gibt aber keine nähere Auskunft über die Abgrenzungskriterien beider Beteiligungsformen. Vielmehr wird nach dem Willen des Gesetzgebers diese Aufgabe, insbesondere auch hinsichtlich der Bestimmung des Begriffs der Tatherrschaft, bewußt Literatur und Rechtsprechung überlassen.[52] Aber auch in den zuvor untersuchten (älteren) Gesetzestexten wurde aufgewiesen, daß - wenn überhaupt eine Differenzierung vorgenommen wurde - eine nähere Bestimmung der Unterscheidung ausblieb. In der Ausgestaltung der Strafzumessung durch den Gesetzgeber hatte sich zudem gezeigt, daß eine Gleichstellung beider Formen stattfindet: Der Anstifter soll *gleich* einem Täter bestraft werden. Damit kann die Notwendigkeit einer Unterscheidung aus der historischen Gesetzgebungsentwicklung nicht dargelegt werden. Es sollen daher im folgenden Kapitel zunächst solche Lösungsmöglichkeiten vorangestellt werden, die auf eine Unterscheidung verzichten wollen und am allgemeinen Begriff der Urheberschaft festhalten. Erst wenn sich aus einer kritischen Stellungnahme zu diesen Lehren ergeben sollte, daß es einer Differenzierung bedarf, ist eine Auseinandersetzung mit den in Rechtsprechung und Literatur vorzufindenden Kriterien überhaupt sinnvoll. Denn der Verweis auf das Gesetz allein gibt noch keine dogmatische *Begründung* einer Unterscheidungsnotwendigkeit von mittelbarer Täterschaft und Anstiftung, um die es hier aber gehen soll.

---

51 Vgl. auch *M. Köhler,* AT, S. 524.
52 BT Drucks. IV/650, S. 148.

Zweites Kapitel

Der gegenwärtige Diskussionsstand

Im ersten Kapitel wurde zum einen dargelegt, daß eine Unterscheidung zwischen mittelbarer Täterschaft und Anstiftung nicht selbstverständlich ist. Zum anderen zeigte sich, daß - wenn man von einer Differenzierung ausgeht - eine Antwort auf die Frage, nach welchen Kriterien sich mittelbare Täterschaft und Anstiftung unterscheiden, nicht dem Gesetz selbst entnommen werden kann, und auch der historische Gesetzgeber diese bewußt offen gelassen hat. In Literatur und Rechtsprechung haben sich daher im Laufe der Zeit verschiedene Möglichkeiten der Abgrenzung beider Beteiligungsformen herauskristallisiert. Die Lösungswege, die sich im Schrifttum entwickelt haben, sollen im folgenden chronologisch dargestellt und kritisiert werden. Im Anschluß daran ist der sich immer mehr an die heutige Tatherrschaftslehre orientierende Ansatz der Rechtsprechung herauszustellen.

Mit *kritischer* Auseinandersetzung ist nicht eine umfassende historische Darstellung aller Meinungen seit der Fassung des RStGB von 1871 gemeint. Es soll vielmehr versucht werden, mit Hilfe einer kritischen Stellungnahme, insbesondere auch der den Lehren zugrunde liegenden strafrechtstheoretischen Methoden, den eigenen Ansatz herauszuarbeiten. Damit ist die Darstellung des Diskussionsstandes bereits als Teil der Begründungsleistung zu betrachten. Diese ist dann im dritten und vierten Kapitel ausführlich darzulegen. Sie soll schließlich im fünften Kapitel, nachdem die Notwendigkeit einer Unterscheidung herausgearbeitet wurde, in eine nähere Bestimmung der Abgrenzungskriterien von Anstiftung und mittelbarer Täterschaft münden.

Maßstab der Kritik soll die Frage sein, inwieweit in den strafrechtstheoretischen Methoden und darauf aufbauend in der Bestimmung von mittelbarer Täterschaft und Anstiftung der einzelne als autonome Person Eingang findet. Denn das Gesetz selbst kann nicht unabhängig von den Handlungsstrukturen der Subjekte vorgeben, ob, und wenn ja, wann ein Verhalten eines anderen einem Dritten als strafrechtliches (mit-) zugerechnet werden kann. Das Verhalten einer Person und die Zurechnung desselben zum Erfolg muß vielmehr mit dieser verbunden sein und kann ihr nicht heteronom oktroyiert werden. Der einzelne muß als Mitkonstituent der rechtlichen Ordnung begriffen und darf nicht losgelöst vom Gesetz betrachtet und damit allein zum Objekt staatlichen Strafens werden. Ausgangspunkt muß der einzelne in seiner Konstitution als autonomes und damit auch soziales Wesen selbst sein. Soll also einem Dritten die Tatherrschaft (wie bei der mittelbaren Täterschaft) tatsächlich zukommen, so muß sich diese aus *seiner* personalen (äußeren) Handlung begründen lassen. Gleiches muß auch für die Begründung der Anstiftung als Teilnahmeform gelten. Nur wenn sich zeigt, daß sich eine Einwirkung auf die Entscheidung eines anderen in dessen bewirkter Rechtsgutsverletzung manifestiert hat, ist eine Mitzurechnung hinsichtlich einer fremden Unrechtstat gerechtfertigt.

In den ersten Abschnitten der Aufnahme des Diskussionsstandes sollen die Möglichkeiten, die sich aus einem zugrunde gelegten kausalen und finalen Handlungsbegriff ergeben, aufgewiesen werden (unter A, B und C I.). Es wird sich dabei aber zeigen, daß weder die kausale noch die finale Handlungslehre in der Lage ist, menschliches Verhalten umfassend zu berücksichtigen. Erstere muß zu einem einheitlichen Täterbegriff führen. Diese hier als Einheitstätersystem bezeichnete Auffassung betrachtet jeden Beteiligten, der einen ursächlichen Beitrag zur Realisierung des Tatbestandes leistet, als Täter, ohne Rücksicht darauf, welche Bedeutung seine Mitwirkung im Rahmen des Gesamtgeschehens hat. Eine kausale Handlungslehre muß daher eine objektive Differenzierung von Täterschaft und Teilnahme und damit auch von Anstiftung und mittelbarer Täterschaft leugnen. Möglich ist dann lediglich, eine Differenzierung nach der subjektiven Perspektive des Täters vorzunehmen.

Im Rahmen der finalen Handlungslehre taucht der Begriff der Tatherrschaft erstmals explizit auf, der dann im zweiten Abschnitt bei den Autoren näher bestimmt wird, die die Differenzierungskriterien vor allem den normativen Vorgaben des positiven Rechts entnehmen wollen (unter C.).

A. Mittelbare Täterschaft und Anstiftung in den Kausallehren

Auch wenn die Kausallehren heute als überwunden gelten, sind gerade bei der Bestimmung der mittelbaren Täterschaft und bei der Anstiftung bis in die Gegenwart hinein Strukturen zu finden, die stark an ein im Kausaldogma verhaftetes Denken erinnern.[53] So beruht der Strafgrund für die (versuchte) Anstiftung zu einem Verbrechen nach Aussage des Bundesgerichtshofes darin, daß es gefährlich sei, „einen selbständig und unbeherrschbar weiter wirkenden *Kausalverlauf* in Gang zu setzen“[54]. Damit wird der Angestiftete einer Naturgesetzen unterliegenden Ursache gleichgestellt, welches der Hintermann nicht mehr zu beherrschen vermag. Es bedarf aber der Benennung eines materiellen Grundes, *warum* zum einen die Mittelsperson in einem solchen Fall einem natürlichen Gesetz gleichzustellen ist, und zum anderen, warum dann dem Hintermann ein von ihm eigentlich nicht zu beherrschender Verlauf strafrechtlich zugerechnet werden kann. Die rein empirisch begründete Erwartung, daß der Vordermann

53 Vgl. z. B. *Samson*, der bei reinen Erfolgsdelikten auf die Figur der mittelbaren Täterschaft mit der Begründung verzichten will, daß es gleichgültig sei, ob die Kausalkette über ein sachliches Werkzeug oder über einen anderen Menschen verlaufe (in Systematischer Kommentar, 6. Auflage, § 25 Rn. 22).

54 BGHSt 44, 99 (102); Hervorhebung durch die Verf.

zum kriminellen Verhalten veranlaßt wird, kann für eine Begründung der Mitzurechnung nicht ausreichen. Setzt man bei der Anstiftung die Mittelsperson einem Kausalverlauf gleich, verschwimmt zudem der Unterschied zur mittelbaren Täterschaft. Denn hier wird sie einem „technischen Werkzeug" identifiziert, wobei auch diese Begriffsbestimmung des Vordermanns auf ein reduziertes Verständnis von Rechtspersonen hinweist.[55] Es muß vielmehr einen Unterschied machen, ob sich der Hintermann tatsächlich eines technischen Werkzeugs bedient, welches nach mechanischen Gesetzen funktioniert, oder einer Rechtsperson.

Eine kritische Auseinandersetzung mit den Kausallehren ist daher gleichsam nicht nur als historischer Abriß zu begreifen, sondern auch wegen der noch heute vorzufindenden Denkmuster notwendig.

In einem ersten Schritt soll dem Begriff der „intellektuellen Urheberschaft" auf der Grundlage der „Äquivalenztheorie" nachgegangen werden, um in einer kritischen Auseinandersetzung aufzuzeigen, daß es einer Differenzierung der Täterschaft gegenüber anderen Beteiligungsformen bedarf. Zuvor ist aber die geistige Ausgangsbasis der Äquivalenztheorie zu betrachten.

I. Der Begriff der „intellektuellen Urheberschaft" auf der Grundlage der Äquivalenztheorie

1. Grundzüge der geistigen Ausgangssituation: Der Positivismus sowie Grundaussagen und Herkunft der Äquivalenztheorie

a) Der Positivismus[56]

In der zweiten Hälfte des 19. Jahrhunderts beherrschte eine naturalistische und evolutionistische Denkweise die Wissenschaft. Nur durch empirische Erfahrungen sollten Erkenntnisse zu gewinnen sein. Aufgabe der „positiven" Wissenschaft war es, äußere Erscheinungen in ihren Gesetzmäßigkeiten zu erforschen, um Geschehnisse voraussehen und damit auch beherrschen zu können. „Kennt der Mensch erst die Gesetze der Naturordnung, dann vermag er sie auch zu seinem Vorteil entweder abzuwandeln oder sich wenigstens ihr anzupassen, damit sie ihm keinen weiteren Schaden bringt".[57] Der Mensch wurde als ein Wesen begriffen, das der Naturkausalität unterworfen war. Auf Ablehnung stieß jedwede Form des Metaphysischen, da sie als ein Bereich betrachtet wurde, der die menschliche Anschauung übersteigt und daher nicht in der Lage ist, sichere

---

55 Vgl. z. B. *Jakobs*, GA 1996, 254f.

56 Vgl. dazu insgesamt *Welzel*, Naturalismus und Wertphilosophie, S. 1ff.

57 Zitiert nach *Welzel*, Naturalismus und Wertphilosophie, S. 3 (Comte, Geist des Positivismus, S. 34).

Erkenntnisse zu vermitteln. „Die Wissenschaft hört auf, wo die Metaphysik beginnt“.[58] Die Erforschung des sozialen Lebens sollte dazu dienen, (Natur-) Gesetzmäßigkeiten festzustellen. Fortschritt wurde identifiziert mit Anpassung des Menschen an die äußeren Verhältnisse sowohl bezogen auf die äußere Umwelt als auch auf die Gesellschaft. Die einzelnen Personen galten als in einem Gesellschaftssystem stehend, dessen Aufgabe es sein sollte, ein Gleichgewicht zwischen den in einer kausalen Wechselbeziehung stehenden Personen herzustellen. Ausgangspunkt für die Sozialtheorie des Positivismus war daher nicht der Staat, sondern die Gesellschaft. Der Staat sollte lediglich ein Minimalstaat, ein beschützendwachendes Instrument sein, das sich darauf zu beschränken hatte, die Freiheitssphäre der einzelnen zu wahren und sie gegen Übergriffe anderer zu schützen.

Die Aufgabe der Strafrechtswissenschaft bestand in der „kausalen Erklärung von Verbrechen und Strafe“. Die Kriminalsoziologie wurde als eine Naturwissenschaft begriffen, die das *Verbrechen gesellschaftlich-kausal* erklären sollte. Durch systematische Einzel- und Massenbeobachtung sollte das Phänomen „Verbrechen“ als das Ergebnis gesellschaftlichen Lebens in seiner sozialen Gestaltung und seiner sozialen Bedingtheit erforscht werden. Das Verbrechen wurde damit als ein determiniertes, den (Natur-) Gesetzen unterworfenes Ereignis betrachtet.[59]

Auf der Grundlage einer mechanisch-kausalen Betrachtungsweise der Verhältnisse und Wirkungen von Menschen kam für eine strafrechtsrelevante Handlung jede willensgetragene Körperbewegung in Betracht. Inwieweit diese inhaltlich auf einen sie bewegenden Willen zurückführbar war, blieb indessen unberücksichtigt. Maßgeblich war nur, daß die Handlung für die Veränderung (des Erfolges) in der Außenwelt irgendwie ursächlich war. Auch ganz entfernte Bedingungen zählten dazu, denn alle Bedingungen, die zum Erfolg beitrugen, galten als gleichwertig.[60] Darauf basierend erfolgte die Bestimmung von Täterschaft und Teilnahme, wobei gefolgert wurde, daß allein die durch das Verhalten verursachte Rechtsgutsverletzung von Bedeutung ist und jede Bedingung,

---

58 *v. Liszt*, ZStW 3 (1883), S. 8.

59 Vgl. dazu insgesamt *v. Liszt*, Lehrbuch des Deutschen Strafrechts, 14. Auflage, S. 68f.

60 Vgl. dazu insbesondere die Ausführungen und Begründungen *v. Buris*, Über Causalität und deren Verantwortung, S. 1: „Wenn ein Ganzes aus mehreren objektiv gleichwerthigen Stücken zusammengesetzt werden soll, so thut Derjenige, welcher das letzte Stück hinzufügt, objektiv nicht mehr und nicht weniger, als was bereits vor ihm geschehen ist. Wohl aber hat er den entscheidenden Willen, welcher wegen seiner Unabhängigkeit von der objektiven Bedeutsamkeit der Handlung selbst dann nicht zum Wegfall kommt, wenn auch gegen Erwarten das beabsichtigte Ganze durch die Hinzufügung des vermeintlich letzten Stücks nicht zur Existenz gelangen sollte.“

die dazu beigetragen hat, äquivalent sein soll, so daß im Unrechtstatbestand nicht zwischen Täterschaft und Teilnahme differenziert wurde.

Es wird sich als Basismangel der auf einer naturalistischer Kausallehre beruhenden Täterlehren zeigen, daß sie nicht in der Lage sind, die Wirkweise des einzelnen im Verhältnis zu anderen und ebenso das Zusammenwirken von Personen richtig zu erfassen. Dies gilt sowohl für die objektive Bestimmung von Unrecht als auch für die Bestimmung der subjektiven Einordnung der Beteiligten in das Gesamtgeschehen. Es wird daher ebenso darzulegen sein, daß ein Abstellen allein auf die subjektive Seite des einzelnen die Unterbestimmung der personal-objektiven Seite nicht auszugleichen vermag.

Zunächst soll aber auf die Grundaussagen der Äquivalenztheorie und ihre Herkunft eingegangen werden.

b) Die Grundaussagen der Äquivalenztheorie und ihre Herkunft

Die Äquivalenztheorie (sogenannte Bedingungstheorie) bezeichnet heute noch in Literatur[61] und Rechtsprechung[62] eine „naturwissenschaftliche Kategorie". Sie wird als notwendige[63] Ausgangsfrage für die Feststellung verwendet, ob ein ursächlicher Zusammenhang zwischen Handlung und Erfolg besteht. Als Ursache im Sinne des Strafrechts ist jede Bedingung anzusehen, die nicht hinweggedacht werden kann, ohne daß der Erfolg in seiner konkreten Gestalt entfiele. Die Bedingungstheorie betrachtet damit den Kausalzusammenhang mechanistisch und will mit ihrer Formulierung nur das erfassen, was als empirische Erkenntnis belegbar ist. Damit besagt sie erstens, daß Ursache alle Bedingungen eines Ereignisses sind, die diesem irgendwie vorausgegangen sind. Zweitens werden so alle Vorbedingungen erfaßt, unabhängig davon, wie weit sie zurückliegen, sog. regressus ad infinitum. In letzter Konsequenz sind dann auch die Eltern des Täters conditio-sine-qua-non für das spätere Verbrechen ihres Kindes. Schließlich sollen drittens alle Bedingungen gleichwertig sein, d. h. die Bedingung ist entweder kausal oder sie ist es nicht, ein gradueller Unterschied besteht nicht. Das Ereignis wird zudem in seiner konkret-empirischen Gestalt betrachtet, und

---

61 Vgl. z. B. *Wessels/Beulke*, AT, Rn. 156ff.; *Jescheck/Weigend*, AT, § 28 II. (S. 279ff.) jeweils m. w. N.

62 Siehe bereits RGSt 1, 373 (374), zudem RGSt 63, 211 (213); 76, 82 (87). Siehe ferner die Übersicht bei *v. Birkmeyer*, Ueber Ursachenbegriff und Kausalzusammenhang, Fn. 57. Der BGH hat ebenso die Äquivalenztheorie von Anfang übernommen, siehe nur BGHSt 1, 332; 2, 20 (24).

63 Die Äquivalenztheorie ist damit zwar notwendige aber nicht *hinreichende* Ausgangsbasis, denn es wird zugleich betont, daß die normativen Maßstäbe der objektiven Zurechnung vorrangig sein sollen.

alle Bedingungen werden in ihrem Wirken (sei es ein noch so geringes) ernst genommen.[64]

Die Äquivalenztheorie gründet in ihrer umfassenden Wirkung in Literatur und Rechtsprechung auf den Werken von Buris.[65] Dieser wendete sich in seinen Schriften gegen einen „philosophischen" oder „juristischen" Ursachenbegriff und wies auf die Vorzüge einer Kausalitätslehre nach einem naturwissenschaftlichen Verständnis hin.[66] Es sollten keine Wertungen bei der objektiv zu beantwortenden Frage des Zustandekommens eines Ereignisses hinzugenommen werden. Folglich kann es keinen quantitativen oder qualitativen Unterschied zwischen den einzelnen Ursachen geben, „wenn sich herausstellt, daß eine Erscheinung ihre Entstehung der gleichen Wirksamkeit verschiedener Kräfte verdankt, keine einzige Kraft im Vergleich zu der andern zur Bedingung degradirt (sic!), sie müssen vielmehr alle als gleichberechtigt angesehen werden"[67]. Auch der menschliche Wille soll nach v. Buri nur als ein „agens (...), welches die Körperkräfte in Bewegung gesetzt hat"[68], angesehen werden. Eine Unterscheidung zwischen dem Wirken von Naturkräften und menschlichem Verhalten verneint er. Für den Kausalzusammenhang ist es für ihn daher auch gleichgültig, wie der Wille der Person und sein Wirken inhaltlich beschaffen ist. „Ob aber dieser Wille ein bewußter (...) oder derjenige eines unzurechnungsfähigen Menschen ist, erscheint für den Kausalzusammenhang gleichgültig, denn es tritt in der Verkettung von Thatsachen keine Aenderung ein, mag man auch an die Stelle des bewußten Willens einen bewußtlosen setzen, oder umgekehrt"[69].

Bei Bewirken eines Erfolges durch mehrere Beteiligte können daher nach der Äquivalenztheorie - wie im folgenden noch genauer darzulegen ist - die verschiedenen Tatbeiträge nicht objektiv unterschieden werden. Für die objektive Qualität des Erfolges macht es aufgrund der Gleichwertigkeit der Bedingungen keinen Unterschied, ob jemand einen anderen zu einem Verhalten durch Kommunikation, z. B. durch einen Vorschlag, eine Straftat zu begehen, veranlaßt hat (heute: Anstiftung) oder auf eine Person einwirkt, die sich des Begehens einer Straftat nicht bewußt ist (heute: Fall der mittelbaren Täterschaft). Beide haben

---

64 *Ling*, Die Unterbrechung des Kausalzusammenhangs, S. 19ff.

65 Glaser hatte die Äquivalenztheorie für das Recht durch den Begriff des „Hinwegdenkens" in eine leicht faßbare Formel gebracht. Vgl. zur Herkunft der Äquivalenztheorie ausführlich *Ling*, Die Unterbrechung des Kausalzusammenhangs, S. 22ff.

66 Vgl. insbesondere: *v. Buri*, Über Causalität und deren Verantwortung, S. 2ff.; *ders.*, ZStW 2 (1882), S. 323ff.

67 *v. Buri*, Über Causalität und deren Verantwortung, S. 3.

68 *v. Buri*, Über Causalität und deren Verantwortung, S. 1.

69 *v. Buri*, Über Causalität und deren Verantwortung, S. 1f.

für die Tat eine Bedingung und damit jeweils eine gleichwertige Ursache gesetzt.

2. Der Begriff der „(intellektuellen) Urheberschaft" in den Kausallehren des 19. Jahrhunderts: Ablehnung einer Differenzierung von Anstiftung und mittelbarer Täterschaft

a) Die objektive Unrechtslehre v. Liszts und der Begriff der intellektuellen Urheberschaft

Besonders bei der objektiven Unrechtslehre von *Franz v. Liszt* ist die Anlehnung an die positivistische Geisteshaltung und die strikte Anwendung der Äquivalenzformel deutlich zu erkennen. Mit „objektiver" Lehre ist hier gemeint, daß es sich um eine solche handelt, die das Unrecht zunächst als eine Erscheinung in der Außenwelt ansieht, ohne dabei den Bezug zur Person herauszustellen. Letzterer erfolgt auf einer zweiten Ebene, der der Schuld. Erst hier werden Korrekturen für die strafrechtliche Zurechnung vorgenommen, und es wird untersucht, ob der Täter vorsätzlich oder fahrlässig im Hinblick auf die Rechtsgutsverletzung gehandelt hat.[70] Diese Unterscheidung soll aber von der Frage der Verwirklichung des objektiven Unrechts unabhängig sein. Als Angriff auf die Rechtsgüter ist vielmehr jede Handlung zu sehen, die eine Bedingung gesetzt hat, die also an der Herbeiführung des Erfolges irgendwie beteiligt war, d. h. die den Erfolg verursacht hat, unabhängig davon, ob es sich um eine entfernte Ursache handelt oder nicht.[71] Sowohl den Begriff des Erfolges als auch den der Handlung definiert v. Liszt ebenso wie v. Buri als rein mechanische Vorgänge. Die Handlung ist die „kausalwirkende willkürliche Körperbewegung (Konzentration der Muskeln)"[72]; der Erfolg einer Handlung ist die „Veränderung in der Rechtsgüterwelt"[73], wobei eine „wenn auch noch so unscheinbare materielle, sinnlich wahrnehmbare Veränderung der Außenwelt"[74] gemeint war. Der Erfolg einer Beleidigung wird damit z. B. auf die „Erregung von Luftschwingungen und von physiologischen Prozessen in dem Nervensystem des Angegriffenen" reduziert.[75]

---

70 *v. Liszt*: „Erfolg und psychologisches Ziel der Handlung sind auseinander zu halten", Lehrbuch, 2. Auflage, S. 109; vgl. zum Begriff der Schuld, *ders.*, Lehrbuch des Deutschen Strafrechts, 14. Auflage, S. 157ff.

71 *v. Liszt*, Lehrbuch des Deutschen Strafrechts, 2. Auflage, S. 109ff.; ebenso 14. Auflage, S. 126ff.

72 *v. Liszt*, Lehrbuch des Deutschen Strafrechts, 2. Auflage, S. 105.

73 *v. Liszt*, Lehrbuch des Deutschen Strafrechts, 2. Auflage, S. 108; vgl. zum Begriff des Rechtsgutes bei v. Liszt, *Amelung*, Rechtsgüterschutz, S. 82ff.

74 *v. Liszt*, Lehrbuch des Deutschen Strafrechts, 2. Auflage, S. 107.

75 *v. Liszt*, Lehrbuch des Deutschen Strafrechts, 2. Auflage, S. 108; vgl. auch Lehrbuch des

Konsequenz einer solchen naturalistischen Betrachtungsweise ist ein extensiver Täterbegriff und das sich daraus ergebende Resultat eine Einheitstäterlehre.[76] Eine Unterscheidung von Handlungsbeiträgen wird nicht vorgenommen, sondern jedes Verhalten wird als gleichwertige Bedingung (äquivalent) für den bewirkten Erfolg betrachtet. Insbesondere kritisiert v. Liszt die Auffassung des Gesetzes, welches durch die Normierung der Anstiftung davon ausgeht, daß eine freie und vorsätzliche Handlung eines Zurechnungsfähigen den Kausalverlauf des Ersthandelnden unterbrechen und damit eine neue Kausalreihe in Gang setzen soll, so daß ein Kausalzusammenhang zwischen der ersten Willensbetätigung und dem Erfolg zu verneinen wäre.[77] Nach v. Liszt müßte dann aber folgerichtig eine Strafbarkeit des Anstifters gänzlich entfallen, da der Anstifter außerhalb des Kausalzusammenhangs stünde und dann auch nicht für den Erfolg des voll zurechnungsfähigen Zweiten verantwortlich gemacht werden könnte. Diese notwendige Konsequenz zieht er aber nicht. De lege ferenda[78] betrachtet er daher - ausgehend von dieser Identifizierung von Ursache und Bedingung - die Anstiftung als „mittelbare Herbeiführung des Erfolges“[79], der Anstifter ist „ein Glied in der Kette von Ursache und Wirkung“ und Anstiftung und mittelbare Täterschaft setzt er als eine Form der „intellektuellen Urheberschaft“ gleich: „Wer eine Bedingung für den Erfolg gesetzt hat, ist für diesen verantwortlich“[80]. Eine objektive Basis für die Differenzierung von Täterschaft und Beihilfe - wie sie das Reichsstrafgesetzbuch vorsieht - fehlt nach v. Liszt. Besonders eine subjektive Theorie, die eine Unterscheidung lediglich nach dem Willen der Beteiligten vornimmt, ist nach ihm mit dem äußeren Erscheinungsbild des Geschehens nicht zu vereinbaren.[81]

Eine unterschiedliche Struktur von Anstiftung und mittelbarer Täterschaft wird somit bei v. Liszt aufgrund des rein objektiv-kausalen Verständnisses von Wirkweisen der einzelnen untereinander geleugnet. Betrachtet wird lediglich das äußere Verhältnis einer Handlung zum Erfolg. Damit wird der menschliche Wille bezogen auf das verletzte Rechtsgut nicht mit aufgenommen. Es erscheint dann letztlich für die Frage einer Unrechtsverwirklichung gleichgültig, ob der Erfolg durch einen Menschen oder ein Naturereignis bewirkt wurde, denn die Veränderung der Außenwelt, die Verletzung des Rechtsgutes, bleibt dieselbe.

Deutschen Strafrechts, 14. Auflage (1905), S. 123.

76 Vgl. auch *Roxin*, Täterschaft und Teilnahme, S. 5; zu der Ausgestaltung der heutigen Einheitstäterlehre und ihren Vertretern, vgl. die Ausführungen im 3. Kapitel unter E.

77 *v. Liszt*, Lehrbuch des Deutschen Strafrechts, 14. Auflage, S. 217.

78 Das RStGB normierte die Strafbarkeit der Anstiftung ausdrücklich in § 48; vgl. 1. Kapitel.

79 *v. Liszt*, Lehrbuch des Deutschen Strafrechts, 14. Auflage, S. 217.

80 *v. Liszt*, Lehrbuch des Deutschen Strafrechts, 14. Auflage, S. 217.

81 *v. Liszt*, Lehrbuch des Deutschen Strafrechts, 14. Auflage, S. 223 Fn. 9.

Die Bestimmung des Unrechts liegt damit außerhalb der Person. Dies gilt sowohl objektiv für die Bestimmung der Rechtsgutsverletzung[82], die mehr ist als eine bloße Veränderung in der Sinnenwelt, als auch für die Frage der Einordnung des Einzelverhaltens (also seitens der subjektiven Perspektive des Täters) in ein Geschehen. Wirken schließlich mehrere Personen an der Verletzung mit, vervielfacht sich die reduzierte - auf die rein äußere Veränderung bezogene - Perspektive noch. Denn dem einzelnen wird das Verständnis abgesprochen, sich in verschiedener Weise in das Geschehen mit anderen zu integrieren. So muß es einen Unterschied machen, ob sich der einzelne zu recht als derjenige begreift, der das Geschehen beherrscht, oder lediglich als Teilnehmer an der Tat eines anderen, ihm also eine die Sachlage beherrschende Stellung subjektiv nicht zukommt. Bei der objektiven Unrechtslehre v. Liszts wird damit die Perspektive auf das rein äußere Geschehen der Handlung und des Erfolges reduziert, während das Selbstverständnis des einzelnen in Bezug auf einen Gesamtzusammenhang bei seiner Beteiligung überhaupt nicht in Betracht gezogen wird. Der Begriff der „intellektuellen Urheberschaft" als Oberbegriff von Anstiftung und Teilnahme ist daher nicht in der Lage, das Wirkverhältnis der einzelnen zueinander und bezogen auf das Rechtsgut hinreichend zu erfassen. Das Wesen menschlicher Handlung bleibt damit bei einer rein mechanisch-kausalen Betrachtungsweise unterbestimmt.

Die rein naturwissenschaftliche und kausalistische Denkweise und das Verdrängen jeder Spontaneität des Willens wird auch in der Abhandlung v. Liszt „Der Zweckgedanke im Strafrecht" deutlich, in der er eine „evolutionistische" Theorie der Strafe entwickelt, die sich aus der Beobachtung eines zwangsläufigen historischen Entwicklungsprozesses des einzelnen und der Gesellschaft ergibt. Er leitet dabei das Unrecht aus dem Zweckgedanken der Strafe ab. Ursprünglich sei Strafe eine reine Triebhandlung der Menschen und insofern eine natürliche, instinktbedingte Reaktion auf ein Verbrechensverhalten gewesen. Sie erfolgte „automatisch" aufgrund der Selbstbehauptung und des Selbsterhaltungstriebes des Menschen. Aus der Blutrache über die Ausstoßung aus der Gemeinschaft der Friedensgenossen („Friedloslegung") habe sich schließlich die Form der staatlichen Strafe entwickelt. War die Strafe als Instinkthandlung ursprünglich zweckfrei, da eine Einsicht in die Bedeutung der Verbrechen nicht gegeben war, sei sie nun „das Ergebnis jahrhundertelanger, im Kampf ums Dasein errungener Erfahrung"[83]. Erst nach Einsicht in das Bestehen eines Zweckgedankens der

---

82 Gerade das von v. Liszt gewählte Beispiel der Beleidigung als Erregung von Luftschwingungen macht dies deutlich. Vgl. *E. A. Wolff*, Der Handlungsbegriff in der Lehre vom Verbrechen (1964), S. 15f.; *ders.* Das Problem der Handlung im Strafrecht, S. 296; jeweils mit Verweis auf die Gedanken *Radbruchs*, Rechtsphilosophie, 5. Auflage, S. 123.

83 *v. Liszt*, ZStW 3 (1883), S. 13.

Strafe habe sich die Rechtsstrafe im Staat bilden können.[84] Für die Herstellung eines Zusammenhangs zwischen Rechtsgütern, Verbrechen und Strafe sei also eine von einer äußeren Macht kommende Objektivierung der Strafe erforderlich, d. h. nicht die Beteiligten selbst seien in der Lage, über sie zu entscheiden, sondern eine neutrale Instanz, der Staat. Dieser sei es auch, der die Rechtsgüter „zum Leben erwecke", indem sie erst dann als schützenswert erschienen, wenn das (Straf-)Recht sie als solche anerkenne. Nicht aufgrund der Einsicht der einzelnen Gesellschaftsmitglieder, sondern aufgrund äußerer Zweckmäßigkeitserwägungen, nämlich, um einen Krieg aller gegen alle zu verhindern, bedürfe es einer Staatsordnung, die die Interessen und Bereiche der einzelnen abgrenze und sie gegeneinander schütze. Eine solche Vorstellung sei dann auch Maßstab für die Frage, wie die Freiheit zwischen Personen gewährleistet werden könne: Die Lebensbeziehungen der einzelnen würden durch die Begründung einer Rechtsordnung überhaupt erst zu Rechtsbeziehungen, und die gesetzten Normen bildeten einen „Schutzwall der Rechtsgüter"[85]. Verbrechen definiert v. Liszt daher rein positivistisch als „das vom Staate mit Strafe bedrohte Unrecht"[86]. Inhaltlicher Zweck der Strafandrohung ist danach ein generalpräventiver. Durch die Drohung mit einer Übelszufügung tritt sie „warnend und abschreckend (...) zu den Geboten und Verboten der Rechtsordnung hinzu"[87].

Der einzelne wird mit dem generalpräventivem Ansinnen des Gesetzes zum Objekt staatlichen Strafens degradiert. Es kann dann letztlich auch nicht maßgeblich sein, ob der wahre Täter bestraft wird oder nicht, wenn es nur darum geht, durch die Strafdrohung und schließlich durch den Vollzug der Strafe, potentielle Täter abzuschrecken. Denn für diesen Effekt würde auch der *Anschein* genügen, daß der Bestrafte derjenige ist, der die Unrechtstat begangen hat.[88]

---

84 Diese These v. Liszts ergibt sich aus seinem prinzipiellen Verständnis von menschlicher (geistiger) Weiterentwicklung: „Aller Fortschritt in der geistigen Entwicklung des Einzelindividuums wie der Menschheit besteht darin, daß die Triebhandlung in die Willenshandlung sich umsetzt, d. h. daß die Zweckmäßigkeit der Triebhandlung erkannt und die Vorstellung des Zwecks zum Motive des Handelns wird. Der Zweckgedanke ist es, der die Willenshandlung von der Triebhandlung unterscheidet." (*v. Liszt*, ZStW 3 [1883], S. 17f.).

85 *v. Liszt*, Lehrbuch des Deutschen Strafrechts, S. 66.

86 *v. Liszt*, Lehrbuch des Deutschen Strafrechts, S. 189; vgl. auch ZStW 3 (1883), S. 23. Dort antwortet er auf die Frage, welche Handlungen mit Strafe zu belegen sind: „Jene Handlungen, welche für dieses Volk zu dieser Zeit als Störungen seiner Lebensbedingungen erscheinen, sind unter Strafe zu stellen; das kriminelle Unrecht ist nicht der Art nach von dem zivilen unterschieden; der *Zweckgedanke* allein zieht die Grenzlinie."

87 *v. Liszt*, Lehrbuch des Deutschen Strafrechts, S. 67.

88 Vgl. zur Kritik auch *E. A. Wolff*, ZStW 97 (1985), S. 797.

Schließlich ist es nach v. Liszt allein Sache des Gesetzgebers, in der Rechtsordnung festzulegen, an welches Verhalten eine strafrechtliche Unrechtsfolge zu knüpfen ist und an welches nicht: Eine vertragliche Nichterfüllung kann ebenso mit Strafe belegt werden, wenn die Rechtsordnung dies vorsieht (was freilich nicht der Fall ist), wie eine Tötung oder Freiheitsberaubung.[89] Damit zeigt sich, wieweit der Determinist v. Liszt dem positiven Recht verpflichtet ist.

Bereits nach v. Liszts Vorstellung des Menschen als reines Triebwesen ist es nicht nachvollziehbar, wie ein derart tierisch strukturiertes Wesen überhaupt zu (vernünftigen) Erkenntnissen gelangen kann, daraus Konsequenzen zieht, zu Einsichten (wie dem Zweckgedanken) kommt und schließlich in der Lage ist, eine Instanz zu gründen, der die Aufgabe zukommt, ihn vor anderen zu schützen. Auch kann es keine Legitimation der von einer „neutralen Instanz" gesetzten Regeln geben. Denn auch diese muß von Menschen konstituiert werden. Werden die einzelnen aber nur als von ihren Trieben geleitet angesehen, so ist nicht zu begründen, wie sie überhaupt in der Lage sein sollen, Regeln zu schaffen, die für alle anderen Verbindlichkeit erlangen können: Letztlich entstehen diese Regelungen dann rein zufallsbedingt, je nachdem, welchen Trieben die Mitglieder dieser „Instanz" gerade gefolgt sind; ihre Neutralität ginge damit aber gerade verloren. Zum einen wird also nicht deutlich, wie der Zweckgedanke in das Strafrecht Einzug finden konnte und zum anderen ist nicht erklärbar, wie es zu einem allgemeinen Willen kommen kann, der die Interessen ordnen und schützen soll, wenn dieser doch letztlich äußerlich-zufällig ist.[90] Auch bleibt v. Liszt selbst seinem positivistischem Ansatz nicht treu, wenn er nun den einzelnen nicht als reines Triebwesen in den Blick nehmend von einem naturalistisch-kausalen Handlungsbegriff ausgeht und daher die Unterschiede von Täterschaft und Teilnahme verneint, wozu er auch zwangsläufig wegen seiner rein objektiven Betrachtung kommen muß, obwohl das Gesetz selbst von ihr ausgeht.

Es wird sich aber im folgenden zeigen, daß auch eine subjektive Lehre den Mangel des rein kausalen Handlungsbegriffs nicht auszugleichen vermag.

b) Der Begriff der Urheberschaft nach der subjektiven Lehre v. Buris

Auf der Ebene des Unrechts bleibt auch *Maximilian v. Buri* bei einer naturalistisch-kausalen Betrachtungsweise stehen. Er differenziert erst auf der Schuldebene zwischen Gehilfen- und Urheberwillen. Demgegenüber lehnt er eine Unterscheidung von Anstiftung und mittelbarer Täterschaft ab.

---

89 *v. Liszt*, Lehrbuch des Deutschen Strafrechts, S. 189.
90 Vgl. zur Kritik an v. Liszt auch *Zaczyk*, Das Unrecht der versuchten Tat, S. 58.

Da er wie v. Liszt die Äquivalenztheorie zugrunde legt, ist er von einer Einheitstäterlehre nicht weit entfernt. Ausgehend von der Feststellung, daß seines Erachtens „*jede* mitwirksame Handlung eine den Erfolg ausführende Handlung - also Ausführungshandlung“[91] ist, findet auf der objektiven Unrechtsebene eine Gleichstellung der Beteiligungsformen statt. Der Gehilfe sei ebenso ursächlich für den Erfolg wie derjenige, der die tatbestandsmäßige Handlung ausführe, denn beide verliehen sich gegenseitig ihre Kausalität. Auf der Willensebene zeigt sich nach v. Buri dann erst, daß die Strafwürdigkeit des Gehilfen eine geringere ist als die des den Erfolg herbeiführenden Haupttäters. Denn jener wolle nicht die Tat, sondern nur seinen Gehilfenbeitrag. Da der Gehilfe seinen Willen dem des Urhebers unterordne, sei es erforderlich, daß ein verbrecherischer Wille - zumindest in der Vorstellung des Gehilfen - auch existiere, von dem er den seinen abhängig machen könne.[92] Da nach v. Buri nur auf die Willensrichtungen der Beteiligten abzustellen ist, ist es auch unerheblich für die Strafbarkeit des Gehilfen, ob die Tat auch tatsächlich zur Ausführung gelangt oder nicht. Die Akzessorietät wird damit nur über die subjektive Perspektive des Gehilfen in Betracht gezogen. Daraus folgt, daß die versuchte Beihilfe als ebenso strafwürdig erscheint wie die tatsächlich zur Wirksamkeit gekommene.[93] Konsequenz wäre eine Bestrafung des Willens des (vermeintlichen) Beteiligten, ohne daß sich dieser in der Außenwelt manifestiert haben muß.

Auf der Grundlage der Äquivalenztheorie lehnt v. Buri aber eine Differenzierung der Willensinhalte bei Anstiftung und mittelbarer Täterschaft ab. Denn entscheidend solle gerade nicht die Bestimmung des freien Willens eines anderen sein, der daraufhin den Tatentschluß fasse. So lasse ein freier Wille einen kausalen Einfluß gar nicht zu. Relevant könne daher nur sein, ob der intellektuelle Urheber für den Erfolg mitwirksam geworden sei oder nicht. Daher könne auch ein bereits zur Tat Entschlossener angestiftet werden, denn auch hier sei zum einen der Wille des Hintermanns, Urheber zu sein, gegeben und zum anderen sei das Verhalten des Hintermanns für die Ausführung der konkreten Tat kausal. Wenn das Gesetz von „Anstiften“ spreche und damit einen noch nicht entschlossenen Täter voraussetze, könne der Wortlaut in diesem Fall für das Wesen der „Anstiftung“ nicht entscheidend sein.[94] Auch ordne der Anstifter seinen Willen dem Ausführenden seines Erachtens nicht unter, weil sein Wille bezogen auf den Erfolg gerade unabhängig von dem des Angestifteten sei.[95] Für den Hintermann sei es so unerheblich, ob die Mittelsperson einen freien Willen

---

91 *v. Buri*, Über Causalität und deren Verantwortung, S. 111.
92 *v. Buri*, Über Causalität und deren Verantwortung, S. 128.
93 *v. Buri*, Über Causalität und deren Verantwortung, S. 128.
94 *v. Buri*, ZStW 2 (1882), 274f.
95 *v. Buri*, ZStW (1882), 2, S. 274.

habe oder nicht. Es ist nach v. Buri gleichgültig, ob der Hintermann einen Zurechnungsfähigen oder einen Unzurechnungsfähigen „anstiftet“, wenn im Hinblick auf die Frage des Kausalzusammenhangs gerade kein Unterschied gegeben ist. Den Begriff der „Anstiftung“ und seine Trennung von der mittelbaren Täterschaft verwirft v. Buri daher schließlich und ersetzt ihn durch den der „Urheberschaft".[96] Allerdings solle die Frage der Verantwortung für die Tat bei den jeweiligen Personen getrennt zu untersuchen sein.[97] Er grenzt daher die intellektuelle Urheberschaft auf der Schuldebene von der intellektuellen Beihilfe nach dem Willensinhalt ab: „So kann auch die Verschiedenheit des intellektuellen Urhebers vom intellektuellen Gehilfen nur auf dieser Basis konstruiert, also auch hier nur darin gefunden werden, je nachdem der intellektuell Handelnde die Entscheidung, ob der Erfolg herbeigeführt werden soll, von dem freien Willen des Thäters abhängig machen will, oder diesen für den seinigen nicht als maßgebend betrachtet“[98]. Entscheidend sei nicht die objektive Wirksamkeit für den Erfolg, sondern die Beschaffenheit des Willens des Handelnden. Aufgrund der rein subjektiven Betrachtung erachtet v. Buri auch einen Irrtum des Hintermanns über die Verantwortlichkeit des Vordermanns als rechtlich unerheblich. Ebenso setzt v. Buri (wie bei der Beihilfe) den Beginn des Versuchszeitpunktes bereits mit Einwirkung des Hintermanns auf die Mittelsperson an.[99]

Mit der subjektiven Ausrichtung erfaßt v. Buri ein wichtiges Moment der Bestimmung von Täterschaft und Teilnahme, insofern als die Frage, wie der einzelne sich in das Geschehen selbst einordnet, nicht unberücksichtigt bleiben kann, wenn die Bestimmung nicht allein eine von außen an die Person herangetragene sein soll. Bei v. Buri wird jedoch das Verhältnis zwischen der rein objektiv-naturkausalen Betrachtungsweise nach der Äquivalenztheorie und der Willensausrichtung der Beteiligten nicht bestimmt. So betont er einerseits die Willensfreiheit des einzelnen und verneint jede Form einer kausalen Beeinflussung des Willens, während er andererseits diese Feststellung übergeht und letztlich bei der Zusammenfassung von Anstiftung und mittelbarer Täterschaft als Urheberschaft in seiner Begründung auf Äquivalenzerwägungen verharrt, also einer rein objektiv-naturalistischen Perspektive verhaftet bleibt. Es fehlt damit die Begründung, warum v. Buri eine Unterscheidung zwischen Anstiftung und mittelbarer Täterschaft ablehnt. Denn der Anstifter bedarf im Gegensatz zum mittelbaren Täter noch des Willens eines anderen, der letztlich die Entscheidung für den Erfolg trägt, so daß er insofern seinen Willen dem Vordermann unterordnet. Entsprechend seiner Lehre müßte v. Buri daher zu einer Unterscheidung

---

96 *v. Buri*, ZStW 2 (1882), S. 249.

97 *v. Buri*, GS 28, 203; ZStW 2 (1882), 275.

98 *v. Buri*, ZStW 2 (1882), S. 274; vgl. auch *ders.*, GS 28 (1876), S. 200.

99 *v. Buri*, GS 28 (1876), 201.

kommen. Sein inkonsequentes Ergebnis liegt aber daran, daß er das Willensmoment inhaltlich nicht klar bestimmt. Denn dem Willen soll zum einen ein gleichrangiger Gehalt im Kausalverlauf zukommen, so daß er hier das Geschehen vom Erfolg aus betrachtet. Dies zeigt sich insbesondere bei der Bestimmung der versuchten Urheberschaft oder des omnimodo facturus. Die Bestimmung von Recht kann aber nicht vernachlässigen, daß der Hintermann - wenn auch sein Wille auf eine Verletzung ausgerichtet ist - objektiv hinter einer Verletzung zurückbleibt, seine Handlung also eine untaugliche ist. Zum anderen hat der Wille nach v. Buri aber auch eine dem Kausalverlauf überlegene Bedeutung und wird dadurch zum Ausgangspunkt des Willensinhalts bei der Abgrenzung von Beihilfe und Urheberschaft. Es wird nämlich behauptet, daß aufgrund der Freiheit des Willens des einzelnen eine Beeinflussung nicht nach kausalen Gesichtspunkten zu beurteilen ist.

Auch ist nicht geklärt, warum er auf der objektiven Ebene nicht bereits eine Unterscheidung vornimmt, wenn er meint, daß auf die Willensbestimmung nicht in kausaler Weise Einfluß genommen werden könnte. So macht v. Birkmeyer[100] zu recht gegen v. Buri geltend, daß der Anstifter dadurch eine Bedingung für den Erfolg setzt, daß er eine Bedingung für den Tatentschluß setzt, während der mittelbare Täter die Bedingung für den Erfolg direkt herbeiführt, so daß die Wirkweise der „intellektuellen Urheberschaft“ eine ganz verschiedene sein kann.

Zusammenfassend läßt sich zum Begriff der „intellektuellen Urheberschaft“ auf Grundlage der Äquivalenztheorie feststellen, daß sowohl v. Liszt als auch v. Buri nur das Verhältnis von Hintermann und Erfolg der Rechtsgutsverletzung bestimmen und dabei zunächst von einer rein kausalen Betrachtungsweise ausgehen, während das Verhältnis zwischen den Beteiligten unbestimmt bleibt. Das Geschehen wird dabei nur aus der Perspektive des Erfolges vom Hintermann aus betrachtet, während das Zwischengeschehen aus der Betrachtung herausgenommen wird. Folge dieser Sicht ist, daß sie keine Aussagen über die Unterschiede von mittelbarer Täterschaft und Anstiftung machen kann. Dabei läßt die subjektive Ausrichtung v. Buris zum einen das objektive Tatgeschehen außer Betracht und bleibt zum anderen durch den Hintergrund der Äquivalenztheorie einer naturalistischen Perspektive verhaftet, die letztlich zu einer Einheitstäterlehre führen muß.

Die im folgenden darzustellenden *individualisierenden Kausallehren* sind demgegenüber bemüht, auch spezifisch personale Momente zu erfassen, indem sie den rein naturwissenschaftlichen Kausalbegriff dahin ergänzen.

---

100 *v. Birkmeyer*, Die Lehre von der Teilnahme, S. 27.

II. Mittelbare Täterschaft und Anstiftung auf der Grundlage individualisierender Kausallehren

Es handelt sich hier um solche Lehren, die auf der Grundlage eines strafrechtsspezifischen Ursachenbegriffs zwischen Täterschaft und Teilnahme unterscheiden. Anders als bei der subjektiven Theorie ist hier der Ausgangspunkt eine objektive Betrachtung des Geschehens. Im Unterschied zu den oben dargestellten Kausallehren gründen die individualisierenden Kausallehren auf einem über die naturhaften Gegebenheiten hinausgehenden Kausalbegriff, der spezifisch personale Elemente zu erfassen versucht. Darauf aufbauend versuchen die individualisierenden Kausallehren eine Differenzierung von Anstiftung und mittelbarer Täterschaft vorzunehmen. Dabei ist für ihre Unterscheidung maßgeblich, ob und inwieweit zwischen Handlung und Erfolg der freie Wille eines anderen tritt, und welche Bedeutung diesem für die Bewertung des Hintermanns hinsichtlich des erfolgten Verletzungsgeschehens zukommt. Dieser Schwerpunktwechsel hat auch eine Änderung der Perspektive im Vergleich zu den oben aufgeführten Lehren zur Folge: Das Verhältnis zwischen Hintermann und Tatmittler wird näher bestimmt, und die Bedeutung der Willensfreiheit des einzelnen und zum Teil auch seine soziale Einordnung wird in die Beurteilung aufgenommen. Die Kausalität wird durch personale Elemente auf unterschiedliche Weise konkretisiert: Durch eine Unterscheidung nach der Wirksamkeit der Bedingung, nach der Zeitfolge des Setzens einer Ursache oder nach physischer und psychischer Kausalität.

1. Unterscheidung von mittelbarer Täterschaft und Anstiftung nach der Wirksamkeit der Bedingung (v. Birkmeyer)

Im Gegensatz zu den zuvor beschriebenen Kausallehren des 19. Jahrhunderts und einem damit verbundenen Einheitstäterbegriff, findet bei *Karl v. Birkmeyer* eine Wendung hin zu einer personalen Bestimmung von Kausalität und damit eine Entfernung von einer rein naturwissenschaftlichen Betrachtungsweise statt. Er sucht einen strafrechtsspezifischen Ursachenbegriff, der sich an der sozialen Wirklichkeit („an der Sprache des täglichen Lebens“[101]) orientieren soll und in der Lage ist, „in einer einzelnen menschlichen Tätigkeit die Ursache eines verbrecherischen Erfolges zu erblicken“[102]. v. Birkmeyer betont dabei, daß es zwar richtig ist, daß keine Bedingung fehlen darf, ohne daß der Erfolg entfiele, wendet sich aber gegen das Postulat, alle Bedingungen als gleichwertig für einen Erfolg zu betrachten. Vielmehr unterscheidet er zwischen seiner Ursache und

---

101 *v. Birkmeyer*, Über Ursachenbegriff und Kausalzusammenhang, S. 9.
102 *v. Birkmeyer*, Über Ursachenbegriff und Kausalzusammenhang, S. 9.

seiner Bedingung. Die Qualität, Ursache für einen Erfolg zu sein, solle nur der für den Erfolg wirksamsten Bedingung zukommen.[103] Dabei wird die wirksamste Bedingung in seinen Beispielen zunächst quantitativ bestimmt. So könnten zwei Personen dem Opfer eine unterschiedliche Dosis Gift geben, oder der Beitrag zu einer Überschwemmung könne unterschiedlich groß sein.[104] Auch bei der Differenzierung von Anstiftung und mittelbarer Täterschaft stellt v. Birkmeyer vornehmlich auf quantitative Unterschiede ab. So weist er darauf hin, daß das RStGB ebenso eine Unterscheidung von Ursache und Bedingung nach dem Umfang der Wirksamkeit vornehme, indem es zwischen Mittäterschaft und Beihilfe objektiv nach ihrem Beitrag zum Erfolg und nicht - wie die subjektive Lehre meint - nach der Willensrichtung der Beteiligten unterscheidet. Bei Hinzutreten einer neuen Ereignisreihe könne also die zuvor gesetzte Bedingung unterbrochen werden. Seines Erachtens ist dies dann der Fall, wenn eine neue selbständige Kausalkette den Erfolg herbeiführt. Eine solche sei beispielsweise dann anzunehmen, wenn jemand einem anderen eine tödliche Verletzung zugefügt habe, das Opfer aber vor dem Verletzungstod durch einen Blitzschlag getroffen werde und nun durch dieses Naturereignis zu Tode komme. Die Verletzungshandlung sei dann nicht Bedingung des Todeseintritts.[105] Anders seien aber Fälle zu beurteilen, in denen nicht ein Naturereignis dazwischentrete, sondern eine zurechnungsfähige Person. Hier kann nach v. Birkmeyer nicht von einer „Unterbrechung des Kausalverlaufs“[106] gesprochen werden. Dabei setzt er an der Bedeutung der Freiheit des Willens an. Dieser hat zum Inhalt, daß „der Mensch im Stande sei, die Willensreize, welche die Außenwelt in ihm erzeugt, nach freier Willkür werden zu lassen oder nicht. Seine Handlungen sind also dem Kerne nach stets Producte eigener Entschlüsse und nie fremder Kräfte“[107]. v. Birkmeyer betont aber, daß damit nicht ausgeschlossen ist, „daß sie nicht mit fremden Kräften zusammenwirken können und unter Umständen zusammenwirken müssen, um einen bestimmten Erfolg zu produziren“[108]. Die Freiheit des Willens von Personen schließe es aber aus, von Verursachung zu sprechen, wenn der Erfolg durch die Indienstnahme des freien Verhaltens eines anderen herbeigeführt werde. Er weist daraufhin, daß auch das Gesetz bei der Anstiftung davon ausgeht: Diese wird gerade nicht als Verursachung des Erfolges aus der Sicht des Hintermanns angesehen, sondern als Anstiftung zu einer verbrecherischen Handlung.[109] Mit „Bestimmen“ meine das Gesetz die Beeinflussung des

103 *v. Birkmeyer*, Über Ursachenbegriff und Kausalzusammenhang, S. 17f.
104 *v. Birkmeyer*, Über Ursachenbegriff und Kausalzusammenhang, S. 18.
105 *v. Birkmeyer*, Über Ursachenbegriff und Kausalzusammenhang, S. 20f.
106 Vgl. näher zur Lehre von der Unterbrechung des Kausalzusammenhangs unter 2.
107 *v. Birkmeyer*, Ursachenbegriff und Kausalzusammenhang, S. 21.
108 *v. Birkmeyer*, Ursachenbegriff und Kausalzusammenhang, S. 21.
109 *v. Birkmeyer*, Die Lehre von der Teilnahme, S. 119.

Willens in der Form, daß sich die Mittelsperson selbst bestimme, sie stelle ein „Setzen einer Bedingung der Selbstbestimmung zur Handlung“[110] dar. Letztlich müsse gleiches auch für die mittelbare Täterschaft gelten, denn auch hier finde keine Verursachung des auf einen anderen intellektuell Einwirkenden statt. Vielmehr sei der Unterschied zwischen Anstiftung und mittelbarer Täterschaft nur ein gradueller. Der mittelbare Täter bediene sich durch das Hervorrufen eines den Vorsatz ausschließenden Irrtums, bei der Nötigung und bei einem bindenden Befehl eines besonders starken „Reizes“ und habe dadurch zum Entschluß des Vordermanns in einem wesentlich höheren Maße beigetragen als der Anstifter. Daher habe das RStGB diese vom (mittelbaren) Täter hervorgerufene starke Motivation als eine Verursachung bezeichnet. Die Einwirkung seitens des mittelbaren Täters setze damit eine überwiegende Bedingung, während die des Anstifters lediglich eine untergeordnete sei.[111]

v. Birkmeyer kristallisiert mit seinen Ausführungen das personale Element und zugleich die sozialen Wirkweisen der Personen untereinander heraus und entfernt sich damit von einer naturalistischen Betrachtungsweise.[112]

Besonders bei der Behandlung der Fälle, die allgemein als Formen mittelbarer Täterschaft gewertet werden, macht v. Birkmeyer zu recht darauf aufmerksam, daß der Vordermann, der sich in einem vorsatzausschließenden Irrtum befindet oder aufgrund des Drucks seitens des Hintermanns ein Verbrechen begehe oder aufgrund eines verpflichtenden Befehls nicht dadurch zu einer „blosen Naturkraft, zum blosen Werkzeug“ werde.[113]

Auch der Getäuschte und Genötigte handelt nach v. Birkmeyer damit letztlich willensfrei. Zu beachten ist jedoch, daß möglicherweise dennoch ein qualitativer Unterschied zwischen den von Birkmeyer gleichgesetzten Fällen der Nötigung zu einer Tat und des bindenden Befehls im Vergleich zum Ausnutzen eines vorsatzausschließenden Irrtums besteht und damit insgesamt die Unterscheidung nicht nur quantitativ erfolgen kann.

---

110 *v. Birkmeyer*, Die Lehre von der Teilnahme, S. 119.

111 *v. Birkmeyer*, Die Lehre von der Teilnahme, S. 121 ff.; *ders.*, Ursachenbegriff und Kausalzusammenhang, S. 118 (= Fn.).

112 Siehe zu dem Ertrag der Lehre von Birkmeyer auch *Murmann*, Die Nebentäterschaft im Strafrecht, S. 48.

113 *v. Birkmeyer*, Ursachenbegriff und Kausalzusammenhang, S. 79 (= Fn. 118).

2. Die Unterscheidung von Anstiftung und mittelbarer Täterschaft nach der Lehre von der Unterbrechung des Kausalzusammenhangs und der Lehre von der Adäquanz

a) Die Lehre von der Unterbrechung des Kausalzusammenhangs

Der Gedanke, daß der Kausalzusammenhang durch das freie Handeln einer anderen Person unterbrochen wird, taucht bereits bei *Heinrich Luden*[114] auf. Begrifflich wurde er zuerst von *Theodor Goltdammer*[115] verwendet. Damit wird bereits auf objektiver Ebene eine Unterscheidung zwischen Täterschaft und Teilnahme begründet. So soll derjenige nicht als Urheber einer Tat in Betracht kommen, der einen anderen dazu veranlaßt, einen Tatentschluß zu einem Verbrechen zu fassen, da sein Verhalten nicht mit dem begangenen Verbrechen in einem Kausalzusammenhang steht.[116] Anders beurteilt werden dagegen Einwirkungen auf nicht zurechnungsfähige Personen. Hier wird eine Kausalunterbrechung verneint. Bedeutung hat diese Lehre auch für die Bestimmung des Akzessorietätserfordernisses der Teilnahmehandlung, die damit nicht aufgrund der naturkausalen Verknüpfung zwischen Anstifterhandlung und eingetretener Verletzung durch den Angestifteten gegeben sein muß, sondern wegen des tatsächlichen interpersonalen Bezugs. Der Umfang der Akzessorietät wird damit für die Unterscheidung von Anstiftung und mittelbarer Täterschaft von besonderem Interesse.

Ein weiterer Ansatz, der dazu dienen sollte, die Verantwortung für ein durch fremde Freiheit bewirktes Verletzungsgeschehen zu begrenzen, findet sich in der Lehre *Ludwig von Bars*. Aufgrund von Adäquanzerwägungen[117] stellt er das personale und soziale Moment näher heraus und macht sie für die Beteiligungslehre fruchtbar.[118] Im Unterschied zu Luden sieht er bei der Anstiftung den Kau-

---

114 *Luden*, Handbuch, Bd. 1, S. 354f. „Aeußere Einwirkungen können zwar eine Veranlassung für den Menschen werden, daß er einen bestimmten Willen fasse: aber dieselben können niemals zu dem Willen in der Art in einem Kausalverhältnisse stehen, daß in ihnen eine Ursache des Willens gefunden werden könne."

115 *Goltdammer*, GA 15 (1867), S. 19: „Freie Handlungen dritter Personen, die zwischen der ursprünglichen Handlung des ersten Thäters und dem schließlich eingetretenen Erfolg als wirkende oder mitwirkende Ursachen des letzteren liegen, unterbrechen den Kausalzusammenhang, können also dem ersten Thäter nicht zugerechnet werden. Sie haben den Charakter des reinen Zufalls, und sie sind, soweit sie nämlich wirklich freie Handlungen sind, einer Vorausberechenbarkeit, also einer Voraussicht der Mitwirkung nicht unterworfen."

116 Vgl. *Luden*, Handbuch, Bd. 1, S. 355.

117 Vgl. zur Adäquanztheorie *Murmann*, Die Nebentäterschaft im Strafrecht, S. 58 m. w. N.; speziell zur Lehre von v. Bar: *Ling*, Unterbrechung, S. 43ff.

118 Vgl. zur Lehre von der Adäquanz, *v. Bar*, Gesetz und Schuld II, S. 181ff.

salzusammenhang ebenso wie bei der mittelbaren Täterschaft als nicht unterbrochen an, da auch im ersteren Fall der Hintermann durch die Einwirkung auf die Mittelsperson mit der Begehung der Tat „rechne“. Trotzdem nimmt er aber eine Unterscheidung der beiden Formen vor.[119]

b) Der Gedanke der Adäquanz und die Unterscheidung von mittelbarer Täterschaft und Teilnahme nach v. Bar

Ausgangspunkt ist auch für *v. Bar* zunächst die Äquivalenztheorie, soweit sie nur Prüfstein für einen naturgesetzlichen Zusammenhang zwischen Handlung und Folgen sein soll. Er grenzt sie aber zu einem „Kausalzusammenhang im juristischen Sinne“ ab, der die Aufgabe hat, den mechanischen Zusammenhang zu begrenzen, und zwar bereits auf objektiver und nicht erst auf der Schuldebene.[120] Dies soll sich sowohl aus dem Sprachgebrauch als auch aus sachlichen Erwägungen ergeben, denn eine Begrenzung erst auf der Schuldebene führt seines Erachtens zu nicht haltbaren Ergebnissen. Als Beispiel nennt er den Erbonkelfall, in dem der Person, die einen anderen während eines Gewitters auf ein Feld schickt, bereits keine Herrschaft über den Geschehensablauf zukommt. Gleiches gelte, wenn eine zurechnungsfähige Person bewußt und unabhängig von der ersthandelnden in das Geschehen eingreife, auch wenn jene an die Handlung der letzteren anknüpfe. Es müsse vielmehr hinzukommen, daß dem Handelnden die eingetretenen Folgen „als möglich“, als „regelmäßig“ erscheinen. [121] Dies sei beim Handeln mehrerer Personen nach v. Bar dann der Fall, wenn der „Ersthandelnde den Erfolg selbst erstrebte, und daß zugleich das Eingreifen des Zweithandelnden nicht als völlig der Vorstellung und daher auch dem Willensbereiche des Ersthandelnden entzogener außerordentlicher Vorgang“[122] erscheint. Daher solle der Kausalzusammenhang bei der Anstiftung nicht unterbrochen werden, obwohl eine freie (wenn auch durch die Einwirkung des Anstifters in ihren Motiven geprägte) Person dazwischentrete, denn dann habe der Anstifter gerade mit der Handlung des Vordermanns gerechnet.

v. Bar nimmt im folgenden eine Unterscheidung von Anstiftung und mittelbarer Täterschaft vor. Er betont zwar zunächst, daß das äußere Erscheinungsbild zwischen beiden Formen insbesondere hinsichtlich des schädigenden Erfolges gleich ist. Die „juristische Konstruktion“ sei aber eine unterschiedliche: Der Dolus des mittelbaren Täters sei ein direkt auf das Ziel gerichteter, während der

---

119 *v. Bar*, Gesetz und Schuld II, S. 617

120 *v. Bar*, Gesetz und Schuld II, S. 198.

121 *v. Bar* betont hier auch, daß sein Prinzip im wesentlichen identisch ist mit dem Prinzip des adäquaten Kausalzusammenhangs, Gesetz und Schuld II, S. 242.

122 *v. Bar*, Gesetz und Schuld II, S. 219.

Entschluß des Anstifters lediglich ein bedingter sei, da er ihn davon abhängig mache, ob der Vordermann die Tat auch wolle und schließlich tatsächlich danach handle.[123] V. Bar ist dabei aber nicht so zu verstehen, als unterschieden sich für ihn mittelbarer Täter und Anstifter lediglich in ihrer Schuld. Vielmehr nimmt er bereits im objektiven Verhältnis zwischen Hintermann und Vordermann eine Unterscheidung vor. Als Täter, als mittelbare Täter seien solche anzusehen, die sich zur Tatausführung einer willensunfähigen Person bedienten. Diese entsprächen Naturkräften. Gleiches gelte für solche Mittelsmänner, die einem unbedingten Gehorsam verpflichtet seien und ebenso für solche, die nicht wüßten, daß sie eine verbrecherische Handlung begingen.[124] Er weist aber darauf hin, daß es selbst beim Einsatz derartiger Personen unsicher sein kann, ob sie die Tat ausführen oder nicht. Allerdings sei diese Ungewißheit nicht als so groß anzusehen wie bei den Mitteln der Anstiftung. Denn der Anstifter erkenne - im Gegensatz zum mittelbaren Täter - die Mittelsperson als sich frei entschließende an und wolle sie daher nicht als ein bloßes Mittel benutzen. „Das Gefühl einer wirklichen geistigen Potenz des Anzustiftenden, der auch in jedem Augenblicke sich anders entscheiden kann, wird den Anstifter kaum verlassen."[125] Bemerkenswert ist auch, daß v. Bar Fälle des Nötigungsnotstandes der Anstiftung zuordnet, denn auf den Grad der Drohung kann es seiner Ansicht nach nicht ankommen. Die Anstiftungsmittel werden von ihm dennoch sehr weit gefaßt: Sogar scheinbares Abraten soll für die Bewertung als Anstiftungshandlung genügen können.[126] Es solle maßgeblich darauf ankommen, ob der Anstifter das „ausschlaggebende Motiv" gegeben habe, ohne das der Entschluß der Mittelsperson nicht entstanden wäre, wobei der „Charakter und nicht selten auch die Intelligenz des Täters in Betracht zu ziehen sind"[127]. Wie das „ausschlaggebende Motiv" aber näher zu bestimmen ist, läßt v. Bar offen.

Zu recht wird gegenüber dem Begriff „Unterbrechung des Kausalzusammenhangs" geltend gemacht, daß er der sachlichen Bedeutung nicht hinreichend gerecht wird.[128] Ein Kausalzusammenhang besteht oder besteht nicht, er kann aber nicht „unterbrochen" sein. Auch bei der Anstiftung bleibt der naturgesetz-

---

123 *v. Bar,* Gesetz und Schuld II, S. 625.

124 *v. Bar,* Gesetz und Schuld II, S. 577f.

125 *v. Bar,* Gesetz und Schuld II, S. 624.

126 Er betont aber auch, daß die Grenze zwischen Anstiftungshandlung und Beihilfe fließend ist und nicht nach „abstrakter Logik", sondern nur nach „freier moralischer Würdigung" erfolgen kann; „denn genau betrachtet, liefert der Anstifter dem Anzustiftenden nur ein Motiv, welches in Verbindung mit anderen schon vorhandenen Motiven und jedenfalls mit dem Charakter des Angestifteten in diesem den Entschluß hervorbringt." (*v. Bar,* Gesetz und Schuld II, S. 631).

127 *v. Bar,* Gesetz und Schuld II, S. 630.

128 Vgl. zur Kritik auch *Murmann,* Die Nebentäterschaft im Strafrecht, S. 57 m. w. N.

liche Bedingungszusammenhang bestehen. Anzuerkennen ist aber das Bemühen v. Bars in seine differenzierten Ausführungen zur Abgrenzung von Anstiftung und mittelbarer Täterschaft personales Handeln und die Gestaltung der sozialen Wirklichkeit durch den einzelnen mit aufzunehmen.

3. Die Unterscheidung von Anstiftung und mittelbarer Täterschaft nach psychisch und physisch vermittelter Kausalität

a) Die Lehre vom Regreßverbot (Frank)

In Abwendung von dem Begriff der „Unterbrechung des Kausalzusammenhangs" und der Einsicht der bestehenden Notwendigkeit der Einschränkung der Äquivalenztheorie entwickelt *Reinhard Frank* die „Lehre vom Regreßverbot".[129] In der Sache ergibt sich aus dieser Lehre im Verhältnis zum Begriff der „Unterbrechung des Kausalzusammenhangs" nichts grundlegend anderes. Nach der „Lehre vom Regreßverbot" sollen keine Ursachen solche „Vorbedingungen einer Bedingung (sein), die frei und bewußt (vorsätzlich und schuldhaft) auf Herbeiführung des Erfolges gerichtet"[130] sind. Frank unterscheidet daher bei Erfolgsdelikten zwischen Ursache und Bedingung der Handlung zum Erfolg. Bei ersterer handle es sich um eine Form physisch vermittelter Kausalität, die Täterschaft begründe, während letztere eine Form psychisch vermittelter Kausalität sei, da sie durch eine andere Person wirke und daher eine Teilnahme begründe.[131] Eine physisch vermittelte Kausalität und damit Täterschaft nimmt Frank auch dann an, wenn der Hintermann sich einer Person bedient, die nicht frei handelt oder sich ihrer Kausalität nicht bewußt ist. Das Regreßverbot finde dann keine Anwendung. Die Mittelsperson erscheine nämlich „als Werkzeug in der Hand des anderen"[132]. Demgegenüber mache sich der Anstifter von dem Tatentschluß der Mittelsperson abhängig. Die Anstiftung weise damit zwei Erfolge auf: Zum einen das Hervorrufen des Tatentschlusses und zum anderen die Begehung der Tat selbst.[133] Angesprochen ist mit der Unterscheidung von Anstiftung und mittelbarer Täterschaft bereits das Element der Verantwortung der Mittelsperson und die Frage, inwieweit dies für die Beurteilung des Hintermanns eine Rolle spielt. Allerdings ist bei Frank vornehmlich die objektive Perspektive Ausgangspunkt seiner Unterscheidung von Täterschaft und Teilnahme. So soll seines Erachtens aus der objektiven Betrachtungsweise auch die Diffe-

---

129 *Frank*, Strafgesetzbuch, 18. Auflage, S. 14ff.; siehe insgesamt zur Lehre vom Regreßverbot bei Frank auch *Ling*, S. 101ff.

130 *Frank*, Strafgesetzbuch, S. 14.

131 *Frank*, Strafgesetzbuch, S. 104.

132 *Frank*, Strafgesetzbuch, S. 104 und 107.

133 *Frank*, Strafgesetzbuch, S. 119.

renzierung der Beteiligungsvorsatzes vorgenommen werden: „als vorsätzlicher Täter haftet, wer weiß, daß er den Erfolg ohne Vermittlung eines frei und bewußt handelnden fremden Willens bewirkt; als Teilnehmer haftet, wer weiß, daß er den Erfolg durch Vermittlung eines solchen Willens herbeiführt."[134] Damit muß sich der Vorsatz allein auf die äußeren Umstände beziehen. Nicht erforderlich ist dagegen, daß dem Täter bzw. Teilnehmer auch das Bedeutungswissen hinsichtlich ihrer jeweiligen Stellung zukomme; denn maßgeblich sind nur die Fakten an sich und wie sie vom jeweilig Handelnden begriffen werden. Damit bleibt Frank trotz seines anthropologischen Ansatzes letztlich einer objektiv-kausalen Betrachtungsweise verhaftet.

b) Die Lehre A. Horns von der Naturkausalität in Abgrenzung zur psychischen Kausalität

Ähnlich wie Frank nimmt *Arnold Horn* eine Differenzierung vor. Er sei hier zusätzlich erwähnt, da er das Bewußtsein des einzelnen von seiner Einordnung in das Geschehen besonders hervorhebt und damit möglicherweise dem hier zugrunde zu legenden reflexiven Ansatz bereits in seinen Ausgangsbestimmungen nahe kommt.[135]

Nach Horn ist zwischen zwei empirischen Wissenschaften zu unterscheiden, die in der Lage sind, den Ursachenbegriff zu erklären. Es ist zum einen die Naturwissenschaft, deren Aufgabe es ist, äußere Erscheinungen zum Gegenstand ihrer Betrachtung zu machen und zum anderen die empirische Psychologie, die den Zusammenhang seelischer Vorgänge zu erklären versucht.[136]

Im Rahmen der Erklärung von Naturkausalität differenziert er zwischen Ursache und Bedingung. Die aktuell veranlassende Bewegung sei Ursache eines Ereignisses, während die vorhandenen potentiellen „Bewegungsenergien", in die die veranlassende Bewegung eingreife, nur Bedingungen dieser Ursache darstellten.[137] Wirken mehrere Bewegungen zusammen, soll nach Frank nicht das temporale Verhältnis und auch nicht das quantitative entscheidend sein, sondern die Bewegungen sind als Mitursachen anzusehen, die unentbehrlich für das Zustandekommen des Erfolges sind. Diesen naturalen Ursachenbegriff, der in der Sinnenwelt zu finden ist, erweitert er auf bestimmte Fälle, in denen das Wirken des Willens zum Tragen kommt. So können auch psychische Vorgänge ebenso

---

134 *Frank,* Strafgesetzbuch, S. 105.

135 Er nähert sich mit seinen Ausführungen bereits stark der modernen Tatherrschaftslehre an. Vgl. dazu auch *Roxin,* Täterschaft und Tatherrschaft, S. 45ff.; *Murmann,* Die Nebentäterschaft im Strafrecht, S. 53ff.

136 *A. Horn,* GS 54 (1897), S. 329.

137 *A. Horn,* GS 54, S. 333.

wie die latent vorhandenen Bewegungen als Mittel zur Erreichung eines Erfolges eingesetzt werden. Dies ist nach seiner Auffassung dann der Fall, wenn jemand eine unzurechnungsfähige oder sich in einem Irrtum befindende Person und „damit ein total oder partiell blindes Geistesleben zur Erzielung eines Erfolges" einsetzt.[138] Horn bezeichnet eine derartige Einwirkung auf „die Seele eines Anderen" auch als eine Form „intellektueller Kraftauslösung"[139]. Davon trennt er Fälle psychischer Kausalität, in der die Spontaneität des Willens trotz intellektueller Einwirkung bestehen bleibt.[140] Denn über die künftigen Entschlüsse könne dann gerade nicht wie bei einer Naturkraft verfügt werden. Auch fehle es dann am „Bewußtsein, daß wir, wenn wir jener Spontaneität eine Bedingung setzen, verursachen (...). Dem Setzen der Bedingung gegenüber erscheint das Wollen des Angestifteten als selbständige Causalität"[141]. Zwangssituationen stellt er demgegenüber, obwohl auch er davon ausgeht, daß der Wille formell frei bleibt, der Naturkausalität gleich und sieht die dahinterstehende Person als Urheberin des Erfolges an und nicht die handelnde.[142]

Horns Trennung zwischen Naturkausalität und Spontaneität des menschlichen Willens, die nicht mit mechanischen Vorgängen gleichgesetzt werden kann, ist als Vorstellungsbasis für eine rechtlichsoziale Gemeinschaft und damit auch für das Strafrecht unentbehrlich. Denn nur dann kann überhaupt von Verantwortung für ein Verhalten die Rede sein. Der einzelne wird so nicht zur Marionette seines Schicksals degradiert, sondern als ein Wesen betrachtet, das seine natürliche und soziale Umwelt frei gestalten zu vermag.

Die Gleichsetzung von Zwangssituationen mit Naturkausalität zeigt jedoch, daß er seinen eigenen Ansatz nicht konsequent weiterdenkt, denn hier müßte er ebenso zu dem Ergebnis kommen, daß die Tat letztlich über den - wenn auch in seiner Ausführung eingeschränkten - freien Willen einer anderen Person verläuft, die dann nicht mehr als „total oder partiell blindes Geistesleben" angesehen werden kann. Vielmehr bleibt die Spontaneität des Willens auch in einer Zwangssituation erhalten. „Es kann nur der zu etwas gezwungen werden, der sich zwingen lassen will."[143]

Die nun darzulegenden teleologischen Lehren weisen gegenüber dem Ansatz Horns und überhaupt gegenüber den individualisierenden Kausallehren einen wesentlichen gedanklichen Rückschritt in ihrer Vorstellungen über den einzel-

---

138 *A. Horn,* GS 54, S. 348.
139 *A. Horn,* GS 54, S. 363f.
140 *A. Horn,* GS 54, S. 367f.
141 *A. Horn,* GS 54, S. 368.
142 *A. Horn,* GS 54, S. 367.
143 *G. W. F. Hegel,* Grundlinien der Philosophie des Rechts, § 91; vgl. dazu zunächst nur *M. Köhler,* Die bewußte Fahrlässigkeit, S. 168; 189, Fn. 25.

nen und bezogen auf das Strafrecht, insbesondere in der Verhältnisbestimmung von mittelbarer Täterschaft und Anstiftung auf.

B. Die teleologische Lehre und die Bestimmung mittelbarer Täterschaft und Anstiftung in den formal-objektiven Lehren

Die Grundlage der teleologischen Lehre bildete insbesondere die Erkenntnistheorie des Neukantianismus der südwestdeutschen Wertphilosophie[144], die sich nicht nur auf ein Beobachten und Beschreiben äußerer Geschehnisse beschränken wollte, sondern daneben die Methode des Begreifens und Verstehens setzte. Parallel zur empirischen Realität, die für sich genommen als sinn- und wertfrei galt und deren maßgebliche Erkenntnisform die naturgesetzliche Kausalität war, wurde eine selbständige wissenschaftliche Begriffswelt gesetzt, deren Aufgabe darin bestand, die vorgegebene ungeordnete Sinnenwelt zu systematisieren. Durch Sinn- und Zweckgebung der wertfreien Realität erfolgte nicht eine einfache Wiedergabe des in der äußeren Welt Beobachtbaren, sondern eine bewertende Umformung, die dadurch zu einer „unwirklichen Begriffswelt"[145] wurde. Das Recht ergibt sich danach nicht aus der bestehenden Wirklichkeit, sondern stellt sich als Ergebnis eines Umarbeitungsprozesses „der erkenntnistheoretischen Wirklichkeit zu einer abstrakten, auf bestimmt gearteten Kulturbedeutungen bezogene Welt"[146] dar. Die Rechtswissenschaft beschäftigte sich also mit Erzeugnissen rein theoretischer Bedeutungsbildungen.

Dem Strafrecht wurden vor allem teleologische Bestimmungen auf der Basis von in der Gesellschaft liegenden Wertvorstellungen zugrunde gelegt. Im Gegensatz zu den kausalitätsgegründeten Täterlehren, für die die Realität die Basis des Rechtsbegriffs der Täterschaft bildete, sollten nach einem teleologischen Verständnis diese von wertenden Überlegungen bestimmt und gerade nicht aus der personalen Realität abgeleitet werden. Die Feststellung des Verbrechens als tatbestandsmäßige, rechtswidrige und schuldhafte Handlung sollte nicht in einem bloßen Seinsurteil erfolgen, sondern war ein Werturteil des Gesetzgebers.[147] Die Auslegung von Gesetzen wurde als eine schöpferische Tätigkeit

---

144 Vgl. dazu insgesamt *Welzel,* Naturalismus und Wertphilosophie, S. 41ff.; vgl. zum Begriff des Rechtsgutes unter dem Einfluß der südwestdeutschen Schule *Amelung,* Rechtsgüterschutz und Schutz der Gesellschaft, S. 125ff.

145 *Rickert,* Der Gegenstand der Erkenntnis, S. 353.

146 *Lask,* Rechtsphilosophie, in Festschrift für Fischer, S. 301; vgl. dazu *Welzel,* Naturalismus und Wertphilosophie, S. 60ff. (insbesondere S. 62).

147 Vgl. z. B. *Schwinge,* der die Relativität des Rechtsgutsbegriffs betont: Der Gesetzgeber schütze zwar in der Regel solche Gemeinschaftswerte, die allgemein als kulturell wertvoll erachtet würden. Dennoch könne die Rechtsordnung beispielsweise auch sozialschädliche Zustände unter Rechtsschutz zu stellen, dann stellten auch sie geschützte

begriffen. „Indem sich die Begriffsbildung der Rechtswissenschaft nach 'Zwecken' richten muß, ist sie nicht bloß erkennende (kognitive), sondern gestaltende (emotionale) und damit notwendigerweise schöpferische Begriffsbildung“.[148] Der Maßstab des teleologischen Verständnisses des Täterschaftsbegriffs als juristische und nicht als seinsmäßige Wertung sollte das positive Recht sein. Die Aufgabe des Gesetzgebers wurde darin gesehen, Wertgesichtspunkte für den Richter vorzugeben, nach denen dieser zu beurteilen hat, wann ein menschliches Verhalten so gravierend auf Rechtsgüter einwirkt, daß es strafrechtliche Unrechtsfolgen auslöst. Verbunden mit der teleologischen Methode war also ein Gesetzespositivismus.[149]

Zeitlich verbunden ist die teleologische Vorgehensweise mit einer formal-objektiven Täterschafts- und Teilnahmetheorie, die dadurch gekennzeichnet ist, daß sie das Geschehen zunächst in seinem äußeren Erscheinungsbild betrachtet und es dabei in das Verhältnis zum maßgeblichen Deliktstatbestand setzt. Sie wendet sich damit insbesondere gegen die (materiellen) Kausalitätslehren. Das personale Moment der materiellen Kausallehren wurde dadurch zu Lasten einer formalen Betrachtungsweise des Geschehens ausgeblendet. Ausgangspunkt war für die strafrechtliche Teilnahmelehre zwar zunächst die Äquivalenztheorie, die jede Form der Mitwirkung als kausal für den eingetretenen Erfolg betrachtet, damit aber lediglich die Frage der naturhaften Gleichwertigkeit der Bedingungen zu lösen vermochte. Davon getrennt wurde die Frage der juristischem Wertgleichheit, die erst in der Lage sein sollte durch ein „emotional-wertendes Denken“ Unterschiede herauszukristallisieren.[150] Daher wurde eine Differenzierungsmöglichkeit von Täterschaft und Teilnahme nach Kausalitätsgesichtspunkten geleugnet. Die Frage nach der Kausalität stellte lediglich eine „strafrechtliche Arbeitshypothese“ dar.[151] Denn sie stellt nur fest, daß alle Bedingungen für den Erfolg gleichwertig sind und dies soll für den Teilnehmer ebenso gelten für wie den Täter.[152] Die Mitverursachung des Erfolges ist danach zwar unentbehrliche Voraussetzung für die Frage strafrechtlicher Haftung, mehr

---

„Werte“ und „Güter“ dar. „In der Verleihung von Normenschutz durch die Rechtsordnung liegt an sich schon die Konstituierung des Schutzobjekts zu einem allgemeinen Kulturwert; indem das Gesetz bestimmte Handlungen fordert oder erlaubt, andere verbietet, nimmt es wertend zum menschlichen Leben Stellung.“, Teleologische Begriffsbildung, S. 22.

148 *Mezger,* Deutsches Strafrecht, S. 82.

149 Vgl. dazu auch *Amelung,* Rechtsgüterschutz und Schutz der Gesellschaft, S. 143ff.

150 Vgl. dazu insgesamt *Welzel,* Naturalismus und Wertphilosophie, S. 64ff.

151 *Eb. Schmidt,* Die mittelbare Täterschaft, in Festgabe für Reinhard von Frank, Bd. 2, S. 115.

152 *Eb. Schmidt,* Die mittelbare Täterschaft, in Festgabe für Reinhard von Frank, Bd. 2, S. 115 f.

vermag sie aber nicht zu leisten. Die unterschiedlichen strafrechtlichen Teilnahmeformen sollen sich demgegenüber allein aus den Wertungen des positiven Rechts ermitteln lassen. „Es folgt deshalb für die Unterscheidung der einzelnen strafrechtlichen Teilnahmeformen gar nichts aus dem 'Wesen der Sache', weder aus dem der Kausalität noch aus dem der Akzessorietät: der Teilnahmebegriff ist vielmehr, durch und durch ein Produkt des Gesetzes'".[153]

Die formal-objektive Lehre setzte sich auch in Gegensatz zu der subjektive Lehre v. Buris und des Reichsgerichts[154]. Die Schlagworte „animus auctoris" und „animus socii" stellten nach ihrer Auffassung keine wirkliche Begriffsbildung dar, sondern liefen letztlich auf eine intuitive Entscheidung hinaus, wer als Täter und wer als Gehilfe zu bewerten sei. Der Gegensatz: „Wollen der Tat als eigener oder fremder aber berücksichtigt nicht, daß jeder vorsätzlich Mitwirkende den Erfolg als Ergebnis seiner eigenen Mitwirkung will und nur deshalb überhaupt strafrechtlich verantwortlich gemacht werden kann."[155]

Während die formal-objektiven Theorien die Unterscheidung zwischen Beihilfe und Täterschaft allgemein befürworteten, herrschte bezüglich der Differenzierung von Anstiftung und mittelbarer Täterschaft Uneinigkeit.[156] Die Gehilfenhandlung soll sich bereits objektiv sichtbar von der eines Täters unterscheiden, der die Tat tatsächlich ausführt. Die Verschiedenheit der Beteiligungsformen von Anstiftung und mittelbarer Täterschaft wird demgegenüber zum Teil als „doktrinär"[157] betrachtet und als eine künstliche Erweiterung der Teilnahme zu Lasten der Täterschaft begriffen. Beides seien vielmehr insgesamt Formen der „intellektuellen Täterschaft". Das Entscheidende sei, daß die Haupttat bedingt durch den Hintermann verwirklicht werde. Auf die unterschiedliche Einwirkung des Hintermanns auf die Mittelsperson solle es demgegenüber nicht ankommen. Diese stelle nur eine Vorbereitungshandlung dar. Maßgeblich sei für die Frage der Urheberschaft zum einen die Ausführungshandlung, d. h. die Vornahme der tatbestandsmäßigen Handlung, und zum anderen die Frage, ob sie durch die Mitwirkung eines hinter dem Ausführenden Stehenden erfolgt sei oder nicht.[158]

---

153 *Mezger,* Deutsches Strafrecht, S. 414.

154 Vgl. zur Rechtsprechung des Reichsgerichts unter D. I.

155 *v. Hippel*, Deutsches Strafrecht, Band 2, S. 456.

156 *Mezger,* Deutsches Strafrecht, S. 425ff. und *M. E. Mayer*, Strafrecht Allgemeiner Teil, S. 374ff. befürworteten eine Unterscheidung, während sich *Eb. Schmidt*, Die mittelbare Täterschaft, in Festgabe für Reinhard von Frank, Bd. 2, S. 118 und *v. Hippel,* Deutsches Strafrecht, Band 2, S. 448ff. gegen eine Differenzierung aussprachen.

157 So *Eb. Schmidt,* Die mittelbare Täterschaft, in Festgabe für Reinhard von Frank, Bd. 2, S. 118, der sich wegen des klaren Befehls des Gesetzes einer Unterscheidung der beiden Formen beugt.

158 So ausdrücklich insbesondere *v. Hippel*, Deutsches Strafrecht, Band 2, S. 448ff.

Zum Teil wird aber auch eine Unterscheidung befürwortet und nur die Anstiftung als „intellektuelle Urheberschaft" bezeichnet, während die mittelbare Täterschaft sich bereits aus der Begründung des allgemeinen Täterbegriffs ergeben soll und nur eine besondere Form desselben darstellt.[159]

Letztlich wird mit der formal-objektiven Theorie ein extensiver Täterbegriff verfochten. Nur dadurch, daß das Gesetz zwischen Täterschaft und Teilnahme tatsächlich unterscheidet, kann eine unterschiedliche Bewertung vorgenommen werden. Die Bewertung „Täter" und die strafrechtliche Haftung für sein Verhalten muß dann eigentlich auf jeden bezogen werden, „der eine Tatbestandsverwirklichung, und damit (...) eine Rechtsgutsverletzung rechtswidrig und schuldhaft"[160] bewirkt. Die Regelungen der Anstiftung und Beihilfe stellen dann lediglich „Strafeinschränkungsgründe" dar, die die ansonsten aus der Kausalbeziehung gegebene Täterstrafe gesetzlich einschränken und an deren Stelle eine andere Bestrafungsform tritt. Durch die gesetzespositivistische Geisteshaltung und die rein formale Betrachtung bleibt das subjektive Seinsverständnis wieder gänzlich unberücksichtigt. Diesen Mangel zeigt auch Welzel in seiner Entwicklung des finalen Handlungsbegriffs auf.

C. Die mittelbare Täterschaft in den Tatherrschaftslehren

Die heutige Wissenschaftsdiskussion um die Frage der Täterschaft wird im wesentlichen von der Tatherrschaftslehre geprägt, deren Grundlage die von *Hans Welzel* begründete finale Handlungslehre bildet. Es zeigt sich dabei, daß aufgrund der bestehenden Gesetzeslage in Deutschland mit deren Trennung von Anstiftung und mittelbarer Täterschaft die Frage nach der Notwendigkeit einer Differenzierung beider Formen nicht mehr ernsthaft gestellt wird. Zwar findet in der Literatur zumeist eine kritische Auseinandersetzung mit der Einheitstäterlehre statt[161], bevor auf das Teilnahmesystem näher eingegangen wird. Eine vor dem positiven Recht liegende Begründung sowohl für die Frage, ob es überhaupt möglich ist, das Verhalten eines Dritten einem anderen als (auch) seine Tat (mit-) zuzurechnen, als auch für die Frage, ob es einer Unterscheidung bei-

159 *Mezger,* Deutsches Strafrecht, S. 425ff.; *M. E. Mayer,* Strafrecht Allgemeiner Teil, S. 374ff.

160 *Eb. Schmidt,* Die mittelbare Täterschaft, in Festgabe für Reinhard von Frank, Bd. 2, S. 117.

161 Dabei wird insbesondere auch zu recht darauf hingewiesen, daß deren Zugrundelegung eines kausalen Handlungsbegriff den Begriff des Täters zu weit ausdehnen würde und damit sämtliche Tatbeiträge als Verursachung der Rechtsgutsverletzungen in Erscheinung treten ließe. Vgl. z. B. *Jescheck/Weigend,* AT, S. 645f. mit zahlreichen weiteren Nachweisen.

der Beteiligungsformen bedarf, wird aber nicht gegeben.[162] Diese Fragen scheinen in der gegenwärtigen Diskussion nicht mehr opportun, werden doch die Möglichkeit der (Mit-) Zuschreibung des Verhaltens anderer und die Differenzierung von Beteiligungsformen einfach als Vorgaben des Gesetzes akzeptiert.

Auch wenn die Tatherrschaftslehre auf verschiedenen Begründungsansätzen beruht und sich somit in ihrer näheren Ausgestaltung zu einzelnen Fallgruppen unterschiedlich darstellt, wird der Begriff Tatherrschaft einheitlich als das „vom Vorsatz umfaßte In-den-Händen-Halten des tatbestandsmäßigen Geschehensablaufs“[163] beschrieben. Bei der unmittelbaren Täterschaft wird sie näher als „Handlungsherrschaft“ definiert, während sie bei der mittelbaren Täterschaft als „Willensherrschaft“ oder „Wissensherrschaft“ des Hintermanns erscheinen soll. Bereits hier ist auffällig, daß der Begriff der Tatherrschaft verschiedene Ausprägungen aufweist, je nachdem, ob es sich um eine unmittelbare oder mittelbare Täterschaft handelt. In Abgrenzung zum Tatherrschaftskriterium bei der Täterschaft wird der Anstifter als derjenige betrachtet, der „ohne eigene Tatherrschaft als 'Randfigur' des realen Geschehens die Begehung der Tat veranlaßt“[164]. Das Tatherrschaftskriterium wird dabei sehr weit gefaßt. So soll auch bei einem vorsätzlich und rechtswidrigen bzw. sogar volldeliktischen Handeln seitens des Vordermanns, eine Herrschaft des Hintermanns über das Geschehen noch möglich sein. Unproblematisch erscheint dies insbesondere deswegen nicht, weil der Hintermann in diesen Fällen nur auf den Entscheidungsprozeß der Mittelsperson einwirkt, also die Motivation zur Tat gibt; der Wille des Vordermanns zur Verwirklichung der Unrechtsmaxime aber frei gesetzt werden kann, und ihm daher die eigentliche Herrschaft über das Geschehen zukommt. Es erscheint daher fraglich, ob beiden nebeneinander eine Tatherrschaft zukommen kann, oder ob nicht die Tatherrschaft des Vordermanns, der als (unter Umständen sogar vollverantwortlich) handelnde *Person* agiert und nicht als ein eingesetzter mechanischer Kausalverlauf erscheint, die des Hintermanns dann ausschließt. Nicht zu berücksichtigen sind dagegen im Rahmen der vorliegenden Arbeit Fälle der Nebentäterschaft, also solche Fallgestaltungen, in denen mehrere Personen un-

---

162 *Roxin* spricht sogar davon, daß „nicht bestritten werden (soll), daß eine Einheitstäterlösung durchführbar wäre“ (in Leipziger Kommentar, Vor § 25, Rn. 5). Allerdings schreibt er im nächsten Satz, daß eine Einheitstäterlösung mit den rechtsstaatlichen Grundlagen unseres Tatbestandsstrafrechts nicht zu vereinbaren sei und zu einer nicht erwünschten Ausdehnung der Strafbarkeit führen würde. Von daher scheint es seines Erachtens dann doch nicht möglich, ein Einheitstätersystem zu konstruieren.

163 *Maurach,* Deutsches Strafrecht AT, 4. Auflage, § 49 II C 2 (S. 627); vgl. aber auch z. B. *Wessels/Beulke,* AT, Rn. 512.

164 Vgl. statt aller *Wessels/Beulke,* AT, Rn. 513 m. w. N.

abhängig voneinander ein Geschehen beherrschen, ohne daß sie bewußt zusammen agiert haben.[165]

Im folgenden soll eine kritische Auseinandersetzung mit Vertretern der Tatherrschaftslehre vorgestellt werden, wobei der Schwerpunkt auch auf die strafrechtstheoretischen Begründungszusammenhänge zu setzen ist, auf denen die Antworten auf die Fragen der Abgrenzung der mittelbaren Täterschaft zur Anstiftung beruhen. Die jeweiligen Begründungen sind hier deshalb voranzustellen, da von ihnen die jeweilige Ausgestaltung der Abgrenzungskriterien von Täterschaft und Teilnahme abhängt. Dabei wird sich insbesondere zeigen, daß die Entwicklung dahin geht, einen allgemeingültigen Handlungsbegriff für das Strafrecht zu leugnen und statt dessen normative Wertmaßstäbe heranzuziehen.[166]

Der erste Schritt zur modernen Tatherrschaftslehre wurde von der finalen Handlungslehre getan, so daß die Lehre von der Tatherrschaft ihre erste bedeutungsvolle Ausprägung in der Lehre Welzels gefunden hat, an der sich die weitere Diskussion ausgerichtet hat.

I. Die auf einer finalen Handlungslehre gegründete Tatherrschaftslehre Welzels

1. Grundlagen der finalen Handlungslehre

In einer kritischen Auseinandersetzung mit dem naturalistischen Positivismus und den Wertlehren des Neukantianismus entwickelt *Welzel* seine „finale Handlungslehre" auf der Basis einer ontologischen Betrachtungsweise.[167] Gegen den Naturalismus macht er insbesondere geltend, daß dieser aufgrund seines auf Naturkausalität reduzierten Handlungsbegriffs das menschliche Sein nicht vollständig erfassen kann. Maßgeblich sei nach der Kausallehre nur die Erfolgsseite des Verhaltens, während die Modalität derselben keine Berücksichtigung finde. Die Fähigkeit des Menschen, „zweckbewußte Willenshandlungen" vorzunehmen, werde außer acht gelassen. Der naturalistische Handlungsbegriff trennt

---

165 Vgl. dazu bereits ausführlich die Dissertation von *Murmann,* Die Nebentäterschaft im Strafrecht, 1993.

166 Zu früheren Ausprägungen der Tatherrschaftslehre, vgl. die Darstellung bei *Roxin,* Täterschaft und Tatherrschaft, S. 60ff.; siehe ebenso die Ausführungen zur Lehre Horns, oben unter A. II. 3. b).

167 Vgl. zur Auseinandersetzung *Welzels* mit dem naturalistischen Positivismus und den Wertlehren des Neukantianismus, Naturalismus und Wertphilosophie, S. 22ff. und 49ff.; zur finalen Handlungslehre, *Welzel*, ZStW 51 (1931), S. 703ff.; *ders.,* ZStW 58 (1938), S. 491ff.; *ders.,* JuS 1966, S. 421ff.; *ders.,* NJW 1968, S. 425ff.

nach Welzel damit den Inhalt des Willens von der Willensrealisation ab und kommt so zu einer rein „mechanischen Kausalität".[168]

Seine Kritik gegenüber der Wertphilosophie der Südwestdeutschen Schule richtet sich gegen die Abtrennung einer irrealen Begriffswelt von dem Naturhaften, die so das ontische Sein vernachlässigt. Die juristischen Begriffe würden hier zu methodologischen Umformungen eines amorphen Materials degradiert.[169] Die Wertkategorien hätten eine Überbetonung erfahren und letztlich den Naturalismus innerhalb der empirischen Welt nicht verdrängt.

Damit ist der Weg Welzels bereits vorgezeichnet: Der Begriff darf nicht von der Realität getrennt werden, sondern ist wie alles Erkennen „nicht ein Erschaffen, Erzeugen oder Hervorbringen des Gegenstandes (...), ... sondern ein Erfassen von etwas, das auch vor aller Erkenntnis und unabhängig von ihr vorhanden ist"[170]. Während der Naturalismus das Sein der Welt wegen seiner reduzierten mechanischen Betrachtungsweise also nur unvollständig erfaßt hatte, wollte die teleologische Lehre die Erkenntnis von Seinsbestimmungen durch eine von außen an die Dinge herangetragene Wertung ersetzen und führte damit zu einer Abspaltung des Seins von den Werten. Für Welzel besteht demgegenüber ein „werthaftes Sein", welches durch die Wesensstruktur des Menschen bereits gegeben ist.[171] Für den Handlungsbegriff bedeutet dies, daß dieser nicht auf Kausalvorgänge zu reduzieren ist, sondern objektive und subjektive Momente in sich zu vereinigen hat. Denn das besondere Moment menschlicher Handlung ist nach der finalen Handlungslehre die Zweckgerichtetheit derselben, „d. h. Ursachfaktoren der äußeren Welt zu Mitteln zu machen, die einen bestimmten Erfolg als Ziel verwirklichen"[172]. Kausalität sei dagegen „'eine blinde Kategorie'" und trage keine Zwecktätigkeit in sich.[173] Der menschliche Wille ist es nach Welzel vielmehr, der die Kausalität sehend werden läßt: „Der Wille ist nicht lediglich ein die Wirklichkeit verändernder, sondern vor allem ein sie bewußt gestaltender Faktor. Das ist keine bloß ‚subjektive' Eigenschaft des Willens, sondern eine objektive Funktion: Das Handlungsgeschehen ist in seiner objektiven Gestalt nicht rein blind-kausal, sondern zweckhaft ausgewählt und zielgerichtet, d. h. trotz allen kausalen Ablaufs final (sehend) vor- und überdeterminiert. Auf dieser objektiv-finalen Funktion des Willens beruht alles kulturelle, soziale und rechtliche Dasein."[174] Auch die Strafrechtsdogmatik müsse

---

168 *Welzel,* ZStW 58 (1938), S. 498.
169 *Welzel,* Naturalismus und Wertphilosophie, S. 67ff.
170 *Welzel,* Naturalismus und Wertphilosophie, S. 75 (Zitat Hartmann).
171 *Welzel,* Naturalismus und Wertphilosophie, S. 75.
172 *Welzel,* ZStW 58 (1938), S. 502; vgl. auch Naturalismus und Wertphilosophie, S. 79f.
173 *Welzel,* ZStW 58 (1938), S. 502.
174 *Welzel,* ZStW 58 (1938), S. 502.

daher einen solchen finaldeterminierten Handlungsbegriff zugrundelegen. Die Beziehung des Handlungswillens zum Erfolg sei damit bereits eine Frage des Tatbestandes und nicht erst der Schuld. Während die Schuld auf einer bestimmten Wertentscheidung, d. h. auf der Entscheidung des Willens zugunsten des Unrechts beruhe: „Der Schuldvorwurf betrift (sic!) die Wertentscheidung zugunsten der unrechtmäßigen Handlung, die auf Grund dieser Entscheidung ausgeführt wird“[175], betreffe die Handlung auf Tatbestandsebene die Frage, ob der realisierte Erfolg vom zweckgerichteten Willen des Handelnden getragen war. Auch ein Geisteskranker sei in der Lage, seine Handlung final zu steuern. Demgegenüber fehle ihm aber die Fähigkeit zu „sinnvoller Wertentscheidung“, also handle er zwar tatbestandsmäßig, aber schuldlos.[176]

Welzel erfaßt damit bereits auf der Seite der personalen Handlung ein wesentliches und vorher nicht benanntes Element, nämlich die Zweckgerichtetheit, die Finalität. Sie ist es, die die rechtliche Werthaftigkeit des Handelns mit prägen muß. Unberücksichtigt bleibt aber bei der finalen Handlungslehre ein anderes wesentliches Moment menschlichen Verhaltens: Das Element der freien, inhaltsbestimmten Entscheidung. Neben der Fähigkeit der Person, Kausalprozesse in ihrem Denken und Verhalten zu antizipieren und so die Naturkausalität final zu steuern, ist die autonome - im Subjekt gegründete - Entschließung, einen bestimmten Zweck als von ihr hervorzubringenden zu wählen und umzusetzen, zu beachten. Bei einem rein instrumental verstandenen Handlungsbegriff bleibt sie als „finale Vor- oder Überdetermination des Naturkausalverlaufs“ außer Betracht. Die Autonomie der Person ist aber ein für ihre Handlung ausschlaggebendes Merkmal; Willens- und Handlungsfreiheit sind nicht unabhängig voneinander, sondern müssen als zusammengehörig begriffen werden. Der Mensch als reflexives Wesen handelt nicht nur mit der Intention, bestimmte Erfolge in der Außenwelt herbeizuführen, sondern er steht auch in einem besonderen Verhältnis zu ihnen. Der einzelne kann erkennen, daß es ein durch *seine* Entschließung und *seine* Handlung begründeter Erfolg ist.

Bei der nun folgenden Bestimmung Welzels zu Täterschaft und Teilnahme, in der er seinen finalen Handlungsbegriff zugrunde legt, wird dieser Mangel besonders deutlich: Denn hier kann es nicht mehr allein um die Frage gehen, inwieweit der einzelne das Naturgeschehen beherrschen kann, sondern entscheidend ist, wie das Zusammenwirken mehrerer freier Personen zu begreifen ist.

---

175 *Welzel,* ZStW 58 (1938), S. 504.
176 *Welzel,* ZStW 58 (1938), S. 504.

2. Die Bestimmung von Täterschaft und Teilnahme

Die Unterscheidung von Täterschaft und Teilnahme, die beide strukturell verschiedene Erscheinungsformen finalen Handelns darstellen, ist nach Welzel wie folgt vorzunehmen: Täter ist derjenige, der die finale Tatherrschaft über das Geschehen innehat, d. h. der „Herr über seinen Entschluß und dessen Durchführung ist und damit Herr über ‚seine' Tat (ist), die er in seinem Dasein und Sosein zweckbewußt gestaltet"[177]. Dem Teilnehmer komme zwar auch eine „Tat"-Herrschaft zu, diese sei jedoch nicht in der Ausführungstat selbst begründet, sondern liege allein in der Beteiligungshandlung.[178] Danach ist auch der Begriff des „Bestimmens" bei der Anstiftung ein finaler, nämlich die „zweckbewußte geistige Beeinflussung"[179]. Aber diese ist nach Welzel eben Beteiligung an fremder Tat. Der Anstifter rege zwar die fremde Tat an, ihm fehle aber die Herrschaft über den Entschluß und seine tatsächliche Durchführung bezogen auf die Haupttat.[180] Für die Anstiftungshandlung läßt Welzel jede Form genügen, die dazu geeignet ist, den Tatentschluß eines anderen hervorzurufen, wie Überredung, Rat, ebenso scheinbares Abraten. Erforderlich sei eine geistige Beeinflussung gegenüber dem Angestiftetem, das Schaffen einer verlockenden Gelegenheit reiche demgegenüber nicht.[181] Die Qualität der geistigen Beeinflussung auch im Gegensatz zur mittelbaren Täterschaft wird jedoch nicht näher dargelegt. Welzels Ausführungen sind daher eher beschreibender als begründender Natur. Als „Erklärung" für die Strafbarkeit der Teilnahme insgesamt gibt er an, daß der Teilnehmer „den Entschluß zu einer sozial unerträglichen und darum rechtswidrigen Handlung hervorgerufen"[182] hat. Es bleibt damit ungeklärt, was Akzessorietät vor allem im Unterschied zur mittelbaren Täterschaft begrifflich meint.

Auch bei der Bestimmung der mittelbaren Täterschaft wird das Abgrenzungsmoment zur Teilnahme nicht deutlich. Welzel benennt vor allem einzelne Fallgruppen, die mittelbare Täterschaft begründen sollen. Eine „überlegene finale Tatherrschaft" des Hintermanns solle dann gegeben sein, wenn die ausführende Person unvorsätzlich oder unfrei (unter Druck oder nichtverantwortlich) handelt oder wenn sie gerechtfertigt sei. Später betont er zudem, daß die Finalität nur *ein* Element innerhalb der Handlung ausmacht. Der sozialbedeutsame Gehalt ist vielmehr von weiteren persönlichen Merkmalen des Täters abhängig (soziale

---

177 *Welzel,* ZStW 58 (1938), S. 539.
178 *Welzel,* ZStW 58 (1938), S. 539.
179 *Welzel,* ZStW 58 (1938), S. 539.
180 *Welzel,* ZStW 58 (1938), S. 539 und Das Deutsche Strafrecht, S. 89.
181 *Welzel,* Das Deutsche Strafrecht, S. 102.
182 *Welzel,* Das Deutsche Strafrecht, S. 99f.

Tatherrschaft).[183] Er kommt daher zu dem Ergebnis, daß mittelbare Täterschaft auch dann vorliegt, wenn der Hintermann, der die vom Gesetz geforderten objektiv- oder subjektiv-persönlichen Merkmale aufweist, den Vordermann zu einer Tat veranlaßt, bei dem diese Momente fehlen.[184] Er erweitert damit die finale Tatherrschaft auf Personen, die kraft ihrer Sonderstellung die Täterschaft innehaben sollen und verläßt damit seinen selbst gesteckten Boden, einen allgemeinen Handlungsbegriff zugrunde zu legen, indem er den Handlungsbegriff selbst mit normativen Wertungen unterlegt. Eine an personalen Verhaltensstrukturen orientierte, vorrechtliche Begründung der Tatherrschaft findet nicht statt. Vielmehr wird das finale Moment durch das soziale ersetzt, wenn dem Vordermann nicht die strafbegründenden persönlichen Tätermerkmale zukommen. Letztlich läuft eine derart deskriptive Bestimmung des Tatherrschaftsmerkmals darauf hinaus, daß dem Hintermann quasi automatisch die (sog. soziale) Tatherrschaft zukommt, sobald er aufgrund der strengen Akzessorietät mangels strafbarer Vortat nicht Teilnehmer sein kann.

Zusammenfassend ist daher festzustellen, daß der Begriff der finalen Tatherrschaft zum einen nicht in der Lage ist, eine Begründung oder eine genaue Bestimmung von mittelbarer Täterschaft insbesondere in ihrem Verhältnis zur Anstiftung zu leisten. Das konstitutive Zusammenwirken von mehreren Personen wird nicht begriffen, sondern sie werden reduziert auf final gestaltende Wesen, die sich in irgendeiner Form gegenseitig beeinflussen. Inwieweit eine solche Beeinflussung miteinander handelnder Subjekte möglich ist und wie sie sich vollzieht, bleibt demgegenüber unberücksichtigt. Zum anderen bleibt er auch seinem eigenen finalen Ansatz nicht treu, indem er letztlich doch normative Wertungen (in der Sprache Welzels „soziale“) in den finalen Handlungsbegriff miteinbezieht.

II. Die mittelbare Täterschaft auf der Grundlage einer Synthese der sinnerfassenden und normativen Methode

In kritischer Auseinandersetzung mit der Vorgehensweise Welzels, aus der finalen Handlungslehre Abgrenzungsfragen im Strafrecht (so auch die von Täterschaft und Teilnahme) abzuleiten, erfolgt eine Bestrebung, die teleologische und sinnerfassende Betrachtungsweise in eine Einheit zu bringen.[185] Zwar wird auf der einen Seite darauf verwiesen, daß auch dem Gesetzge-

---

183 *Welzel,* ZStW 58 (1938), S. 543.

184 *Welzel,* ZStW 58 (1938), S. 544.

185 Vgl. dazu *Gallas,* Beiträge zur Verbrechenslehre, S. 58: Es „scheint uns als das eigentliche Anliegen der gegenwärtigen dogmatischen Situation, eine Synthese zu finden zwischen den neuen Impulsen, die wir dem Finalismus verdanken, und gewissen unver-

ber bestimmte ontologische Vorgaben gegeben sind, die den Gehalt der rechtlichen Normierung vorzeichnen. Es ist aber auf der anderen Seite letztlich der Wortlaut des Gesetzgebers und seine zugrundegelegten Wertvorstellungen maßgeblich. Beides soll sich gegenseitig bedingen: „Vorgegebene Bedeutungsgehalte und sinnstiftende Wertsetzungen (durchdringen) einander derart, daß eine ständige Wechselwirkung zwischen ihnen stattfindet und das Ergebnis sich nicht als ein erstarrtes Gefüge, sondern als die Resultante eines immer weiterlaufenden Prozesses gegenseitiger Beeinflussung darstellt".[186]

Im folgenden sollen die Lehren von *Gallas, Roxin und Bloy* dargelegt werden, die in unterschiedlicher Weise die mittelbare Täterschaft in einer „Synthese" von sinnerfassenden und normativen Momenten zu bestimmen suchen.[187] Insbesondere wird deutlich, daß sich die Lehren von einem allgemeinen Handlungsbegriff immer mehr entfernen und statt dessen auf normative Wertungen des Gesetzgebers zurückgreifen. Damit wird die Betrachtung zunehmend auf eine instrumental-empirische bzw. strafzweckorientierte Ebene gestellt, so daß die Begründungszusammenhänge mit dem eigentlich handelnden Subjekt verloren gehen. Sein Verhalten wird mit von außen (von der Rechtsordnung) vorgegebenen Maßstäben bewertet, so daß die Anbindung an den handelnden Täter als Mitkonstituent des Rechts und damit auch des Strafrechts aus dem Blick gerät.

1. Der Begriff „Tatherrschaft" als Ergebnis einer finalen und wertenden Betrachtungsweise bei Gallas

Wilhelm Gallas wendet sich gegen Welzels Bestreben, allein aus einem ontologischen Handlungsbegriff Folgerungen für die Strafrechtsdogmatik zu ziehen.[188] Denn die maßgeblichen objektiven Elemente sind seines Erachtens allein den Beschreibungen der gesetzlichen Tatbeständen zu entnehmen[189]. Kritisiert wird damit der Versuch, an einen abstrakten Handlungsbegriff überhaupt „sachliche Attribute" knüpfen zu wollen. Gallas verneint daher die Möglichkeit, aus einem allgemeinen Handlungsbegriff „strafrechtliche Wertungen" entnehmen zu können, da sich erst über eine *bestimmte* Handlung inhaltlich etwas sagen lassen kann.[190] Nur „die tatbestandsmäßige, d. h. (die) im Tatbestand beschriebene

---

zichtbaren Ergebnissen der vorausgehenden, vom Wert- und Zweckgedanken bestimmten Entwicklungsstufe unserer Wissenschaft."

186 *Roxin,* Täterschaft und Tatherrschaft, S. 25.

187 Vgl. zur ausführlichen Darstellung und Kritik weiterer Vertreter der Tatherrschaftslehre, *Murmann,* Die Nebentäterschaft im Strafrecht, S. 80ff.; 101ff.; 121ff.

188 *Gallas,* Beiträge zur Verbrechenslehre, S. 30f.; vgl. zur Kritik gegenüber der sozialen Handlungslehre, S. 30, Fn. 40a.

189 So bereits schon *Beling,* Methodik der Gesetzgebung, S. 95.

190 *Gallas,* Beiträge zur Verbrechenslehre, S. 30.

Handlung (kann) selbständiges Aufbauelement des Begehungsdelikts sein"[191]. Ein allgemeiner Handlungsbegriff erfülle dagegen lediglich eine negative Funktion, nämlich solche Akte herauszunehmen, die überhaupt nicht als Handlung begriffen werden könnten, wie z. B. Fälle der vis absoluta oder Reflexbewegungen.[192] Gallas versucht nun, eine Synthese zwischen den Gedanken des Finalismus und von Wert- und Zweckgedanken nach den Bestimmungen des positiven Rechts herzustellen, was sich auch in der von ihm vorgenommenen Differenzierung von Täterschaft und Teilnahme auswirkt. Es ist aber bei Gallas mit finalem Handeln nicht gemeint, daß allein der Vorsatz für die Unterscheidung entscheidend ist, da auch der Teilnehmer vorsätzlich hinsichtlich des Erfolges handelt; vielmehr muß ein objektives Element hinzukommen, welches sich am „Adäquanzgedanken" zu orientieren hat.[193] Dieses Moment diene nun nicht der Ermittlung des Kausalzusammenhangs (wie die materiell-objektiven Teilnahmelehren meinten, die an die spezifische Gefährlichkeit der Verhaltensweisen anknüpfen wollten, indem sie danach fragten, ob die vom einzelnen in Gang gesetzte Ursachenkette nicht nur zufällig verläuft, sondern vom planenden Täterwillen beherrscht und gelenkt wird[194]), sie solle vielmehr den sachlichen und objektiven Gehalt eines finalen Verhaltens feststellen: „Eine ‚Tötungshandlung' begeht nicht schon, wer vorsätzlich irgendwelche Bedingungen zum Todeserfolg setzt, vielmehr erst, wer dabei nach einem Programm verfährt, dessen Verwirklichung ihm den Todeserfolg ‚in die Hand gibt'. Die vom Täter eingesetzten Mittel müssen, zum mindesten von seiner Beurteilung der Sachlage aus gesehen, geeignet sein, die Herbeiführung des tatbestandsmäßigen Erfolgs als sein Werk und ihn insoweit als ‚Herrn der Tat' erscheinen zu lassen."[195]. Entscheidend sei für die Frage täterschaftlichen Handelns das materielle Kriterium der „Tatherrschaft", welches durch objektive und subjektive Elemente geprägt sei und sich aus einer finalen und wertenden Betrachtung ergeben müsse. Täter eines Vorsatzdelikts sei somit derjenige, der die im Tatbestand vorgesehene Handlung, den finalen Akt vornehme.[196] Dabei könne das Gesetz auch die Frage der Täterschaft von bestimmten Eigenschaften und Beziehungen oder subjektiven Elementen abhängig machen, die dann dem Sinn der Handlung eine besondere Bedeutung vermittelten. Dies habe Auswirkungen auf die Bestimmung der Tatherrschaft und damit auch der mittelbaren Täterschaft. Durch

191 *Gallas,* Beiträge zur Verbrechenslehre, S. 30.

192 *Gallas,* Beiträge zur Verbrechenslehre, S. 30f.

193 *Gallas,* Beiträge zur Verbrechenslehre, S. 90.

194 Vgl. zu den kritischen Ausführungen *Gallas* zu den materiell-objektiven Teilnahmelehren, Beiträge zur Verbrechenslehre, S. 85f.; vgl. auch die Ausführungen oben unter A. II.

195 *Gallas,* Beiträge zur Verbrechenslehre, S. 89f.

196 *Gallas,* Beiträge zur Verbrechenslehre, S. 95.

eine finale und wertende Begriffsbestimmung der Tatherrschaft könne die mittelbare Begehung einer Tat mit der unmittelbaren verglichen und als „vom Gesetz stillschweigend mitgemeinte Form der Täterschaft“[197] betrachtet werden. Dies sei dann anzunehmen, wenn die Mittelsperson als „Werkzeug“ in der Hand des Hintermannes erscheine, wenn sich die Tat als Verwirklichung seines planenden und vom Willen getragenen Handelns darstelle.[198] Die „Gleichwertigkeit“ von mittelbarer und unmittelbarer Täterschaft sei aber nicht allein von dem Maß der *Beherrschung des äußeren Tatablaufs* abhängig, sondern entscheidend sei die Übereinstimmung mit dem jeweils im Tatbestand gemeinten Sinn. Eine mittelbare Tatherrschaft seitens des Hintermanns sei daher bei eigenhändigen Delikten oder bei solchen Tatbeständen ausgeschlossen, die an besondere Eigenschaften, Verhältnisse oder Absichten anknüpften, die dieser nicht aufweise.[199]

Bei der Bestimmung der einzelnen Formen der mittelbaren Täterschaft wird nun die Verbindung der finalen Betrachtungsweise von Gallas mit wertenden, am positiven Recht orientierten Gesichtspunkten sichtbar. So ist seines Erachtens eine „höherstufige Tatherrschaft“ des Hintermanns anzunehmen, wenn die Zwecksetzung der Mittelsperson derart an den Willen des Hintermanns gebunden ist, daß die Tat als sein Werk erscheint und dieses „Übergewicht“ des Hintermanns die Tatherrschaft des Vordermanns „relativiert“. Die Bestimmung eines solchen „Übergewichts“ ist dabei den Wertmaßstäben des Gesetzes über den Schuldausschluß zu entnehmen. Eine Tatherrschaft des Hintermanns ist daher dann anzunehmen, wenn seine Nötigung gegenüber dem Vordermann den Grad des § 52 StGB (a. F.) (Nötigung durch Zwangslage) erreicht hat. Dies gilt auch beim Notstand i. S. d. § 54 StGB (a. F.) (Notstand), bei Zurechnungsunfähigkeit der Mittelsperson und beim fehlenden Unrechtsbewußtsein (Verbotsirrtum). Zudem soll bei fehlender Qualifikation (z. B. bei Amtsdelikten) oder mangelnder Absicht seitens des unmittelbar Handelnden eine mittelbare Täterschaft allein desjenigen gegeben sein, der die Qualifikation oder Absicht aufweist, auch wenn er die Tat durch eine Mittelsperson ausführt, denn auch hier beherrscht der Hintermann das Geschehen, weil nur er es aufgrund seiner Qualifikation oder Absicht in der Hand hat, ob das Delikt verwirklicht wird oder nicht. Damit stellt Gallas Fälle des „qualifikationslosen oder absichtslosen dolosen Werkzeugs“ nicht neben solche, in denen der Hintermann aufgrund seines beherrschenden Willens oder Wissens das „Werkzeug“ in der Hand hat, sondern seine Tatherrschaft ergibt sich (ebenso wie bei Welzel) bereits „kraft seiner Qualifikation oder Absicht“.[200] Obwohl die Handlung des Hintermanns auch

197 *Gallas,* Beiträge zur Verbrechenslehre, S. 97.
198 *Gallas,* Beiträge zur Verbrechenslehre, S. 97.
199 *Gallas,* Beiträge zur Verbrechenslehre, S. 97.
200 *Gallas,* Beiträge zur Verbrechenslehre, S. 102.

nach ihm an sich nur eine Teilnahmetätigkeit darstellen soll, ändert dies nichts an der Herrschaft der Tat: „Der Anstiftungsakt wird so zur Ausübung von Tatherrschaft“.[201]

Außerdem folgt nach Gallas die Annahme einer mittelbaren Täterschaft in den beschriebenen Fällen auch aus der damaligen Regelung der strengen Akzessorietät bei der Anstiftung. Daher ist seines Erachtens eine mittelbare Täterschaft auch dann nicht anzunehmen, wenn die Mittelsperson vollverantwortlich, also frei und persönlich verantwortlich handelt. Im Gegensatz zur mittelbaren Täterschaft ist nämlich die Anstiftung als Sekundärbegriff eine Teilnahme an fremder Tat durch das Wecken des Tatentschlusses desjenigen, der das Delikt als „Tatherr“ verwirklicht. Da die Täterschaft gegenüber der Teilnahme der primäre Begriff ist, ist auch eine Anstiftung nur dort möglich, „wo mangels Tatherrschaft des Veranlassenden Täterschaft ausgeschlossen“[202] ist.

Im Unterschied zu Welzels Auffassung, der die Tatherrschaft auf eine finalgelenkte Veränderung in der Außenwelt reduzierte, bekommt der Begriff der Tatherrschaft bei Gallas aufgrund seiner Beziehung zu den Tatbeständen des Besonderen Teils nun tatsächlich ein soziales Gestaltungselement. Er bleibt in seinen Ausführungen seinem verbindenden Ansatz von finalen und wertenden, an der positiven Rechtsordnung orientierten Elementen, treu. Um diesem Grundanliegen gerecht zu werden, verwendet er für das Moment der Tatherrschaft einerseits finale Elemente und verbindet sie andererseits mit den im Gesetz vorzufindenden Wertungen. Allerdings zeigt sich hier, daß eine wirkliche Verbindung der beiden Momente, die die Bestimmung auf eine neue Ebene bringen würden, nicht stattfinden kann. Denn während das Moment der Tatherrschaft sich einerseits an der Realität zu messen hat, wird es andererseits aufgrund der normativen Perspektive durch das positive Recht von außen bestimmt. Dies wird besonders in den Fällen deutlich, in denen dem Hintermann Tatherrschaft aufgrund seiner Qualifikation oder Absicht zukommen soll, auch wenn sich das Verhalten tatsächlich nur als ein teilnehmendes darstellt. Ausschlaggebend sind damit letztlich allein die Wertungen des Gesetzgebers und nicht das Handeln der freien, sinngestaltenden Person und ihr Verhältnis zur Veränderung in der Außenwelt. Auch wenn Gallas betont, daß der Begriff der Tatherrschaft ein personaler Begriff ist, bestimmt er ihn letztlich allein nach den rechtlichen Kriterien des Gesetzes. Die Frage des freien Handelns des einzelnen bemißt sich danach, ob sein Verhalten ein nach den Maßstäben des positiven Rechts freies war, oder ob es durch andere beherrscht wurde. Der Wertunterschied zwischen Anstiftung und mittelbarer Täterschaft ergibt sich allein daraus, ob der Hintermann eine im Sinne des positiven Rechts „freie“ oder eine „unfreie“ Person

---

201 *Gallas,* Beiträge zur Verbrechenslehre, S. 102.
202 *Gallas,* Beiträge zur Verbrechenslehre, S. 100.

benutzt.[203] Die Freiheit des einzelnen wird dann aber letztlich zu einer Fiktion des Rechts, denn sie ist eine erst durch das Gesetz geschaffene, die nicht notwendigerweise als konstitutives Element der vernünftigen Person zu begreifen ist[204].

Diese nicht real existierende Freiheit des Subjekts und die damit verbundene rein äußere - allein an den Wertmaßstäben des Gesetzes orientierte – strafrechtliche Beurteilung eines personalen Verhaltens zeigt insbesondere die folgende kritische Auseinandersetzung mit der Lehre Roxins: Maßstab wird immer weniger der in die Außenwelt wirkende und sie gestaltende einzelne. Denn dieser wird erst von der über ihm stehenden Macht des Gesetzes geformt und schließlich einer bestimmten Beteiligungsform zugeordnet.

2. Die Lehre Roxins: Tatherrschaft als Synthese einer ontologischen und teleologischen Betrachtungsweise

Kennzeichnend für die Vorgehensweise Roxins ist, daß er gänzlich auf allgemein dem Recht vorausliegende Strukturmomente verzichten will und vornehmlich eine induktive Methode bei der Unterscheidung von Täterschaft und Teilnahme wählt. Diese Methode ergibt sich aus seiner Ablehnung der Möglichkeit eines vorrechtlichen Handlungsbegriffs und daraus, daß er den Begriff der Tatherrschaft als „Produkt einer mehrschichtigen Synthese von ontologischer und teleologischer Betrachtungsweise“[205] begreift. Es wird sich herauskristallisieren, daß die strafrechtstheoretische Methode Roxins eine auf normative Elemente des positiven Rechts, verbunden mit kriminalpolitischen Zwecksetzungen bauende Vorgehensweise ist, auch wenn er sie selbst als synthetisches Produkt einer ontologischen *und* teleologischen Betrachtungsweise ansieht.

Die Bedeutung eines sich aus dem menschlichen Sein ergebenden Handlungsbegriffs hat dabei für die Bestimmung des Tatherrschaftsbegriffs nur eine negative Funktion, nämlich die, daß nicht finale Verhaltensweisen unberücksichtigt bleiben müssen. Aber was Finalität des Handelns zum Inhalt hat, bedarf nach Roxin bereits einer teleologischen Interpretation des positiven Rechts. Es scheint daher gerechtfertigt, die Methode Roxins als eine auf rein normativen Gesichtspunkten aufbauende zu bezeichnen, denn letztlich läßt er - anders als Gallas - das ontologische Moment in seinen Ausführungen zum Tatherrschaftsbegriff und die damit verbundene Abgrenzung zur Teilnahme unberücksichtigt.

---

203 *Gallas,* Beiträge zur Verbrechenslehre, S. 99.

204 *Gallas,* Beiträge zur Verbrechenslehre, S. 99, der hier von einer „staatsnotwendigen Fiktion“ spricht.

205 *Roxin*, Täterschaft und Tatherrschaft, S. 319.

a) Methodischer Ausgangspunkt Roxins und kritische Stellungnahme gegenüber seiner methodischen Vorgehensweise

In seinem Aufsatz „Zur Kritik der finalen Handlungslehre“[206] weist Roxin in einer Auseinandersetzung mit der „Leistungsfähigkeit des strafrechtlichen Handlungsbegriffs“ darauf hin, daß ein dem (Straf-)Recht vorausgehender Handlungsbegriff als ein „Systemoberbegriff“ nur einen „architektonisch-ästhetischen Wert“ haben soll.[207] Dabei unterstellt er, daß sich ein spezifisch strafrechtlicher Handlungsbegriff allein aus den Bestimmungen des Gesetzes ergeben kann und selbigen nicht vorgelagert ist.[208] Dann kann aber ein solcher nur eine „Abstraktion aus den verschiedenartigen Erscheinungsformen strafrechtlichen Verhaltens“[209] darstellen, so daß ein allgemeiner Handlungsbegriff keine Auswirkungen auf das Strafrecht selbst hat.

Zwar leugnet Roxin nicht die finale Handlungsfähigkeit des Menschen, sein Verhalten zweckgerichtet zu steuern und sich des Kausalgesetzes gestaltend zu bemächtigen („anthropologische Grundkategorie“[210]), aber was final ist, soll allein von den „Zwecksetzungen der Rechtsordnung“ abhängen.[211] Er versucht dabei eine Synthese aus den jeweiligen Vorteilen eines systematischen und am Einzelproblem orientierten Denkens zu kreieren. Zunächst kritisiert er insgesamt die Methode, ein für alle Erscheinungsformen strafrechtlichen Handelns gleichermaßen gültiges Merkmal zu finden, wie es die finalistische Lehre mit der Zugrundelegung eines Handlungsbegriffs unternimmt. Ein solches reines Systemdenken berge die Gefahr in sich, die Einzelfallgerechtigkeit und insbesondere auch die Zweckmäßigkeit der Ergebnisse in konkreten Fällen unberücksichtigt zu lassen. Auch habe eine solche Methode den Nachteil, daß eine Reduzierung auf bestimmte Lösungsmöglichkeiten eines spezifischen Problems stattfindet und damit die Sicht auf „bessere Konzeptionen“ verwehrt bleibe. Als Beispiel nennt er die kausale Handlungslehre und die daraus vollzogenen Ableitungen der Unterscheidung von Täterschaft und Teilnahme durch die Rechtsprechung nach der subjektiven Vorstellung des Täters. So erklärt er, daß eine von bestimmten Grundbedingungen ausgehende Lehre nicht in der Lage ist, flexibel zu sein und unterschiedliche Elemente zu berücksichtigen, wie

---

206 *Roxin*, ZStW 74 (1962), S. 515ff.
207 *Roxin*, ZStW 74 (1962), S. 516f.
208 *Roxin*, ZStW 74 (1962), S. 516; vgl. auch, AT, § 8 Rn. 24.
209 *Roxin*, ZStW 74 (1962), S. 516: So schreibt er dann auch weiter: „Wenn der Gesetzgeber etwa die fahrlässigen Taten aus dem Kriminalstrafrecht herausnehmen würde, müßte sich der Handlungsbegriff sogleich ändern.“
210 *Roxin*, ZStW 74 (1962), S. 523.
211 *Roxin*, ZStW 74 (1962), S. 524.

die kausale Lehre nicht in der Lage war, bei der Täterschaft das objektive Element der Tatherrschaft miteinzubeziehen, da sie an ihren naturwissenschaftlichen Ausgangspunkt gebunden bleiben mußte. Schließlich weist er auf „kriminalpolitisch nicht legitimierbare Systemableitungen hin", die vor allem zu Strafbarkeitslücken führen können.[212] Einem rein dogmatischen Systemdenken stellt er das sog. Problemdenken gegenüber, welches ausgehend von konkreten Einzelproblemen, versucht, diese gerecht und zweckmäßig zu lösen. Ein solches Denken soll einen „ersten Zugriff" auf das Strafrecht ermöglichen, vor allem in solchen Bereichen, die vom Gesetzgeber offen gelassen wurden (wozu freilich auch die Bestimmung von Täterschaft und Teilnahme zählt[213]). Denn, „ob ein Ergebnis befriedigt oder nicht, erkennt man am ehesten, wenn man es unter Absehung vom systematischen Kontext unter allen möglichen rechtspolitischen Aspekten auf seine Billigkeit hin testet"[214]. Zugleich betont er aber, daß das Problemdenken allein nicht in der Lage ist, ein systematisches Denken zu ersetzen, da es insbesondere „eine Rechtsfindung erleichternde Ordnung des Stoffes (...) wieder preis" gibt und zudem an Rechtssicherheit ermangelt, was dem Gesetzlichkeitsprinzip des Art. 103 II GG widerspricht.[215] Aufgrund der von ihm dargelegten Nachteile sowohl einer rein systematischen als auch einer rein problemorientierten Vorgehensweise kommt er zu dem Ergebnis, daß nur eine *Synthese* beider Methoden in der Lage sein kann, Lösungen für Probleme innerhalb des Strafrechts zu bieten. Grundlage muß seines Erachtens ein teleologisch-kriminalpolitisches System sein, d. h. ein Strafrechtssystem, welches auf wertenden Zwecksetzungen aufbaut, die dann allein kriminalpolitischer Natur sein können.[216] Damit meint er, daß bei der Auslegung der Strafrechtsnormen kriminalpolitische Zielsetzungen zu berücksichtigen sind: „Das Recht, wie es ist, und das Recht, wie es sein soll, sind demnach insofern keine Gegensätze, als das, was interpretatorisch als geltendes Recht zu erarbeiten ist, sich als Ergebnis nachvollziehenden Weiterdenkens der kriminal-politischen Zielvorstellungen des Gesetzgebers darstellt. Der Dogmatiker (sei er Wissenschaftler oder Richter) muß also wie der Gesetzgeber, kriminalpolitisch argumentieren; (...)".[217] Roxin spricht daher den abstrakt gefaßten Tatbeständen des StGB den kriminalpolitischen Zweck zu, eine Abschreckung hinsichtlich bestimmter Verhaltensweisen beim einzelnen zu erzielen (Generalprävention).[218] Bei der Bestimmung einer tatsächlich begangenen, konkreten Unrechtstat sind für die Frage der Bestrafung

---

212 *Roxin,* AT, § 7 Rn. 42ff. (S. 163f.).
213 Vgl. dazu die Ausführungen im 1. Kapitel.
214 *Roxin,* AT, § 7 Rn. 49 (S. 166).
215 *Roxin,* AT, § 7 Rn. 49 (S. 167).
216 *Roxin,* AT, § 7 Rn. 53 (S. 168).
217 *Roxin,* AT, § 7 Rn. 70 (S. 175).
218 *Roxin,* AT, § 7 Rn. 55 (S. 169).

des Täters dann allein general- und spezialpräventive Zwecke zu berücksichtigen. Er geht dabei davon aus, daß Straftaten durch die Einwirkung auf den einzelnen und die Allgemeinheit verhindert werden können, so daß die beiden genannten Strafzwecke sich diesem gemeinsamen Zweck zuordnen lassen. Hinzu kommt aber die Berücksichtigung des Schuldprinzips als Begrenzung der Strafe, was zur Folge habe, daß die Strafe in ihrer Dauer nicht über das Schuldmaß hinausgehen dürfte. Allerdings kann nach Roxin (auch umgekehrt) trotz eines individuellen Verschuldens von einer Sanktion aus general- und spezialpräventiven Gesichtspunkten abgesehen werden. So mache z. B. § 35 StGB deutlich, daß der Gesetzgeber in bestimmten Ausnahmesituationen ein Strafbedürfnis mangels präventiver Bestrafungsnotwendigkeit verneint habe, auch wenn der Täter (möglicherweise vermindert) schuldfähig war.[219]

Die Kritik gegenüber der Lehre Roxins hat an seiner pauschalen Absage gegenüber der „Leistungsfähigkeit" eines vorrechtlichen Handlungsbegriffs anzusetzen. Zu recht weist er zwar einerseits auf die Verdienste des Finalismus hin, der zur Überwindung einer rein objektiv-kausalen Verbrechenslehre geführt hat, und stellt andererseits klar, daß eine rein finale Handlungslehre die spezifisch menschliche Seite und ihren sozialen Bedeutungsgehalt nicht richtig erfaßt. Seiner Begründung und Schlußfolgerung, es sei überhaupt nicht möglich, einen allgemeinen (strafrechtlichen) Handlungsbegriff zu bilden, kann jedoch nicht gefolgt werden. Vielmehr ist es möglich und notwendig dem (Straf-) Recht einen Handlungsbegriff zugrunde zu legen, der die Strukturen personalen Verhaltens überhaupt erfaßt. Das Verhalten des einzelnen und die sich daraus ergebende Außenweltveränderung müssen mit seinem Willen verbunden sein. Dies gilt unabhängig davon, ob es helfendes oder verletzendes Verhalten betrifft. Insoweit ist Welzel, der mit seiner finalen Handlungslehre einen Strukturbegriff vorgibt, an dem sich das (Straf-)Recht zu messen hat, zuzustimmen. Allerdings ist personales Handeln mehr als rein finales (zweckgerichtetes) Handeln. Die Handlungslehre Welzels erfaßt mit ihrer Finalität ein wesentliches Strukturmoment, sie läßt aber, das Element der Selbstbestimmung des einzelnen, die Autonomie, noch unberücksichtigt, wie bereits in der Kritik gegenüber Welzel ausgeführt wurde.[220] Maßstab kann nicht allein die in der Handlung liegende Zweckgerichtetheit sein, vielmehr kommt in der Freiheit gerade auch das Moment der Selbstbestimmtheit des Willens des einzelnen zum Vorschein. Das Subjekt ist in der Lage, selbst zu bestimmen, welchen Inhalt sein Wille haben soll, und es liegt in seiner Entscheidung, diesen von ihm selbst hervorgebrachten Willen auch in der Außenwelt wirksam werden zu lassen. Ausgangspunkt muß damit ein (strafrechtlicher) Handlungsbegriff sein, der die Strukturmomente

---

219 *Roxin,* AT, § 3 Rn. 48ff. (S. 59ff.); § 19 Rn. 1ff. (S. 724ff.).
220 Vgl. oben unter C. I.

sowohl der Handlungs- als auch der Willensfreiheit des einzelnen in sich aufnimmt.

Sich von einem Handlungsbegriff als einem vorrechtlichen Strukturbegriff gänzlich zu verabschieden, würde nun bedeuten, daß allein dem Gesetz zu entnehmen wäre, wie der einzelne konstituiert ist. So führt denn auch Roxin aus, daß, bedingt durch den im Gesetz zum Ausdruck kommenden Schuldbegriff, die Freiheit des einzelnen von der Rechtsordnung als normative Gegebenheit vorauszusetzen ist, und sie nicht davon abhängen kann, ob sie tatsächlich existiert, was sich auch empirisch oder erkenntnistheoretisch gar nicht beweisen ließe. „Ihre Annahme ist eine normative Setzung, eine soziale Spielregel, die sich nicht zu der Frage äußert, wie es mit der menschlichen Freiheit seinsmäßig beschaffen ist, sondern die lediglich anordnet, daß der Mensch vom Staat als prinzipiell frei und verantwortungsfähig behandelt werden sollte.“[221] Der Gesetzgeber ist also nach Roxin nicht an die vorgebenden Wirklichkeitsstrukturen menschlichen Handelns gebunden, sondern legt sie selbst fest und bestimmt damit auch, wie der einzelne konstituiert ist bzw. sein sollte. Der Begriff der menschlichen Freiheit wird damit zu einer reinen Fiktion, zu einer „sozialen Spielregel“. Es stellt sich dann aber die Frage nach der Legitimation des Gesetzgebers und nach der Begründung seiner Befugnis, die Wertmaßstäbe von Handlungsweisen der Gemeinschaft zu bestimmen. Für den einzelnen ist es nur rein zufällig, ob der Gesetzgeber seine Handlungsstrukturen erfaßt oder nicht. Letztlich könnte nach Roxin der Gesetzgeber auch das Schuldprinzip abschaffen und das Maß der Strafe beliebig bestimmen. Das Schicksal des einzelnen liegt in den Händen des Gesetzgebers und hängt allein von dessen Güte ab.[222] Recht wird dann zu einer reinen Machtfrage. Eine Begründung des Rechtszwang gegenüber dem einzelnen kann nicht mehr erfolgen und eine Durchsetzung desselben ist frei von jeder Legitimität. Als Rechtsperson kann das Subjekt aber verlangen, daß die von ihm durch sein Verhalten bewirkte Veränderung in der Außenwelt aus einem allgemeinen Verständnis von Realitätsstrukturen und den sich daraus ergebenen ausführbaren Verhaltensmöglichkeiten tatsächlich nach-

---

221 *Roxin,* AT, § 3 Rn. 51 (S. 60f.).

222 Es fragt sich, ob *Roxin* dem Gesetzgeber auch dann zustimmen würde, wenn dieser das Schuldprinzip streichen und durch die „soziale Spielregel“ des „Würfelprinzips“ wie bei einem „Mensch-ärgere-Dich-nicht-Spiel“ ersetzen würde. Dies wäre z. B. dadurch möglich, indem normiert würde, daß immer derjenige für eine erfolgte Unrechtstat herhalten müßte, der die niedrigste Zahl würfelt. Auch den generalpräventiven Momenten wäre damit Genüge getan, denn es würde gezeigt, daß auf eine unrechte Tat mit Strafe - mag sie auch nicht unbedingt den tatsächlichen Täter treffen - reagiert wird. Dies könnte sowohl das Normvertrauen der Bevölkerung stärken als auch abschreckend wirken, da ja auch zufallsbedingt jeder Bürger getroffen werden könnte, so daß alle vorsichtshalber bemüht wären, Straftaten zu verhindern.

vollzogen wird.[223] Das Gesetz kann von Rechtssubjekten nicht etwas fordern, was von ihnen nicht erbringbar wäre. Das Recht und damit auch die Folgen für den einzelnen, der durch sein Verhalten Unrecht bewirkt, bedarf einer inhaltlichen, am Rechtssubjekt selbst zu messenden Begründung; nur dann können die Rechtsnormen und damit auch der Rechtszwang für den einzelnen bindend sein. Die Begründung des Rechts wie des Unrechts muß also den Gesetzesbestimmungen vorausgehen. Dabei können sie nicht von der Handlungsstruktur des einzelnen unterschieden sein, sondern sind an ihr zu messen und nicht umgekehrt, soll Rechtszwang nicht zu einer willkürlichen Gewaltausübung des Staates werden. Wenn der einzelne für sein Verhalten und die damit von ihm bewirkte Rechtsverletzung strafrechtlich zur Verantwortung gezogen werden soll, muß dabei seine Freiheit als denknotwendige Annahme gesetzt werden.[224] Die Rechtsordnung ist eine von ihm mitkonstituierte Vernunftleistung. Sie hat damit unmittelbaren Bezug zur Struktur des einzelnen als eines freien aber auch unvollkommenen Wesens. Auch Roxin muß in seinen Aussagen davon ausgehen, daß das Subjekt zumindest nicht vollständig determiniert ist, denn sonst könnte er nicht behaupten, daß sich der Mensch von Gesetzesmaßstäben überhaupt präventiv beeindrucken lassen könnte. In letzter Konsequenz müßte das Strafrecht dann auch ein recht sinnloses Unterfangen sein, da seine Normen zum einen nur zufällig bestimmt würden (der Gesetzgeber ist ja nicht ein abstraktes menschenunabhängiges Gebilde) und der einzelne zum anderen gar nicht in der Lage wäre, entweder den Gehalt der Normen überhaupt zu begreifen bzw. sein Verhalten danach auszurichten.

Schließlich kann auch die von Roxin gewählte Methode, aufgrund der von ihm dargelegten Nachteile eines reinen System- oder Problemdenkens, eine „Synthese" dieser beiden Methoden zu schaffen, nicht überzeugen. Roxin erbringt nicht die von ihm versprochene Leistung und kann sie auch nicht erbringen. Denn es werden zwei Denkweisen nebeneinander gesetzt, die sich gegenseitig ausschließen. Ein systematisches Denken hat sich an allgemeinen Prinzipien zu orientieren. Im Recht müssen dies nun solche sein, die an den (Verhaltens-) Strukturen des einzelnen zu messen sind, geht es doch gerade um die Beurteilung der Handlungen von Rechtssubjekten. Diese Strukturen müssen daher zunächst unabhängig von den bestehenden Rechtsnormen bestimmt werden. Ein teleologisch-kriminalpolitisches System, welches auf wertenden Zwecksetzungen kriminalpolitischer Natur beruht, kann dagegen nur Aussagen über empi-

---

223 Vgl. ausführlich zur Kritik auch *Kahlo,* Das Problem des Pflichtwidrigkeitszusammenhanges bei den unechten Unterlassungsdelikten, S. 104ff.

224 Vgl. auch *Binding,* Normen, Bd. 2, S. VII: „Die Schuld wurde zum bösen Dämon der Deterministen, und fast jeder sah sich genötigt, mit diesem Dämon den Kampf aufzunehmen - jeder von vornherein zur Niederlage verurteilt."

rische Gegebenheiten liefern, die dann aber nicht notwendig, sondern nur zufällig mit den tatsächlichen Strukturen menschlichen Handelns verbunden sind. Deutlich wird dies in Roxins Nebeneinandersetzung von Schuldprinzip und Präventionsüberlegungen in der Strafbegründung. Auf der einen Seite soll die individuelle Schuld des Täters Maßstab und auf der anderen der Sicherungszweck entscheidend sein für die Begründung der Strafe. Der Begriff der Schuld ist aber ein *Rechts*begriff. Er kann sich daher - ebenso wie das Recht selbst - nicht losgelöst von der autonomen Struktur des einzelnen - und damit auch vom Delinquenten - begründen, sondern muß ein Begriff sein, der mit der individuellen (Fehl-) Leistung des Rechtssubjekts verbunden ist. Die Frage des Verschuldens im Recht ist daher an die Denknotwendigkeit der Autonomie der Person gebunden und kann nicht als eine heteronom oktroyierte angenommen werden. Maßstab ist allein, ob der (konkrete) Täter das Recht als Recht aus seinem Entscheidungsprozeß heraus verletzt hat, und die Tat damit als eine aus seinem Verfehlungsprozeß resultierende erscheint. Demgegenüber ist die Frage nach Sicherungszwecken eine, die nicht mit der Person des Täters verbunden ist, sondern an äußeren, empirischen Maßstäben gemessen wird. Bestrafungsgrund soll die Sicherung der Allgemeinheit vor der Gefahr künftiger Taten sein bzw. die Abschreckung anderer. Die Strafe wird damit zum einen nicht an die in der Vergangenheit geschehene Tat gebunden, sondern ist zukunftsorientiert, denn es wird an die zukünftige Gefährlichkeit des Täters angeknüpft. Zum anderen wird der Täter zum Beispielsobjekt für andere herangezogen; auch dann ist gerade nicht mehr er, sondern die potentielle Tatgeneigtheit anderer Grund für seine Bestrafung. Er wird damit als Mittel zum Zweck der Begründung von Strafe verwendet und nicht an seinen Handlungen selbst gemessen.[225] Das Schuldprinzip auf der einen Seite und die Begründung der Rechtsstrafe mit Sicherungszwecken auf der anderen stehen damit im Widerspruch zueinander. Es werden zwei Bewertungsaspekte nebeneinander gestellt, die sich nicht miteinander vereinbaren lassen.[226]

---

225 Kriminalpolitische Erwägungen sind aber nicht in der Lage, Strafbegründungen zu liefern, sondern können allenfalls einen rein empirischen Mangel der Gesetzeslage aufzeigen. Vgl. zur Kritik gegenüber präventiven Strafzweckbegründungen die Arbeiten von *M. Köhler,* Über den Zusammenhang von Strafrechtsbegründung und Strafzumessung, insbes. S. 15ff.; *E. A. Wolff,* ZStW 97 (1985), S. 791ff., der zu recht bemerkt, daß es unter generalpräventiven Aspekten letztlich keine Rolle spielt, ob auch derjenige, der die Tat begangen hat, bestraft wird oder ein anderer. Denn das Ziel, daß es mit der Strafdrohung ernst ist, wird auch erreicht, wenn nur der äußere *Anschein* erweckt wird, daß der Täter bestraft wird. Gleiches gilt auch für die Abschreckungswirkung (vgl. dazu auch bereits unter A. I. 2 a). In dieser Konsequenz zeigt sich nochmals, wie weit der einzelne allein zum Objekt staatlichen Strafens wird. Vgl. zur Kritik speziell gegenüber Roxin auch *Zaczyk,* Das Unrecht der versuchten Tat, S. 29ff.

226 Daß aber eine widerspruchsfreie Bestimmung von Strafbegründung erforderlich ist, zeigt

Die Folge einer an Präventionszwecken orientierten Strafbemessung ist zudem eine völlige Unbestimmtheit. Diese betrifft zum einen die Strafbegründung selbst und schließlich auch die Strafbemessung. So soll die Rechtfertigung der Strafe aus spezialpräventiven Gründen zurücktreten und durch generalpräventive ersetzt werden, wenn aufgewiesen ist, daß der Täter sich nicht resozialisieren lassen will. Da aber die Strafe auch in einem solchen Fall zu vollziehen ist, genügt dann die Notwendigkeit der Generalprävention zur Rechtfertigung der Strafvollziehung.[227] Damit wird die Strafe vom Täter und seiner Tat immer mehr gelöst, und es erfolgt eine letztlich willkürliche Kategorisierung der Täter anhand äußerer Zweckerwägungen. Zum anderen bleibt die einzelne Strafzumessung unbestimmt, da aufgrund präventiver Zweckerwägungen das Strafmaß bei der gleichen Tat mit gleichem Schuldmaß völlig unterschiedlich ausfallen kann. Der legitime Anspruch des Täters auf eine allgemeine Strafgerechtigkeit wird vollständig verdrängt.[228]

Die Kritik an Roxins methodischem Ausgangspunkt hat also ergeben, daß die Bestimmung des Unrechts nach ihm allein an Wertegesichtspunkte des Gesetzes knüpft, die wiederum von Nutzenaspekten der Kriminalpolitik abhängig sein sollen und damit dem Rechtssubjekt heteronom vorgegeben werden. Auch hat sich gezeigt, daß Sicherungszwecke nicht mit dem Schuldprinzip zusammen gedacht werden können, sondern in einem Widerspruch zueinander bleiben müssen. Das handelnde Rechtssubjekt selbst bleibt bei Roxin damit sowohl von der Begründungsebene im Recht als auch hinsichtlich der strafrechtlichen Sanktion auf die unrechte Tat ausgeschlossen, obwohl gerade über sein erfolgtes (unrechtes) Verhalten geurteilt wird. Eine Addition unterschiedlicher Methoden und Strafbestimmungsgründe ist nicht in der Lage, ein sie übergreifendes neues Prinzip zu vermitteln.[229]

Die positivistische und am Zweck der Kriminalpolitik orientierte Perspektive Roxins verschärft sich nun noch, wenn es um die Beeinflussung des Willens anderer - wie bei der mittelbaren Täterschaft und der Anstiftung - geht. Das personale Moment der Interaktion bleibt durch die rein induktive und beschreibende Vorgehensweise Roxins und die Wertungen des Gesetzgebers zurück.

---

besonders *M. Köhler*, Über den Zusammenhang von Strafrechtsbegründung und Strafzumessung, S. 26ff. Er weist insbesondere zu recht darauf hin, daß eine widersprüchliche, aus entgegengesetzten Prinzipien erfolgte Begründung beliebig sein muß, was aber mit dem Anspruch einer Strafgerechtigkeit nicht zu vereinbaren ist.

227 *Roxin*, AT, § 3 Rn. 39 (S. 55).

228 Vgl. auch *M. Köhler*, Über den Zusammenhang von Strafrechtsbegründung und Strafzumessung, insbes. S. 23f.

229 Vgl. auch *M. Köhler*, Über den Zusammenhang von Strafrechtsbegründung und Strafzumessung, S. 25.

b) Die Bestimmung der mittelbaren Täterschaft in Abgrenzung zur Anstiftung auf der Grundlage der Bestimmung der Tatherrschaft als „offener Begriff"

Maßgebliches Kriterium für die Abgrenzung von Täterschaft und Teilnahme muß nach Roxin der Begriff der Tatherrschaft sein, also die Frage, wer den tatbestandsmäßigen Geschehensablauf beherrscht: Das Gesetz stellt seiner Meinung nach denjenigen, der die Tat ausführt in den Mittelpunkt des Geschehens und begreift ihn daher als „Schlüsselfigur", als „Zentralgestalt des handlungsmäßigen Geschehens"[230], während es die Teilnehmer außerhalb des zentralen Geschehens stellt, sie sich „um (den Täter) herum gruppiert" haben.[231] Eine Lösung für die Bestimmung beider Beteiligungsformen kann seines Erachtens nun nicht dadurch gefunden werden, daß auf bestimmte Begriffselemente für die mittelbare Täterschaft auf der einen Seite und die Anstiftung auf der anderen Seite zurückgegriffen wird, sondern es müssen jeweils unterschiedliche Merkmale aufgewiesen werden, die anhand ihrer verschiedentlich unterteilten Struktur zu beschreiben sind. Dabei müßten die maßgeblichen Prinzipien des geltenden Rechts gewahrt bleiben und eine Entsprechung im „Leitbegriff der Tatherrschaft" bei der mittelbaren Täterschaft nach einer natürlichen Anschauung finden.[232] Auch die Frage, welche Anforderungen an die Haupttat bei einer Teilnahme zu stellen sind, läßt sich nach Roxin nicht aus dem Wesen der Handlung selbst ableiten, da diese bereits einen ontologischen Sinngehalt nicht aufzuweisen vermag.[233] Vielmehr könnten die Erfordernisse, die an die begangene Haupttat zu stellen sind, nur aus dem Zweck der Teilnahmevorschriften und aus den Besonderheiten der jeweiligen Deliktstatbestände ermittelt werden.[234]

Die zu findende Lösung für die nähere Bestimmung des Tatherrschaftsbegriffs soll nach Roxin einerseits in der Lage sein, sich den wechselnden Lebenserscheinungen anzupassen und andererseits einen gewissen Bestimmtheitsgrad erreichen. Zudem muß sie die vielgestaltigen, in bestimmten typischen Formen immer wieder zu treffenden Fallgruppen in sich aufnehmen können, darf seiner Meinung nach dabei aber die Einzelfallwürdigung nicht vernachlässigen. Roxin zeigt, daß sowohl die Möglichkeit, die Tatherrschaft als einen *unbestimmten* Begriff als auch die, sie als einen *fixierten* Begriff anzunehmen, diesen Anforderungen nicht gerecht werden kann.[235] So ermangele ein unbestimmter Begriff, der überhaupt keine festgelegten Momente zulasse, sondern die Frage der Tat-

---

230 *Roxin,* Täterschaft und Tatherrschaft, S. 25
231 *Roxin,* Täterschaft und Tatherrschaft, S. 26.
232 *Roxin,* Täterschaft und Tatherrschaft, S. 126.
233 Vgl. dazu bereits ausführlich unter a).
234 *Roxin,* ZStW 74 (1962), S. 528f.
235 *Roxin,* Täterschaft und Tatherrschaft, S. 108ff., 119ff.

herrschaft für jeden Sachverhalt in seiner Besonderheit neu feststelle, an Klarheit und Rechtssicherheit.[236] Ein festgesetzter Tatherrschaftsbegriff und eine sich daraus ergebende deduktive Vorgehensweise könne demgegenüber dem konkreten Einzelfall nicht genügen.[237] Es vermag nach Roxin daher allein eine „beschreibende Methode“[238] den aufgestellten Anforderungen gerecht zu werden: Diese ist auf der einen Seite flexibel genug, um den unterschiedlichen Einzelfällen gerecht zu werden und hat auf der anderen Seite durch den „Gedanken der Tatherrschaft als des gemeinsamen Sinnzentrums“[239] eine ausreichende Geschlossenheit. Dieser *„offene Begriff“* der Tatherrschaft bedürfe aber der Ergänzung durch ein *„Regulativ“*, d. h. einer Richtlinie, die dem Anwender einen Beurteilungsmaßstab gebe. Zu dem beschreibenden Begriff der Tatherrschaft muß seines Erachtens das oben erwähnte Leitprinzip der „Zentralgestalt für das handlungsmäßige Geschehen“ hinzukommen.[240] Mit dem „offenen“ Tatherrschaftsbegriff und dem zusätzlichen Leitprinzip der Zentralgestalt ist der Weg für die weitere Vorgehensweise Roxins gekennzeichnet. Er nimmt einzelne - in der Empirie vorzufindende Beteiligungsformen - heraus und beschreibt für jede Fallgruppe, wie sich der Gedanke der Tatherrschaft darstellt.

Für die Bestimmung des Tatherrschaftsbegriffs bei der mittelbaren Täterschaft differenziert er dabei zwischen Herrschaftsdelikten und Pflichtdelikten. Bei ersteren habe der mittelbare Täter die „Willensherrschaft“ im Gegensatz zum unmittelbaren Täter, der bei diesen Delikten die „Handlungsherrschaft“ besitzt.[241] Jene Form der mittelbaren Tatherrschaft ist nach Roxin in drei Varianten möglich: Der Hintermann kann durch Nötigung der Mittelsperson das Geschehen in der Hand haben („Nötigungsherrschaft“) oder dadurch, daß er einen Irrtum erregt oder ausnutzt und so die Tat aus dem Hintergrund lenkt („Irrtumsherrschaft“), oder er kann aufgrund eines organisierten Machtapparates das Geschehen nach Belieben steuern („Organisationsherrschaft“). Bei Pflichtdelikten soll sich die mittelbare Täterschaft nun nicht aufgrund der (Willens-) Tatherrschaft ergeben, sondern allein wegen der Verletzung der Sonderpflicht durch den Hintermann.

---

236 *Roxin,* Täterschaft und Tatherrschaft, S. 113.
237 *Roxin,* Täterschaft und Tatherrschaft, S. 122.
238 *Roxin,* Täterschaft und Tatherrschaft, S. 122ff.
239 *Roxin,* Täterschaft und Tatherrschaft, S. 124.
240 *Roxin,* Täterschaft und Tatherrschaft, S. 125ff.
241 *Roxin* in Leipziger Kommentar, § 25 Rn. 54.

aa) Herrschaftsdelikte

(1) „Nötigungsherrschaft" und mit ihr vergleichbare Herrschaft

Maßstab für die Tatherrschaft des Hintermanns ist nach Roxin in Fällen der Nötigungsherrschaft und auch nur hier das „Verantwortungsprinzip", welches zugleich als Abgrenzungskriterium von mittelbarer Täterschaft und Anstiftung dient. So habe der Gesetzgeber in § 35 StGB zum Ausdruck gebracht, daß bei einem Nötigungsdruck ab einer bestimmten Qualität der Vordermann für seine Tat wegen des massiven Drucks nicht mehr verantwortlich sei, und daher dem Nötigenden die Tat als die seinige zuzurechnen sei, obwohl dieser direkt nur die Mittelsperson lenke. Dennoch beherrsche er aber ihr Verhalten und damit indirekt auch ihre Handlung: „Die Willensherrschaft des mittelbaren Täters überlagert also die Handlungsherrschaft des Ausführenden."[242] Eine Anstiftungshandlung soll aber dann vorliegen, wenn der Nötigungsdruck nicht so massiv ist, daß er zu einer Entschuldigung im Sinne des § 35 StGB führt.

Mit der Nötigungsherrschaft vergleichbar sollen auch solche Fälle sein, in denen sich der Hintermann einer Person bedient, der das „Hemmungsvermögen", zu einer unrechten Handlung überzugehen, fehlt, und die insoweit unfrei handelt.[243] Das sei dann der Fall, wenn der Vordermann aufgrund seiner jugendlichen Unreife oder geistig-seelischen Konstitution nicht in der Lage sei, nach seiner Unrechtseinsicht zu handeln. Der Hintermann beherrsche dann den Willen der Mittelsperson, die dem Anstoß nicht widerstehen könne, weil sie in ihrer Willensbildung (noch) unfrei sei.[244] Roxin betont dabei, daß - sobald der Hintermann aufgrund seiner „lenkenden Willensbeherrschung" das tatbestandsmäßige Geschehen in der Hand hat - auch ihr entgegenstehender Wille nichts an seiner tatsächlichen Herrschaft zu ändern vermag. „Denn die Tatherrschaft hängt von den wirklichen Herrschaftsverhältnissen ab und nicht von der Stellungnahme des einzelnen dazu."[245] Verneint dagegen das positive Recht einen Ausschluß der Schuld, so komme lediglich eine Teilnahme in Betracht (wie bei § 21 StGB oder § 3 JGG, wenn festgestellt sei, daß der Jugendliche die erforderliche Einsichtsfähigkeit besessen habe). Denn dann gehe das Gesetz davon aus, daß der Handelnde einen „rechtlich beachtlichen Willensentschluß" fassen kann.[246]

---

242 *Roxin* in Leipziger Kommentar, § 25 Rn. 61; vgl. auch insgesamt zur Nötigungsherrschaft, *ders.*, Täterschaft und Tatherrschaft, S. 143ff.

243 *Roxin* differenziert für die Beurteilung der Herrschaft seitens des Hintermanns zwischen Fällen, in denen dem unmittelbar Handelnden die Einsichtsfähigkeit fehlt und den hier benannten Fällen, in denen dem Täter die Fähigkeit fehlt, nach dieser Einsicht zu handeln. Vgl. Täterschaft und Tatherrschaft, S. 233ff.

244 *Roxin,* Täterschaft und Tatherrschaft, S. 235f.; 239.

245 *Roxin,* Täterschaft und Tatherrschaft, S. 240.

246 *Roxin,* Täterschaft und Tatherrschaft, S. 238; *ders.* in Leipziger Kommentar, § 25,

(2) „Irrtumsherrschaft" und mit ihr vergleichbare Fälle

Die mittelbare Tatherrschaft des Hintermanns ergebe sich hier aus dessen „überlegener Sachverhaltskenntnis"[247]. Anders als bei der Nötigungsherrschaft sei Maßstab nicht die Verantwortlichkeit des Vordermanns (so daß in solchen Fallkonstellationen auch die Möglichkeit eines „Täters hinter dem Täter" gegeben sei). Der Hintermann hat dann deswegen das Geschehen in der Hand, weil er die die Tatbestandsverwirklichung herbeiführenden Faktoren final steuern könne: Die „Umstände der äußeren Situation, Naturgesetzlichkeiten und menschliche Verhaltensweisen, werden durch das zielstrebige Eingreifen des Hintermanns derart miteinander verknüpft, daß sie durch ihr Zusammenwirken den beabsichtigten Erfolg herbeiführen müssen".[248] Dabei reiht Roxin den Vordermann in die vom Hintermann gelenkten Kausalverläufe mit ein: Wo „einer durch sein Eingreifen in den Kausalverlauf das Geschehen in die Richtung des Erfolges lenkt, ist er immer der spiritus rector, der Träger der Willensherrschaft."[249] Seines Erachtens entspricht diese Festlegung sowohl dem Willen des Gesetzgebers als auch dem Gedanken der Tatherrschaftslehre.

Roxin unterscheidet vier nur in ihren Graden unterschiedliche Stufen der Tatherrschaft. Die Tatherrschaft komme dem Hintermann gegenüber der Mittelsperson dann zu, wenn er gegenüber der Mittelsperson auf einer höheren Stufe die Herrschaft des tatbestandsmäßigen Geschehens innehabe.

(a) Die erste Stufe habe die Kenntnis der objektiven Tatumstände - den Vorsatz - zum Inhalt. Beim vorsatzausschließenden Irrtum des Tatmittlers bediene sich der Hintermann dann quasi eines „blinden Kausalfaktors", eines „mechanischen Werkzeugs".[250] Es komme daher nicht auf die Art des Tatbeitrages des mittelbaren Täters an - auch eine nach außen lediglich als Förderung erscheinende oder als das Hervorrufen eines Tatentschlusses zu beurteilende Handlung könne für die Herrschaft des Hintermanns über das Geschehen genügen, vielmehr sei die finale Steuerung des Geschehens durch die „konkrete Blindheit" der Mittelsperson entscheidend. Selbst wenn der Vordermann bewußt fahrlässig handele, liege eine Tatherrschaft des Hintermanns vor, da es demjenigen, der auf den Nichteintritt des Erfolges leichtsinnig vertraue, „gegenüber den Einflüsterungen eines vorsätzlich handelnden spiritus rector an den für eine eigene Tatherrschaft nötigen Hemmungsmotiven"[251] fehle. Bemerkenswert ist hier aber,

---

Rn. 120.

247 *Roxin* in Leipziger Kommentar, § 25 Rn. 73.

248 *Roxin,* Täterschaft und Tatherrschaft, S. 172.

249 *Roxin,* Täterschaft und Tatherrschaft, S. 172.

250 *Roxin* in Leipziger Kommentar, § 25 Rn. 74.

251 *Roxin* in Leipziger Kommentar, § 25 Rn. 77.

daß Roxin vor der Einführung des Vorsatzerfordernisses in § 26 StGB eine mittelbare Täterschaft bei bewußt fahrlässigem Handeln des Vordermannes abgelehnt hatte, wenn der Hintermann das Risiko der Erfolgsverwirklichung nicht besser überschaut hatte als der Vordermann, denn dann konnte er den Tathergang „nicht über seinen Kopf hinweg“ steuern und die Mittelsperson sollte den Geschehensablauf lenken.[252] In diesem Fall bejaht Roxin also eine Teilnahme aus der Sicht der Tatherrschaftslehre an einer nicht vorsätzlichen, sondern auch an einer fahrlässigen Tat. Mit der Änderung des Gesetzeswortlauts ändert er dann aber auch seine Auffassung und läßt eine mittelbare Täterschaft auch bei fahrlässigem Verhalten des Vordermanns zu.

(b) Die zweite Stufe bezieht sich auf die Frage, ob der Täter den Sinn des Tatbestandes, die Sozialschädlichkeit (materielle Rechtswidrigkeit) seines Tuns erkannt habe. Ein die sachlichen Voraussetzungen betreffender Irrtum über das Vorliegen eines Rechtfertigungsgrundes seitens des Vordermanns begründe dann die Tatherrschaft des Hintermanns, wenn dieser ihn hervorrufe oder ausnutze. Denn hier sei der Hintermann der einzige, der die Situation überschaue und daher die Bewirkung des deliktischen Erfolges in der Hand habe, so daß er zur Zentralgestalt des Geschehens werde.[253] Ebenso sei es beim Hervorrufen oder Ausnutzen eines Verbotsirrtums bei der Mittelsperson seitens des Hintermanns, wobei es nicht auf die Vermeidbarkeit des Irrtums ankomme. Vielmehr solle die reale Tatherrschaft des Hintermanns von Bedeutung sein; diese sei bereits gegeben, wenn der unmittelbar Handelnde die soziale Wertwidrigkeit seines Verhaltens nicht erkenne, er daher den Sinn des Verbots nicht erfasse und insofern „blind“ handele. Gerade in diesem für die Deliktsverwirklichung entscheidenden Punkt sei also eine Überdetermination möglich, die den Hintermann im Hinblick auf den Unwertgehalt des Geschehens zur Zentralfigur und zum Herren des Handlungsablaufs mache[254]. Für die tatsächliche Tatherrschaft ändere es unter „faktisch-psychologischen Gesichtspunkten“ nichts, ob der Verbotsirrtum vermeidbar war oder nicht.[255] Damit begründet nach Roxin ein Verbotsirrtum beim Vordermann in der Regel mittelbare Täterschaft des Hintermanns.[256]

Ebenso sei auf dieser Stufe eine Tatherrschaft gegeben, wenn der Hintermann sich einer Mittelsperson bediene, die unfähig sei, das Unrecht der Tat einzuse-

---

252 *Roxin,* Täterschaft und Tatherrschaft, S. 189f.

253 *Roxin* in Leipziger Kommentar, § 25 Rn.80ff.

254 *Roxin,* Täterschaft und Tatherrschaft, S. 199f.

255 *Roxin* in Leipziger Kommentar, § 25 Rn. 87.

256 *Roxin* in Leipziger Kommentar, § 25 Rn. 87. Eine Ausnahme will *Roxin* dann machen, wenn Hintermann und Mittelsperson unter dem Einfluß desselben Irrtums handelten. Dann soll nur eine Anstiftung in Betracht kommen; Rn. 92.

hen (§§ 14, 20 StGB und § 3 JGG). Hier liege eine „Willensherrschaft kraft sinnlicher Überdetermination" vor. Denn der Hintermann könne das tatbestandsmäßige Geschehen dann „in seinem sozial wertwidrigen Sinngehalt allein gestalten, weil der unmittelbar Handelnde dazu keinen Zugang hat und deshalb auch nicht den Willen dagegen setzen kann".[257]

(c) Die dritte Stufe der Tatherrschaft betrifft nach Roxin das richtige Erfassen des Schuldgehalts der Handlung. Mittelbare Täterschaft liege hier vor, wenn der unmittelbar Handelnde sich in einem Irrtum über die sachlichen Voraussetzungen eines Entschuldigungsgrundes befinde, z. B. in einem Irrtum über die tatsächlichen Voraussetzungen eines entschuldigenden Notstandes (§ 35 II StGB). Denn hier fehle dem unmittelbar Handelnden der rechtlich-soziale Bedeutungsgehalt seines Tuns, während dem Hintermann aufgrund seines Wissens die Macht über das Tatgeschehen zukomme.[258]

(d) Auf der vierten Stufe der Tatherrschaft komme es darauf an, ob der unmittelbare Täter den „konkreten Handlungssinn" seiner Tat begriffen habe oder nicht. Auch wenn der Vordermann um die Realisierung des Tatbestandes durch sein Verhalten wisse und diese auch wolle, sei der Hintermann, wenn er über quantifizierende Unrechts- und Schuldmaße täusche, einen Irrtum über gesetzliche Qualifikationsmerkmale herbeiführe oder ausnutze oder einen error im persona beim Vordermann hervorrufe, mittelbarer Täter. Das gelte auch dann, wenn der unmittelbar Handelnde selbst als Täter zu werten sei, denn nach Roxin ist es hier letztlich der Hintermann, der das tatsächliche Geschehen beherrscht und damit die Qualität oder Quantität des Unrechts aufgrund des richtigen Erfassens des konkreten Handlungssinns in der Hand hat.[259]

(3) Organisatorische Machtapparate

Neben den oben angeführten Fällen der mittelbaren Täterschaft kraft Nötigungs- und Irrtumsherrschaft gibt es nach Roxin eine dritte Form der Willensherrschaft: Die Figur der mittelbaren Täterschaft „kraft organisatorischer Machtapparate". Hier setze der Hintermann einen staatlichen Machtapparat (wie zum Beispiel das NS-Regime sowie das SED-Regime in der DDR) zur Durchführung von Straftaten ein. Kennzeichen solcher Machtapparate ist es nach Roxin, daß sie sich dabei von Rechtsnormen insgesamt gelöst haben. Aufgrund der individualitätsunabhängigen Struktur des Apparates werde die Durchführung von Befehlen gewährleistet. Die jeweils unmittelbar Handelnden seien dann nur ein „auswechselbares Rädchen im Getriebe", so daß die „Fungibilität" der Mittelspersonen,

---

257 *Roxin,* Täterschaft und Tatherrschaft, S. 234f.; 239.
258 *Roxin* in Leipziger Kommentar, § 25 Rn. 94.
259 *Roxin* in Leipziger Kommentar, § 25 Rn. 96ff.

die für sich genommen auch vollverantwortlich strafrechtliches Unrecht verwirklichten, dem „Schreibtischtäter" Tatherrschaft verleihe.[260] Dabei sei nicht maßgeblich, ob dieser wiederum aus eigener oder aufgrund der Initiative einer ihm übergeordneten Stelle handele, sondern lediglich, daß er den ihm zugeteilten Teil der Organisation selbständig führen könne.[261]

c) Kritische Auseinandersetzung mit der beschreibenden Vorgehensweise Roxins bei der mittelbaren Täterschaft in Abgrenzung zur Anstiftung

Zunächst fällt auf, daß Roxin einer vor den gesetzlichen Bestimmungen liegenden Begründung dafür, warum es überhaupt möglich ist, daß jemand für die Tat eines anderen (mit-)verantwortlich sein soll, und warum eine Unterscheidung der Beteiligungsformen überhaupt notwendig erscheint, aus dem Weg geht. Dies ist seiner induktiven und an den Wertmaßstäben des Gesetzes orientierten Vorgehensweise immanent.

Er *beschreibt* lediglich, in welchen Fällen von einer Herrschaft über das tatbestandsmäßige Geschehen (bei einer Nötigung seitens des Hintermanns) bzw. wann - auch wenn keine Herrschaft des Geschehens selbst zu bejahen ist - von einer Tatlenkung (bei Irrtümern) gesprochen werden kann. Dabei wird die Mittelsperson zum einen einem Kausalfaktor gleichgestellt, und zum anderen führt seine induktive Vorgehensweise dazu, daß eine Vielzahl unterschiedlicher Fallkonstellationen in ihrer Beurteilung gleichgesetzt werden. So soll bei den Irrtumsfällen eine mittelbare Täterschaft seitens des den Irrtum hervorrufenden oder ausnutzenden Hintermanns deswegen gegeben sein, weil diesem die „finale Überdetermination des Kausalverlaufs" zukommt: „Das irrende Werkzeug tritt nicht in seiner spezifisch menschlichen Qualität als final handelndes Wesen in den Geschehensablauf ein, sondern es wird lediglich als blinder, den außermenschlichen Mitursachen gleichzusetzender Bedingungsfaktor in den determinierten Tatplan hineinverwoben." [262] Roxin setzt damit irrende Personen mit der Gegenstandswelt gleich. Dabei läßt er unberücksichtigt, daß auch ein sich im Irrtum befindlicher Mensch nicht zur Naturkausalität verkommt, sondern wei-

---

260 *Roxin,* Täterschaft und Tatherrschaft, S. 244ff.; *ders.* in Leipziger Kommentar, § 25 Rn. 128

261 *Roxin* lehnt - anders als der BGH - eine Ausweitung der Figur der mittelbaren Täterschaft kraft organisatorischen Machtapparates beim Betrieb wirtschaftlicher Unternehmen ab. Denn hier erwarte das Recht vom Untergebenen bei einer Aufforderung seitens des Vorgesetzten zu normwidrigen Verhaltensweisen, daß sich jener weigere, so daß von „einer beliebigen Austauschbarkeit der Ausführenden und davon, daß ‚der Beitrag des Hintermannes nahezu automatisch zu der ... erstrebten Tatbestandsverwirklichung führt'" nicht gesprochen werden könne (*Roxin,* JZ 1995, S. 51).

262 *Roxin,* Täterschaft und Tatherrschaft, S. 173

terhin als vernünftige Rechtsperson zu begreifen ist. Denn auch ein irrender Mensch verliert nicht die ihm konstitutionsbedingt innewohnende Fähigkeit, final und autonom zu agieren. Er bleibt vielmehr in der Lage, sich zu besinnen und die Gegebenheiten unter Umständen zu kontrollieren, was den Naturgesetz unterworfenen Gegenständen abgeht. Damit soll nicht bestritten werden, daß dennoch jemand eine Sachlage faktisch für den anderen so gestalten kann, daß dieser den Finalzusammenhang nicht erkennen kann. Bedingt durch die Endlichkeit und damit auch Unvollkommenheit, ist der einzelne nicht immer in der Lage, jede Situation gleichermaßen richtig zu durchschauen. Das ist z. B. dann der Fall, wenn sich der unmittelbar Handelnde zum Zeitpunkt seiner Ausführungshandlung in einem Irrtum über die Tatumstände befindet, also wenn er beispielsweise nicht weiß, daß sein eingesetztes Mittel eine Verletzung bei einem anderen herbeiführt. Er handelt nämlich objektiv und subjektiv nach einer für ihn wahren Rechtsregel, verwirklicht dabei tatsächlich nicht die von ihm gesetzte Unrechtsmaxime. Insofern kann es gerechtfertigt sein, das bewußte Einsetzen eines Menschen als derartiges Mittel mit der Beherrschung eines gegenständlichen Verlaufs zu *vergleichen*, was aber gerade nicht zu einer Gleichsetzung, zu einer Identifizierung führen darf, denn die Mittelsperson könnte sich anders als ein mechanisches Werkzeug besinnen.[263] Hat der Hintermann also bewußt eine für den anderen undurchschaubare Sachlage initiiert, kann ihm die Herrschaft über das tatbestandsmäßige Geschehen zugesprochen werden, wenn er dabei die Mittelsperson als Werkzeug für die Ausführung der von ihm gewollten Tat betrachtet. Davon zu unterscheiden sind aber die Fälle, in denen die Mittelsperson weiß, daß sie eine Verletzung bewirkt, sich aber in einem Irrtum über das Verbotensein ihres Verhaltens befindet. Denn dann stellt sich die Frage, ob einem Hintermann, der diesen Irrtum bewirkt hat, tatsächlich in gleicher Weise die Tatmacht über das verletzende Geschehen zukommen kann wie in den zuerst dargelegten Situationen. Der Vordermann beurteilt die faktischen Zusammenhänge richtig, er ist sich bewußt, daß er mit seiner willentlichen Handlung einen bestimmten Erfolg, eine Verletzung eines anderen bewirkt. Sein Irrtum betrifft damit allein seine rechtliche Bewertung und damit die Frage seiner Unrechtseinsicht, nicht dagegen seine Verletzungseinsicht. Das tatbestandsmäßige, rechtsverletzende Geschehen beherrscht damit er und nicht der Hintermann. Wenn Roxin nun alle Irrtumsfälle gleichsetzt, bedarf dies zumindest einer näheren Begründung, warum der Hintermann hier in gleicher Weise das Geschehen zu lenken vermag wie in Fällen, in denen er die Mittelsperson in einen den Tatumstand betreffenden Irrtum versetzt. Für den sich im Verbots-

---

263 Vgl. den in BGHSt 30, 363ff. behandelten Fall. Die Mittelspersonen hatten hier den Plan des Hintermanns, das Opfer zu töten, auf dem Weg zur Tat durchschaut und aus diesem Grunde von der Tat Abstand genommen.

irrtum Befindenden verweist er nun für die Beurteilung der Tatherrschaft des Hintermanns auf „faktisch-psychologische“ Gesichtspunkte des Vordermanns. Eine derart beschreibende Methode bedürfte einer ihr vorausgehenden Begründung, die aber gerade unabhängig von der Empirie sein muß. Denn sonst würde bloße Intuition den Maßstab für die Frage bilden, ob dem Hintermann die Tatherrschaft zukommt oder nicht. Die Psyche des Vordermanns kann dabei nicht begründungsentscheidend sein. Eine solche Betrachtungsweise führt zu einer Instrumentalisierung sowohl des Vordermanns als auch des Hintermanns. So wird die Mittelsperson unterschätzt, da ihr die Fähigkeit autonomen Handelns abgesprochen wird, während die Macht des Hintermanns über das Geschehen überschätzt wird, denn er kann den Vordermann gerade nicht wie ein technisches Werkzeug beherrschen. Die Entscheidung, ob eine mittelbare Täterschaft vorliegt oder nicht, wird dann zu einer intuitiv-willkürlichen.

Die instrumental-empirische Betrachtungsweise steigert sich bei der Bewertung der „organisatorischen Machtapparate“ als weitere Form der „Willensherrschaft“. Denn hier behandelt das Gesetz auch den Vordermann als volldeliktisch handelnde Person. Aufgrund der empirischen Feststellung, daß eine hohe Wahrscheinlichkeit der Ausführung durch den Vordermann besteht, soll eine Herrschaft durch Organisation begründet werden. Es wird nicht auf das Verhältnis der einzelnen untereinander abgestellt und ihr Verständnis der Einordnung in das Geschehen - auch nicht nach den Wertmaßstäben des Gesetzes - betrachtet, sondern der Apparat wird rein äußerlich, wie eine technische Maschine bewertet, in der alles seinen Gang (unabhängig von der auch hier bestehenden - wenn auch eingeschränkten - Freiheit der einzelnen) nimmt. Darauf deutet Roxins Verweis auf die individualitätsunabhängige Struktur hin, die eine Durchführung der Befehle gewährleisten können soll. Auch in einem totalitären System werden aber die Rechtssubjekte nicht zu einfachen technischen Werkzeugen, sondern bleiben autonome Personen und damit im Hinblick auf ihre Entscheidung zu der konkreten Ausführung der Tat frei. Dies muß insbesondere dann gelten, wenn der Vordermann aus Eigeninitiative und damit unabhängig von einer ihm übergeordneten Instanz gehandelt hat. Auch der Hinweis auf die Fungibilität der Ausführenden führt zu keiner anderen Bewertung. Denn es kann in der konkreten Situation des Handelnden nicht davon gesprochen werden, daß die jeweiligen Täter sofort durch eine Anzahl bereitstehender anderer ersetzt werden könnten. Zudem könnte selbst eine Gewährleistung der Durchführung aus den oben bereits aufgezeigten Gründen nicht zu einer automatischen Verantwortungszuweisung an den Hintermann führen.[264]

---

264 Vgl. zur Kritik auch *Murmann,* GA 1996, S. 269 (272ff.).

Schließlich kann der Verweis Roxins, bei Grenzfragen auf die im Gesetz zu findenden Wertmaßstäbe zurückzugreifen, eine Begründung für die Beurteilung der Tatherrschaft des einzelnen nicht ersetzen. Daß der alleinige Hinweis auf die positiven Rechtsnormen eine Begründung nicht ersetzen kann, und daß ebenso rein pragmatische und kriminalpolitische Erwägungen nicht ausreichen können, wurde bereits betont. Der oben dargelegte Mangel wird nun - geht es wie hier um die Beteiligung mehrerer - besonders virulent. So ist ein Verweis auf die Bewertung des entschuldigenden Notstandes in § 35 StGB durch den Gesetzgeber allein nicht in der Lage, eine Feststellung darüber zu treffen, wie und in welchem Verhältnis die Beteiligten tatsächlich zueinander stehen, und wie sie ihre damit verbundene Einfügung in das Geschehen beurteilen. Damit ist nicht gemeint, daß das Gesetz zu ignorieren ist, es enthält aber nicht alle Begründungselemente, die im Einzelfall zu berücksichtigen sind, insbesondere müssen sich die Gesetze an der Konstitution des einzelnen als Einheit von intelligiblem und auch endlichem Wesen messen lassen und können von ihr nicht losgelöst sein. Ohne eine solche Basis erscheint die Einordnung und Wertung des Geschehens durch den Gesetzgebers willkürlich. Deutlich wird dies bei Roxin bei der Frage der Bestrafung des Hintermanns, wenn die Mittelsperson bewußt fahrlässig handelt und der Hintermann das Geschehen nicht mehr in der Hand hat als der Vordermann. Für die Antwort auf die Frage, ob hier Anstiftung oder mittelbare Täterschaft gegeben ist, kann nicht die Bestimmung des § 26 StGB, der jetzt eine vorsätzliche Tat verlangt, entscheidend sein, so daß, um eine Strafbarkeitslücke zu vermeiden, der Hintermann automatisch zum mittelbaren Täter wird und ihm das Geschehen als durch seine Tatherrschaft bewirktes zugeschrieben wird. Die Bestimmung des Tatherrschaftsbegriffs wird dann relativ, je nachdem was das Gesetz gerade normiert. Es hat sich aber aus der hier dargelegten Kritik als notwendig erwiesen, daß personale Strukturen und ihre sozialen Beziehungen Berücksichtigung finden müssen. Die Ausfüllung der Begriffe der Tatherrschaft durch die Wertmaßstäbe des Gesetzgebers - wie sie Roxin vornimmt - ist nicht in der Lage, über eine beschreibende Methode hinaus eine Begründungsleistung zu erbringen. Eine rein äußere Zuweisung der Beteiligungsformen an die handelnden Personen verliert demgegenüber für diese an Verbindlichkeit, wenn sich die Maßstäbe für ihre Verhaltensweisen nicht aus ihren personalen Handlungsstrukturen selbst ergeben, sondern ihnen vom Gesetz oktroyiert werden. Sie werden dann letztlich nicht für ihre tatsächlich begangene deliktischen Handlung verantwortlich gemacht, sondern es wird danach gefragt, wie das Gesetz ihr Handeln beurteilt.

Bei der Behandlung der Pflichtdelikte wird die normative Betrachtungsweise Roxins, die verbunden ist mit kriminalpolitischen Erwägungen, besonders deutlich. Die Frage der tatsächlichen Tatherrschaft tritt hier gänzlich zurück. Maßstab soll allein die Wertung des Gesetzes sein. Die Struktur personalen Handelns findet dann keine Berücksichtigung mehr.

bb) Pflichtdelikte

Bei Tatbeständen, die eine bestimmte Sonderpflicht voraussetzen, kann Täter nur sein, wer diese Pflicht verletzt. Täter in § 348 StGB (Falschbeurkundung im Amt) kann z. B. nur ein Amtsträger sein, der „zur Aufnahme öffentlicher Urkunden befugt ist".

Nach Roxin besteht das Besondere dieser Pflichtdelikte darin, „daß die Verletzung der vorstrafrechtlichen Sonderpflicht allein und völlig unabhängig von anderen Merkmalen (wie etwa der Tatherrschaft) die Täterschaft begründet, während das Fehlen der tatbestandsspezifischen Pflichtverletzung auch bei bestehender Tatherrschaft immer nur zur Annahme einer Beihilfe führen"[265] kann. Für die Begründung der mittelbaren Täterschaft des Sonderpflichtigen seien daher nicht die Maßstäbe der Tatherrschaft oder der Willensherrschaft entscheidend, sondern allein die Tatsache, daß die Verletzung der Sonderpflicht durch den Intraneus erfolge.[266] Veranlasse z. B. ein Grundbuchbeamter einen Nichtbeamten zur Vornahme einer Falschbeurkundung, so solle (auch wenn die tatsächliche Herrschaft über das tatbestandsmäßige Geschehen dem Nichtbeamten zukomme) der Beamte mittelbarer Täter sein, während dem Ausführenden lediglich eine Gehilfenstellung zukommen soll. In einer Auseinandersetzung mit der Gegenauffassung, die in solchen Fällen eine Straflosigkeit des Hintermanns verlange, da dessen Tathandlung lediglich die Struktur einer Anstiftung aufweise[267], verteidigt Roxin seine Lösung kriminalpolitisch und mit dem Willen des Gesetzgebers: „Denn danach (nach der Gegenauffassung) brauchte jeder Qualifizierte sich zur Tatausführung der Tatbestandhandlung nur eines Extraneus zu bedienen, um mit seinem Komplizen straflos davonzukommen - ein kriminalpolitisch unerträgliches und vom Gesetzgeber zweifellos nicht gewolltes Ergebnis!"[268] Ein kriminalpolitisches Bedürfnis ist aber nicht in der Lage, automatisch die Strafbarkeit einer Person zu begründen, sondern kann nur Mängel der Gesetzeslage aufzeigen. Es ist vielmehr Aufgabe des Gesetzgebers, diese - falls es erforderlich erscheint - zu beheben. Auch eine rein normative Betrachtung vermag keine Begründung zu leisten. Es fehlt die Angabe eines Grundes, warum ein Pflichtverstoß allein in der Lage sein soll, eine Tatherrschaft zu rechtfertigen. Vielmehr läuft eine solche Betrachtung darauf hinaus, daß jede kausale Verursachung ausreichen könnte, um eine derartige Herrschaft anzunehmen. Eine Grenze ist dann aber schwerlich zu ziehen, wenn die tatbestandsmäßige Handlung bei den Pflichtdelikten unberücksichtigt bleiben soll.

---

265 *Roxin* in Leipziger Kommentar, § 25 Rn. 37.
266 *Roxin* in Leipziger Kommentar, § 25 Rn. 134.
267 So z. B. *Stratenwerth,* AT I, § 12 Rn. 40 (S. 307f.).
268 *Roxin* in Leipziger Kommentar, § 25 Rn. 139.

Ebenso problematisch sind die umgekehrten Fälle, in denen ein Nichtsonderpflichtiger einen Sonderpflichtigen zur Tat bestimmt. Befindet sich letzterer nämlich in einem Irrtum, so z. B. wenn der Psychologe nicht weiß, daß er zur Preisgabe eines Berufsgeheimnisses veranlaßt wurde, fehlt es an einer vorsätzlichen tatbestandsmäßigen Haupttat (§ 203 StGB) seitens des unmittelbar Handelnden, während dem Veranlasser die tatbestandskonstitutive Sonderpflicht fehlt. Auch hier nimmt Roxin eine Teilnahme an vorsatzloser Haupttat an, weil nicht das vorsätzliche Handeln des Intraneus das Entscheidende sein soll, sondern die Verletzung der besonderen Pflicht das Hauptunterscheidungsmerkmal darstellt.[269] Dem ist aber ebenso wie bei den zuerst genannten Fällen zu entgegnen, daß eine Sonderpflichtenstellung nicht bereits zur Tatbestandserfüllung ausreichen kann. Vielmehr ist zu untersuchen, ob der Nichtsonderpflichtige durch das Einsetzen eines sich über seine tatbestandsmäßige Ausführungshandlung irrenden Sonderpflichtigen damit auch eine allgemeine Pflicht verletzt; nur dann kann jener mittelbarer Täter sein, während dieser sich in einem tatbestandsausschließenden Irrtum befindet. Das zeigt sich auch im Gesetz selbst, welches z. B. in § 160 StGB „Verleitung zur Falschaussage" solche Fälle besonders normiert hat, während es bei § 203 StGB an einer derartigen Regelung fehlt. Die Wertung des Gesetzes und kriminalpolitische Argumente rücken damit bei Roxin in den Vordergrund, die Struktur des Verhaltens des Rechtssubjekts und seine tatsächliche Wirkmacht in der Außenwelt bleiben hingegen gänzlich zurück.

Bei der kritischen Auseinandersetzung mit der Lehre Roxins hat sich gezeigt, daß dieser das personale und soziale Moment menschlicher Verhaltensweisen nicht berücksichtigt. Dies wurde zum einen dadurch aufgewiesen, daß er die sich im Irrtum befindliche Mittelsperson auf einen „Kausalfaktor" des Geschehens reduziert, und daß er zum anderen die Normen des positiven Rechts in ihren kriminalpolitischen Zwecksetzungen als Begründungsmaßstab der Abgrenzungsfragen begreift. Seine insgesamt rein beschreibende Methode vernachlässigt damit den einzelnen als mitbegründende Rechtsperson sowie ihre objektive und subjektive Einordnung in den Gesamtzusammenhang des Geschehens.

3. Der teleologische Ansatz Bloys: Mittelbare Täterschaft und Anstiftung als Zurechnungstypen und ihre strukturelle Unterscheidung aufgrund ihrer normativen Verantwortung

Bloy verwendet ebenso wie Roxin eine normative Vorgehensweise verbunden mit Strafzweckerwägungen. Er setzt dabei in seiner Begründung zwar insoweit

---

269 *Roxin,* Täterschaft und Tatherrschaft, S. 367ff.

einen Schritt vor Roxin an, als er die Kriminalisierung von Verhaltensweisen an die jeweilige Staats- und Gesellschaftsordnung bindet, seine Ableitungen für die Abgrenzungsbestimmung von mittelbarer Täterschaft und Anstiftung bleiben aber streng an den normativen Maßstäben des positiven Strafrechts orientiert.

Ziel seiner Habilitationsschrift „Die Beteiligungsform als Zurechnungstypus im Strafrecht" ist die Durchleuchtung der Struktur von Formen der Beteiligung, die er aus strafrechtsdogmatischen Begriffen zu entwickeln sucht. Ausgangspunkt ist für Bloy daher zunächst das Auffinden eines allgemeinen Prinzips, welches die Einheit der strafrechtlichen Systematik konstituieren muß.[270] Voraussetzung dafür sei eine Reflexion über die zugrundezulegende Methode, die angeben solle, nach welchem Prinzip strafrechtsdogmatische Begriffe zu entwickeln seien. Es ist daher im Folgenden auf seine Methode und die sich daraus entwickelnden normativen Leitprinzipien einzugehen, die für die Abgrenzung von Täterschaft und Teilnahme dann maßgeblich sein sollen.

a) Kritische Auseinandersetzung mit der methodischen Ausgangsbasis Bloys

Bloy geht von einer teleologischen Begriffsbildung aus, wobei die „Dialektik teleologischer Begriffsbildung"[271] in der „gegenseitigen Durchdringung faktischer und normativer Strukturelemente"[272] besteht. Neben den normativen Momenten müßten ebenso die rechtlich zu erfassenden sozialen Sachverhalte aufgenommen werden. Entscheidend müsse dabei die Bestimmung des *telos* sein, welches sich die Teleologie setze. Im Strafrecht liege nun jeder teleologischen Begriffs- und Systembildung das Prinzip der „Wechselwirkung zwischen Strafbegriff und Verbrechensbegriff" zugrunde.[273] Denn Aufgabe strafrechtlicher Begriffsbildung sei es, festzulegen, wann ein Verhalten strafbar ist. Strafrechtliche Begriffe sind nach Bloy somit an solchen Zweckerwägungen zu orientieren, die sich jeweils aus der „kulturellen Wertsphäre" ergeben, zu der auch die strafrechtlich geschützten Rechtsgüter zählen.[274] Die Frage der Kriminalisierung von Verhaltensweisen sei dabei an die historischen Verhältnisses der jeweiligen Staats- und Gesellschaftsordnung gebunden. Die Strafrechtsordnung bestehe in einer „kombinierten Wert- und Zweckordnung"[275], da von einem Staatsverständnis auszugehen sei, welches „den Staat weder als moralische

270 *Bloy,* Beteiligungsform als Zurechnungstypus, S. 20.
271 *Bloy,* Beteiligungsform als Zurechnungstypus, S. 23 m. w. N.
272 *Bloy,* Beteiligungsform als Zurechnungstypus, S. 23.
273 *Bloy,* Beteiligungsform als Zurechnungstypus, S. 23f.
274 *Bloy,* Beteiligungsform als Zurechnungstypus, S. 24.
275 *Bloy,* Beteiligungsform als Zurechnungstypus, S. 27.

Anstalt noch als wertfreie Zweckschöpfung begreift"[276]. Der Staat stehe auf dem Boden einer im Grundgesetz festgelegten Erklärung zu bestimmten Elementarwerten, deren Schutz durch Zweckmäßigkeitserwägungen konkretisiert und mitbestimmt werde.

Nach Bloy ergeben sich als zentrale Begriffe einer teleologischen Methode die der Strafwürdigkeit und Strafbedürftigkeit, die schließlich auch die Leitlinien für die Begriffsbildung von Täterschaft und Teilnahme darstellen. [277] Er bestimmt zunächst allgemein die Bedeutung der Begriffe von Strafwürdigkeit und Strafbedürftigkeit. Bei der Frage der *Strafwürdigkeit*, welche sowohl das Unrecht als auch die Schuld umfaßt, steht das *Wertungselement* im Vordergrund. Dieses solle den materiellen Unrechtsgehalt eines Verhaltens angeben, d. h. bestimmen, wann eine Handlung nach ihrem Gesamtunwert ein Verbrechen darstelle. Es müsse danach quantitativ betrachtet ein Mindestunwertgehalt in dem Verhalten gegeben sein.[278] Bloy verweist dabei zunächst auf die Verwirklichung der einzelnen Tatbestandsmerkmale, also auf ein formales Kriterium.[279] Er geht jedoch noch weiter, indem er für die Bestimmung der Merkmale eine wertende Betrachtung fordert und somit ein zusätzliches Moment hineinbringt: Der Unwertgehalt einer Tat solle nach den in der Sozialethik vorzufindenden Maßstäben bestimmt werden.[280] Dabei weist er aber zu recht auf deren Relativität hin. Denn die jeweils historischen Verhältnisse unterliegen auch Schwankungen, wobei allerdings ein Kernbereich an Wertungen festgesetzt sei (z. B. die vorsätzliche Tötung oder der Raub). Bloy konturiert aber in seiner Vorstellung nicht klar, inwieweit die Frage der Strafwürdigkeit nicht allein aus einer formalen Bestimmung zu konstituieren ist, sondern außerrechtliche Maßstäbe der Sozialethik mitentscheidend sein sollen. Diese Unklarheit ist dadurch bedingt, daß bei ihm die Normativität der strafrechtlichen Begriffe wiederum von der jeweils zugrunde gelegten Staatsauffassung und deren sozialethischen Vorstellungen des historischen Staates abhängt. Auch liegen die bestehenden Werte außerhalb des einzelnen. Denn er bleibt immer Objekt des jeweils bestehenden Wertverständnisses. Daher kann Bloy auch nicht erklären, warum es einen festen Kernbereich an Wertungen gibt. Soll das Recht mehr sein als eine bloße Spiegelung der bestehenden Verhältnisse, so muß es seinen inhaltlichen Aussagen einen Anspruch auf Richtigkeit zugrundelegen, der nicht automatisch mit der Empirie übereinstimmen, sondern stets auf seinen vernünftigen Gehalt überprüft werden muß. Auch wenn Bloy die Frage nach der Bestimmung des Min-

---

276 *Bloy*, Beteiligungsform als Zurechnungstypus, S. 27.
277 *Bloy*, Beteiligungsform als Zurechnungstypus, S. 30ff.
278 *Bloy*, Beteiligungsform als Zurechnungstypus, S. 32.
279 *Bloy*, Beteiligungsform als Zurechnungstypus, S. 40.
280 *Bloy*, Beteiligungsform als Zurechnungstypus, S. 40.

destunwertgehalts einer Tat als eine Frage der „absoluten Strafwürdigkeit" bezeichnet (sie bestimmt das „Ob" der Strafwürdigkeit) und sie der „relativen"[281] gegenüberstellt, bleibt sie letztlich auch nach seinem Verständnis eine relative, da sie seines Erachtens wiederum von den jeweiligen gesellschaftlichen, sich wandelbaren Wertmaßstäben, abhängig sein soll.

Damit ergibt sich für die Bestimmung der Strafwürdigkeit bei Bloy die Kritik, daß der Inhalt des Begriffs zum einen unklar und zum anderen relativ bleibt. Dies ist bedingt durch die Bindung der Wertmaßstäbe an die jeweilig bestehenden staatlichen und gesellschaftlichen Vorstellungen, die mit der Entfernung einer personalen Bestimmung der Strafwürdigkeit verbunden ist.

Auch bei der Bestimmung des Leitprinzips der *Strafbedürftigkeit*, die nach Ansicht Bloys zu dem Wertkriterium der Strafwürdigkeit als *Zweckaspekt* hinzukommen muß, ergibt sich ein ähnliches Problem: Aufgabe der Strafbedürftigkeit sei es, ein „Gesamturteil über die Zweckmäßigkeit einer Bestrafung" anzugeben.[282] Staatliches Strafen könne nur dort eingesetzt werden, wo es kriminalpolitisch zweckmäßig und als ultima ratio unentbehrlich erscheine. Bloy gibt nun drei allgemeine Maßstäbe an, an denen sich dieser Zweckgesichtspunkt zu orientieren hat: Zum einen sei es für die Entscheidung der Strafbedürftigkeit erforderlich, daß Unrecht realisiert wurde. Zum anderen dürfe der Strafzweck nicht bereits ohne Bestrafung erreicht werden und schließlich müsse eine Bestrafung auch tatsächlich geeignet sein, auf die in der Tat zum Ausdruck kommende soziale Fehlentwicklung korrigierend hinzuwirken.[283]

Grundsätzlich stellt sich hier das Problem, daß die Bestimmung der Elemente von Tatbestand, Rechtswidrigkeit und Schuld anhand von general- und spezialpräventiven Strafzweckerwägungen[284] erfolgen soll. Diese Orientierung führt zu einer Verobjektivierung des einzelnen, der in die Begründung nicht mehr mitaufgenommmen wird, sondern zum Beispielobjekt staatlichen Strafens für andere wird.[285] Das hat auch zur Folge, daß es für die Abschreckungswirkung

281 Nach *Bloy* betrifft die relative Strafwürdigkeit das „Wie" derselben. Sie sei mit anderen Taten unter Unrechtsaspekten in Vergleich zu setzen, wie z. B. die Täterschaft auf der einen Seite und die Gehilfentätigkeit, die sich als weniger strafwürdig erweise, auf der anderen Seite (Beteiligungsform als Zurechnungstypus, S. 41f.).

282 *Bloy,* Beteiligungsform als Zurechnungstypus, S. 42.

283 *Bloy,* Beteiligungsform als Zurechnungstypus, S. 42. Auch hier unterscheidet er analog zur Strafbedürftigkeit zwischen der eben beschriebenen absoluten Strafbedürftigkeit (=Frage des Ob) und der relativen, die die Frage zu beantworten habe, wie sinnvollerweise auf die Tat zu reagieren ist (z. B. Geld- oder Freiheitsstrafe). Vgl. dazu Beteiligungsform als Zurechnungstypus, S. 44.

284 Vgl. *Bloy,* Beteiligungsform als Zurechnungstypus, S. 37.

285 Vgl. bereits die oben angeführte Kritik gegenüber dem Ansatz *Roxins*.

eigentlich keinen Unterschied machen kann, ob tatsächlich Unrecht realisiert wurde oder nicht.[286] Aber auch für spezialpräventiv begründete Maßnahmen kann es letztlich unerheblich sein, ob der Täter schuldhaft Unrecht verwirklicht hat. Für einen im unvermeidbaren Verbotsirrtum sich befindenden Täter könnte eine Strafe dann gerade sinnvoll sein, um eine Normaufklärung zu erreichen. Weder General- noch Spezialprävention sind daher widerspruchslos in der Lage die Strafbedürftigkeit zu begründen. Die oben dargelegte Grundsatzkritik am Ansatz Bloys, daß nämlich die Person des Täters und seine Tat nicht in die Perspektive aufgenommen werden, sondern letztlich eine Strafbegründung außerhalb dessen vorgenommen wird, setzt sich somit auch hier fort.

Der Mangel der nicht genügenden Klarheit der Begriffsbestimmung von Strafwürdigkeit und -bedürftigkeit als Leitprinzipien einer teleologischen Begriffsbildung und eines Wertverständnisses, welches an die jeweiligen historischen gesellschaftlichen und staatlichen Gegebenheiten gebunden sein soll, wird auch bei der Bestimmung des Verhältnisses von Täterschaft und Teilnahme und insbesondere bei der Abgrenzung von mittelbarer Täterschaft und Anstiftung deutlich. Dies gilt ebenso für die damit verbundene und für die in den Strafzwecken als materielle Inhalte der Strafbedürftigkeit zum Ausdruck kommende Entfernung der Unwertbestimmung vom einzelnen.

b) Unterschied von Täterschaft und Teilnahme nach Art des personalen Zusammenhangs

Die entscheidende „Zurechnungsstruktur“ der Beteiligungsformen ergibt sich nach Bloy aus dem „personalen Zusammenhang“ zwischen dem Handelnden und dem tatbestandlichen Erfolg. Dabei bestehe ein solcher sowohl beim Täter als auch beim Teilnehmer. Beide seien insoweit für das tatbestandliche Unrechtsgeschehen verantwortlich. Der Unterschied der Beteiligungsformen ergibt sich aber seines Erachtens aus der *Art* des personalen Zusammenhangs.[287] Während dieser beim Täter ein unmittelbarer sei, sei er beim Teilnehmer ein mittelbarer, der erst durch die Person des Täters vermittelt werde.[288] Bloy bestimmt nun die Art des „personalen Zusammenhangs“ nach normativen Maßstäben, die im positiven Recht zu finden sind. Er geht nicht über die gesetzlichen Bestimmungen hinaus, sondern bestimmt die Strafwürdigkeit der Beteiligungsformen nach ihrem „Typus“, den der Besondere Teil ihnen verleiht. Auch er unterscheidet wie Roxin nach Herrschafts- und Pflichtdelikten, nimmt aber -

286 Vgl. zur Kritik gegenüber der generalpräventiven Überlegungen bei der Strafbegründung bereits oben unter A. I 2 a); C. II. 2 a).

287 *Bloy,* Beteiligungsform als Zurechnungstypus, S. 313.

288 *Bloy,* Beteiligungsform als Zurechnungstypus, S. 314.

anders als Roxin - zudem noch eine Mischform beider Delikte an.[289] Die täterschaftliche Begehung hängt nach ihm dementsprechend bei Herrschaftsdelikten von der Tatherrschaft ab, während es bei Pflichtdelikten allein auf die Sonderpflichtverletzung ankommt. Bei den Mischformen müssen dagegen beide Täterkriterien gemeinsam erfüllt sein. So stellt er zu recht fest, daß sich die Falschbeurkundung im Amt (§ 348 StGB) nicht allein in der Pflichtverletzung erschöpft, sondern auch eine Tathandlung, nämlich das falsche Beurkunden einer rechtlich erheblichen Tatsache, voraussetzt.[290] Die unterschiedlichen Deliktsformen stellen „den jeweils unterschiedlich geprägten personalen Kontakt des Täters zum Gesamtgeschehen her“[291]. Der Unwertgehalt täterschaftlicher Begehung ergebe sich dann aus den in den Straftatbeständen des Besonderen Teils vorzufindenden Rechtsfolgen.

Die Strafwürdigkeit der Teilnahme sei dem Handlungsunwert der Täterschaft angelehnt, die durch die Akzessorietät vermittelt wird. „An die Stelle des eigenen personalen Kontakts zum gesamten Tatgeschehen tritt der personale Kontakt zum Täter“.[292] Daher sei der Handlungsunwert des Teilnehmers geringer als der des Täters. Die Akzessorietät vermag nach Bloy aber nicht, die fehlende Tatherrschaft oder die Subjektsqualität aufzuwiegen, sondern sie vermittelt lediglich die Teilnahme an fremder Tat. So verwirkliche bei der Anstiftung nicht der Anstifter selber, sondern die Mittelsperson den täterschaftlichen Handlungsunwert.[293] Das soll nach Meinung von Bloy aber nicht bedeuten, daß die Teilnahme im Unwert gegenüber der Täterschaft abgeschwächt ist, sondern es ist vielmehr eine strukturell anders geartete Beziehung, eine „losere“ zum tatbestandlich verwirklichten Unrecht, die einen qualitativen Unterschied und keinen quantitativen darstellt.[294] Daher sei es erforderlich, sich die „jeweilige Eigengesetzlichkeit der Unrechtsbegründung“ zu vergegenwärtigen, die mit den Zwecken eines Systems mit unterschiedlichen Beteiligungsformen verbunden sei und damit die Frage der Strafbedürftigkeit von Täterschaft und Teilnahme betreffe.[295]

Die Strafbedürftigkeit der Täterschaft sieht Bloy in der „Präventionsbedürftigkeit des tatbestandlichen Unrechts“[296]. So bezweckten die im Strafgesetzbuch beschriebenen Tatbestände, einer Realisierung des dort aufgezeigten Unrechts

---

289 *Bloy,* Beteiligungsform als Zurechnungstypus, S. 230ff.
290 *Bloy,* Beteiligungsform als Zurechnungstypus, S. 232.
291 *Bloy,* Beteiligungsform als Zurechnungstypus, S. 315.
292 *Bloy,* Beteiligungsform als Zurechnungstypus, S. 316.
293 *Bloy,* Beteiligungsform als Zurechnungstypus, S. 316.
294 *Bloy,* Beteiligungsform als Zurechnungstypus, S. 317.
295 *Bloy,* Beteiligungsform als Zurechnungstypus, S. 317.
296 *Bloy,* Beteiligungsform als Zurechnungstypus, S. 320.

entgegenzuwirken. Ebenso solle eine Mitwirkung an der Verwirklichung des tatbestandsmäßigen Unrechts verhindert werden. Der Gesetzgeber habe aber nicht jede „Objektivation einer Teilnehmer-Täter-Beziehung (...) in den strafbedürftigen Bereich (aufgenommen), sondern nur solche, die in der Weckung des Tatentschlusses oder einer tätigen Solidarisierung durch Hilfeleistung"[297] bestehen. Damit werde durch das Gesetz die Grenze der Präventionszwecke gesetzt. Der fragmentarische Charakter des Rechtsgüterschutzes im Strafrecht führe somit zum einen positiv zu einer wichtigen Auswahl besonders gefährlicher Handlungen und zum anderen erfolge negativ die Ausgrenzung aller nicht vom Strafgesetzbuch erfaßten Verhaltensweisen aus dem Bereich der Strafbarkeit, „weil zugunsten der Rechtssicherheit der Gefährlichkeit des Täters nur so weit Beachtung geschenkt werden darf, wie sie sich in der Gefährlichkeit der Tat offenbart".[298] Damit ist nach Bloy das System von Täterschaft und Teilnahme Spiegelung einer der Sicherung des Rechtsgüterschutzes und der Handlungsfreiheit verpflichteten kriminalpolitischen Vorstellung.[299]

Welche Bedeutung die dargestellten allgemeinen Ausführungen Bloys zur Bestimmung von Täterschaft und Teilnahme für die Abgrenzung von Anstiftung und mittelbarer Täterschaft haben, soll nun im folgenden Gegenstand der Betrachtung sein.

c) Das personale Verhältnis von Anstifter und Mittelsperson gegenüber der Subjekt-Objekt-Beziehung bei der mittelbaren Täterschaft anhand normativer Verantwortung

Bloy betont die strukturelle Unterschiedlichkeit (so wie diese bei der Bestimmung von Täterschaft und Teilnahme allgemein bereits herauskristallisiert wurde) von mittelbarer Täterschaft und Anstiftung als Zurechnungstypen, auch wenn bei beiden eine „geistige Führungsrolle im Verhältnis zum Veranlaßten" nicht zu verkennen ist.[300] Während ein personales Verhältnis zwischen Täter und Teilnehmer insofern vorliege, als sie sich als Subjekte gegenüberstünden, liege bei der mittelbaren Täterschaft eine „Subjekt-Objekt-Beziehung" vor, in der die Mittelsperson als Werkzeug des Hintermanns fungiere. Bloy klärt seine Unterscheidungskriterien im folgenden anhand von Grenzfällen, bei denen die Zuordnung zur mittelbaren Täterschaft oder zur Anstiftung nicht einheitlich beurteilt wird: Es sind solche Fälle, in denen der unmittelbar Handelnde sich im Grenzbereich der Entschuldigungsgründe befindet, einem unvermeidbaren Verbotsirrtum

---

297 *Bloy*, Beteiligungsform als Zurechnungstypus, S. 320.
298 *Bloy*, Beteiligungsform als Zurechnungstypus, S. 321.
299 *Bloy*, Beteiligungsform als Zurechnungstypus, S. 321.
300 *Bloy*, Beteiligungsform als Zurechnungstypus, S. 344f.

unterliegt oder über den konkreten Handlungssinn irrt. Dabei orientiert sich Bloy am Verantwortungsprinzip, welches er anhand von normativen, dem Strafgesetzbuch zu entnehmenden Kriterien, bestimmt. So solle in Fällen, in denen der unmittelbar Handelnde sich im Grenzbereich der Entschuldigungsgründe befinde, die Tatherrschaft des Hintermanns normativ zu bestimmen sein, denn nur so könne eine klare Grenzziehung möglich sein. Ein „psychologisierender Herrschaftsbegriff" sei dagegen nicht in der Lage „einen sicheren Punkt zu markieren, an dem herrschaftslose in beherrschende Mitwirkung" umschlage, sondern führe zu Unsicherheiten und letztlich zu einer rein intuitiven, nicht wissenschaftlichen Entscheidung.[301] Daher sei es für ein materiell taugliches Abgrenzungskriterium und dessen vernünftige Nachprüfung notwendig, es normativ zu bestimmen. Die Grenzziehung zwischen Anstiftung und mittelbarer Täterschaft habe sich an der Entscheidung des Gesetzgebers zu orientieren und sei daher davon abhängig, wie weit dieser die Verantwortung des einzelnen bestimme.[302] So haben nach Bloy die in § 35 StGB genannten Voraussetzungen generelle Bedeutung, und es ist nicht von der besonderen psychischen Lage des Betroffenen auszugehen. Bei der Nötigungsherrschaft solle daher maßgeblich sein, ob die für einen Verantwortungsausschluß normativ bestimmten Kriterien erfüllt seien.[303]

Die gleichen Maßstäbe setzt Bloy auch bei Fragen der im Verbotsirrtum handelnden Mittelsperson an. Auch hier habe die Abgrenzung zwischen mittelbarer Täterschaft und Anstiftung auf der Grundlage normativer Merkmale, an der sich auch das Verantwortungsprinzip orientiere, zu erfolgen. Denn letzteres beziehe seine Bedeutung aus der Erkenntnis, „daß sich die Verteilung von Herrschaftsverhältnissen zwischen den Beteiligten nur in einem normativen Bezugsrahmen angemessen beurteilen" lasse.[304] Daher solle es erheblich sein, ob der Verbotsirrtum des Vordermanns vermeidbar war oder nicht. Im ersteren Fall verneint Bloy eine mittelbare Täterschaft, während er sie im zweiten bejaht. § 17 StGB zeige, daß für die Frage der Entscheidungsfreiheit die Kenntnis des Verbotenseins einer Tat nicht eine psychische Tatsache darstelle, sondern allein die *Möglichkeit* der Verbotskenntnis entscheidend sei.[305]

Auch Fälle, in denen der unmittelbar Handelnde einem Irrtum über den konkreten Handlungssinn unterliegt, sind nach Bloy im Zusammenhang mit dem Verantwortungsprinzip normativ zu beurteilen. Sobald das Gesetz den Vordermann von der Verantwortung befreie, sei der Verursacher mittelbarer Täter, ansonsten

---

301 *Bloy,* Beteiligungsform als Zurechnungstypus, S. 346.
302 *Bloy,* Beteiligungsform als Zurechnungstypus, S. 347.
303 *Bloy,* Beteiligungsform als Zurechnungstypus, S. 351.
304 *Bloy,* Beteiligungsform als Zurechnungstypus, S. 351.
305 *Bloy,* Beteiligungsform als Zurechnungstypus, S. 351.

liege eine Anstiftung vor.[306] Dies solle auch dann gelten, wenn der Handelnde einem error in persona unterliege, den der Hintermann gezielt herbeigeführt habe, wie im sog. Dohna-Fall.[307] Denn als bloßer Motivirrtum könne dieser die Mittelsperson nicht entlasten, auch wenn der Hintermann durch eine Manipulation der Umstände hinsichtlich der Dimension des sozialen Sinngehalts der Tat gegenüber der die Tat ausführenden Person überlegen erscheine. Vielmehr sei dies gerade ein Fall der Anstiftung, die als Teilnahmeform von dem konkreten Vorgang und damit vom konkreten Unrecht der Haupttat abhänge, so daß die Individualisierung der Rechtsgutsverletzung dem Teilnehmer nicht gleichgültig sein könne. Bedingt durch die Akzessorietät solle die Möglichkeit der Anstiftung durch das Bewirken eines error in persona beim unmittelbar Handelnden gerade einleuchtend sein.[308] Auch steht der Anstiftung nach Auffassung Bloys nicht entgegen, daß hier eine direkte psychische Beeinflussung des Hintermanns auf den Vordermann fehlt. Vielmehr genüge für das Bestimmen zu einer Tat auch das Arrangieren einer tatprovozierenden Situation. Eine geistige Einflußnahme müsse dagegen nicht erfolgen.[309]

Die bereits oben dargelegte grundlegende Kritik an dem methodischen Ansatz und an den aufgestellten Kategorien der teleologischen Begriffsbildung Bloys wirkt sich auch auf die Abgrenzung zwischen Anstiftung und mittelbarer Täterschaft aus. Zu recht weist er daraufhin, daß der Herrschaftsbegriff nicht von der Psyche des Vordermanns abhängen kann, denn diese vermag für eine Herrschaftsbegründung des Hintermann nichts zu leisten. Aber selbst wenn er seine Unterscheidung der beiden Formen nach der „Art des personalen Zusammenhangs“ bestimmen will, findet eine Bestimmung derselben nur auf der Grundlage des positiven Rechts statt. Der unterschiedliche Unrechtsgehalt liegt nicht in dem Verhältnis der Person zum Tatgeschehen selber, sondern in den Merkmalen der einzelnen Tatbestände bzw. der Wertung des Allgemeinen Teils des Strafgesetzbuches. Entscheidender Maßstab ist daher nicht die Handlungsstruktur des einzelnen. Die Frage der Strafwürdigkeit wird nur vermittelt über das positive Recht. Damit fällt der einzelne und sein Handeln, insbesondere auch sein Einwirken und Verhältnis gegenüber anderen bei der Beteiligung an einer Tat (wie es gerade bei der mittelbaren Täterschaft und der Anstiftung von Bedeutung ist) aus der Perspektive heraus. Dies zeigt sich insbesondere bei der

---

306 Vgl. insgesamt *Bloy,* Beteiligungsform als Zurechnungstypus, S. 351ff.

307 *Bloy,* Beteiligungsform als Zurechnungstypus, S. 361. Der Fall hat seinen Namen von *v. Dohna*, der ihn in seinen Übungen im Strafrecht, Fall Nr. 36 zuerst zur Diskussion gestellt hat, vgl. speziell zur Hervorrufung eines error in persona, *Bloy,* Beteiligungsform als Zurechnungstypus, S. 358ff.

308 *Bloy,* Beteiligungsform als Zurechnungstypus, S. 360f.

309 *Bloy,* Beteiligungsform als Zurechnungstypus, S. 329.

Behandlung des sog. Dohna-Falls. Bloy geht hier bei der Beurteilung des Hintermanns von einer Anstiftung aus, da der Gesetzgeber den Vordermann gerade nicht von der Verantwortung befreit hat, sondern sich dieser in einem unerheblichen Irrtum befand. Zu überlegen ist aber, ob der Hintermann nicht möglicherweise auch (mittelbarer) Täter des tatbestandsmäßigen Geschehens ist.[310]

Eine Täterschaft des Hintermann wird von Bloy aus seinem streng an den Wertmaßstäben des positiven Rechts orientiertem Ansatz heraus zwar konsequenterweise verneint. Denn das Gesetz entlastet den Vordermann nicht, sondern der error in persona stelle für diesen nur einen unerheblichen Irrtum dar. Das allgemeine Tötungsverbot beziehe sich zunächst auf die Qualität „Mensch" („Wer einen Menschen tötet..."), unabhängig davon, ob es sich um das Opfer A oder B handele. Denn auch bei der Verwechslung mit einer anderen Person sei diese als Rechtssubjekt zu achten, so daß der Vorsatz des Vordermanns bestehen bleibe.[311] Es stellt sich dennoch die Frage, ob der Hintermann dadurch, daß er diesen Irrtum bewußt inszeniert, nicht die Herrschaft über den Geschehensablauf hinsichtlich der Individualisierung der Tat bekommt. Das könnte dann zu bejahen sein, wenn er die Sachlage zum einen in der Weise gestaltet, daß sie sich auch als eine von ihm gestaltete Realität begreifen ließe. Zwar handelt der Vordermann aus seiner eigenen Entscheidungsfreiheit heraus und hätte den Irrtum unter Umständen aufdecken können. Denn wie bereits dargelegt wurde, kann freies personales Handeln nicht auf mechanische Prozesse reduziert werden. Der einzelne kann sich aber Erfahrungsgrundsätze zunutze machen, von denen er weiß, daß in bestimmten Lagen jemand in der und der Weise handeln wird. Bedingt durch die Endlichkeit und damit Unvollkommenheit des einzelnen kann dieser nicht jede Situation vollständig überblicken und genau in eine solche kann ein anderer eingreifen und sie damit mitgestalten bzw. aus der Perspektive des anderen umgestalten. Der Hintermann nutzt nun beim Dohna-Fall die Endlichkeit des anderen zwar nicht in der Weise aus, daß er eine Sachlage für den Vordermann schafft, die dieser nicht als von ihm bewirkte Verletzung eines anderen begreift. Er gestaltet aber die Wirklichkeit insofern mit, als er Einfluß auf die konkret zu tötende Person des unmittelbar Handelnden und damit auf die individuelle Verletzung nimmt, so daß sich die Tötung des konkreten Opfers auch als Gestaltungsleistung des Hintermanns darstellt. Außerdem konstituiert sich das Rechtsverhältnis zwischen Personen und damit auch das Verhältnis bei

---

310 Die Frage, ob in dem Schaffen einer tatprovozierenden Situation überhaupt eine Anstiftungshandlung gesehen werden kann, oder ob diese nicht vielmehr eine tatsächliche Willensbestimmung seitens des Anstifters gegenüber der Mittelsperson erfordert, soll an dieser Stelle nicht weiter diskutiert werden. Vgl. dazu die Ausführungen im 5. Kapitel, B. I. 2.b).

311 Vgl. auch die Ausführungen im 5. Kapitel, C. I.

einer unrechten Tat zwischen Täter und Opfer nicht nur abstrakt, d. h. bezogen auf irgendein von der Rechtsordnung geschütztes Rechtsgut, sondern es begründet sich personal und stellt sich damit als ein individuelles Verhältnis zwischen den Vernunftsubjekten dar. Es sind die einzelnen Rechtssubjekte selbst, die in ihrem interpersonalen Handeln das von der Rechtsordnung abstrakt gefaßte („Wer einen Menschen tötet“) Rechts- und damit auch Unrechtsverhältnis konstituieren. Dadurch, daß der Hintermann den konkreten Geschehensablauf mitgestaltet, verletzt er das zwischen ihm und dem Opfer bestehende (konkrete) Rechtsverhältnis. Es ist daher im Dohna-Fall, auch wenn der Vordermann selbst vollverantwortlich handelt, eine Form der Geschehensherrschaft zumindest bezogen auf das individuelle Opfer seitens des Hintermanns gegeben.[312] Damit hat sich auch in der Behandlung eines konkreten Falls gezeigt, daß allein der Verweis auf die Wertung des Gesetzgebers nicht in der Lage ist, den Tatherrschaftsbegriff personal zu begründen, sondern es dazu vielmehr einer (Rechts-) Verhältnisbestimmung zwischen den einzelnen Personen bedarf.

III. Funktionaler Ansatz Jakobs'

Das Rechtsverständnis Jakobs′ und seine Ableitungen für die Abgrenzung von mittelbarer Täterschaft und Anstiftung beruhen im wesentlichen auf der Systemtheorie Niklas Luhmanns, auf die hier daher kurz einzugehen ist.

1. Systemtheoretische Grundlage und Folgerungen für das Strafrecht

a) Die systemtheoretische Grundlage Luhmanns

Nach Luhmann ist es Aufgabe der Systemtheorie, Eigenschaften und Funktionen von Systemen zu beschreiben. Es soll auf einer zweiten Beobachtungsebene erforscht werden, wie sich ein System als ein sich selbst beobachtendes begreift. Das Rechtssystem sei nun ein „Teil des Gesellschaftssystems“[313]; es sei ein ausdifferenziertes, „autopoietisches“ System, dessen Funktion darin gesehen wird, vorhandene Erwartungen zu bestätigen und zu stabilisieren, um dem System eine gewisse Struktur und Stabilität zu verleihen.[314] Diese für den Erhalt des

---

312 Vgl. dazu ausführlich, *Murmann,* Die Nebentäterschaft im Strafrecht, S. 114 und insbesondere S. 215ff.

313 *Luhmann,* Recht der Gesellschaft, S. 34; Grundannahme seiner Überlegung ist, daß die Realität als eine Menge von Systemen und Teilsystemen zu begreifen ist, die zwar jeweils unabhängig voneinander sind, aber gegenseitig aufeinander einwirken (können); vgl. dazu näher *Kahlo,* Das Problem des Pflichtwidrigkeitszusammenhanges bei den unechten Unterlassungsdelikten, S. 193

314 *Luhmann,* Das Recht der Gesellschaft, S. 30.

Staats- und Gesellschaftssystems notwendige Aufgabe des Rechts ist mit der Annahme Luhmanns verbunden, der einzelne weise nur recht eingeschränkte intellektuelle Fähigkeiten auf. Der Mensch habe nur „ein sehr eng begrenztes Potential für aktuell-bewußte Wahrnehmung und Informationsverarbeitung". Die im Erkennen und Handeln liegenden Möglichkeiten seien nun aber vielfältiger als sie „aktualisiert" werden könnten (Komplexität). Zudem könnten die Möglichkeiten und damit die Erwartungen des Erlebens den Menschen täuschen, indem auf etwas verwiesen werde, was es gar nicht gebe, oder was nicht zu erreichen sei (Kontingenz). Der Mensch müsse also ständig zwischen Möglichkeiten auswählen, wobei sich zeigen könne, daß seine Erwartungen an sie nicht erfüllt, sondern enttäuscht werden: „Komplexität heißt also praktisch Selektionszwang, Kontingenz heißt praktisch Enttäuschungsgefahr und Notwendigkeit des Sicheinlassens auf Risiken."[315]

Eine zusätzliche Dimension zur Komplexität und Kontingenz bewirke das Treffen des einzelnen auf andere Menschen. Es tauchten „ihm gleichende Systeme" auf, wobei jedes als „alter ego" ebenso frei sei, das Verhalten unterschiedlich zu gestalten.[316] Es stoße dabei auf die sich ebenso frei fühlenden anderen, so daß „ein Element der Unruhe in die Welt"[317] komme. Um eine Orientierung in der komplexen Welt zu ermöglichen und um einer permanenten Enttäuschungsgefahr sowie Überforderung der einzelnen entgegenzutreten, entwickelten sich in der Gesellschaft soziale Subsysteme, denen die Aufgabe zukomme, eine wechselseitige Erfahrungsstruktur aufzubauen.[318] Das Recht ermögliche es als soziales Subsystem, zu wissen, mit welchen Erwartungen der einzelne sozialen Rückhalt findet und mit welchen nicht. Die Normen des Rechts werden als „eine kontrafaktische stabilisierende Verhaltenserwartung" betrachtet. Kontrafaktisch seien sie deshalb, weil der schlechten Realität und Gegenwart eine bessere Wirklichkeit und Zukunft gegenübergestellt werden solle. Das Recht schütze vor allem die, die ein normgemäßes Verhalten erwarten. Sekundär trete die Funktion des positiven Rechts hinzu, das Verhalten der einzelnen Gesellschaftsmitglieder zu steuern: Damit der Mensch als Erwachsener seine Erwartungen nicht, ohne daß er es selber merke, „verlernt", halte das Rechtssystem für die „Verarbeitung" möglicher Enttäuschungen bestimmte „Verfahren" bereit, die dazu dienten, an der gemeinsam gegebenen Erwartung trotz Enttäuschung festzuhalten.[319]

---

315 *Luhmann,* Rechtssoziologie, S. 31.

316 *Luhmann,* Normen in soziologischer Perspektive, Soziale Welt 1969, S. 31; Rechtssoziologie, S. 32

317 *Luhmann,* Rechtssoziologie, S. 32.

318 *Luhmann,* Normen in soziologischer Perspektive, Soziale Welt 1969, S. 31ff.; *ders.* Rechtssoziologie, S. 32f.

319 *Luhmann,* Normen in soziologischer Perspektive, Soziale Welt 1969, S. 32, 34f.; ders. Rechtssoziologie, S. 53ff.

b) Die Adaption der systemtheoretischen Grundlage durch Jakobs: Theorie der positiven Generalprävention

Zu diesen Verfahren gehört nach Jakobs (im Anschluß an Luhmann) auch das Strafrecht. Seine Aufgabe sei es, die Normgeltung zu bestätigen.[320] Die materielle Legitimation der Strafrechtsbestimmungen rühre aus dem Erfordernis her, die staatlichen und gesellschaftlichen Strukturen zu erhalten.[321] Der Mensch benötige im Rahmen seiner sozialen Kontakte Orientierungen, die sich in Form von Erwartungen an andere darstellten.[322] Würden diese enttäuscht, entstehe für den einzelnen ein Konflikt, zu dem er sich verhalten müsse. Es gibt nach Jakobs nun zwei Möglichkeiten, darauf zu reagieren. Entweder die Erwartung werde aufgegeben und es werde umgelernt (bei kognitiven Erwartungen), oder sie werde trotz Enttäuschung nicht preisgegeben, sondern kontrafaktisch beibehalten, indem der Normbruch des Enttäuschenden als unrichtig bewertet werde (bei normativen Erwartungen).[323] Normen kommt somit die Aufgabe zu, das Verhalten der Bürger zu steuern und damit stabilisierend auf das Gesellschaftssystem zu wirken. Das Strafrecht garantiert nach Jakobs daher nicht einen Güterschutz, sondern die Sicherung der Normgeltung, die „Enttäuschungsfestigkeit der wesentlichen normativen Erwartungen“[324] [325]. So sei beispielsweise nicht die Verursachung des Todes eines Menschen Strafrechtsgutsverletzung, denn sie stelle nur eine schlichte Gutsverletzung dar, sondern der in der „vermeidbaren Tötung liegende Normwiderspruch“: Die Norm verpflichte zu schadloser Organisation, der Täter aber organisiere schadensreich.[326]

Adressaten der Normen sind nach Jakobs also primär die rechtstreuen Bürger, die erkennen, daß nicht ihre Erwartung falsch war, sondern das normbrüchige Verhalten des anderen, der zur Demonstration der Fehlerhaftigkeit seines Ver-

---

320 *Jakobs,* AT, 1/1; 1/4ff.; 1/11; im Anschluß an *Luhmann,* Rechtssoziologie, S. 43.

321 *Jakobs,* AT, 2/2; *ders.,* Schuld und Prävention, S. 3, 12f.

322 Vgl. *Jakobs,* AT, 1/4 (ebenso wie der Mensch in seinem Verhältnis zur Natur durch das Erkennen von Regelmäßigkeiten Orientierung findet); *Luhmann,* Rechtssoziologie, S. 31ff.

323 *Jakobs,* AT, 1/4ff. im Anschluß an *Luhmann,* Rechtssoziologie, 40ff, insbesondere S. 42.

324 *Jakobs,* AT 2/2; ihm folgend *Lesch,* Sukzessive Beihilfe, S. 239ff.

325 So schreibt *Jakobs* weiter, daß die Güter wie Gesundheit, Eigentum usw. auch durch natürliche Abläufe beeinträchtigt werden können. Würde man sie als „Strafrechtsgüter“ bezeichnen, ergäbe sich die merkwürdige Konsequenz, daß sich das Strafrecht um ihren Verlust manchmal kümmert und manchmal nicht. Dies führe dazu, daß bei dem physisch bedingten Verlust von Rechtsgütern die Vergangenheit zu einem „riesigen Rechtsgüterfriedhof“ wird und damit das Niveau, auf dem Strafrecht sich abspielt, nicht erreicht werden kann (AT 2/4).

326 *Jakobs,* AT, 2/15.

haltens beispielsweise eingesperrt werden sollte.[327] Damit sei die Norm an alle Menschen adressiert, die auf soziale Interaktionen angewiesen sind. Sie müßten über ihre Erwartungen informiert sein und sie lernen. Das Strafrecht wirke so generalpräventiv, nicht nur negativ in Form von Abschreckung, sondern vor allem positiv in der Einübung von Normanerkennung.[328] Die Vollziehung der Strafe diene daher mit ihrer generalpräventiven Ausrichtung der Bewahrung der Gesellschaft insgesamt. Jakobs´ Bestimmung des Strafzwecks weist damit wieder auf seine ursprüngliche funktionale Annahme, daß das Recht seine materielle Legitimation aus der Erhaltung von Staat und Gesellschaft erfährt. Für dessen Realisierung solle dabei die Androhung und Vollziehung der Strafe sorgen.

c) Kritik gegenüber der systemtheoretischen Grundlage und seinen Folgerungen für das Strafrecht

Die Kritik des systemtheoretischen Ansatzes Luhmanns und die Ableitungen für das Strafrecht durch Jakobs hat an der Vorstellung vom einzelnen anzusetzen. Dieser wird auf ein Gesellschaftswesen reduziert, welches bedingt durch seine Hilflosigkeit in der sozialen Welt auf die Vorgaben von Normen angewiesen ist. Erst dann weiß er, wie er seine Erwartungen gegenüber anderen anpassen kann. Die Gesetze tragen dafür Sorge, daß der Erwachsene sie nicht wieder verlernt. Bei einer solchen Perspektive stellt sich die Frage, warum der stets im Denken und Verarbeiten überforderte Mensch überhaupt in der Lage sein kann, die von dem System vorgegebenen maßgeblichen Normen zu begreifen und seine Erwartungen an ihnen auszurichten. Denn, wenn er aufgrund der Komplexität des Erkennens und Handelns nicht fähig ist, sie zu verarbeiten, ist schwerlich zu verstehen, wie es überhaupt zu „enttäuschungsfesten Selektionen" kommen kann. Es müssen ja die in ihren geistigen Fähigkeiten eingeschränkten Gesellschaftsmitglieder selbst sein, die auswählen und nicht etwa eine ihnen überlegene Vernunftinstanz, die sich außerhalb des gegebenen (empirischen) Systems befindet. Zudem bleibt unbeantwortet, warum es dem einzelnen als „alter ego" möglich ist, in Wechselwirkung mit anderen zu treten und sich auf deren Erwartungen einzulassen, zumal er sich den anderen überlegen glaubt. Eine Motivation, den anderen beispielsweise nicht zu belügen oder zu verletzen, wird von Luhmann nicht genannt. Diese könnte aber nach seinem Ansatz auch nicht im Subjekt selbst zu finden ein, da er diesem eine jenseits sinnlicher Antriebe liegende Selbstbestimmung zu vernünftigem Handeln nicht zutraut. Der einzelne Mensch wird vielmehr auf ein reines Systemwesen reduziert, welches ein auf

---

327 *Jakobs,* AT 1/6.
328 *Jakobs,* AT 1/15.; vgl. auch *Lesch,* Sukzessive Beihilfe, S. 246ff.

seine Freiheit bezogenes Selbstverständnis und damit auch ein Verständnis vom autonomen anderen nicht aus eigener Vernunfteinsicht zu begründen vermag.[329]

Dieser Mangel der Bestimmung des Subjekts wird besonders virulent, wenn es um die Bestimmung des Rechts und insbesondere um die des Strafrechts geht. Der Rechtsbegriff ist losgelöst von jeder Inhaltlichkeit. Des Rechts bedarf es allein wegen seiner „funktionalen Unersetzlichkeit“[330]. „Das Recht (folgt) nicht aus der Natur der Sache oder der Natur des Menschen, wie man früher annahm, sondern es entsteht und entwickelt sich auf der Suche nach Lösungen für Konflikte.“[331] Das Rechtssystem wird als „Immunsystem“ betrachtet, welches aus Anlaß von Konflikten lernt. Die Regelbildung stellt dabei eine „Art Antikörperbildung“ dar.[332]

Folge einer solchen Rechtsbestimmung ist dann, daß diese völlig frei von jedem materiellem Inhalt bleiben muß. Normen sind allein abhängig von der jeweiligen Gesellschaftsordnung: Es ist gleichgültig, ob es sich um einen totalitären oder demokratischen Staat handelt. So kann es sogar sein, daß die „Enttäuschungsfestigkeit“ der normativen Erwartung im diktatorischem System höher ist.[333] Besonders im Strafrecht zeigt sich, daß Zwangsmaßnahmen gegen den einzelnen, je nachdem in welcher Gesellschaftsordnung er sich befindet, beliebig zu normieren wären. Die Verbreitung eines nichtregimekonformen Buches würde beispielsweise einen Konflikt für das System, einen schweren „Virus“, darstellen. Das Gesellschaftssystem hätte gelernt, daß solche Äußerungen einem reibungslosen Funktionieren nicht zuträglich wären und müßte ihnen mit dem Antikörper der Normierung strenger (Straf-) Vorschriften gegenüber freier Meinungsäußerung begegnen. Diese Maßnahmen wären allein durch die Aufrechterhaltung des System gerechtfertigt, und der Betroffene könnte sich gegen eine Verurteilung, die der Gewährleistung der gesamtgesellschaftlichen Funktionalität dient, nicht aus eigenem Recht wehren. Eine Unterscheidung von Rechts- und Unrechtsnormen kann es bei einer rein internen funktionalen Systembegründung also nicht geben. Das Recht wird nicht durch oder für den einzelnen begründet, sondern durch das System der Gesellschaft nach der Bedeutung für ihre Funktionsfähigkeit bestimmt. Folge ist ein reiner Normpositivismus: Das Subjekt muß die Normen als die seinigen anerkennen und übernehmen, ohne Rücksicht auf deren Qualität. Damit wird es einem Machtapparat ausgesetzt, dem es nicht als selbständiges Subjekt gegenübersteht. Es bedarf aber einer

---

329 Vgl. zur Kritik auch insgesamt ausführlich *Kahlo,* Das Problem des Pflichtwidrigkeitszusammenhanges bei den unechten Unterlassungsdelikten, S. 204ff., 209ff.

330 *Luhmann,* Normen in soziologischer Perspektive, Soziale Welt 1969, S. 29.

331 *Luhmann,* Das Recht der Gesellschaft, S. 567.

332 *Luhmann,* Das Recht der Gesellschaft, S. 567.

333 *Zaczyk,* Das Unrecht der versuchten Tat, S. 33f.

Berechtigung von Zwangsmaßnahmen gegenüber einem erwachsenen Menschen, die sich auch in der Qualität der Verletzung widerspiegeln muß, worauf es bei einer rein systemfunktionalen Ausrichtung nicht ankommen kann. So könnte auch eine Trennung von Zivil- und Strafunrecht nur rein positivistisch erfolgen. Eine Vertragsverletzung könnte vom Gesetz als genauso strafwürdig erachtet werden, wie beispielsweise ein Betrug, denn auch sie bewirkt durch die „Desavouierung der Norm" („Du sollst Verträge einhalten!") insofern einen sozialen Konflikt, als sie die Regelung als Orientierungsmuster in Frage stellt. Eine Rechtsstrafe kann aber erst dann legitimiert sein, wenn sie auf einer Basis aufbaut, die sich auf einen jeden einzelnen betreffenden und sich auf einen von ihm verstehbaren Horizont beziehen kann. Das ist aber nur dann der Fall, wenn sich die zugewiesenen Handlungen im Strafrecht als solche Verletzungen darstellen, die das Basisvertrauen so tief berühren, daß die betroffene Person nicht aus eigener Kraft in der Lage ist, das Gleichheitsverhältnis wiederherzustellen.[334]

Aber auch abgesehen von den dargelegten Konsequenzen materieller Inhaltslosigkeit einer funktionalen Bestimmung dessen, was erwartet werden darf und was nicht, was „richtig" und was „falsch" ist, wird die Person bei der Zweckbestimmung der Strafe als positive Generalprävention aus der Begründung verdrängt. Dies gilt sowohl für den Täter selbst als auch für die übrigen Gesellschaftsmitglieder. Entscheidend ist zunächst nicht, was der einzelne verbrochen hat, sondern maßgeblich ist die Wirkung der Strafe auf die übrigen Bürger. Der Täter selbst wird nicht in die Begründung einbezogen, sondern er wird zum Mittel für mögliche Absichten anderer. Er wird nicht deshalb zur Verantwortung gezogen, weil er das von ihm vernunfteingesehene und mitkonstituierte Gleichheitsverhältnis zum anderen verletzt hat und sich damit selbst in Widerspruch zu seiner Vernunfteinsicht gesetzt hat, sondern dient den anderen Systemmitglieder als Einübungsobjekt ihrer „normativen Erwartungen". Auch werden die übrigen Gesellschaftsmitglieder in ihrem Selbstverständnis zu Objekten herabgesetzt, die nicht als autonome Personen, sondern als solche behandelt werden, die aufgrund ihrer Hilflosigkeit in ihrer Normorientierung immer wieder zu Lasten anderer Rechtstreue erlernen müssen, so daß auch sie letztlich durch die Bestrafung des Täters funktionalisiert werden (bzw. sich

---

334 *E. A. Wolff,* Die Abgrenzung von Kriminalunrecht zu anderen Unrechtsformen, S. 212f.; *ders.* ZStW 87 (1985), S. 819; vgl. auch *Kahlo,* Das Problem des Pflichtwidrigkeitszusammenhanges bei den unechten Unterlassungsdelikten, S. 211f., der zudem darauf hinweist, daß die Subsidiarität des Strafrechts als dessen Grenze ihren letzten Grund nicht in dem verfassungsrechtlichen Verhältnismäßigkeitsgrundsatz hat, sondern in der Selbständigkeit der Rechtspersonen.

sogar selbst funktionalisieren, ist es doch jeweils einer von ihnen, der das Urteil auszusprechen und den Strafzwang auszuüben hat).[335]

2. Kritische Auseinandersetzung mit einer objektiv-funktionalen Abgrenzung von mittelbarer Täterschaft und Anstiftung

Der kritisierte Mangel der funktional-positivistischen Grundlage Jakobs zeigt sich auch bei der Ausgestaltung des Täterbegriffs und in den sich daraus ergebenden Differenzierungskriterien von Anstiftung und mittelbarer Täterschaft. Diese werden objektiv-funktional bestimmt, was sich insbesondere auch in der Behandlung von solchen Fällen widerspiegelt, in denen der Hintermann eine schuldlos handelnde Mittelsperson einsetzt.

Die Bewertung eines Verhaltens als täterschaftliches oder teilnehmendes hängt nach Jakobs davon ab, wie sich die Zuständigkeit mehrerer für ein strafrechtsrelevantes Geschehen verteilt. Die Frage der Zuständigkeit soll dabei zunächst von der Deliktsform abhängen. Jakobs unterscheidet dabei im Anschluß an Roxin zwischen Herrschafts- und Pflichtdelikten. Diese Unterteilung ergebe sich aus zwei verschiedenen normativen Erwartungen. Die erste beziehe sich auf den eigenen Organisationskreis, an den die Erwartung geknüpft werde, daß solche Verhaltensweisen unterlassen werden, die zu einer Herrschaft über den Organisationskreis eines anderen führten, da jedem das Recht zukomme, über seinen Organisationskreis zu bestimmen. Die Erwartung habe also einen „nur-negativen Inhalt: Die unterschiedlichen Organisationskreise sollen getrennt bleiben."[336] Diese Delikte bezeichnet er als Herrschaftsdelikte oder als Delikte kraft Organisationszuständigkeit. Der zweite Bereich betreffe die Erwartung, daß die „elementaren Institutionen" ordnungsmäßig funktionierten. Solche haben den „positiven Inhalt", daß die Institutionen bestimmten Personen übertragen seien, die für das Funktionieren zuständig seien. Die Enttäuschung der Erwartung führe zu Delikten, die als Pflichtdelikte oder Delikte „kraft institutioneller Zuständigkeit" zu bezeichnen seien.[337] Bei diesen Deliktsformen begründet sich die volle Zuständigkeit für ein deliktisches Geschehen allein aus der Verletzung der „institutionell abgesicherten Pflicht" und soll bei Verletzung derselben auch immer begründet sein.[338]

Bei den *Herrschaftsdelikten* knüpft Jakobs nun für die Frage ihrer Verwirklichung an die einzelnen „Organisationsakte des Inhabers eines Organisations-

335 Vgl. dazu auch *Kahlo,* Das Problem des Pflichtwidrigkeitszusammenhanges bei den unechten Unterlassungsdelikten, S. 210f.

336 *Jakobs,* AT, 1/7; 21/16.

337 *Jakobs,* AT, 1/7.

338 *Jakobs,* AT, 1/7; 21/116; vgl. hierzu bereits die Kritik gegenüber Roxin.

kreises“ an. Bei ihnen soll die Tatherrschaft entsprechend der Arbeitsteilung auf unterschiedliche Prinzipien zurückgeführt werden. Er differenziert zwischen formeller Tatherrschaft, die im Vollzug der tatbestandsmäßigen Ausführungshandlung besteht und der materiellen Tatherrschaft, die entweder in der Entscheidung über das „Ob“ der Tat liegen kann (Entscheidungsherrschaft) oder in der Gestaltung der Tat (Gestaltungsmacht). Jemand sei als Täter zu betrachten, wenn er die Herrschaft in einem der genannten Bereiche innehabe; er sei dann für das tatbestandsmäßige Geschehen zuständig.[339] Der mittelbare Täter sei nun vorrangig zuständig, weil ihm die überlegene Entscheidungsherrschaft über das tatbestandsmäßige Geschehen zukomme. Das sei dann der Fall, wenn der Mittelsperson die Vermeidung der Tatbestandsverwirklichung in einer die Zurechnung ausschließenden Weise erschwert sei und der Hintermann dafür verantwortlich sei.[340] Bestimmt wird die Überlegenheit der Entscheidungsherrschaft bei Jakobs wiederum normativ-funktional. Denn maßgeblich soll nicht die „motivierende Stärke im Einzelfall" sein, sondern ihre nach normativen Kriterien zu beurteilende Wirkung auf die Zurechnung zum Tatmittler, da es nicht um einen „gruppendynamischen“, sondern um einen „normativen Rang“ der Beteiligung gehe.[341] Der Teilnehmer sei gegenüber dem Täter dagegen nur teilweise für die schadensreiche Organisation gegenüber der Norm zuständig.[342] Er habe nur einen *Anteil* an der Tat, die Tatbestandsverwirklichung sei daher quantitativ nicht in dem Maße sein Werk wie es beim Täter der Fall sei. Er entscheide nicht über das „ob“ der Tat, so daß die Beziehung zwischen den einzelnen Tatbeständen des Besonderen Teils gelockert und nicht so dicht sei, wie bei der Täterschaft.[343]

Unbedingte Voraussetzung für die Beteiligung ist nach Jakobs, daß sowohl Täter als auch Teilnehmer schuldhaft handeln. Eine Anstiftung zu einer schuldlosen Tat verneint er daher und ordnet sie der mittelbaren Täterschaft zu. Sein Ergebnis rührt von der Bestimmung des Schuldbegriffs her, den er rein funktional von der Aufgabe des Strafrechts bestimmt, „Normanerkennung einzuüben“. Entscheidend sei für die Feststellung der Schuld nicht das individuelle Verschulden, sondern, ob die „rechtswidrige Handlung Ausdruck eines Mankos an

339 *Jakobs,* AT 21/35f.

340 *Jakobs,* AT 21/63.

341 *Jakobs,* AT 21/65; vgl. auch *Lesch,* Sukzessive Beihilfe, S. 197ff.; 284ff.; *ders.,* GA 1994, S. 119. Nach *Lesch* sind Fragen von Täterschaft und Teilnahme keine des Tatbestandes, sondern sie bezeichnen „bloß die jeweilige Haftungsquote als Teilmoment der Zurechnung; es handelt sich um in die Zurechnung integrierte und zu unterschiedlichen Beteiligungsformen vertypte Strafzumessungserwägungen, die sich am jeweiligen Quantum der Beteiligung orientieren“ (aaO).

342 *Jakobs,* AT, 22/6.

343 *Jakobs,* AT, 22/6.

Rechtstreue"[344] und der Täter hierfür zuständig ist. Maßgeblich sei dafür, welche „motivationsrelevanten Faktoren zum Aufgabenkreis des Täters gehören und auf welche Faktoren der Täter als für ihn nicht verfügbar verweisen kann".[345] Welche Motivationsbedingungen den Täter nun entlasten können und welche nicht, bestimmt Jakobs rein normativ-funktional nach „dem herrschenden Bild von denjenigen Bedingungen, die für den Bestand des ganzen Systems und seiner wesentlichen Subsysteme unverzichtbar sein sollen"[346]. Maßstab für die Schuld ist damit wieder der generalpräventive Zweck, das durch das deliktische Verhalten gestörte Ordnungsverhältnis wieder zu stabilisieren. Schuldhaftes Verhalten sei dann gegeben, wenn zur Verarbeitung der Störung die Zuständigkeit des Täters zur Vermeidung behauptet und die Richtigkeit des Normvertrauens bestätigt werde.[347] In den einzelnen Schuldausschließungs- und Entschuldigungsgründen zeige sich nun ebenso, daß die Schuld vom generalpräventiven Zweck der Einübung der Rechtstreue bestimmt werden müsse, wobei „psychische Gegebenheiten umdefiniert werden; Beurteilungsgegenstand (...) nur noch eine Konstruktion" sein könne[348]. Das Strafrecht unterscheide in seinen die Schuld betreffenden Normen zwischen Sinn und Natur, wobei „Natur (...) Sammelbegriff für Krankheit, Irrtum und Sonderlagen"[349] sein soll. Mögen sie auch einen „Partialsinn" haben, komme ihnen ein strafrechtlicher Sinn jedenfalls nicht zu. Handele jemand ohne Schuld, könne er die normative Erwartung auch nicht enttäuschen, so daß er im strafrechtlichen Sinn dem „Einsatz von Maschinen oder Tieren"[350] entspreche. So solle beispielsweise nach § 20 StGB die Schuld deswegen zu verneinen sein, weil die hier genannten Personen aufgrund ihrer „biologischen Defekte" „als vollwertige Partner des sozialen Bereichs" nicht in Betracht kommen. Sie sind „Störfaktoren, wie Naturkatastrophen Störfaktoren sein können".[351] Eine Beteiligung in Form der Anstiftung sei nicht möglich, weil es sich bei der Tat des Schuldunfähigen eben nicht um einen „sinnhaften, sondern (um einen) natürlichen Vorgang"[352] handele. Es könne nur eine mittelbare Täterschaft vorliegen, da allein dem Hintermann die sinnhafte

---

344 *Jakobs,* AT, 17/20.
345 *Jakobs,* AT 17/20.
346 *Jakobs,* AT, 17/21.
347 *Jakobs,* Schuld und Prävention, S. 29.
348 *Jakobs,* Schuld und Prävention, S. 14f.
349 *Jakobs,* GA 1996, S. 253.
350 *Jakobs,* GA 1996, S. 255.
351 *Jakobs,* Schuld und Prävention, S. 17. Folge ist daher bei erheblichen Störungen, daß „man sich durch Umgestaltung der Lage vor weiterer Enttäuschung schützt: Man heilt oder verwahrt" (*Jakobs,* aaO, S. 18). Damit ließe sich auch ohne weiteres die Wiedereinführung der Todesstrafe rechtfertigen, wenn es im Strafrecht um die Beseitigung des Störfaktors ginge.
352 *Jakobs,* GA 1996, S. 253

Gestaltung des Geschehens zukomme, der die normativen Erwartungen enttäusche und daher mit Strafe zu belegen sei. Gleiches gelte auch dann, wenn jemand einen anderen, der sich in einem unvermeidbaren Verbotsirrtum befinde, für seine Zwecke einsetze, da das „Verhalten des Ahnungslosen“ überhaupt keine Bedeutung für den Geltungsgrund der Norm habe.[353] Es sei vielmehr der Hintermann, der den Geltungsgrund der Norm nicht beachte. Auch hier stelle das Einsetzen des Tatmittlers im strafrechtlichen Sinn das Sich-Bedienen von Natur dar. Denn da der Tatmittler in diesen Fällen nichts zu verantworten habe, „handelt es sich um ein Arrangement mit der Natur und ist demgemäß auch nach entsprechenden Regeln, also außerhalb der Beteiligung zu erledigen.“[354] Es gebe daher keine Teilnahme an einer schuldlosen Tat, so daß in diesen Fällen nur eine mittelbare Täterschaft in Betracht kommen könne, soweit der Vordermann nicht in der Lage ist, das Geschehen sinnhaft zu gestalten, womit auch eine Teilnahme an einer solchen „sinnlosen“ Tat nicht möglich sein könne.[355]

Die Kritik hat zunächst an der Bestimmung des funktionalen Schuldbegriffs anzusetzen, der zu einer „normativen Fiktion“[356] führt. Die Vorwerfbarkeit wird nicht von der Person des Täters aus begründet, sondern Maßstab ist allein das reibungslose und enttäuschungsfreie Funktionieren der Gesellschaft. Da ja der einzelne nach dem systemtheoretischen Ansatz ohne Normsystem völlig orientierungslos ist, werden ihm zunächst von außen Normen aufgebürdet, die er wegen der damit verbundenen Erwartung zu befolgen hat. Die Motivation zur Normbefolgung ist damit nicht an die Möglichkeit des einzelnen gebunden, sich nach einem ihm verstandenen Sollensverständnis zu richten, sondern er muß sie befolgen, weil er um ihre Existenz *weiß*. Verstößt er nun gegen diese heteronom bestimmte Vorschrift, soll es wiederum nicht auf seine Fähigkeit zur Normbefolgung ankommen, sondern entscheidend ist der Zweck sozialer Ordnungssicherung. Unabhängig von der oben aufgezeigten Kritik hinsichtlich des Inhalts des Zwecks, wird das Verschulden damit auf einen rein formalen Vorgang reduziert, den der einzelne letztlich nicht zu beeinflussen vermag. Es muß ihm erst mitgeteilt werden, ob er sich seine Tat vorwerfen lassen muß oder nicht. Denn nur wenn durch „Zuschreibung die Schuld zur Entstehung gebracht wird“[357], hat er schuldhaft gehandelt. Konsequenterweise muß eine derartige tautologische Begründung dazu führen, daß „der Richter erst dann weiß, ob der Täter 'schuldig' ist, wenn er seinen eigenen Schuldspruch gehört hat“.[358] Damit wird Schuld

---

353 *Jakobs*, GA 1996, S. 256.
354 *Jakobs*, GA 1996, S. 256.
355 *Jakobs*, GA 1996, S. 254f.
356 *Jakobs*, AT 17/ 23.
357 *Jakobs*, AT 17/21, Fn. 46.
358 *Stübinger*, KrJ 1993, S. 47; vgl. auch insgesamt zur Kritik gegenüber dem funktionalen

zu einem reinen Willkürakt des Gesetzgebers und Richters. Der einzelne hat am Verschuldensprozeß nicht mehr Teil, was um so schwerer wiegt, als der Gesetzgeber und Richter nun auch die Konsequenzen „frei“ zieht, d. h. ohne auf die Konstitution und Selbstbestimmung des Subjekts Rücksicht nehmen zu müssen. So soll die Verneinung von Schuld nach Jakobs strafrechtlich dazu führen, daß der Mensch nicht mehr als Rechtssubjekt zu betrachten ist, sondern vielmehr als ein natürlicher oder mechanischer „Störfaktor“ der sozialen Gemeinschaft erscheint. Ihm wird strafrechtlich jede Sinngestaltung innerhalb der sozialen Ordnung abgesprochen. Unabhängig davon, daß ein schuldlos handelnder Mensch nicht mit einem Naturereignis gleichgesetzt werden kann, sondern auch - wenn er sich z. B. im einem Zustand des § 20 StGB oder in einem unvermeidbaren Verbotsirrtum befindet - weiterhin Vernunftwesen und damit regelreflektiertes Subjekt bleibt, ist nicht verständlich, warum der Hintermann dann mittelbarer Täter sein soll. Denn eine Herrschaft über eine „Naturkatastrophe“ kann er sich aufgrund seiner Endlichkeit gar nicht zuschreiben. Die Rechtsverletzung muß dann als bloßes Unglück erscheinen. Wird die „sinnenfreie Mittelsperson“ als Störfaktor bezeichnet, stellt sich auch die Frage, wie der Hintermann überhaupt in der Lage sein kann, ein nicht steuerbares Handeln zu einer konkreten Rechtsverletzung zu führen.[359]

Zudem verzichtet Jakobs für die Feststellung der Teilnahme an einer Tat auf die subjektive Einstellung der Beteiligten zum Geschehen. Die Akzessorietät der Teilnahme soll nichts mit einem „bewußten und gewollten Zusammenwirken, mit vorsätzlicher Förderung vorsätzlicher Taten oder sonstigen Innerlichkeiten (...) zu tun“ haben.[360] Entscheidend ist nach Jakobs allein die „objektive Aufteilung der Arbeit, die geleistet werden muß, bis es zur Tatbestandsverwirklichung kommt“.[361] Gestaltet jemand im Vorfeld die Tat mit, geht es lediglich um die Frage, ob die Handlung in den „deliktischen Zusammenhang paßt“ oder nicht, wobei der Beteiligte diese Anpassung nicht kennen muß, sondern entscheidend

---

Schuldbegriff ausführlich *Kahlo,* Das Problem des Pflichtwidrigkeitszusammenhanges bei den unechten Unterlassungsdelikten, S. 215ff.

359 Aber auch, wenn die Mittelsperson statt mit der Natur mit einem technischen Werkzeug zu vergleichen wäre, stellt sich die Frage, warum Jakobs dann nicht von einer unmittelbaren Täterschaft ausgeht, da er dem Vordermann das Menschsein ja abspricht.

360 *Jakobs,* GA 1996, S. 264; vgl. auch zur Behandlung von Irrtümern im Rahmen des Vorsatzes, *Jakobs,* ZStW 101 (1989), S. 516ff. Auch hier bestimmt er den subjektiven Tatbestand allein nach dem Strafzweck der Erhaltung von Normgeltung. Danach muß seines Erachtens auf das Wollenselement beim Vorsatz verzichtet werden, da das „Recht (...) sich eine nachsichtige Behandlung von Wollensfehlern nicht leisten (kann)“ (S. 526). Ihm folgend *Lesch,* ZStW 105 (1993), S. 271ff.

361 *Jakobs,* GA 1996, S. 265.

allein die objektive Leistung hinsichtlich der Anpassung sein soll.[362] Daher kann es seines Erachtens auch eine fahrlässige Teilnahme an einer vorsätzlichen Tat geben. Wenn beispielsweise ein Waffenbesitzer seine Waffe nachlässig verwahrt und sie ein anderer zur Ausführung einer vorsätzlichen Straftat verwendet, soll der Besitzer wegen fahrlässiger Beihilfe strafbar sein.[363]

Auch hier zeigt sich, daß bei rein formal-objektiver Betrachtung das Subjekt selbst für das Geschehen nicht mitkonstitutiv ist. Es kommt nur darauf an, ob die objektive Addition des Verhaltens mehrerer zu einer Verletzung geführt hat. Das Subjekt selbst muß sich dabei gar nicht als mitwirkend am Geschehen begreifen, die Tatbestandsverwirklichung wird ihm von einem „objektiven Beobachter" zugewiesen. Soll es aber um die Mitzuschreibung insbesondere einer mit Strafe belegten Unrechtstat gehen, kann nicht auf den Willen der Beteiligten verzichtet werden. Das Erfordernis des subjektiven Elements führt weder zu einem „Psychologismus" wie Jakobs meint, noch führt es dazu, daß die Beteiligten ein „Herz und eine Seele" sein müssen[364], sondern es ist Begründungsvoraussetzung dafür, daß jemand für die Tat eines anderen *mit*verantwortlich gemacht werden kann. Sein Bewußtsein bezüglich der Einordnung des tatbestandsmäßigen Geschehens kann nicht unberücksichtigt bleiben, soll ihm die Rechtsverletzung als die seinige zugeschrieben werden können.[365]

Es hat sich damit gezeigt, daß Jakobs seinen normativ-funktionalen Ansatz (erwartungsgemäß) bei der Differenzierung von mittelbarer Täterschaft und Anstiftung fortsetzt. Das Geschehen wird objektiv, „von außen", betrachtet und seine Bestimmung erfolgt rein äußerlich vom generalpräventiven Strafzweck her. Insbesondere findet in der Bestimmung des funktionalen Schuldbegriffs und der Leugnung des subjektiven Bewußtseins des Zusammenagierens eine Berücksichtigung der Konstitution des freien einzelnen nicht mehr statt. Das Subjekt wird weder als Mitbegründer der Gesellschaft und ihrer Ordnung begriffen noch als ein Wesen, welches selbstbegründend im sozialen Zusammenhang tätig wird. Es wird reduziert auf ein passives Objekt inmitten eines komplexen Systems, dessen Teilhabe sowohl hinsichtlich des Gesellschaftssystems an sich als auch in Bezug auf sein (strafrechtliches) Handeln mit anderen ihm gleichen Wesen rein passiv ist.

---

362 *Jakobs,* GA, 1996, S. 263.

363 *Jakobs,* GA 1996, S. 266f.

364 *Jakobs,* GA 1996, S. 265.

365 Zu recht weist *Stübinger* in seiner Kritik gegenüber der „systemtheoretischen Reformulierung des Strafrechts" darauf hin, daß eine objektivierende soziologische Betrachtung nicht begründend für eine Strafrechtsordnung sein kann, „da sie nur die äußere Form und Wirkung, nicht aber die immanenten Abläufe und Begründungen des Strafrechts dem Beobachter vor Augen führen kann" (KrJ, S. 48).

IV. Normtheoretischer Ansatz Renzikowskis: Autonomie als Leitprinzip der Zurechnung und die Abgrenzung von Anstiftung und mittelbarer Täterschaft

Ziel der Habilitationsschrift Renzikowskis „Restriktiver Täterbegriff und fahrlässige Begehung" ist es, den restriktiven Täterbegriff normtheoretisch zu rekonstruieren. Leitgedanke der täterschaftlichen Zurechnung soll dabei das Autonomieprinzip sein, das Renzikowski von den in der Rechtsordnung insgesamt zum Ausdruck kommenden Werten ableitet. Es ist daher zunächst auf die normtheoretische Ausgangsbasis Renzikowskis einzugehen, von der aus er die Unterscheidung von mittelbarer Täterschaft und Anstiftung entwickelt.

1. Ausgangsbasis Renzikowskis: Verfassung und grundlegende Ordnungsprinzipien als Bausteine eines Beteiligungssystems und der Begriff der Autonomie

Übereinstimmend mit der funktionalen Strafrechtsdogmatik geht Renzikowski davon aus, daß die Aufgabe des Strafrechts darin besteht, Verhaltenserwartungen zu stabilisieren.[366] Während Jakobs jedoch den Maßstab der Verhaltenserwartungen in den gesellschaftlichen Verhältnissen selbst sieht, ist er nach Renzikowski aus der Verhaltensordnung, d. h. aus der Verfassung und der Rechtsordnung insgesamt abzuleiten.[367] Er wirft der funktionalen Betrachtungsweise dabei zu recht vor, daß sie aus der Gesamtgesellschaft einheitliche Verhaltenserwartungen ermitteln will, die sich aber zum einen nur schwer feststellen lassen und zum anderen nicht darlegen, ob diese Erwartungen auch richtig sind. Die normativ zu stellende Frage der Berechtigung kann seines Erachtens aber auch nicht durch reine Seins-Feststellungen gelöst werden. Nicht die Gesellschaft bestimme in einem demokratischen Rechtsstaat die Voraussetzungen der Strafbarkeit, sondern der Gesetzgeber entscheide durch formelle Gesetze darüber.[368] Die erfolgende Sanktionierung von Verhaltensverstößen im Strafrecht setze voraus, daß ihnen eine allgemeine Verhaltensordnung vorgelagert sei, von der die Tat abweichen müsse. Renzikowski differenziert daher zwischen unterschiedlichen Normebenen, den Primär- und Sekundärnormen.[369] Die Aufgabe der Verhaltensnormen bestehe darin, eine „Orientierungssicherheit" für das Zusammenleben in einer Gemeinschaft zu geben, indem sie „einen Bestand von Verhaltenserwartungen" schafften und damit dem einzelnen Bürger darlegten, mit welchen Verhaltensweisen er zu rechnen habe und mit welchen

---

366 *Renzikowski,* Restriktiver Täterbegriff und fahrlässige Beteiligung, S. 51.
367 *Renzikowski,* Restriktiver Täterbegriff und fahrlässige Beteiligung, S. 58, Fn. 31.
368 *Renzikowski,* Restriktiver Täterbegriff und fahrlässige Beteiligung, S. 79.
369 Er folgt damit ausdrücklich der Lehre Bindings.

nicht.[370] Während die Primärnormen die „rechtliche Ordnung des Gemeinschaftslebens“ festlegten, beschrieben die Sekundärnormen als „Sanktionsnormen die Reaktion auf eine Störung der Primärordnung, und die Voraussetzungen dieser Reaktionen“[371]. Das Strafrecht sei damit davon abhängig, inwieweit die aus der Verfassung und der Rechtsordnung insgesamt abzuleitende allgemeine Verhaltensordnung Rechte und Pflichten der einzelnen festlege. Die Sanktionsbedingungen könnten selbst nicht in der Lage sein, den Inhalt von Verhaltensnormen vorzugeben. „Es ist gerade nicht Aufgabe des Strafrechts, den Bereich des ‚Mein’ und ‚Dein’ voneinander abzugrenzen, sondern bestimmte qualifizierte Grenzverletzungen zu sanktionieren.“[372] Auch wenn somit beispielsweise die fahrlässige Sachbeschädigung vom Gesetz nicht als strafbar erachtet werde, ergebe sich daraus nicht, daß ein solches Verhalten nicht dennoch verboten sein könne. Aufgabe des Strafrechts sei es, aus dieser Ordnung ausgewählte Rechtsgüter zu schützen und damit „besonders qualifizierte Formen des Normbruchs mit Strafe“ zu belegen.[373] Die Unterscheidung von Beteiligungsformen müsse daher ebenso zunächst auf der Verhaltensnormebene vorgenommen werden und sei von der Frage, unter welchen Voraussetzungen ein Verhaltensnormverstoß mit Strafe sanktioniert werde, zu trennen. Renzikowski gibt dabei drei „Bausteine“ an, die sich aus der Verfassung sowie aus den grundlegenden Ordnungsprinzipien der Rechtsordnung ergeben, auf denen ein restriktiver Täterbegriff aufzubauen hat.[374] Den ersten Baustein erblickt er im Menschenbild des Grundgesetzes, in dem der Mensch als „eine auf Freiheit und Selbstverantwortung angelegte Person“ erscheint. Den zweiten bilde eine personale Rechtsgutslehre, die jedem einen bestimmten Rahmen rechtlich garantierter Freiheit zuweise, in dem der Mensch seine Interessen selbstverantwortlich wahrnehmen könne und gegen Eingriffe von außen geschützt werde. Folge dieser personalen Rechtsgutslehre sei die begriffliche Differenzierung von Eigen- und Fremdverletzungen. Solange jemand seine eigene Rechtssphäre nicht verlasse und nur seine eigenen Rechtsgüter beeinträchtige, bewirke er daher auch grundsätzlich keine Verhaltenspflichtverletzung. Den dritten Baustein sieht er im Inhalt der Verhaltensnormen, der sich nur auf das Gebiet beziehen kann, welches eine Ausübung der Verantwortung darstellt, er bildet damit eine Begrenzung der Verantwortungszuschreibung auf die „Zuständigkeit für den eigenen Organisationskreis“[375]. Für ein Beteiligungssystem zieht er daraus die Konsequenz, daß „jeder

370 *Renzikowski,* Restriktiver Täterbegriff und fahrlässige Beteiligung, S. 59.
371 *Renzikowski,* Restriktiver Täterbegriff und fahrlässige Beteiligung, S. 54f.
372 *Renzikowski,* Restriktiver Täterbegriff und fahrlässige Beteiligung, S. 58, Fn. 31.
373 *Renzikowski,* Restriktiver Täterbegriff, und fahrlässige Beteiligung, S. 67.
374 *Renzikowski,* Restriktiver Täterbegriff und fahrlässige Beteiligung, S: 67ff.
375 *Renzikowski,* Restriktiver Täterbegriff und fahrlässige Beteiligung, S. 69 in Anlehnung an Jakobs.

nur für eigenes Unrecht bestraft werden kann. Strafgrund der Teilnahme ist also (...) die Verletzung einer eigenständigen Verhaltensnorm und nicht die Zurechnung fremden Unrechts"[376]. Einer Beteiligungslehre müsse daher der Gedanke einer Individualisierung der Verantwortlichkeit zugrunde liegen, so daß sich Autonomie und Eigenverantwortlichkeit auf den eigenen Organisationskreis beschränkten und nicht jeder, der irgendwie einen Beitrag zum Geschehen geleistet habe, für dieses insgesamt verantwortlich gemacht werden könne. Ausgangspunkt sei also ein restriktiver Täterbegriff, der bereits den Anwendungsbereich der Tatbestände einschränke. Maßgeblich sei, wer die Tat begehe und nicht, wer den Erfolg verursacht habe.[377] Nur derjenige sei Täter, der zuletzt autonom ein Risiko geschaffen habe, welches sich direkt auf den Erfolg ausgewirkt habe. Damit soll der für die Zurechnung entscheidende Wertungsaspekt die Autonomie sein, die in der „Freiheit zu eigenverantwortlicher sittlicher Entscheidung"[378] begründet sei. Die Autonomie weist nach Renzikowski dabei zwei für die Frage der Zurechnung relevante Merkmale auf. Frei hinsichtlich der ersten Zurechnungsebene sei eine Person dann, wenn sie zu ihrer Handlung eine Alternative gehabt hätte, also handlungsfähig war und Tatbewußtsein hatte. Auf der zweiten Zurechnungsebene sei dagegen maßgeblich, ob die Person in der Lage war, ihr Verhalten an rechtlichen Maßstäben zu orientieren und ihre Handlung danach auszurichten. Nur unter diesen Voraussetzungen handele eine Person „frei oder eigenverantwortlich oder autonom"[379]. Für die Bestimmung, wann jemand autonom gehandelt habe und wann nicht, sollten die Bestimmungen des Gesetzes entscheidend sein.[380] Ein freies Handeln sei daher beispielsweise zu verneinen, wenn sich jemand bei der Tat nach §§ 20, 21 StGB in einem schuldunfähigen Zustand befunden habe.

Damit füllt Renzikowski letztlich den Inhalt des Autonomiebegriffs allein mit normativen Maßstäben des Gesetzes und mit dem Verweis auf die §§ 20, 21 StGB sogar mit den Bestimmungen der Sekundärnormen. Aber auch, wenn er zunächst auf die allgemeine Verhaltensordnung der Verfassung und der allgemeinen Rechtsordnung verweist, setzt sein normtheoretischer Ausgangspunkt nicht am Subjekt selbst, sondern später an. Nicht die Autonomie des einzelnen ist entscheidend, sondern die in Verfassung und allgemeiner Rechtsordnung zum Ausdruck kommenden Wertvorstellungen.

---

376 *Renzikowski,* Restriktiver Täterbegriff und fahrlässige Beteiligung, S. 69.

377 Vgl. zum restriktiven Täterbegriff bereits *Renzikowski,* Restriktiver Täterbegriff und fahrlässige Beteiligung, S. 11f.

378 *Renzikowski,* Restriktiver Täterbegriff und fahrlässige Beteiligung, S. 72; vgl. näher zum Autonomieprinzip: *ders.,* Notstand und Notwehr, S. 178ff.

379 *Renzikowski,* Restriktiver Täterbegriff und fahrlässige Beteiligung, S. 72.

380 *Renzikowski,* Restriktiver Täterbegriff und fahrlässige Beteiligung, S. 72.

Zu recht weist Renzikowski bei der Bestimmung der Bausteine des Beteiligungssystems darauf hin, daß das Grundgesetz von der Selbstbestimmung und Freiheit der Personen ausgeht und jedem einen Bereich rechtlich garantierter Freiheit zuweist, was zur Folge hat, daß zwischen Eigen- und Fremdverletzung zu unterscheiden ist. Denn das Recht hat das interpersonale Handeln der einzelnen zum Gegenstand, so daß dem Verhalten des Subjekts eine reale Außenwirkung zukommen muß. Rein vorgestellte oder gegen sich selbst gerichtete Verletzungen können daher nicht Gegenstand des Strafrechts sein. Zudem mag die Festlegung der Sphären durch die Rechtsordnung - beispielsweise mit der Zuweisung von Eigentumsverhältnissen - auch eine Orientierungshilfe für den einzelnen geben und damit die Freiheitssphären der einzelnen positivrechtlich abstecken. Der Gesetzgeber muß damit auch bei der Festlegung der Freiheitssphären an die Struktur des einzelnen anknüpfen. Nicht das Subjekt ist in seiner autonomen aber auch endlichen Bestimmung von der Festlegung durch den Gesetzgeber abhängig, sondern sein Selbstverständnis bildet die Basis für die grundgesetzliche Ordnung. Diese ist also - entgegen Renzikowski - aus den „Seins-Feststellungen der Person“ zu deduzieren. So kommt auch hier die bereits bei Jakobs dargelegte Kritik zum Tragen, daß der Gesetzgeber auf der Sanktionsebene nicht bestimmte Handlungserwartungen an den einzelnen stellen kann, die von ihm gar nicht geleistet werden können. Ausgangspunkt ist nicht die vorzufindende rechtliche Ordnung, sondern die Konstitution des Subjekts, das mitbegründend für die rechtliche Ordnung sein muß. Die inhaltliche Bestimmung der Autonomie muß ebenso einen Schritt vor den positiven Normen ansetzen. Sie ist an das Selbstverständnis des einzelnen zu binden und kann ihm nicht von außen vorgegeben werden. Ist der einzelne als Mitkonstituent der rechtlichen Ordnung zu begreifen, bedeutet Freiheit mehr als die Möglichkeit, sich an den von außen vorgegebenen rechtlichen Maßstäben zu orientieren. Die Selbstbestimmtheit des Subjekts liegt dann gerade darin, daß es in der Lage ist, seinem Handelns selbst einen Sollensinhalt zu geben und es daran auszurichten.

Aber selbst wenn man mit Renzikowski als Maßstab allein die Wertungen der verfassungsrechtlichen Ordnung zugrunde legt, müßte auf dieser Grundlage eine Überprüfung der übrigen Rechtsordnung und damit insbesondere auch der Sanktionsnormen stattfinden. Renzikowski geht diesen Weg aber nicht. Er benennt zwar die Bausteine, setzt aber zugleich voraus, daß der Gesetzgeber in seinen weiteren Bestimmungen diese auch als Basis genommen hat. Denn er verweist bei seiner inhaltlichen Bestimmung der Autonomie zugleich auf die positiven Normen der Sekundärebene. Dann verlieren aber die Verhaltensnormen letztlich ihre grundlegende Bedeutung, und es folgt daraus ein reiner Normpositivismus auf der Sekundärebene, was sich insbesondere auch bei der folgenden normativen Abgrenzung von Anstiftung und mittelbarer Täterschaft zeigen wird.

2. Das zum Regreßverbot und zum restriktiven Täterbegriff führende Autonomieprinzip und die sich daraus ergebende Abgrenzung von mittelbarer Täterschaft und Anstiftung bei Herrschaftsdelikten

Nach Renzikowski ist nun Maßstab für die Zurechnung von Handlungen anderer das (normativ bestimmte) Leitprinzip der Autonomie, an dem auch die Unterscheidung von mittelbarer Täterschaft und Anstiftung zu messen ist. Autonomes Handeln begründe ein Regreßverbot: „Eine Rechtsgutsverletzung (oder -gefährdung) kann nur demjenigen als sein Werk zugerechnet werden, der in der unendlichen Ursachenkette als letztes autonom handelndes Glied erscheint" und im Gegenschluß gilt daher: „Notwendige Voraussetzung für die Zurechnung der Tat eines Vordermannes zu einem Hintermann ist, daß der Vordermann nicht autonom gehandelt hat".[381] Für die Abgrenzung von Fällen der Anstiftung und der mittelbaren Täterschaft ergebe sich, daß, sobald die Mittelsperson frei gehandelt habe, eine mittelbare Täterschaft gar nicht mehr in Betracht komme, unabhängig davon, wie der Hintermann auf die Mittelsperson eingewirkt habe. Für eine mittelbare Täterschaft müsse der Vordermann also an einem „Verantwortlichkeitsdefekt" leiden, so daß es an einer „autonome(n) Organisation des eigenes Rechtskreises" fehle.[382] Entscheidend solle aber für die Frage sein, ob es sich um eine mittelbare Täterschaft oder „nur" eine Anstiftung handelt, welchen Beeinträchtigungen der Autonomie insbesondere das Strafgesetzbuch Bedeutung verleihe und welchen nicht.[383] Renzikowski geht daher beispielsweise davon aus, daß bei einem nötigenden Zwang seitens des Hintermanns, der den Grad des § 35 StGB erreicht, gegenüber dem Vordermann ein autonomes Verhalten seinerseits fehlt. Maßgeblich sei dieses Setzen einer Gefahrenlage durch den Hintermann, dem der Vordermann nur noch durch eine Notstandstat entgehen könne.[384] [385] Ebenso solle ein freies Verhalten nicht vorliegen, wenn die Mittelsperson nicht schuldfähig oder auch nur vermindert schuldfähig ist. Befinde sich der Vordermann in einem schuldunfähigen Zustand gem. § 20 StGB, müsse sein „rechtliches Können" verneint werden, so daß wegen fehlender Autonomie der Mittelsperson dem Hintermann die Tat zuzurechnen sei. Gleiches solle auch

---

381 *Renzikowski,* Restriktiver Täterbegriff und fahrlässige Beteiligung, S. 73.

382 *Renzikowski,* Restriktiver Täterbegriff und fahrlässige Beteiligung, S. 75.

383 Er betont zudem, daß die Wertmaßstäbe der Gesetze innerhalb der Rechtsordnung insgesamt zu berücksichtigen sind. So ist beispielsweise bei der Nötigungsherrschaft nicht isoliert auf § 35 StGB abzustellen, sondern zusätzlich müßten die Regeln über den rechtfertigenden Notstand (§§ 34 StGB, 228, 904 BGB) herangezogen werden.

384 Dies soll aber unabhängig von der in § 35 I S. 2 StGB erwähnten Frage der Zumutbarkeit der Gefahrenhinnahme für bestimmte Personengruppen gelten, denn der Entscheidungsdruck bleibt nach Renzikowski der gleiche.

385 *Renzikowski,* Restriktiver Täterbegriff und fahrlässige Beteiligung, S. 84ff.

gelten, wenn der Vordermann gem. § 21 StGB nur vermindert schuldfähig ist. Denn auch eine beschränkte Verantwortlichkeit solle eine mittelbare Täterschaft begründen können, sofern neben dem Zurechnungsdefizit dem Hintermann eine überlegene Stellung zukommt.[386]

Das oben aufgezeigte, auf die normative Ausfüllung der Autonomiebestimmung reduzierte Verständnis hat zur Folge, daß ein Autonomieverlust bereits automatisch angenommen wird, sobald das Gesetz davon ausgeht, der einzelne sei nicht mehr in der Lage, nach den von der Rechtsordnung vorgegebenen Maßstäben zu handeln. Der Autonomiebegriff ist aber, wie oben dargelegt wurde, zu erweitern. Die Freiheit des einzelnen bedeutet insbesondere, daß er vernunftbedingt in der Lage ist, sich selbst den Inhalt des Sollens vorzugeben. Diese Fähigkeit geht aber nicht dadurch verloren, daß er sich in einer entschuldigenden Lage nach § 35 StGB oder in einem nach §§ 20, 21 StGB schuldunfähigen Zustand befindet. Auch in einer Zwangssituation handelt er vielmehr tat- und normbewußt. Er weiß um die Verletzung, die er einem anderen zufügt, und er weiß auch, daß er sich gegen sein eingesehenes Normverständnis wendet. Ebenso trifft der Hintermann auf ein normreflektiertes Subjekt, wenn er auf einen sich im schuldunfähigen Zustand Befindenden einwirkt und diesen zu einer Tat verleitet. Solange diesem die Verletzungseinsicht überhaupt zukommt, er sich also nicht in einem Vorsatz ausschließenden Tatumstandsirrtum befindet, bleibt seine Entscheidung, sich zum Unrechten zu wenden, autonom.[387]

Renzikowski nimmt zwar - anders als der funktionale Ansatz - eine Verhältnisbestimmung des einzelnen zum positivem Recht vor. Dabei reduziert er aber die Autonomie der Person auf die Fähigkeit, sich nach heteronom vorgegebenen Normen zu richten, was sich auch bei der Abgrenzungsbestimmung von mittelbarer Täterschaft und Anstiftung widerspiegelt. Der einzelne ist dann aber nicht mehr an der Konstitution des Rechts mitbegründend tätig. Dies hat zudem zur Folge, daß auch der Inhalt der Autonomie sich nicht nach dem Selbstverständnis der freien Person richtet, sondern seine Bestimmung vom positiven Recht absorbiert wird.

---

386 *Renzikowski,* Restriktiver Täterbegriff und fahrlässige Beteiligung, S. 86f.

387 *Renzikowski* macht für seine normative Bestimmung der Autonomie und dieser als Abgrenzungskriterium der mittelbaren Täterschaft zur Anstiftung des Hintermanns zudem geltend, daß allein eine derartige Orientierung an den gesetzlichen Wertungen in der Lage ist, einen gesicherten Maßstab zu ermöglichen (Restriktiver Täterbegriff und fahrlässige Beteiligung, S. 84f.). Eine solche pragmatische Argumentation kann aber nicht beanspruchen, eine Begründung zu geben, ob jemand für sein Verhalten mit einer strafrechtlichen Sanktion zu belegen ist oder nicht. Vielmehr ist entscheidend, *was* er *tatsächlich* zur Verwirklichung des tatbestandsmäßigen Geschehens beigetragen hat.

D. Die Rechtsprechung

Ausgeklammert aus der bisherigen Darstellung des gegenwärtigen Diskussionsstandes wurde die Rechtsprechung des Reichsgerichts und des Bundesgerichtshofes. Sie zeichnet sich insbesondere dadurch aus, daß ihre Entscheidungen nicht von einer einheitlichen Linie hinsichtlich der Abgrenzungskriterien von Täterschaft und Teilnahme geprägt sind, sondern zwischen einer rein subjektiven und einer normativen Betrachtungsweise schwanken.

I. Die Dolustheorie in der Rechtsprechung des Reichsgerichts

Die Rechtsprechung des Reichsgerichts war stark von der Kausalitäts- und Teilnahmelehre v. Buris′ geprägt.[388] Die ersten Entscheidungen betrafen die Abgrenzung der Beihilfe zur Mittäterschaft. Ausdrücklich bezieht sich das Reichsgericht für die Bestimmung der Differenzierungskriterien auf die Gesetzgebungsmotive[389]. Nach diesen soll sich der Gehilfe dadurch auszeichnen, daß er die Tat als die eines anderen behandelt, während die Beteiligung des Mittäters an der Tat aus der Absicht entspringt, die Tat als eigene zu unterstützen und zu vollenden.[390] Das Reichsgericht schließt daraus, daß der Mittäter die Tat als eigene will, während der Gehilfe sie als fremde will. Zudem führt es aus, daß der Wille des Gehilfen von dem des Täters abhängig ist, „er also seinen Willen demjenigen des Thäters dergestalt unterwirft, daß er es ihm anheimstellt, ob die That zur Vollendung kommen solle oder nicht“[391]. Der Mittäter erkenne demgegenüber „einen den seinigen Willen beherrschenden Willen nicht an“[392]. Objektiv genüge daher für eine gemeinschaftliche Ausführung jede Form der Mitwirksamkeit, ohne daß es eines besonderen Maßes an Mitwirkung bedürfe.

Während v. Buri eine Unterscheidung zwischen Anstiftung und mittelbarer Täterschaft de lege ferenda verneint hatte, konnte das Reichsgericht aufgrund

388 Dieser maßgebliche Einfluß v. Buris′ auf die Rechtsprechung des Reichsgerichts wird auf seine dortige Tätigkeit als Reichsgerichtsrat zurückführt.; vgl. auch die Ausführungen zur subjektiven Lehre *v. Buris* unter A. II 2b).

389 Vgl. Motive zum Revisionsentwurf, S. 63: „Während die Mitwirkung des Gehülfen, sich dadurch kennzeichnet, daß sie die That selbst als die eines Dritten behandelt, zu welcher die Hülfe geleistet wird, ist die Mitwirkung des Mitthäters aus der Absicht entsprungen, die That selbst als seine eigene beziehungsweise als die seiner Komplicen zu unterstützen und zur Vollendung zu bringen. Nicht sowohl das Maß und die Bedeutung der Mitwirkung zu der That, als vielmehr die Absicht, aus welcher sie entsprungen, wird, nach wie vor, das wesentlich entscheidende Moment bilden.“; vgl. dazu *v. Birkmeyer*, Die Lehre von der Teilnahme, S. 86ff.

390 RGSt 3, 181ff.

391 RGSt 3, 183.

392 RGSt 3, 183.

des eindeutigen Wortlautes des § 48 RStGB vom 15. 05. 1871, der gesetzlich normierte, daß die Anstiftung durch ihre besondere Art der Mitwirkung bereits objektiv als Teilnahmeform von der Täterschaft zu unterscheiden war, eine Gleichsetzung nicht übernehmen. Für die Abgrenzung der Teilnahme zur Täterschaft sollten wie bei der Unterscheidung von Mittäterschaft und Beihilfe subjektive Kriterien von alleiniger Bedeutung sein. So differenzierte es in einer Entscheidung, die die Abgrenzung von mittelbarer Täterschaft und Beihilfe betraf, nur nach der Willensrichtung der Beteiligten. Maßgeblich sollte die subjektive Perspektive des Hintermanns in bezug auf die Rechtsgutsverletzung sein, unabhängig vom Verhältnis der Mittelsperson zum Verletzungsgeschehen. So führt es aus: „Täter ist (...), wer irgendwie, sei es auch nur bei der Vorbereitung oder in der Form einer Hilfeleistung, zur Verwirklichung des Tatbestandes beiträgt und dabei die Tat als *eigene* will.“[393] Indiz[394] sollte der Grad des Interesses der Handelnden am Erfolg sein.[395] Das Reichsgericht nahm unabhängig davon, ob die Mittelsperson bösgläubig war oder nicht, ob diese für die Rechtsverletzung vollverantwortlich war oder nicht, eine mittelbare Täterschaft des Hintermanns an.[396] Objektiv genügte damit für die Bejahung einer (mittelbaren) Täterschaft nach der Rechtsprechung des Reichsgerichts die Tatsache, daß der Hintermann irgendwie auf eine andere Person Einfluß nahm, und es tatsächlich durch sie zu einer Rechtsverletzung kam. Gleichgültig war dagegen, ob die ausführende Person unzurechnungsfähig oder gutgläubig war oder bewußt rechtswidrig handelte. Entscheidend sollte nur der Täterwille des Hintermanns hinsichtlich des Verletzungserfolges sein.

Mit der Betonung der subjektiven Seite des Handelnden spricht das Reichsgericht einen wichtigen Aspekt an, nämlich das Bewußtsein des einzelnen, sich in einen bestimmten sozialen Zusammenhang einzuordnen. Problematisch ist

---

393 RGSt 74, S. 28.

394 Anders demgegenüber die *sog. Interessentheorie*, die einen Beteiligten dann als Urheber einer Tat ansieht, wenn er sie als eigenes Geschehen betracht, sie im „eigenen Interesse“ begeht. Wer dagegen die Tat als eine fremde Angelegenheit wahrnimmt, also die Absicht verfolgt, einen anderen zu unterstützen, ist danach lediglich Gehilfe. Da diese Theorie jedoch in der Wissenschaft früh an Einfluß verlor und bereits am Anfang des 20. Jahrhunderts als wissenschaftlich überholt angesehen wurde, ist hier eine nähere Auseinandersetzung nicht erforderlich. Auch von der *Rechtsprechung* wurde und wird sie nicht vertreten, sondern das Interesse an der Tat wird lediglich als *Indiz* gewertet. Vgl. zur Interessentheorie *Roxin,* Täterschaft und Tatherrschaft, S. 55ff.; *Murmann,* Die Nebentäterschaft im Strafrecht, S. 38f.; *Bolowich,* Urheberschaft und reflexives Verständnis, S. 41ff.; 142, Fn. 506.Vertreter der Interessentheorie sind *Geib,* Lehrbuch des deutschen Strafrechts, Bd. 2, 1862, S. 318f.; *Häberlin,* Grundsätze des Criminalrechts nach den neuen Strafgesetzbüchern, Bd. I, Leipzig 1845, S. 65.

395 RGSt 74, 84 (insbes. S. 85, sog. Badewannenfall).

396 RGSt, 53, 12; vgl. auch RGSt 53, 45 f.; ebenso RGSt 74, 23.

jedoch, wenn das subjektive Selbstverständnis alleiniger Maßstab ist. Denn dann wird die objektive Seite mit dem Vorliegen des Täterwillens des Handelnden letztlich fingiert. Der Agierende wird aufgrund seiner Einstellung zur Tat bereits als Täter angesehen wird, mag sich die Tat auch objektiv als die eines anderen darstellen. Insbesondere bei Fällen, in denen der Vordermann selbst Verletzungswillen besitzt und sich objektiv und subjektiv gegen das Recht wendet, kann sich der Hintermann eine Herrschaft nicht mehr zuschreiben; es ist für ihn nur eine Hoffnung, der Tatbestand möge durch die Mittelsperson verwirklicht werden, einen tatsächlichen Einfluß hinsichtlich der Rechtsverletzung durch den autonom handelnden Vordermann kann er sich dabei aber nicht anmaßen. Erforderlich ist daher, daß der subjektive Wille mit der objektiven Wirkmacht des einzelnen bezüglich des Tatgeschehens korrespondiert.

Daß auch das Reichsgericht seine streng subjektive Perspektive nicht durchhalten kann, zeigt sich insbesondere bei einem Fall, in dem es für ein und dieselbe Handlung gleichzeitig Täterschaft und Teilnahme angenommen hat.[397] Der zu beurteilende Sachverhalt war folgender: Frau G wandte sich an den Angeklagten D, weil sie befürchtete schwanger zu sein. Dieser suchte sie in ihrer Wohnung auf und gab ihr Knoblauchtabletten, die für die Unterbrechung einer Schwangerschaft als voraussichtlich geeignet erschienen, und die sie auf seinen Rat hin und unter seiner Aufsicht einnahm. Einige Tage später stellten sich ihre Blutungen ein. Das Reichsgericht sah dabei sowohl den Tatbestand des § 218 II RStGB in Form einer täterschaftlichen Begehung als auch den des § 218 I RStGB in Form einer teilnehmenden Mitwirkung als vom Angeklagten D erfüllt an.[398] Die Täterschaft gem. Abs. 2 begründete es damit, daß der Angeklagte mit Täterwillen gehandelt habe, auch wenn er selbst körperlich an der Ausführung der Tat nicht mitwirkte. Daran sollte auch die Bösgläubigkeit der (vermutlich, denn erwiesen wurde ihre Schwangerschaft nicht) Schwangeren nichts ändern, zugleich sah es aber auch eine Teilnahme gem. § 218 I RStGB als gegeben an. Denn da § 218 I RStGB nur eigenhändig erfüllt werden könne, sei hier eine mittelbare Täterschaft ausgeschlossen. „Ein anderer (als die Schwangere selbst) kann an einer 'eigenhändigen' Straftat immer nur als unselbständiger Teilnehmer, etwa als Anstifter oder als Gehilfe, mitwirken.“[399] Mit der gleichzeitigen Annahme von Täterschaft und Teilnahme für ein und dieselbe Handlung des Angeklagten, nämlich das Reichen der Tabletten an Frau G, widerspricht es seiner eigenen

---

397 RGSt 74, 21ff.

398 § 218 I und II lautete: Abs. 1: „Eine Frau, die ihre Frucht im Mutterleib oder durch Abtreibung tötet oder die Tötung durch einen anderen zuläßt wird (...) bestraft.“ Abs. 2: „Ebenso wird ein anderer bestraft, der eine Frucht im Mutterleib oder durch Abtreibung tötet.“

399 RGSt 74, S. 25.

subjektiven Theorie. Denn es ist zum einen schwerlich zu erklären, warum jemand gleichzeitig Täter- und Teilnehmerwillen haben kann. Zum anderen zeigt sich aber, daß das alleinige Abstellen auf die subjektive Perspektive nicht in der Lage ist, ein gültiges Kriterium für die Abgrenzung beider Formen zu geben. Letztlich gesteht das Reichsgericht dies auch selbst ein, wenn es bei eigenhändigen Delikten von seinem subjektiven Ansatz abweicht, nur auf das objektive Tatgeschehen abstellt und die Willensrichtung des Beteiligten unberücksichtigt läßt. Dieser Kritikpunkt soll aber nicht darauf verkürzt werden, daß die subjektive Theorie nur deswegen abzulehnen ist, weil sie für eigenhändige Delikte keine widerspruchsfreie Lösung geben kann. Vielmehr wird hier ein allgemeines Phänomen deutlich. Es zeigt sich, daß die Frage nach der objektiven Wirkmacht des Handelnden hinsichtlich des tatbestandsmäßigen Geschehens nicht durch die subjektive Perspektive ersetzt werden kann. So muß bereits die inhaltliche Grundbestimmung des (Straf-) Rechts das Vorliegen einer äußeren Handlung voraussetzen, die sich auch in der Außenwelt interpersonal manifestiert hat. Denn ansonsten würde das Recht zu einem reinen Gesinnungsrecht. In Abgrenzung zur Ethik, welche an das Motiv und den guten Willen des einzelnen knüpft, hat das Recht die Beurteilung der äußeren Legalität zum Gegenstand.[400] Ausreichen kann für das Recht also nicht ein im Innenverhältnis verbleibender Entscheidungsprozeß des einzelnen, interpersonal zu handeln. Es bedarf vielmehr eines auf seinem Willen beruhenden nach außen gerichteten realen Handelns. Damit kommt bereits in der grundlegenden Bestimmung des (Straf-) Rechts zum Ausdruck, daß ein äußerer interpersonaler Bezugspunkt für das Recht erforderlich ist, während der isolierten Betrachtung des Willens keine Bedeutung zukommen kann. Ist aber ein Erfolg in der Außenwelt eingetreten, für das der Ersthandelnde auch kausal war, kann die eingetretene Außenweltveränderung nicht unabhängig von seiner tatsächlichen Wirkmacht begriffen werden. So kann das Hoffen darauf, jemand möge durch ein Naturereignis sterben, nicht als sein Werk erscheinen, da es außerhalb seines realen Wirkungsvermögens liegt. Handlung, Erfolg und Wille müssen daher hinsichtlich der Außenweltveränderung eine Einheit bilden. Diese Einheit muß aber auch zu verneinen sein, wenn eine autonome Person in das Geschehen tritt. Der Ersthandelnde mag sie zwar in ihrer Entscheidungsfindung beeinflussen, aber solange sie selbst das Geschehen überschaut und ihre willentlichen Handlungen als die mit dem Erfolg verbundenen begreift, kann dem früher Handelnden eine reale Herrschaft bezüglich der Rechtsverletzung objektiv nicht zukommen. Insofern ist also der

400 Vgl. auch *Kant,* MdS, Einleitung, III, AB 15: „Die Pflichten nach der rechtlichen Gesetzgebung können nur äußere Pflichten sein, weil diese Gesetzgebung nicht verlangt, daß die Idee dieser Pflicht, welche innerlich ist, für sich selbst Bestimmungsgrund der Willkür des Handelnden sei und, da sie doch einer für Gesetze schicklichen Triebfeder bedarf, nur äußere mit dem Gesetz verbinden kann."

Tatherrschaftslehre zuzustimmen, die den Täter als denjenigen betrachtet, der das „tatbestandsmäßige Geschehen in den Händen hält". Täter kann nicht sein, wer irgendeine Ursache für den späteren Erfolg mit der Absicht gesetzt hat, daß dieser eintreten soll, solange die tatsächliche Ausführung der Tat nicht zu seiner Disposition steht. So weist Gallas zu recht darauf hin, daß eine Tötungshandlung nicht schon begeht, „wer vorsätzlich irgendwelche Bedingungen zum Todeserfolg setzt, vielmehr erst, wer dabei nach dem Programm verfährt, dessen Verwirklichung ihm den Todeserfolg ‚in die Hand gibt'. Die vom Täter eingesetzten Mittel müssen, zum mindesten von seiner Beurteilung der Sachlage aus gesehen, geeignet sein, die Herbeiführung des tatbestandsmäßigen Erfolgs als sein Werk und ihn insoweit als 'Herrn der Tat' erscheinen zu lassen".[401] Die Tat kann aber dann nicht mehr als das Werk des Hintermanns, als *seine* Tat, erscheinen, wenn eine mit Verletzungsvorsatz freiverantwortlich und rechtswidrig handelnde Person zwischen ihm und der Rechtsverletzung steht. Das autonome Wirken eines anderen schließt damit die Tatmacht über das Geschehen aus, welche auch der subjektive Wille nicht zu ersetzen vermag.[402]

II. Die Rechtsprechung des Bundesgerichtshofs von der Dolustheorie des Reichsgerichts hin zu einer normativen Betrachtungsweise

Die Rechtsprechung des Bundesgerichtshof gibt kein einheitliches Bild ab, in dem zu erkennen wäre, welchen methodischen Ansatz sie verfolgt, sie ist vielmehr durch zahlreiche Schwankungen gekennzeichnet. Zu erkennen ist jedoch, daß der Bundesgerichtshof - zwar mit „Rückfällen" in die rein subjektive Sichtweise des Handelnden und insgesamt sehr schleppend - immer mehr hin zu einer normativen Betrachtungsweise gelangt ist, ohne sich dabei aber grundsätzlich von der ursprünglichen Rechtsprechung des Reichsgerichts abzuwenden. Der Bundesgerichtshof betont vielmehr, daß sich die bisher angelegten Kriterien nicht gewandelt hätten. Dabei beziehen sich die zeitlich früheren Entscheidungen zunächst auf die Abgrenzung von Mittäterschaft und Beihilfe, weniger auf die der mittelbaren Täterschaft im Verhältnis zur Anstiftung. Im folgenden soll die uneinheitliche Linie des Bundesgerichtshof hinsichtlich der Abgrenzung von Täterschaft und Teilnahme allgemein skizziert werden, um dann auf Einzelentscheidungen, die Abgrenzungsthemen von Anstiftung und mittelbarer Täterschaft zum Gegenstand haben, näher einzugehen.

401 *Gallas,* Beiträge zur Verbrechenslehre, S. 89f.

402 Etwas anderes muß freilich gelten, wenn es sich um eine mittäterschaftliche Begehungsweise handelt, denn dann handeln die Personen gemeinsam in wechselseitiger Bestimmung durch gleichgewichtige Tatbeiträge.

1. Die Rechtsprechung des Bundesgerichtshofs bis 1988

Zunächst führte der Bundesgerichtshof die vom Reichsgericht vorgenommene Linie der subjektiven Abgrenzung fort, ohne dabei aber eine konkretere Bestimmung vorzunehmen.[403] Insbesondere in den sechziger Jahren fand die subjektive Betrachtungsweise wieder größere Bedeutung. Ihren Höhepunkt bildet das Staschinskij-Urteil von 1962.[404] Hier lehnt der Bundesgerichtshof ausdrücklich die materiell-objektive Lehre ab. Er stellt dabei zunächst fest, daß die eigentlichen Täter - und zwar mittelbare Täter - die Mitglieder des Komitees für Staatssicherheit beim Ministerrat der UdSSR (KGB) waren, die dem Angeklagten die Tötung befahlen. Denn sie haben sich die Morde[405] in der vom Angeklagten St. begangenen Art und Weise vorgestellt und auch so gewollt. Der die Tötungen ausführende St. habe sich demgegenüber nach seiner inneren Haltung zur Tat dem „fremden Täterwillen nur widerstrebend gebeugt".[406] Er habe sie weder gewollt, noch habe er ein eigenes Interesse an ihnen gehabt. Ferner sei ihm keine Entscheidung über die Art und Weise der Begehung zugekommen, sondern die Hintermänner hätten das Geschehen letztlich beherrscht. Zudem verweist der Bundesgerichtshof auf die psychische Ausnahmesituation des St. aufgrund der Indoktrination durch den sowjetischen Machtapparat und durch den von den Auftraggebern ausgeübten Druck. Obwohl St. die Tat eigenhändig ausgeführt habe, sei er daher lediglich als Gehilfe anzusehen. Dabei betont der Bundesgerichtshof auch, daß der eigenhändigen Tatbegehung lediglich eine Indizbedeutung zukomme und daraus nicht alleine eine Täterschaft gefolgert werden könne. Demgegenüber hatte der Bundesgerichtshof in vorhergehenden Entscheidungen der fünfziger Jahren das objektive Element der Tatherrschaft als Anhaltspunkt für die Ermittlung der Willensrichtung zum Maßstab genommen. Insbesondere in zwei Entscheidungen des 5. Strafsenats wird der normative Ansatz erhärtet und ausgeweitet[407]. In einer kritischen Auseinandersetzung mit der Badewannenentscheidung des Reichsgerichts entfernt sich der Bundesgerichtshof hier von der extrem subjektiven Theorie und setzt den Schwerpunkt weg von der Interessenlage hin zur realen Tatherrschaft, die für die Ermittlung der Willensrichtung des Handelnden von Bedeutung sein soll.[408] Der Maßstab der Unterordnung des Willens sollte dagegen nicht mehr

---

403 Vgl. BGHSt 2, 170; 4, 21 und 42; 6, 248; 9, 380; 16, 13; GA 1963, 188.

404 BGHSt 18, 87.

405 Vgl. zu einer kritischen Stellungnahme gegenüber dem nach BGH hier erfüllten Mordmerkmal der Heimtücke, *Baumann,* NJW 1963, 561f., der aber letztlich die Entscheidung des BGH befürwortet.

406 BGHSt 18, 87 (95).

407 BGHSt 8, 390; 8, 393.

408 Er verweist dabei auf *Mezger* in Leipziger Kommentar, § 47 Anm. 2b und auf BGHSt 2,

von Bedeutung sein. Dennoch betont der Bundesgerichtshof im Staschinskij-Urteil, daß sich die Anlehnung an die Maßstäbe früherer Entscheidungen nicht geändert hätten.

Auch wenn der Bundesgerichtshof nach außen versucht, den Eindruck zu vermitteln, er halte kontinuierlich an der subjektiven Theorie fest, hat er sich durch die Aufnahme wertender (objektiver) Gesichtspunkte von seiner subjektiven Extremposition entfernt. Allerdings ist festzustellen, daß Ausgangspunkt bisher die subjektive Perspektive des Handelnden blieb, während die objektiven Kriterien vor allem dazu dienten, diese herauszukristallisieren. In den Entscheidungen der Folgezeit wird aber deutlich, daß der Bundesgerichtshof inzwischen in dem Begriff der „objektiven Tatherrschaft" das Hauptbestimmungskriterium der mittelbaren Täterschaft erblickt, während ein primärer Rückgriff auf den Täterwillen nicht mehr erfolgt.

2. Der sog. Katzenkönigfall und die Behandlung der Fälle hinsichtlich der Todesschüsse an der innerdeutschen Grenze

a) Der sog. Katzenkönigfall - BGHSt 35, 347

Die Angeklagten, zwei Männer P und R sowie Frau H, lebten miteinander in einem von „Mystizismus, Scheinerkenntnis und Irrglauben" geprägten „neurotischen Beziehungsgeflecht". H und P gelang es dabei, den „leicht beeinflußbaren", in seiner „Kritikfähigkeit eingeschränkten", aber „nicht schwachsinnigen" Polizisten R durch zahlreiche Manipulationen dazu zu bringen, an die Existenz eines Katzenkönigs zu glauben, der seit Jahrtausenden das Böse verkörpere und die Welt bedrohe. R wähnte sich schließlich auserkoren, gemeinsam mit den beiden anderen den Kampf gegen den Dämon aufzunehmen. Er mußte dabei Mutproben bestehen, sich katholisch taufen lassen und seiner Geliebten, der Mitangeklagten H, ewige Treue versprechen. Zunächst wurde R auf diese Weise von H und P als „Werkzeug für den eigenen Spaß" mißbraucht. Schließlich wurde Rs Aberglaube dazu ausgenutzt, die Tötung von Frau N vorzunehmen, die H und P aus Haß und Eifersucht umbringen wollten. H gab vor, daß der „Katzenkönig" wegen der von ihm (R) begangenen vielen Fehler, ein Menschenopfer in Gestalt der N verlange. Wenn R die Tat nicht bald ausführte, würde sie ihn verlassen müssen und der Dämon würde „die Menschheit oder Millionen von Menschen" vernichten. R erkannte zwar, daß es sich hierbei um einen Mord handeln würde und „suchte auch unter Berufung auf das fünfte Gebot vergeblich nach einem Ausweg". H und P beseitigten aber seine Zweifel und betonten wiederholt, daß das Tötungsverbot „für sie nicht gelte"; es gehe

---

150 (156).

vielmehr um den „göttlichen Auftrag", die Menschheit zu retten. Er mußte H „unter Berufung auf Jesus" schwören, einen Menschen zu töten. Sie wies dabei darauf hin, daß, falls er dies nicht tue, seine „unsterbliche Seele auf Ewigkeit verflucht" sei. R entschloß sich nach Gewissensabwägungen zwischen dem Tod der Frau N und der „Gefahr für eine Millionen Menschen" zur Ausführung der Tat. Er suchte N in ihrem Blumenladen auf und gab vor, Rosen kaufen zu wollen. Übereinstimmend mit dem vom P gegebenen Rat (der im Einverständnis mit H erfolgte) stach R mit einem ihm zu diesem Zweck von P überlassenen Fahrtenmesser von hinten der ahnungs- und wehrlosen N in den Hals, das Gesicht und den Körper, um sie zu töten. Die sich wehrende N überlebte, da ihr dritte Personen zu Hilfe kamen und R daraufhin von seiner weiteren Tatausführung absah, um entsprechend seinem „Auftrag" unerkannt fliehen zu können.

Der Bundesgerichtshof wertete die Tat des R ebenso wie die Strafkammer des Landgerichts als täterschaftlich begangenen, versuchten heimtückischen Mord. Auch sei R für seine Tat - wenn auch seine Schuldfähigkeit vermindert war (§ 21 StGB) - verantwortlich. Der Bundesgerichtshof nahm das Vorliegen eines Verbotsirrtum nach § 17 StGB an, da R den Interessenkonflikt in § 34 StGB, der eine Abwägung „Leben gegen Leben" nicht gestatte, fehlerhaft abgewogen habe. Der Bewertungsirrtum sei aber vermeidbar gewesen.[409] Die Angeklagten P und H sah der Bundesgerichtshof als mittelbare Täter des Geschehens an. Er stellte dabei nach einer Auseinandersetzung mit unterschiedlichen Auffassungen in der Literatur und insbesondere einer Ablehnung des von einem Teil der Literatur vertretenen sog. Verantwortungsprinzips[410] als zu engen Maßstab fest, daß es sich für die Bestimmung, ob Anstiftung oder mittelbare Täterschaft seitens der Hintermänner vorliegt, um ein „offenes Wertungsproblem handelt, bei dem die Übergänge fließend sind".[411] Auch der Gesetzgeber habe angesichts der Vielfalt unterschiedlicher Fallgestaltungen bewußt davon abgesehen, die Voraussetzungen für die Abgrenzung von Täterschaft und Teilnahme festzulegen. In seinen folgenden Ausführungen betont der Bundesgerichtshof, daß es für die Abgrenzung jedenfalls nicht allein auf die Verantwortlichkeit des Handelnden ankommen könne, da auch einem Täter, der sich in einem vermeidbaren Verbotsirrtum befinde, zur Tatzeit die Unrechtseinsicht fehle. Abzustellen sei viel-

409 Vgl. zur Kritik gegenüber dem Bundesgerichtshof, der die Problematik des Irrtums über die Voraussetzungen eines „übergesetzlichen" Entschuldigungsnotstandes unberücksichtigt gelassen hat, instruktiv *Küper,* JZ 1989, S. 617 (625ff.). Diese Problematik soll hier aber nicht weiter verfolgt werden.

410 Vgl. zur Lehre vom Verantwortungsprinzip die Ausführungen zu Renzikowski unter C. IV.; vgl. auch *Jescheck/Weigend,* AT, ;§ 62 II. 4. (S. 668f.); *Stratenwerth,* AT, § 12 Rn. 53ff.

411 BGHSt 35, 347 (353).

mehr auf die „vom Täterwillen getragene objektive Tatherrschaft".[412] Allerdings entwirft der Bundesgerichtshof bei der inhaltlichen Ausfüllung des Kriteriums der „objektiven Tatherrschaft" (wohl bewußt) keine eigene bestimmte „Abgrenzungstheorie", sondern ist der Ansicht, daß diese „nicht nach starren Regeln, sondern (...) nur je nach der konkreten Fallgestaltung im Einzelfall wertend ermittelt werden (kann)".[413] Die Abgrenzung solle „im Einzelfall von Art und Tragweite des Irrtums und der Intensität der Einwirkung des Hintermanns" abhängen.[414] „Mittelbarer Täter eines Tötungsdelikts oder versuchten Tötungsdelikts ist jedenfalls derjenige, der mit Hilfe des von ihm bewußt hervorgerufenen Irrtums das Geschehen gewollt auslöst und steuert, so daß der Irrende bei wertender Betrachtung als ein - wenn auch (noch) schuldhaft handelndes - Werkzeug anzusehen ist".[415] In dem vorliegenden Fall sei dies zu bejahen, da H und P den R zur Tat „bestimmt und die Tatausführung kraft ihrer Einwirkung und ihres überlegenen Wissens beherrscht" hätten.[416]

Zunächst fällt auf, daß sich der Bundesgerichtshof im vorliegenden Fall gänzlich von seiner subjektiven Theorie entfernt. Der Täterwille ist nicht mehr eigenständiges Kriterium für die Bestimmung der Täterschaft. Formulierungen wie das „eigene Interesse" an der Tat oder die „Willensrichtung" des Handelnden sind in dem Urteil nicht zu finden. Es ist vielmehr darum bemüht „wertende Kriterien" für die „objektive Tatherrschaft" im konkreten Fall beschreibend aufzuzeigen.[417]

---

412 BGHSt 35, 347 (353).
413 BGHSt 35, 347 (353f.).
414 BGHSt 35, 347 (354).
415 BGHSt 35, 347 (354).
416 BGHSt 35, 347 (354).
417 Auch in einer zeitlich späteren Entscheidung wird die eingeschlagene objektive Linie des Bundesgerichtshof unter Berufung auf BGHSt 35, 347 weitergeführt. Eine täterschaftliche Zurechung soll dann angenommen werden, wenn sich herausstellt, daß der Beteiligte zwar möglicherweise nicht die treibende Kraft gewesen ist, aber aufgrund „seines tatsächlichen und rechtlichen Überblicks über das Geschehen (...) die Zentralgestalt" darstellt. Auf die Willensrichtung des Beteiligten wird nun nicht mehr abgestellt. Es wird nur „nebenbei" erklärt, daß der Angeklagte ein eigenes Interesse an der Tat gehabt habe. In dem zu behandelnden Fall war es so, daß der Beteiligte als Amtsträger vorsätzlich eine materiell fehlerhafte Genehmigung erteilt hatte und die Mittelsperson daher möglicherweise im guten Glauben auf die Rechtmäßigkeit derselben entweder nicht tatbestandsmäßig oder nicht rechtswidrig gehandelt hatte. Der Bundesgerichtshof sah die Erteilung der Genehmigung als einen so gewichtigen Tatbeitrag an, daß das Geschehen *faktisch* in der Hand des Amtsträgers gelegen habe. (Dabei kamen zwei Sachverhaltsvarianten in Betracht. Entweder die Mittelsperson war nicht gutgläubig, dann hätte nach Ansicht des BGH eine mittäterschaftliche Begehung vorgelegen oder sie war gutgläubig, dann läge eine mittelbare Täterschaft vor. Der BGH hat beide Varianten alternativ geprüft.)

Anders als in den vorhergehenden Entscheidungen tritt hier allein die objektive Perspektive in den Vordergrund. Der Schwerpunkt der Betrachtung verschiebt sich auf eine Verhältnisbeziehung zwischen Hintermann und Mittelsperson, während zuvor der Blickpunkt auf den Willen der Hinterperson hinsichtlich der Rechtsgutsverletzung gerichtet wurde. Damit vergrößert sich die Unsicherheit, inwieweit der Bundesgerichtshof überhaupt noch auf subjektive Maßstäbe in weiteren Entscheidungen eingehen möchte, oder ob er diese nun vollständig aufgeben will; denn eine bewußte Abwendung von der alten Rechtsprechung findet nicht statt. Zu der die Rechtsprechung bisher prägenden Uneinheitlichkeit ihrer Entscheidungen tritt in der vorliegenden Urteilsbegründung hinzu, daß die Abgrenzungskriterien hinsichtlich der Unterscheidung von (mittelbarer) Täterschaft und Teilnahme völlig unbestimmt und vage bleiben. Wendungen wie „objektive Tatherrschaft", „Steuerung des Geschehens", „Werkzeugeigenschaft des Vordermanns" werden in einem rein intuitiven Zugang anhand richterlichen Ermessens inhaltlich gefüllt, ohne daß sich der Bundesgerichtshof auf bestimmte Abgrenzungskriterien der mittelbaren Täterschaft zur Anstiftung festlegen will. So betont er dann auch, daß der Gesetzgeber angesichts der Vielgestaltigkeit der Täterschaftsformen auf eine bewußte Festlegung verzichtet habe und es sich daher um ein „offenes Wertungsproblem" handele, bei dem die „Grenzen fließend" seien. Der Bundesgerichtshof sieht damit anscheinend in der Offenheit des Gesetzes eine Rechtfertigung für die Eröffnung eines unbestimmten „Beurteilungsspielraums" des zu urteilenden Richters.[418] Dieser Hinweis ist um so paradoxer, als die Aufgabe der Rechtsprechung gerade darin besteht, sich auch dogmatisch schwierigen Fragen der Gesetzesinterpretation zu stellen und sie anhand des Gesetzes konkretisierend zu beantworten. Auch wenn sich das strafrechtliche Ergebnis nicht durch einfache Subsumtion des Sachverhalts unter das Gesetz ergeben kann, muß sich der Strafausspruch aus dem Gesetz und der Vernunft des Rechtsanwenders zusammen ergeben. Dies meint aber, daß eine Bestimmung nicht durch das intuitive Rechtsgefühl des Richters erfolgen kann, sondern einer begrifflichen Klarheit und Systematisierung bedarf, soll die Bestrafung nicht zu einem freien Willkürakt des Richters werden. Seine Aufgabe besteht gerade darin, *gerechte* Urteile zu fällen, wozu es unerläßlich ist, grundlegende Fragen zu klären und sich an allgemeine Argumentationslinien zu halten, die nicht intuitiv anhand des Einzelfalls bestimmt werden können.[419]

---

418 Vgl. auch BGHSt 39, 381. Der Bundesgerichtshof erklärt auch ausdrücklich in BGH StV 1998, S. 540: „In Grenzfällen hat der BGH dem Tatrichter für die ihm obliegende Wertung einen Beurteilungsspielraum eröffnet." In dem vom BGH zu entscheidenden Fall ging es allerdings um die Abgrenzung von Mittäterschaft und Beihilfe.

419 Kritisch auch *Schumann,* NStZ 1990, S. 32f. Unkritisch demgegenüber *Schaffstein,* NStZ 1989, S. 153 (157), der zudem betont, daß dem Überlassen der Entscheidung an die Wertungen des jeweiligen Richters deswegen keine ernsteren rechtsstaatlichen Bedenken

Neben dem dargelegten grundlegenden Einwand an der Rechtsprechung, die Bestimmung der Tatherrschaft als ein „offenes Wertungsproblem“ abzustempeln und sich systematischer und begrifflicher Genauigkeit zu entziehen, tritt die Kritik an der vom Bundesgerichtshof vorgenommenen Art und Weise der inhaltlichen Ausfüllung der Wertungen im vorliegenden Fall. Der Bundesgerichtshof verfährt hier mehr „quantitativ summierend“ als „qualitativ strukturierend“.[420] Er gibt weder eine Begründung dafür, warum hier eine täterschaftliche Beherrschung des R seitens P und H gegeben sein soll, noch benennt er den Punkt, wann die Anstiftung in eine mittelbare Täterschaft umschlägt. Die Entscheidung erklärt nicht positiv, warum allein das Fehlen des Unrechtsbewußtseins beim Tatmittler nicht für die Tatherrschaft des Hintermanns ausreichen soll, sondern sie geht dabei nur negativ vor, indem sie feststellt, daß sie sich von der Lehre abgrenzt, die mit Hilfe des Verantwortungsprinzips den Umschlagspunkt festlegen will. Wenn nun aber derjenige mittelbarer Täter sein soll, der mit Hilfe des bewußten Erzeugens eines Irrtums das Geschehen auslöst und steuert, was hier aufgrund des dem R fehlenden Unrechtsbewußtsein der Fall ist, ist nicht einzusehen, warum es dann noch weiterer psychologischer Steuerungskriterien bedarf. Der Bundesgerichtshof hätte daher, um allgemeine und klare Abgrenzungskriterien zu schaffen, eine Entscheidung treffen müssen, ob bereits das Hervorrufen eines Verbotsirrtums täterschaftsbegründend ist, oder ob dies nur dann gilt, wenn der Verbotsirrtum unvermeidbar war. Mit der Vermeidung einer solchen Entscheidung und dem Verweis auf eine Beurteilung der Tatherrschaft des jeweiligen „individuellen Einzelfalls“ trifft der Bundesgerichtshof, statt vernünftige, verallgemeinerungsfähige und überprüfbare Maßstäbe festzusetzen, eine rein intuitiv-emotionale Entscheidung. Die Überlegenheit der Hintermänner bestimmt er insbesondere nicht nach der Qualität der Herrschaft der Hintermänner, sondern allein anhand von quantitativen Tatbeiträgen. So weist er darauf hin, daß neben der psychologischen Steuerung der Tatplanung (Hervorrufen von Wahnideen und Beseitigung der Gewissenskonflikte des R) wesentliche Teile der Tatausführung von den Hintermännern dadurch bestimmt worden sein sollen, daß P dem R die Tatwaffe übergeben hat und auf dessen Frage hin, wie er die Tat ausführen sollte, erklärt habe, daß er „von hinten so zustechen (soll), wie es ‚Japaner und Ledernacken im 2. Welt-

---

entgegenstünden, da es für das anzuwendende Strafmaß entweder überhaupt keinen oder zumindest keinen so großen Unterschied mache, ob Anstiftung oder mittelbare Täterschaft vorliege. Im nächsten Satz weist er dann aber selbst daraufhin, daß die Differenz im Sirius-Fall (BGHSt 32, 38) immerhin zwischen Straflosigkeit (bei Annahme einer Anstiftung zur Selbsttötung) oder lebenslanger Freiheitsstrafe (bei Annahme eines mittelbar begangenen Mordes) gelegen hätte.

420 So zu recht *Küper*, JZ 1989, S. 939.

krieg' getan hätten, da das Opfer dann gleich tot sei".[421] Dies sind aber solche Tatbeiträge, die gerade nicht als Begründungselemente für eine mittelbare Täterschaft angesehen werden können, da sie über den beherrschenden Einfluß des Hintermanns nichts aussagen. Beteiligungsmomente, die es dagegen rechtfertigen würden, daß dem Hintermann das tatbestandsmäßige Geschehen als sein Werk zuzuschreiben ist, obwohl eine freie Person dazwischentritt, müssen vielmehr an ihrer Qualität des Tatbeitrags zu messen sein.[422]

b) Tötungshandlungen an der innerdeutschen Grenze

Auch bei der Frage der Strafbarkeit hoher DDR-Funktionäre stellt der Bundesgerichtshof vor allem auf die objektive Tatherrschaft ab. Es zeigt sich aber auch hier, daß er dabei einer systematischen Begründung seiner Entscheidung aus dem Weg geht und klare Unterscheidungskriterien für die Abgrenzung von mittelbarer Täterschaft und Anstiftung nicht angibt. Um eine kritische Würdigung der Beurteilung dieser Fälle vornehmen zu können, ist es deshalb zunächst erforderlich, sich mit der Frage auseinanderzusetzen, wie der Bundesgerichtshof die Strafbarkeit der Grenzsoldaten als Vordermänner beurteilt hat.

In den sog. Mauerschützenfällen, in denen Angehörige der Grenztruppe der DDR Flüchtlinge tödlich verletzt hatten, um sie an der Überschreitung der Grenze zur Bundesrepublik Deutschland zu hindern, nahm der Bundesgerichtshof die Verwirklichung eines vollverantwortlichen (mit)täterschaftlich begangenen Tötungsdelikts an. Insbesondere führt er dabei aus, daß die Grenzsoldaten weder gerechtfertigt waren noch ihre persönliche Schuld ausgeschlossen sei. Er weist dabei darauf hin, daß eine Rechtfertigung nach § 27 II GrenzG[423] nicht in Betracht komme, da diese Norm zum einen nach der „kommunistischen" Auslegung des DDR-Regimes einer Durchsetzung des Verbots, eine Grenze zu überschreiten, Vorrang gegenüber dem Lebensrecht von Menschen gewähre, was fundamentalen Gerechtigkeitserwägungen zuwiderlaufe. Zum anderen sei die DDR auch dem Internationalen Pakt über bürgerliche und politische Rechte (IPbürgR) beigetreten, der die Freizügigkeit des einzelnen beinhaltet und zudem erklärt, daß niemand seines Lebens beraubt werden dürfe.[424] Auch wenn die

---

421 BGHSt 35, 354.

422 Vgl. zur dargelegten Kritik auch insgesamt *Küper,* JZ 1989, S. 938ff.

423 § 27 II GrenzG lautete: „Die Anwendung der Schußwaffe ist gerechtfertigt, um die unmittelbar bevorstehende Ausführung oder die Fortsetzung einer Straftat zu verhindern, die sich den Umständen nach als ein Verbrechen darstellt." Dies beinhaltete auch die mögliche Tötung des Täters. Nach § 213 StGB-DDR galt der vorsätzliche Grenzübertritt in besonders schweren Fällen als Verbrechen.

424 Art. 12 IPbürgR: „Jedem steht es frei, jedes Land, auch sein eigenes zu verlassen."; Art. 6 IPbürgR besagt: „Niemand darf willkürlich seines Lebens beraubt werden."

DDR den Pakt nicht in innerstaatliches Recht transformiert habe, verletze § 27 II GrenzG i. V. m. § 213 StGB-DDR und der in der Praxis sich vollziehende „rücksichtslos angewandte Schußwaffengebrauch“ die im IPbürgR garantierten Menschenrechte.[425] Zudem verneint der Bundesgerichtshof einen Verstoß gegen das Rückwirkungsverbot des Art. 103 II GG. So hätte der Rechtfertigungsgrund des § 27 II GrenzG entgegen der Handhabung in der DDR auch so ausgelegt werden können, daß Menschenrechtsverletzungen nicht erfolgt wären.[426 427]

Schließlich bejaht der Bundesgerichtshof zwar das Vorliegen eines Verbotsirrtums bei den Grenzsoldaten, da diese über das Vorliegen eines nicht anerkannten Rechtsfertigungsgrundes irrten, er verneint aber die Unvermeidbarkeit des Irrtums. Dies begründet er damit, daß „die Tötung eines unbewaffneten Flüchtlings durch Dauerfeuer unter den gegebenen Umständen ein derart schreckliches und jeder vernünftigen Rechtfertigung entzogenes Tun war, (so) daß der Verstoß gegen das elementare Tötungsverbot auch für einen indoktrinierten Menschen ohne weiteres einsichtig, also offensichtlich war“.[428] Die Grenzsoldaten wurden daher vom Gericht als voll verantwortliche Täter für die an der Grenze begangenen Todesschüsse angesehen.

Ebenso als verantwortliche (mittelbare) Täter sah der Bundesgerichtshof hohe DDR-Funktionäre an, die aufgrund ihrer Mitwirkung an den Beschlüssen des Nationalen Verteidigungsrates und des Politbüros zur Sicherung der Grenze, die Grundlage für sämtliche Entscheidungen, Anordnungen und Befehle der für die Grenzsicherung zuständigen staatlichen Organe, bildeten. Die Beteiligten nutzten für die Durchsetzung ihrer Beschlüsse Organisationsstrukturen, die das Politbüro vornehmlich selbst aufgebaut hatte und an deren Erhalt die Angeklagten regelmäßig mitwirkten. Der Bundesgerichtshof stellt dabei in seiner Begründung fest, daß der Hintermann „in der Regel“ keine Tatherrschaft habe, wenn die Mittelsperson „irrtumsfrei und uneingeschränkt schuldfähig“ handele.[429] Es gebe aber Fallgruppen, „bei denen trotz des uneingeschränkt verantwortlich handelnden Tatmittlers der Beitrag des Hintermanns nahezu auto-

---

425 BGHSt 39, S. 21; vgl. aber auch BGHSt 40, 241, wo der Bundesgerichtshof seine Grundsätze auch auf Fälle anwendet, die sich vor Inkrafttreten des IPbürgR ereignet haben. Wegen ihres „grob ungerechten und menschenrechtswidrigen“ Inhalts seien die Rechtfertigungsgründe, auf die sich die Grenzsoldaten nach DDR Recht hätten berufen können, unwirksam. Er verweist dabei auf die Allgemeine Erklärung der Menschenrechte, die Basis für den IPbürgR seien.

426 BGHSt 39, S. 29ff.; das Bundesverfassungsgericht hat die Argumentation nicht beanstandet, vgl. NJ 1997, S. 19ff.

427 Vgl. zu recht kritisch *M. Köhler*, Das angeborene Recht ist nur ein einziges..., S. 62f.; *ders,*. AT, S. 111f.

428 BGHSt 39, 1 (34); 39, 168 (190); 40, 241 (251).

429 BGHSt 40, 218 (236).

matisch zu der von diesem Hintermann erstrebten Tatherrschaft führt".[430] So sei der Hintermann eines uneingeschränkt schuldhaft handelnden Täters dann mittelbarer Täter, wenn er „durch Organisationsstrukturen bestimmte Rahmenbedingungen ausnutzt, innerhalb derer sein Tatbeitrag regelhafte Abläufe auslöst".[431] Nach Ansicht des Bundesgerichtshofes sollen derartige Rahmenbedingungen mit regelhaften Abläufen „insbesondere bei staatlichen, unternehmerischen oder geschäftsähnlichen Organisationsstrukturen und bei Befehlshierarchien in Betracht" kommen.[432] Gleiches soll auch für „mafiaähnlich organisierte Verbrechen" gelten.[433] Handelt jemand in einem dieser Fälle in Kenntnis dieser Umstände und nutze er dabei auch die unbedingte Bereitschaft des unmittelbar Handelnden, den Tatbestand zu erfüllen, aus, sei er Täter in Form der mittelbaren Täterschaft, soweit er den Erfolg als Ergebnis seines eigenen Handelns wolle. Er habe dann die Tatherrschaft inne, da er das Geschehen „tatsächlich weit mehr (beherrscht), als dies bei anderen Fallgruppen erforderlich ist, bei denen mittelbare Täterschaft ohne Bedenken angenommen wird".[434] So z. B. beim Einsetzen eines uneingeschränkt verantwortlichen Werkzeugs, welches lediglich einer besonderen Pflichtenstellung ermangelt oder mangels einer vom Tatbestand verlangten Absicht nicht Täter sein kann.

In Anwendung der beschriebenen Grundsätze hat der Bundesgerichtshof die Mitglieder des Nationalen Verteidigungsrates wegen ihrer Mitwirkung an diesen Beschlüssen als mittelbare Täter von solchen Tötungen angesehen, die aufgrund der durch ihre Beschlüsse ausgelösten Befehlsketten an der innerdeutsche Grenze begangen wurden.[435]

Die im „Katzenkönigfall" dargelegte Grundsatzkritik setzt sich auch in weiteren Entscheidungen fort. Der Bundesgerichtshof gibt keine dogmatische Begründung dafür, warum die Figur der mittelbaren Täterschaft in diesen Fällen Anwendung finden soll, sondern wird nur beschreibend feststellend tätig. Er stellt allein darauf ab, inwieweit das Handeln der DDR-Funktionäre empirisch-funktional gesehen, den gewollten Erfolg herbeiführt. Eine begrifflich klare und systematische Abgrenzung zur Anstiftung erfolgt dagegen nicht. Statt dessen weist der Bundesgerichtshof mit einem Erst-Recht-Schluß auf ganz anders gelagerte Fallgruppen hin, in denen seiner Meinung nach die objektive Tatherrschaft

430 BGHSt 40, 218 (236).
431 BGHSt 40, 218 (236).
432 BGHSt 40, 218 (236).
433 BGHSt 40, 218 (236).
434 BGHSt 40, 218 (236).
435 BGHSt 40, 218 (237ff.); vgl. auch die nachfolgenden Entscheidung des BGH: NStZ 1997, 491; NJW 2000, 443ff.. Anders demgegenüber der Beschluß vom KG im Fall Honeckers, NJW 1991, 263ff., welches eine Anstiftung annahm.

noch geringer ist als bei Fällen organisatorischer Machtapparate. Aber gerade in den Konstellationen, in denen die Tatherrschaft aufgrund der Pflichtenstellung des Handelnden fingiert wird, ist eine mittelbare Täterschaft - was bereits dargelegt wurde[436] - nicht selbstverständlich. Ein einfacher Verweis kann eine Begründung nicht ersetzen, sondern müßte gerade Anlaß zu weiteren Überlegungen hinsichtlich der Bestimmung des Tatherrschaftskriteriums geben.

Zudem liefert das Abstellen auf die empirische Erwartungssicherheit kein taugliches Abgrenzungskriterium für die Anstiftung. Denn auch bei Fällen der Anstiftung setzt der Anstifter Mittel ein, bei denen er davon ausgeht, daß der Angestiftete seinem Ansinnen folgen wird. Die empirische Sicherheit, daß die Tat auch tatsächlich von der Mittelsperson ausgeführt wird, ist also nicht in der Lage zu begründen, warum sie zur Tatherrschaft und damit zur mittelbaren Täterschaft führen soll.[437]

Die unpräzise Begrifflichkeit und damit verbundene Willkür in der inhaltlichen Ausfüllung des Begriffs der „Tatherrschaft" bei der mittelbaren Täterschaft wird auch bei der vom Bundesgerichtshof vorgenommenen Erweiterung auf „mafiaähnlich organisierte Kriminalität" und „Unternehmenskriminalität" deutlich. Obwohl es sich hier um völlig unterschiedliche soziale Strukturen handelt, wird eine einfache Übertragung der beschriebenen Grundsätze für die mittelbaren Täter bei staatlich organisierten Machtapparaten vorgenommen. Auch wenn allen Fällen gemeinsam sein mag, daß in ihnen ein Über/-Unterordnungsverhältnis besteht, weisen die Verhältnisse doch eine unterschiedliche Qualität auf. So ist anders als im Staat-Bürger-Verhältnis der Arbeitnehmer gegenüber dem Vorgesetzten positivrechtlich nicht verpflichtet, dessen Anweisungen unbedingt Folge zu leisten. Eine begründungsfreie einfache Gleichsetzung kann daher nicht erfolgen.[438]

Neben die dargelegte Kritik der Unbestimmtheit tritt auch der Einwand gegenüber der inhaltlichen Ausfüllung des Herrschaftsbegriffs. Mittelbare Täterschaft soll deswegen bei den DDR-Funktionären vorliegen, weil sie Organisationsstrukturen des Systems ausnutzten und ihre Anweisungen so automatisch zu den Todesschüssen der Grenzsoldaten führten. Die Organisation wird damit als das System angesehen, welches die Erfolgssicherheit garantiert. Tatherrschaft ist dann die Handlung, die das „Funktionieren von Organisationszusammenhängen"

---

436 Vgl. oben C. II. 2 b) bb).

437 So auch zu recht *Murmann,* GA 1996, S. 274 und *Rotsch,* NStZ 1998, S. 491 (492f.)

438 Vgl. dazu auch *Murmann,* GA 1996, S. 275, 278f.; kritisch auch zur mittelbaren Täterschaft aufgrund organisierter Machtapparate im wirtschaftlichen Unternehmen *Roxin,* JZ 1995, S. 51f.; Bedenken aufgrund der sozialpsychologischen, soziologischen und organisationssoziologischen Besonderheiten stellt *Rotsch* dar, NStZ 1998, 491 (493ff.).

gewährleistet.[439] Die Tatausführenden werden damit zu „Rädchen im Getriebe" ohne Handlungsfreiheit. Der einzelne wird damit nicht mehr als autonomes Wesen betrachtet, welches für sein Verhalten Verantwortung übernehmen kann, sondern mit dem Teil eines technischen Apparats identifiziert. Außerdem hat der Bundesgerichtshof gleichzeitig auch die Grenzsoldaten als vollverantwortliche Täter bewertet und insbesondere bei der Verneinung der Unvermeidbarkeit ihres Irrtums darauf hingewiesen, daß sie bei gewissenhafter Überlegung hätten erkennen können, daß sie den gegen die Menschlichkeit verstoßenden Befehlen nicht Folge zu leisten brauchten. Damit werden die Tatmittler zugleich als frei und unfrei betrachtet: Aus Sicht der Hintermänner sollen sie unfrei gehandelt haben und aus eigener Perspektive frei gewesen sein. Dieser Widerspruch wird vom Bundesgerichtshof weder benannt noch aufgelöst.[440]

Zusammenfassend läßt sich feststellen, daß die Rechtsprechung sich endgültig bei der Frage der Abgrenzung von Täterschaft und Teilnahe von ihrer subjektiven Perspektive entfernt hat und nun allein auf die objektive Tatherrschaft rekurriert. Der Inhalt derselben bleibt jedoch im Dunkeln. Eine dogmatische Begründung für die Bestimmung von Abgrenzungskriterien der mittelbaren Täterschaft zur Anstiftung leistet der Bundesgerichtshof nicht.

---

439 *Murmann,* GA 1996, S. 272.

440 Vgl. auch insgesamt zur Kritik an der Figur der mittelbaren Täterschaft kraft „organisatorischer Machtapparate", oben unter C II. c).

Drittes Kapitel

Rechtsphilosophische Grundlegung und Folgerungen für das interpersonale Verhältnis

A. Einleitung

Aus der im zweiten Kapitel erfolgten Darstellung und Kritik der Auffassungen zur Unterscheidung von Täterschaft und Teilnahme hat sich ergeben, daß die Bestimmung der Abgrenzungskriterien am Verhältnis der Zusammenwirkenden selbst anzusetzen hat. Die handelnden Personen selbst müssen Ausgangspunkt der Differenzierung der beiden Beteiligungsformen bilden. Erst wenn die personalen und interpersonalen Handlungsstrukturen näher bestimmt sind, können Aussagen darüber getroffen werden, inwieweit die Möglichkeit besteht, fremdes Wirken in das eigene Handeln miteinzubeziehen und davon abgleitet, eine Mit-Zurechnung fremder Handlungen möglich ist. Es wurde bereits aufgewiesen, daß weder die kausale noch die finale Handlungslehre in der Lage war, personales Verhalten vollständig zu erfassen.

Die Kausalitätslehre, die von einem naturalistischen Handlungsverständnis ausging und in ihre Betrachtung nur das äußere Verhältnis von Handlung und Erfolg aufnahm, reduzierte das Subjekt auf ein reines Naturwesen. Der menschliche (freie) Wille blieb dabei gänzlich unberücksichtigt, so daß auch interpersonale Wirkzusammenhänge nur unzureichend begründet werden konnten und ein kausales Handlungsverständnis letztlich zu einem Einheitstäterbegriff führen mußte. Auch die Lehre, die auf der Unrechtsebene weiterhin von einer naturalistisch-kausalen Betrachtungsweise ausging und erst auf der Schuldebene eine Unterscheidung von Täterschaft und Teilnahme vornahm, konnte den Mangel der reduzierten objektiven Betrachtungsweise nicht kompensieren.

Ebensowenig war die finale Handlungslehre in der Lage, das für die Tatbeteiligung vorauszusetzende Zusammenwirken freier Personen untereinander gültig bestimmen. Sie bezog zwar die Zweckrichtung menschlichen Handelns mit ein, ließ dabei aber ein wesentliches Handlungsmoment unberücksichtigt. Die Intention des einzelnen, auf bestimmte Erfolge hinzuwirken und die Möglichkeit zwischen verschiedenen Handlungsalternativen auszuwählen, ist nur ein Teilaspekt menschlichen Wirkens. Das für das Recht und Unrecht entscheidende Element liegt darin, daß der einzelne auch den *Inhalt* seiner Handlungen frei bestimmen kann. Bleibt diese reflexive (geistige) Seite außer acht, kann auch das konstitutive Zusammenwirken von mehreren Personen nicht begriffen werden. Es muß unklar bleiben, ob und inwieweit sie sich überhaupt gegenseitig in ihren personalen Handlungen beeinflussen können. Auch die finale Handlungslehre vermochte daher eine Abgrenzung unterschiedlicher Beteiligungsformen aus sich heraus nicht zu erklären, sondern mußte letztlich auf Wertungen des Gesetzes selbst zurückgreifen, um einer Einheitstäterlehre zu entgehen.

In der Auseinandersetzung mit den Tatherrschaftslehren wurde schließlich dargelegt, daß eine allein auf die Wertmaßstäbe des positiven Rechts verweisende Methode nichts zur Bestimmung des Verständnisses der einzelnen Beteiligten untereinander beitragen kann. Die festgesetzten Normen können nicht losgelöst von den tatsächlichen Verhältnissen der Personen bestimmt werden, sondern haben das Verständnis der Grundstruktur praktischen Handelns zur Voraussetzung. Sie können Verbindlichkeit nur beanspruchen, wenn sie für die Betroffenen einsichtig sind. Der Gesetzgeber kann die personalen und interpersonalen Strukturen nicht gleichsam „vergessen“, sondern sie bilden den Maßstab und die Grenze für gesetzgeberisches Handeln.

Ziel der vorliegenden Arbeit ist es nun nicht, eine neue Tatherrschaftslehre in dem Sinne zu entwickeln, daß die aufgezeigten Ansätze äußerlich vereinigt und so in eine neue Formel der Tatherrschaft gegossen werden. Die in der mittelbaren Täterschaft und Anstiftung zum Ausdruck kommenden Wirkzusammenhänge zwischen den einzelnen Subjekten sind zu komplex, als daß eine derartige Vorgehensweise zur Erklärung der beiden Beteiligungsformen genügen könnte. Erforderlich ist vielmehr ein tieferer Begründungsgang, der die Handlungsstrukturen der Personen und ihre interpersonalen Verhältnisse in sich aufnimmt.

Mittelbare Täterschaft und Anstiftung zeichnen sich beide dadurch aus, daß die Tat eines anderen einem Dritten (mit-) zugerechnet werden soll, bei ersterer als täterschaftliche und bei der zweiten als teilnehmende Mitwirkung. Diese unterschiedlichen Arten des Zusammenwirkens mehrerer Personen setzen aber zunächst voraus, daß die Personen überhaupt interpersonal agieren. Aufzuweisen ist daher in einem ersten Schritt, daß bereits vor der unrechten Tat Wirkungszusammenhänge bestehen, die solche interpersonalen Handlungsstrukturen beinhalten. Denn die Konstitution des einzelnen und seine Beziehung zu anderen werden nicht erst im Unrecht virulent, sondern der Begriff der unrechten Tat basiert auf ihnen. Sie ist die Negation des „richtigen“ Umgangs miteinander. Es ist daher notwendig, sich des *Rechts*verhältnisses zu vergegenwärtigen, in dem die praktisch handelnden Subjekte und damit ebenso der mittelbare Täter wie der Anstifter stehen, bevor entschieden werden kann, wie sie sich zur Rechtsverletzung, zum Unrecht, verhalten.

Mit dem dargelegten Anspruch der vorliegenden Arbeit ist der Gang des Kapitels vorgegeben: Es ist zunächst die Konstitution des Rechtsverhältnisses darzulegen, wobei Ausgangspunkt die autonome Person sein muß, denn das Recht ist gerade Teil der Wirklichkeit menschlichen Handelns überhaupt. Soll der einzelne konstitutiv für das Recht sein, genügt nicht eine punktuelle Betrachtung des freien einzelnen, dessen Autonomie sofort wieder in Frage gestellt wird, wenn eine äußere Macht (Staat) hinzukommt. Er muß vielmehr immer Teil der

Begründung selbst sein. Die positiven Normen müssen jeweils auf ihn zurückführbar sein können und zwar nicht nur formell durch die Einhaltung eines festgelegten (demokratischen) Verfahrens, sondern auch materiell, ihrem Inhalt nach. Für eine solche umfassende Berücksichtigung des praktisch handelnden Subjekts als freies und auch endliches Wesen im Recht wie im Unrecht ist es daher erforderlich, zunächst den Begriff der Freiheit (Autonomie) tiefer zu ergründen. Im zweiten Kapitel wurde bereits auf die Notwendigkeit der als frei zu denkenden Person hingewiesen, es erfolgte aber noch keine nähere Bestimmung der Autonomie, die nun im folgenden zu erbringen ist. Die zu leistende rechtsphilosophische Grundlegung mag zugleich eine Rückversicherung dafür sein, daß die im zweiten Kapitel erfolgte Kritik berechtigt war.

Immanuel Kant war es, der in seiner praktischen Philosophie den Begriff der Autonomie in den Mittelpunkt seiner Betrachtungen gestellt und die personale Freiheit als für den einzelnen wesenspezifisches Moment mit der erforderlichen Schärfe in ihren Elementen herausgearbeitet hat. Den Ausgangspunkt bildet seine in der *„Kritik der reinen Vernunft"* (1781/1787) veröffentlichte kritische Erkenntnistheorie, in der die Voraussetzungen der Möglichkeit eines sich als wahr erweisenden Erfahrungswissens dargelegt werden. Erst auf dieser Basis kann der Begriff der *rechtlichen* Freiheit, der notwendige Voraussetzung für die sich anschließende Bestimmung des Unrechtsbegriffs und der Möglichkeit der interpersonalen Wirkzusammenhänge im Unrecht ist, in den Blick treten. Der vorliegende Begründungsgang ist aber nicht als ein chronologischer zu verstehen, sondern die einzelnen Denkschritte beziehen sich aufeinander und bedingen sich gegenseitig. Insbesondere die Interpersonalität ist bei den einzelnen Begründungsschritten immer mitanwesend, da die Begriffe wie Freiheit und (Un-) Recht an intersubjektive Verhältnisse gebunden sind und nicht unabhängig von ihnen gedacht werden können. *Johann Gottlieb Fichte* war es, der in seiner „Grundlage des Naturrechts nach Prinzipien der Wissenschaftslehre" (1796) die Bedeutung der Interpersonalität für die Autonomiebegründung (das Selbstbewußtsein) und damit auch für die Konstitution des Rechtsverhältnisses um einen wesentlichen Schritt ergänzt hat.

B. Rechtsphilosophische Grundlegung: Die Konstitution des Rechtsverhältnisses

Soll das Recht wie das Unrecht und damit ebenso die Möglichkeit der (Mit-) Zurechnung fremder Unrechtshandlungen nichts dem Subjekt heteronom Gegenübergestelltes sein, sondern sich aus der Konstitution des praktisch handelnden einzelnen ergeben, muß dieser in seinen freien (vernünftigen) und endlichen Bedingungen Ausgangspunkt und Grenze der Betrachtung sein. Die Klärung des Freiheitsbegriffs des Menschen ist damit unabdingbare Voraussetzung für die Bestimmung des (Un-) Rechtsbegriffs.

Kant stellt in der „Kritik der reinen Vernunft“ das Dasein der Freiheit zunächst als transzendentale Idee heraus. Auch wenn die Freiheit empirisch nicht zu beweisen ist, ist sie doch als denk*möglich* anzunehmen. Den Begriff der Freiheit bestimmt Kant hier zunächst noch negativ als Unabhängigkeit von naturgesetzlichen Bedingungen. Der Mensch ist im Gegensatz zur Natur in der Lage, selbst eine Ursache zu setzen. Auch wenn Freiheit an dieser Stelle nur in Abgrenzung zur Naturkausalität gestellt wird, lassen sich aus ihrer Bestimmung bereits Folgerungen für das intersubjektive Verhältnis ziehen. Denn das Subjekt agiert nicht allein in der Welt, sondern es bestehen neben ihm noch weitere ihm gleiche Wesen, denen ebenso die Fähigkeit zukommt, Urheber von Veränderungen zu sein. (Vgl. dazu insgesamt unter I.).

In der „Kritik der reinen Vernunft“ gibt Kant aber auch bereits einen Ansatzpunkt zur positiven Bestimmung des Freiheitsbegriffs, der dann in seiner praktischen Philosophie zur Denk*notwendigkeit* gewandelt wird. Der endliche einzelne ist nicht nur in der Lage, sich unabhängig von der Natur zu bestimmen, sondern kann auch den Inhalt seines Handeln selbstbestimmt hervorbringen. Im Subjekt selbst ist die Fähigkeit begründet, sich als Vernunftwesen zum Richtigen zu bestimmen. Es ist daher die Leistung der praktisch handelnden einzelnen selbst und nicht einer höheren äußeren Macht, in ein (Rechts-) Verhältnis mit ihm gleichenden Wesen zu treten, welches das freie Dasein aller gewährleistet. (Vgl. dazu insgesamt unter II.)

I. Das Verhältnis von Freiheit und Naturnotwendigkeit und Folgerungen für das intersubjektive Verhältnis

1. Ausgangsbestimmung: Erkenntnistheorie Kants. Naturkausalität und Freiheit – Freiheit ist denkmöglich

In der *„Kritik der reinen Vernunft“* wird von Kant der Nachweis erbracht, daß Freiheit zumindest denkmöglich ist. Kant bestimmt hier das Verhältnis des einzelnen zur Gegenstandswelt und weist dabei einen bedeutenden Teil der Freiheit auf: Die Unabhängigkeit des einzelnen von der Naturkausalität. Das Subjekt ist in der Lage, selbst Ursachen zu begründen (Kausalität aus Freiheit). Die Freiheit des einzelnen ist als mögliche voraussetzen, sollen ihm Veränderungen in der Außenwelt als die durch seine Handlung bewirkten zugerechnet werden können. Der Titel des Werkes gibt die Richtung an, wie der Nachweis der Denkmöglichkeit der Freiheit durchgeführt werden soll. Mit reiner Vernunft sind Erkenntnisse des Menschen aus Prinzipien a priori gemeint. Die Vernunft liefert die Begriffe, die transzendentalen Ideen, die unsere Möglichkeit der Erfahrung übersteigen. Die Kritik derselben ist nicht als eine zu verstehen, die es sich zur

Aufgabe gemacht hat, ihre Außenwelt kritisch zu betrachten oder die reine Vernunft selbst zu verurteilen, sondern sie ist eine Kritik ihrerselbst. Sie soll die Möglichkeit und Grenzen der reinen Vernunft untersuchen.[441] Sie ist Kritik „des Vernunftsvermögens überhaupt, in Ansehung aller Erkenntnisse, zu denen sie, *unabhängig von aller Erfahrung*, streben mag, mithin die Entscheidung der Möglichkeit oder Unmöglichkeit einer Metaphysik überhaupt und die Bestimmung so wohl der Quellen, als des Umfanges und der Grenzen derselben, alles aber aus Prinzipien“[442].

Zwar beginnt jede Erkenntnis mit der Erfahrung, d. h. mit Gegenständen der Sinnenwelt. Zeitlich gesehen geht die Erfahrung der Erkenntnis also voraus, was jedoch nicht bedeutet, daß jede Erkenntnis aus der Erfahrung stammt. Wir müssen im Besitze gewisser Erkenntnisse a priori sein. Die Erfahrung zeigt uns, daß etwas so oder so beschaffen sein kann, sie ist aber nicht in der Lage aufzuzeigen, daß es auch anders sein könnte. Der einzelne verhält sich dabei aber nicht passiv zu der Erkenntnis, diese wird nicht in ihn von außen „hineingelegt“, sondern er gestaltet den Vollzug derselben aktiv mit. „Es ist hiemit eben so, als mit den ersten Gedanken des *Kopernikus* bewandt, der, nachdem es mit der Erklärung der Himmelsbewegungen nicht gut fort wollte, wenn er annahm, das ganze Sternheer drehe sich um den Zuschauer, versuchte, ob es nicht besser gelingen möchte, wenn er den Zuschauer sich drehen, und dagegen die Sterne in Ruhe ließ. In der Metaphysik kann man nun, was die *Anschauung* der Gegenstände betrifft, es auf ähnliche Weise versuchen. Wenn die Anschauung sich nach der Beschaffenheit der Gegenstände richten müßte, so sehe ich nicht ein, wie man a priori von ihr etwas wissen könne; richtet sich aber der Gegenstand (als Objekt der Sinne) nach der Beschaffenheit unseres Anschauungsvermögens, so kann ich mir diese Möglichkeit ganz wohl vorstellen.“[443]

Es ist die Aufgabe der transzendentalen Erkenntnis, Einsicht in diese Tätigkeit des Verstandes zu bringen. So nennt Kant alle Erkenntnisse transzendental, die sich nicht mit Gegenständen als solchen, sondern mit der *Erkenntnisart* von ihnen beschäftigen.[444] Sie ist das, „dadurch wir erkennen, daß und wie gewisse Vorstellungen (Anschauungen und Begriffe) lediglich a priori angewandt werden, oder möglich sein“[445]. Zum einen kommt der transzendentalen Erkenntnis damit die Funktion zu, aufzuweisen, daß bestimmte Vorstellungen „nicht

---

441 *Kant,* KdU, Vorrede B IV/A IV.
442 *Kant,* KrV, Vorrede A XII.
443 *Kant,* KrV, B XVI, XVII.
444 *Kant,* KrV, B 25.
445 *Kant,* KrV, B 80.

empirischen Ursprungs" sind und zum anderen zeigt sie, „die Möglichkeit, wie sie sich gleichwohl a priori auf Gegenstände der Erfahrung beziehen"[446].

Kant unterscheidet nun die transzendentale Ästhetik als Wissenschaft von allen Prinzipien der Sinnlichkeit und die der transzendentalen Logik als Wissenschaft von den Prinzipien des Denkens. Erstere zeigt auf, daß es zwei Formen der sinnlichen Anschauung gibt, die als Prinzipien der Erkenntnis a priori gegeben sind: Raum und Zeit. Beides sind keine empirischen Begriffe, sondern rein apriorische Anschauungsformen unseres äußeren (Raum) und inneren (Zeit) Sinnes. Sie sind die Formen, in denen uns alle Erscheinungen der äußeren Sinne gegeben werden. Sie haften nicht an den Gegenständen selbst, sondern liegen bereits unseren Vorstellungen zugrunde.[447]

Die transzendentale Logik unterteilt sich weiter in die transzendentale Analytik und die transzendentale Dialektik. Jene hat die Aufgabe, die Elemente der reinen Verstandeserkenntnis und die Prinzipien, ohne die kein Gegenstand gedacht werden kann, aufzuzeigen. Der Gedankengang der transzendentalen Analytik soll hier nicht im einzelnen nachvollzogen werden. Einige Grundgedanken sind jedoch darzulegen. Dem Verstand liegen a priori Begriffe zugrunde, durch die überhaupt Gegenstände und ihre Zusammenhänge gedacht werden können (Kategorien). Die Möglichkeit zu erkennen gründet sich in der Spontaneität[448] des denkenden Subjekts („Das: *Ich denke*, muß alle meine Vorstellungen begleiten *können*"[449]), kann also nicht etwas Äußeres sein, sondern ist im Subjekt selbst anzutreffen. Der Grundsatz menschlicher Erkenntnis liegt in der Leistung des Verstandes als „Vermögen, a priori zu verbinden, und das Mannigfaltige gegebener Vorstellungen unter Einheit der Apperzeption zu bringen"[450]. Die Erkenntnis aus Begriffen ist also nur möglich durch Anschauungen. Um Gegenstände erkennen zu können, ist zweierlei erforderlich: Zum einen der Begriff (Kategorie), durch den ein Gegenstand gedacht werden kann und zum anderen die Anschauung, durch den dieser gegeben wird. Der „Verstand (kann) a priori niemals mehr leisten (...), als die Form einer möglichen Erfahrung überhaupt zu antizipieren, und, da dasjenige, was nicht Erscheinung ist, kein Gegenstand der Erfahrung sein kann, daß er die Schranken der Sinnlichkeit,

---

446 Beide Zitate *Kant,* KrV, B 81; vgl. zum Begriff des Transzendentalen näher *Höffe,* Kant, S. 65 ff. Kant weist aber auch daraufhin, daß nicht jede apriorische Erkenntnis transzendental ist, denn auch die Mathematik oder die Naturwissenschaft enthalten Erkenntnisse a priori oder solche Teile davon.

447 *Kant,* KrV, B 59f./A 42f.

448 Mit Spontaneität des Erkennens ist hier die Möglichkeit gemeint, „Vorstellungen selbst hervorzubringen" (*Kant,* KrV, B75/A51).

449 *Kant,* KrV, B 132/133.

450 *Kant,* KrV, B 136.

innerhalb denen uns allein Gegenstände gegeben werden, niemals überschreiten könne".[451] Daraus ergibt sich, daß die Verstandesbegriffe nur auf die allgemeinen Bedingungen einer möglichen Erfahrung, das Sinnliche, bezogen werden können, also nur von empirischem Gebrauch, nicht aber von transzendentalem sein können und somit nur die *Erscheinungen* von Gegenständen erfahrbar, nicht aber Aussagen über die Dinge an sich machen können.

In der Analytik der Grundsätze zeigt Kant ein drittes Element des Erkenntnisvermögens (neben der Sinnlichkeit und dem Verstand) auf: die Urteilskraft. Sie ist das Vermögen, unter Verstandesbegriffe zu subsumieren. Hier kann freilich nicht die gesamte Analytik nachvollzogen werden, es soll nur auf die für den Fortgang der Arbeit bedeutsame Analogie[452] der Kausalität, das Kausalitätsprinzip[453], eingegangen werden. *„Alle Veränderungen geschehen nach dem Gesetze der Verknüpfung der Ursache und Wirkung"*[454]. Die Aussage „Die Sonne wärmt einen Stein" ist z. B. zwar auch ein auf Erfahrung gegründetes Urteil, setzt aber ein synthetisches Urteil a priori voraus, das heißt die Urteilskraft verleiht dem Verstand die Fähigkeit, Ursache und Wirkung zu verknüpfen. Es gibt eine Kategorie im reinen Verstand, die unsere Vorstellungen ordnet, indem sie durch den uns jetzt so erscheinenden Zustand auf einen anderen weist (auch wenn wir nicht wissen, um welchen es sich dabei handelt), den wir als in der Zeit vorhergehend notwendig annehmen müssen. Voraussetzung für jede empirische Erkenntnis ist also die „Synthesis des Mannigfaltigen durch die Einbildungskraft, die jederzeit sukzessiv ist; d. i. die Vorstellungen folgen in ihr jederzeit auf einander"[455]. Hume dagegen, verneint eine solche ordnende Fähigkeit des Verstandes und erklärt, daß nur ein Aufeinanderfolgen gesehen werden kann, beruhend auf einer empirischen Gewohnheit.[456] Auf das Steinbeispiel übertragen, würde dies

451 *Kant,* KrV, B 303/A 245.

452 Mit Analogien sind die a priori gültigen Prinzipien gemeint, die den Zusammenhang zwischen Wahrnehmungen der Erscheinungen und ihrer Einordnung in ein zeitliches Verhältnis möglich machen. (Vgl. *Kant,* KrV, B 219). Vgl. zum Begriff der Analogien auch *Höffe,* Kant, S. 123.

453 Vgl. zur Kategorie der Kausalität und der Unterscheidung von Kausalitäts*prinzip* und Kausal*gesetz*, insbesondere *Kahlo,* Das Problem des Pflichtwidrigkeitszusammenhanges bei den unechten Unterlassungsdelikten, S. 279ff.

454 *Kant,* KrV, B 233.

455 *Kant,* KrV, B 246/A 201.

456 *David Hume*, Ein Traktat über die menschliche Natur, Band I und II; übersetzt und herausgegeben von Theodor Lipps, vgl. z. B. S. 117: „Wir können darnach allein auf Grund der Erfahrung die Existenz eines Gegenstandes aus der eines anderen erschließen. (...) So erinnern wir uns, daß wir die Art von Gegenständen, die wir Flamme nennen, gesehen und andererseits die Art von Empfindungen, die wir Wärme nennen, erlebt haben. Zugleich rufen wir uns ihre beständige Verbindung in allen früheren Fällen ins Gedächtnis zurück. Ohne weiteres nennen wir dann den ersteren Gegenstand Ursache

bedeuten, daß wir nur aufgrund der Beobachtung, wenn die Sonne scheint, wird der Stein warm, den Zusammenhang wahrnehmen, nicht aber in der Lage sind, ihn als eine objektive Notwendigkeit zu begreifen. Mithin gäbe es überhaupt keine Gewißheit, sondern alle Erkenntnis wäre rein zufällig und subjektiv.[457]

Der Verstand gerät nun leicht in die Gefahr, seine Erkenntnisse über die mögliche Erfahrung hinaus anzuwenden und so durch „leere Vernünfteleien von den bloßen formalen Prinzipien des reinen Verstandes einen materialen Gebrauch zu machen, und über Gegenstände ohne Unterschied zu urteilen, die uns doch nicht gegeben sind"[458]. Die transzendentale Dialektik hat daher eine „Kritik des Verstandes und der Vernunft in Ansehung ihres hyperphysischen Gebrauchs, um den falschen Schein ihrer grundlosen Anmaßungen aufzudecken"[459], zum Gegenstand.

Während der Verstand durch Schaffung von Einheit die Erkenntnis von Gegenständen innerhalb der Erfahrung ermöglicht, bezieht sich die Vernunft nicht auf Erfahrung, sondern auf den Verstand, um diesem Einheit a priori zu geben. Der Vernunft liegen bestimmte Begriffe zugrunde, die transzendentalen Ideen: das Unbedingte als die absolute Einheit des denkenden Subjekts (Gegenstand der Psychologie), das Unbedingte als die Totalität der Dinge und Bedingungen in Raum und Zeit (Gegenstand der transzendentalen Kosmologie) und das Unbedingte als die absolute Einheit der Bedingung aller Gegenstände des Denkens überhaupt: Gott (Gegenstand der natürlichen Theologie).[460] Diese Ideen sind keine konstitutiven Prinzipien, d. h. sie können unsere Erfahrung weder ermöglichen noch erweitern, denn ihnen fehlt der Bezug zur Empirie, sondern sie haben eine regulative Funktion. Während die Erfahrung nur Teilausschnitte wiedergibt, ist es Aufgabe der Vernunft, die Verstandeshandlungen in ein absolutes Ganzes zu bringen. Entsprechend dieser Ideen, gibt es drei Arten von dialektischen Vernunftschlüssen (Paralogismen, Antinomien und das Ideal der reinen Vernunft), von denen hier die zweite, die Antinomie (Kosmologie) von Bedeutung ist. Mit Dialektik meint Kant eine „Logik des Scheins"[461]. Sie hat keine objektive Gültigkeit, da sie nicht auf Empirie ausgerichtet ist, sondern

---

und den letzteren Wirkung und schließen von der Existenz des einen auf die des anderen."; ferner S. 125: „Unsere ganze Kenntnis vom Zusammenhange zwischen Ursachen und Wirkungen besteht in dem Bewußtsein, daß gewisse Gegenstände immer miteinander verbunden gewesen sind und sich in allen früheren Fällen als untrennbar erwiesen haben. Wir können in den Grund dieser Verbindung nicht eindringen, wir beobachten nur die Sache selbst; (...)." Vgl. außerdem S. 143f., 211, 213, 233ff.

457 *Kant,* KrV, B 5.

458 *Kant,* KrV, B 88/A 63, 64.

459 *Kant,* KrV, B 88/A 63f.

460 *Kant,* KrV, B 391f./A 334f.

461 *Kant,* KrV, B 170/A 131.

versucht über die Erkenntnis von Gegenständen a priori etwas zu erfahren, um ihr Erkenntnis zu erweitern.[462] Die Aufgabe der insgesamt vier Antinomien (Widersprüche) der reinen Vernunft ist es, die transzendentalen Grundsätze einer gedachten Kosmologie aufzuzeigen, „um sie als eine Idee, die sich mit Erscheinungen nicht vereinbaren läßt, in ihrem blendenden aber falschen Scheine darzustellen"[463]. Gemeint ist damit nicht ein Mißverständnis seitens des Subjekts, sondern eine transzendentale Täuschung. Die Zweideutigkeit des Denkens liegt in der Vernunft selbst, sie entspringt dieser, hängt mit den apriorischen Bedingungen der Erkenntnis zusammen und kann nur durch eine kritische Reflexion auf den Zusammenhang von Vernunft und Erkenntnis eingesehen werden.[464]

Von Bedeutung ist hier die Antinomie der Freiheit auf der einen und der Naturkausalität auf der anderen Seite. Die Thesis lautet: „Die Kausalität[465] nach Gesetzen der Natur ist nicht die einzige, aus welcher die Erscheinungen der Welt insgesamt abgeleitet werden können. Es ist noch eine Kausalität durch Freiheit[466] zu Erklärung derselben anzunehmen notwendig."[467] Die Antithesis setzt dem gegenüber: „Es ist keine Freiheit, sondern alles in der Welt geschieht lediglich nach Gesetzen der Natur."[468] Bereits die Beweisführung von Thesis und Antithesis gibt die Richtung für die spätere Auflösung dieses Widerstreites an. Die Beweise setzen jeweils bei der entgegenstehenden Behauptung an: Die Thesis bei der Frage, wie es wäre, wenn es tatsächlich nur Naturkausalität gäbe, die Antithesis, wie es wäre, wenn es Freiheit im transzendentalen Verstande gäbe.

Der Beweis der Thesis ist an das Interesse der Vernunft geknüpft, die einen Grund für die jeweilige Ursache sucht, der aber nicht in der Ursache selbst

---

462 *Kant,* KrV, B 171/A 132.

463 *Kant,* KrV, B 435/A 408.

464 *Kant,* KrV, B 24f/A 11ff.; s. dazu auch *Höffe,* Kant, S. 136f.

465 *Kant,* KrV, B 561/A 533 zum Begriff der Kausalität in Ansehung der Natur: „Verknüpfung eines Zustandes mit einem vorigen in der Sinnenwelt, worauf jener nach einer Regel folgt." Die Kausalität der Erscheinungen beruht dabei auf Zeitbedingungen: „so ist die Kausalität der Ursache dessen, was geschieht, oder entsteht, auch *entstanden,* und bedarf nach dem Verstandesgrundsatze selbst wiederum eine Ursache."

466 *Kant,* KrV, B 561/A 533: Freiheit im kosmologischen Verstande: „Vermögen, einen Zustand *von selbst* anzufangen, deren Kausalität also nicht nach dem Naturgesetze wiederum unter einer anderen Ursache steht, welche sie der Zeit nach bestimmte. Die Freiheit ist in dieser Bedeutung eine reine transzendentale *Idee,* die erstlich nichts von der Erfahrung Entlehntes enthält, zweitens deren Gegenstand auch in keiner Erfahrung bestimmt gegeben werden kann."

467 *Kant,* KrV, B 472/A 444.

468 *Kant,* KrV, B 473/A 445.

gefunden werden kann. „Wenn also alles nach bloßen Gesetzen der Natur geschieht, so gibt es jederzeit nur einen subalternen, niemals einen ersten Anfang, und also überhaupt keine Vollständigkeit der Reihe auf der Seite der von einander abstammenden Ursachen."[469] Dieser unendliche Regreß widerspricht aber dem Gesetz der Natur, die eine bestimmte Ursache a priori voraussetzt. Es muß daher eine absolute Spontaneität der Ursachen geben, die unabhängig von einer vorhergehenden Ursache da ist, also eine transzendentale Freiheit.

Die Antithesis wird demgegenüber der Funktion des Verstandes gerecht, nicht über die Erfahrung hinauszugehen. Angenommen, es gäbe eine Freiheit der Substanzen, würde „der Zusammenhang nach allgemeinen Gesetzen sich einander notwendig bestimmender Erscheinungen, den man Natur nennt, und mit ihm das Merkmal empirischer Wahrheit, welches Erfahrung vom Traum unterscheidet, größtenteils verschwinden"[470].

Bei der gedanklichen Auflösung der Antinomien nimmt Kant Bezug auf die Erkenntnisse der transzendentalen Ästhetik, auf die Unterscheidung zwischen phaenomena und noumena. Während die ersteren im Bereich der Verstandestätigkeit anzusiedeln sind und sich auf die Welt der Erscheinungen beschränkt, d. h. die Phänomene an die Dinge für uns gebunden sind, bleiben die Dinge für sich genommen für uns jedoch unerkennbar (noumena), denn der Mensch ist nicht in der Lage, diese mit Hilfe von Kategorien zu erkennen. Der Mensch ist nun Teil der Natur, und insofern Phänomen derselben, aber (vor allem aufgrund seiner Vernunft) auch intelligibles Wesen. Er unterliegt als Teil der Natur der empirischen Welt, insoweit ist er in die Naturkausaliät eingebunden. Er ist aber auch ein geistiges Wesen und als solches in der Lage, selbst Ursachen zu setzen. Die reine Vernunft ist dabei unabhängig von jeglicher Erfahrung in der Sinnenwelt, was zugleich bedeutet, daß sie auch zeitlich nicht gebunden ist, so daß die Kausalität hier in keiner Weise gebunden sein kann, sondern „empirisch unbedingt" selbst Bedingung einer sukzessiven Reihe von Bedingungen sein kann. So ist die Vernunft auch in der Lage, ein „Sollen" hervorzubringen, welches in der Natur nicht anzutreffen ist, während der Verstand nur erkennen kann, wie etwas tatsächlich ist oder gewesen ist oder sein wird. Diese Freiheit „kann man nicht allein negativ als Unabhängigkeit von empirischen Bedingungen ansehen (denn dadurch würde das Vernunftvermögen aufhören, eine Ursache der Erscheinungen zu sein), sondern auch positiv durch ein Vermögen bezeichnen, eine Reihe von Begebenheiten von selbst anzufangen, (...) indessen daß doch ihre Wirkung in der Reihe der Erscheinungen anfängt, aber darin niemals einen

469 *Kant,* KrV, B 474/A 446.
470 *Kant,* KrV, B 479/A 451.

schlechthin ersten Anfang ausmachen kann".[471] Kant gibt das Beispiel der „boshaften Lüge" eines Menschen. Es wird nach der Tat zwar nach seinen Beweggründen, seinem Charakter usw. gefragt, getadelt wird er aber nicht deswegen, sondern als Täter wegen seiner Tat, für die er aufgrund seines intelligiblen Charakters verantwortlich gemacht werden kann. Die Vernunft wird, auch wenn der Mensch durch sinnliche Antriebe geleitet sein mag, als frei betrachtet und die Möglichkeit der Unterlassung der Lüge ihm beigemessen.[472] Kant betont aber auch, daß wir immer nur in der Lage sind, die Taten von Menschen zu betrachten, wie sie uns in der Sinnenwelt erscheinen. „Die eigentliche Moralität der Handlungen (Verdienst und Schuld) bleibt uns daher, selbst die unseres eigenen Verhaltens, gänzlich verborgen. Unsere Zurechnungen können nur auf den empirischen Charakter bezogen werden. Wie viel aber davon reine Wirkung der Freiheit, wie viel der bloßen Natur und dem unverschuldeten Fehler des Temperaments, oder dessen glücklicher Beschaffenheit (merito fortunae) zuzuschreiben sei, kann niemand ergründen, und daher auch nicht nach völliger Gerechtigkeit richten."[473] Zu berücksichtigen ist jedoch, daß bei dieser Bestimmung der Freiheit als noumenale Kausalität, wobei die noumena nicht erkennbar sind, es nicht einsichtig ist, wann der Begriff der Freiheit anzuwenden ist und wann nicht.[474] Dies rührt aber aus dem dargelegten unaufgelösten Dualismus von Subjekt und Welt her: Der Mensch befindet sich in zwei unterschiedlichen Welten, der empirischen und der intelligiblen Welt, die aber nicht zusammengeführt werden. In ersterer ist das menschliche Verhalten nach Naturgesetzen determiniert und in letzterer wird eine nicht empirisch feststellbare Freiheit des einzelnen vorausgesetzt.[475]

Kant bestimmt in der dargelegten „dritten Antinomie" das Verhältnis von Freiheit und Naturkausalität. Er beschreibt in der „Kritik der reinen Vernunft" das Verhältnis des Subjekts zu der es umgebenden Objektwelt. Personales Handeln ist unter zwei Gesichtspunkten zu sehen. Es ist auf der einen Seite sinnliches Geschehen und steht dabei durchgehend unter den Gesetzen der Natur, ist also auch Bestandteil einer naturgesetzlich gegründeten empirischen Welt. Auf der anderen Seite liegt dem Handeln aber ein von der Natur unabhängiger Wille zugrunde, so daß die durch die Handlungen bewirkten Erfolge in der Außenwelt aus einer „spontanen" Bestimmung resultieren. Das Handeln des einzelnen kann durch sinnliche Antriebe „affiziert" sein, es wird dadurch aber nicht „nezessi-

---

471 *Kant,* KrV, B 582f./A 554f.

472 *Kant,* KrV, S. B 583/A 555.

473 *Kant,* KrV, B 579/A 551 Fn.

474 Vgl. *Beck,* Kants „Kritik der praktischen Vernunft", S. 182; *E. A. Wolff,* Kausalität von Tun und Unterlassen, S. 59, 62.

475 Vgl. dazu auch *M. Köhler,* Die bewußte Fahrlässigkeit, S. 159f.

tiert“[476]. „Die menschliche Willkür ist zwar ein arbitrium sensitivum, aber nicht brutum, sondern liberum, weil Sinnlichkeit ihre Handlung nicht notwendig macht, sondern dem Menschen ein Vermögen beiwohnt, sich, unabhängig von der Nötigung durch sinnliche Antriebe, von selbst zu bestimmen.“[477] Nur dann können Folgen in der Außenwelt Personen als durch ihre Handlung bewirkte zugerechnet werden.

Die Absicht der Darlegung Kants war es zunächst, das Dasein der Freiheit als transzendentale Idee herauszustellen und nicht ihr Vorkommen in der Welt zu beweisen (auch nicht ihre tatsächliche Möglichkeit). Es sollte gezeigt werden, daß die oben dargelegte Antinomie nur eine vermeintliche ist und sich Naturnotwendigkeit und Freiheit nicht widersprechen, sondern nebeneinander bestehen können, Freiheit also *denkmöglich* ist.[478] Die „Kopernikansiche Wende“ und damit die bedeutende Leistung Kants liegt darin, daß der Aufweis von Freiheit sich aus den Gegebenheiten des Denkens des Subjekts ableitet, es ihm zumindest möglich ist, die Freiheit im Denken anzunehmen.

2. Folgerungen für das intersubjektive Verhältnis

Auch wenn es bisher nur um das Verhältnis des einzelnen zur Gegenstandswelt ging, lassen sich bereits an dieser Stelle Folgerungen für das intersubjektive Verhältnis ziehen. Denn das Subjekt agiert nicht allein in der Welt, sondern es bestehen neben ihm noch weitere ihm gleiche Wesen, die sich ebenfalls in dem vorgestellten Dualismus von körperlich-empirischer Welt und Freiheit befinden.

Zunächst erscheinen die anderen Subjekte ebenso als sinnliche Wesen und nicht als reine Vernunftwesen. In ihrem körperlichen Dasein und in ihrem sinnlich-wahrnehmbaren Wirken durch ihre Handlungen sind sie Naturwesen und unterliegen den naturkausalen Bedingungen. Würden sie aber darauf reduziert, wäre es nicht möglich, fremde Freiheit des durch die Natur determinierten anderen zu erleben. Es ist aber möglich, unter der Vernunftidee einer „Kausalität aus Freiheit“ das in der Außenwelt als naturgesetzlich erscheinende festgelegte Verhalten des anderen „regulativ als empirisches Zeichen einer freien, spontan wirkenden Ursache“[479] in sein Denken mit aufzunehmen. Es ist damit immerhin denkmöglich, eine in der Sinnenwelt erscheinende „Handlungswirkung dem freien Handeln eines intelligiblen Subjekts zuzurechnen und es damit in der Besonderheit seines sinnlichen Daseins als freies Wesen anzuerkennen“[480]. An

---

476 *Kant,* KrV, B 562/A 534.
477 *Kant,* KrV, B 562/A 534.
478 *Kant,* KrV, B 586/A, 558.
479 *Luf,* Freiheit und Gleichheit, S. 21.
480 *Luf,* Freiheit und Gleichheit, S. 21.

dem Beispiel der boshaften Lüge verdeutlicht Kant das regulative Prinzip der Vernunft. Hinsichtlich des "empirischen Charakters" lassen sich bestimmte Gründe für das fehlerhafte Verhalten aufzeigen: Sie können in der Erziehung begründet sein, in der Bösartigkeit des Naturells liegen usw. Wird das Verhalten aber als nicht richtig, als fehlerhaft verurteilt, wird dem Täter Freiheit beigemessen, sich trotz der äußeren Umstände, die zu seinem Verhalten geführt haben mögen, nach einem Sollensverständnis zu verhalten und die Lüge zu unterlassen. „Dieser Tadel gründet sich auf ein Gesetz der Vernunft, wobei man diese als eine Ursache ansieht, welche das Verhalten des Menschen, unangesehen aller genannten empirischen Bedingungen, anders habe bestimmen können und sollen. (...); die Handlung wird seinem intelligibelen Charakter beigemessen, er hat jetzt, in dem Augenblicke, da er lügt, gänzlich Schuld; mithin war die Vernunft, unerachtet aller empirischer Bedingungen der Tat, völlig frei, und ihrer Unterlassung ist diese gänzlich beizumessen.“[481]

Für die Begründung von Interpersonalität hat dies zur Folge, daß sich die Freiheit der Mitsubjekte nicht aus ihren Handlungen in der Außenwelt und damit aus der Erfahrung deduzieren läßt. Damit eine gegenseitige Anerkennung der Freiheit des Gegenübers erfolgen kann, muß die Kenntnis der Freiheit als *Wissen* vorausgesetzt werden. Das sich sinnlich Manifestierende kann zwar immer nur als ein „sinnliches Zeichen“ des „intelligiblen Charakters“ angesehen werden.[482] Diese im Wissen des einzelnen vorausgesetzte Freiheit vom anderen gibt aber bereits Zeugnis davon, daß eine Gleichsetzung des Menschen mit einem technischen Werkzeug nicht erfolgen kann und zwar unabhängig davon, aus welchen Gründen oder Motiven (aus Not, Neigung usf.) er gehandelt haben mag.[483] Die äußere Form des Handelns und Wirkens in der Außenwelt weist bereits darauf hin, daß es sich um ein Vernunftwesen handelt.

Die hier beschriebene Möglichkeit der Freiheit als Unabhängigkeit von der Naturkausalität stellt jedoch nur eine negative Bestimmung von Freiheit dar. Der einzelne wird auf seine Wahlfreiheit zwischen der Möglichkeit, sich richtig oder fehlerhaft zu verhalten, reduziert, während der Inhalt des Sollensverständnisses (des Richtigen) noch fremdbestimmt ist. Die Pflicht „Du sollst nicht lügen!“ ist noch keine vom einzelnen Menschen hervorgebrachte, sondern eine, die von den anderen an ihn herangetragen wurde. Würde er auf diese äußere Wahlfreiheit

---

481 *Kant,* KrV, B 583/A 555.

482 *Kant,* KrV, B 574/A 546; vgl. dazu auch *Luf,* Freiheit und Gleichheit, S. 22.

483 Bereits hier wird deutlich, daß der Vordermann bei der mittelbaren Täterschaft nicht einfach als „Werkzeug in der Hand des Hintermanns“ betrachtet und damit mit einem technischen Werkzeug gleichgesetzt werden kann. Vielmehr geht, wie sich noch genauer zeigen wird, die Vernünftigkeit des einzelnen nicht dadurch verloren, daß er sich in einem Irrtum oder in einer Zwangslage befindet.

reduziert und ihm nicht die Möglichkeit beigemessen, den Inhalt des Richtigen selbst zu bestimmen, wäre sein Handeln nicht ein tatsächlich freies, sondern ein heteronomes. Der Prozeß der Selbstbestimmung zum Richtigen muß aber gerade im einzelnen Subjekt selbst zu finden sein.

Es wurde damit aufgewiesen, daß im Rahmen des Interpersonalitätsverhältnisses Freiheit in der theoretischen Vernunft als *möglich gedacht* und damit als Wissen darüber vorausgesetzt werden kann. Die Denk*notwendigkeit* derselben und die auch damit verbundene *Pflicht*, die Freiheit der anderen anzuerkennen und die Möglichkeit, sich zum Richtigen bestimmen zu können, erfolgt in der Untersuchung der praktischen Vernunft, zu der nun überzugehen ist.

II. Der Begriff der Freiheit und die Begründung rechtlicher Verhältnisse

1. Ausgangsbestimmung: Die Autonomie des einzelnen – praktische Philosophie Kants - Freiheit ist denknotwendig

Den Ansatzpunkt für die Bestimmung der Autonomie des einzelnen und damit einer positiven Bestimmung des Freiheitsbegriffs gibt Kant bereits in der Kritik der reinen Vernunft. Einerseits ist dargelegt worden, daß der einzelne sich zur Erkenntnis nicht passiv verhält, sondern bereits im Bewußtsein des „Ich denke" selbst Grund seiner Vorstellung ist. Das „Ich" stellt die Einheit seiner Vorstellungen her und ist nicht Zufallsprodukt des Zusammentreffens verschiedener Wahrnehmungen. Andererseits wurde gezeigt, daß der Mensch in der Lage ist, ein „Sollen" hervorzubringen, welches von der Naturkausalität unabhängig ist, er also Kausalität begründen kann. Damit ist Freiheit zwar noch als Gegenbegriff zur Naturkausalität bestimmt, aber die aufgezeigte denkmögliche Freiheit verweist bereits auf die Möglichkeit ihrer positiven Bestimmung. Es wird darzulegen sein, daß das Subjekt zum einen überhaupt in der Lage ist, seinen Willen selbst aus sich heraus zu bestimmen, sich als Subjekt Maximen[484] zu setzen, und zum anderen, daß es objektive Bestimmungsgründe des Willens gibt, die für alle vernünftigen Wesen verbindlich sind.

Der Gedankengang hin zum positiven Aufweis von Freiheit findet sich in der *„Grundlegung zur Metaphysik der Sitten"* (1785) und in der *„Kritik der praktischen Vernunft"* (1788). Die Titel der beiden Schriften geben bereits einen Hinweis, wo ein solcher Aufweis anzusetzen hat. *„Metaphysik"* beschreibt Kant

---

484 *Kant* unterscheidet zwischen Maximen und Gesetzen: „*Maxime* ist das subjektive Prinzip zu handeln (...). (Sie) enthält die praktische Regel, die die Vernunft den Bedingungen des Subjekts gemäß (...) bestimmt, und ist also der Grundsatz, nach welchem das Subjekt *handelt*; das Gesetz aber ist das objektive Prinzip, gültig für jedes vernünftige Wesen, und der Grundsatz, nach dem es *handeln soll*, d. i. ein Imperativ." GMS, BA 52, Fn.

als die Philosophie, die „lediglich aus Prinzipien a priori ihre Lehren vorträgt" und dabei auf „bestimmte Gegenstände des Verstandes eingeschränkt" ist.[485] Eine Moralphilosophie soll entwickelt werden, die unabhängig von jeder Empirie ist und sein muß, soll sie für alle Menschen Verbindlichkeit erlangen können.[486] Aufgabe der *„Grundlegung der Metaphysik der Sitten"* ist es daher, die notwendigen Prinzipien der Moralität aufzusuchen und festzulegen.[487] Der Begriff „Sitten" ist dabei nicht als Hinweis auf eine solche Lehre zu verstehen, die es sich zur Aufgabe gemacht hat, zu untersuchen, welche Maßstäbe für moralisches Handeln sich die bestehende Gesellschaft aufgestellt hat, welche Werte und Normen sie praktiziert, sondern es handelt sich um die Untersuchung der Vernunft, die gebietet, „wie gehandelt werden soll, wenn gleich noch kein Beispiel davon angetroffen würde"[488]. Die *„Kritik der praktischen Vernunft"* zeigt, daß die in der „Grundlegung" dargelegten unbedingten Regeln tatsächlich objektive Gültigkeit haben müssen, die auf davor liegende Zwecke nicht zurückgeführt werden können.[489] Während die reine Vernunft das reine Erkenntnisvermögen zum Gegenstand hatte, bezieht sich nun ihr praktischer Gebrauch auf die Bestimmungsgründe des Willens[490] im Hinblick auf ein Handeln. Die Kritik der praktischen Vernunft ist die „Obliegenheit, die empirisch bedingte Vernunft von der Anmaßung abzuhalten, ausschließungsweise den Bestimmungsgrund des Willens allein abgeben zu wollen"[491]. Es wird aufzuzeigen sein, daß dem Subjekt eine Fähigkeit zukommt, sein Handeln unabhängig von sinnlichen Bestimmungsgründen, Neigungen, Leidenschaften usf. zu wählen, es also autonom handeln kann.

Der Weg Kants zur positiven Bestimmung von Freiheit und ihrer Denknotwendigkeit soll im folgenden nachgezeichnet werden. Sie sind für den Fortgang der Arbeit insofern von Bedeutung, als deutlich wird, daß sich verbindliche Gesetze (Sollenssätze) im Subjekt selbst konstituieren und ihm nicht erst von außen auferlegt werden. Dies ist zunächst für die Begriffsbestimmung des Rechts bzw. des Unrechts von Bedeutung. Da diese von Interpersonalitätsstrukturen nicht zu

---

485 *Kant,* GMS, Vorrede, BA V.

486 *Kant,* GMS, Vorrede, BA VIII.

487 *Kant,* GMS, Vorrede, BA XV; damit unterscheidet sie sich nicht wesentlich von einer Kritik der reinen praktischen Vernunft, die ebenso in die obersten Prinzipien der Moralität einzuführen hätte, so daß eine Parallele zu ihr besteht und nicht eine Folgerung.

488 *Kant,* MdS, AB 9, 10.

489 Vgl. zum Verhältnis von GMS, KpV und MdS, *Henrich,* Die Deduktion des Sittengesetzes, S. 55ff.

490 Nach *Kant* ist der Wille das Vermögen „den Vorstellungen entsprechende Gegenstände entweder hervorzubringen, oder doch sich selbst zu Bewirkung derselben (...), d. i. seine Kausalität zu bestimmen" (KpV, Einl., A 30, 31).

491 *Kant,* KpV, Einl., A 31.

trennen ist, rückt zudem das spezifische Verhältnis der Individuen untereinander in den Blick. Interpersonalität ist hier Teil der Freiheitsbegründung selbst und damit mehr als die Beschreibung eines isolierten Nebeneinanders mehrerer Personen, die hilflos einander ausgeliefert sind und daher einer äußeren Macht bedürfen, um überhaupt miteinander zurecht zu kommen.

Die Absicht Kants ist es, in der *„Grundlegung zur Metaphysik der Sitten"* eine reine Moralphilosophie aufzuzeigen, die empirisch unabhängig ist, und nach der es, aufgrund der allgemeinen Idee eines Sollens, den Begriff der Pflicht und des sittlichen Gesetzes geben muß. Kant gibt dabei insgesamt drei praktische Prinzipien des Willens an, die als oberste Bedingung der Übereinstimmung des Willens mit der praktischen Vernunft notwendig sind.[492] Aufgrund unserer Vernunft haben wir apriori die Idee des Guten, der sittlichen Vollkommenheit, die mit dem Begriff des freien Willens verbunden ist. Im Gegensatz zu Naturgegenständen, die nur nach Naturgesetzen wirken können, hat das vernünftige Wesen das Vermögen, *„nach der Vorstellung* der Gesetze, d. i. nach Prinzipien zu handeln, oder einen *Willen.*"[493] Würde nur die Vernunft den Willen bestimmen, so würde der Wille nur dasjenige wählen, was die Vernunft unabhängig von äußeren Einflüssen und subjektiven Bedingungen, wie Trieben, Neigungen und Leidenschaften, als praktisch notwendig, „d. i. als gut erkennt"[494]. Der Mensch ist aber kein reines Vernunftwesen, sondern auch Naturwesen und daher vielerlei anderen Einflüssen ausgesetzt, so daß Handlungen, die zwar objektiv als geboten eingesehen werden können, nicht notwendig umgesetzt werden. Die Bestimmungen des Willens müssen aufgrund seiner subjektiven Unvollkommenheit nötigenden Charakter, also die Form von Imperativen, haben. Der Wille kann sich nun von verschiedenen Bedingungen bestimmen lassen. Kant trennt zwischen hypothetischen Imperativen und *dem* kategorischen Imperativ. Die ersteren beinhalten die praktische Notwendigkeit der Handlung zur Beförderung der Glückseligkeit (Regeln der Glückseligkeit) und Klugheitsgebote im Sinne der Geschicklichkeit der Wahl der Mittel (Ratschläge der Klugheit). Sie beziehen sich also insgesamt auf eine bestimmte Absicht und auf die Handlung, die als Mittel zur Erreichung dieser Absicht dienen soll. Diese Imperative können aber nicht für alle Menschen allgemein das oberste Prinzip *„guten Handelns"* begründen, da sie empirisch bedingt und damit abhängig von den Erfahrungen und Lebensvorstellungen des einzelnen sind. Auch wenn jeder sein Wohlbefinden fördern möchte und insofern das Ziel bei allen dasselbe wäre, läßt sich der Inhalt dieses Zieles nicht für alle Menschen gleich gültig bestimmen. Kant beschreibt diese sich schon beim einzelnen stellende Schwierigkeit, wenn

492 *Kant,* GMS, BA 70ff.
493 *Kant,* GMS, BA 36.
494 *Kant,* GMS, BA 37.

dieser für sich versucht, herauszufinden, was überhaupt seine Wünsche und sein Wille zur Beförderung seiner Glückseligkeit sein könnten, anhand mehrerer Beispiele: „Will er Reichtum, wie viel Sorge, Neid und Nachstellung könnte er sich dadurch nicht auf den Hals ziehen. Will er viel Erkenntnis und Einsicht, vielleicht könnte das ein nur um desto schärferes Auge werden, um die Übel, die sich für ihn jetzt noch verbergen und doch nicht vermieden werden können, ihm nur um desto schrecklicher zu zeigen, oder seinen Begierden, die ihm schon genug zu schaffen machen, noch mehr Bedürfnisse aufzubürden. Will er ein langes Leben, wer steht ihm dafür, daß es nicht ein langes Elend sein würde?“[495] usf.. Alle Bedingungen, die zum Begriff der Glückseligkeit notwendig sind, können sich damit nur auf empirische Wahrscheinlichkeiten gründen, so daß sie nicht tauglich sind, für alle Menschen ein allgemeines Grund-Prinzip anzugeben.

Der kategorische Imperativ ist nun im Gegensatz zu den hypothetischen Imperativen nicht zweckgebunden und nicht von den empirischen Vorstellungen und Befindlichkeiten des einzelnen abhängig, sondern empirisch unbedingt. Er enthält das Gebot der Sittlichkeit, das moralische Gesetz: *„handle nur nach derjenigen Maxime, durch die du zugleich wollen kannst, daß sie ein allgemeines Gesetz werde*“[496]. Gemeint ist damit aber nicht, daß der kategorische Imperativ gegenüber den hypothetischen auf einer höheren Stufe hinsichtlich des Nötigungscharakters steht. Vielmehr „zwingen“ beide gleichermaßen stark. Auch wenn die hypothetischen Imperative keine moralische Verbindlichkeit begründen, bedeutet dies nicht, daß die Nötigung an sich schwächer wäre. Der Unterschied liegt vielmehr in der Notwendigkeit der Befolgung: Der kategorische Imperativ nötigt für alle objektiv allgemeingültig und unbedingt, die hypothetischen Imperative demgegenüber nicht.[497] Jener ist dadurch ausgezeichnet, daß er „außer dem Gesetze nur die Notwendigkeit der Maxime enthält, diesem Gesetze gemäß zu sein, das Gesetz aber keine Bedingungen enthält, auf die es eingeschränkt war, so bleibt nichts, als die *Allgemeinheit eines Gesetzes* überhaupt übrig, welchem die Maxime der Handlung gemäß sein soll, und welche Gemäßheit allein den Imperativ eigentlich als notwendig vorstellt“[498]. Die Form der Allgemeinheit stellt damit das erste praktische Prinzip des Willens dar.

Als Beispiel nennt Kant die Abgabe eines Versprechens aufgrund einer eigenen Notsituation in dem Bewußtsein, es nicht halten zu können. Würde sich der

---

495 *Kant,* GMS, BA 46f.

496 *Kant,* GMS, BA 52.

497 Vgl. zum Verhältnis von kategorischem Imperativ und hypothetischen Imperativen *Seel,* Sind hypothetische Imperative analytische praktische Sätze?, S. 149ff. (insbes. S. 150-158) m. w. N.

498 *Kant,* GMS, BA 52, Hervorhebung durch die Verf.

Verpflichtete nun fragen, ob diese Maxime zu einem Gesetze werden könne, so würde er sich bewußt werden, daß es nicht der Allgemeinheit fähig wäre. „Denn die Allgemeinheit eines Gesetzes, daß jeder, nachdem er in Not zu sein glaubt, versprechen könne, was ihm einfällt, mit dem Vorsatz, es nicht zu halten, würde das Versprechen und den Zweck, den man damit haben mag, selbst unmöglich machen, indem niemand glauben würde, daß ihm was versprochen sei, sondern über alle solche Äußerung, als eitles Vorgeben, lachen würde."[499] In dem Beispiel kommen noch zwei weitere Momente zum Ausdruck, die auch für die Rechtslehre später von Bedeutung sein werden. Zum einen drückt sich hier bereits die Intersubjektivität der Handlung aus, denn es wird deutlich, daß andere Personen in die subjektive Maximenbildung mitaufgenommen werden müssen. Zudem kommt in dem Beispiel auch das Bewußtsein des Vertrauenkönnens in das Verhalten anderer mir gegenüber zum Vorschein. So kann ich zunächst davon ausgehen, daß bei der Abgabe eines Versprechens mir gegenüber der andere es als Vernunftwesen auch ernst meint und es tatsächlich einhalten will.

Noch ungeklärt ist aber, warum es notwendig ist, daß der menschliche Wille eine Handlung nach dem aufgestellten Sittengesetz wollen soll. Kant setzt für die Begründung an der Struktur des Menschen als Vernunftwesen selbst an. Die Person an sich hat einen absoluten Wert und ist Zweck an sich selbst und nicht bloß Mittel zu einem heteronom vorgegebenen Ziel. Das zweite Prinzip des Willens kann als praktischer Imperativ daher so formuliert werden: *„Handle so, daß du die Menschheit, sowohl in deiner Person, als in der Person eines jeden andren, jederzeit zugleich als Zweck, niemals bloß als Mittel brauchest"*[500]. Auf das Beispiel des falschen Versprechens angewendet, bedeutet dies, daß der Verpflichtete eine andere Person nur als Mittel zum Zweck, sich aus der Notsituation zu befreien, benutzt, um sein Ziel zu erreichen und ihn nicht als Zweck an sich selbst versteht und mit seinem falschen Versprechen den absoluten Wert des anderen negiert.

Aus den oben genannten Prinzipien des Willens, zum einen objektiv sein zu müssen und damit eine Form der Allgemeinheit in sich zu tragen, um verbindlich sein zu können (erstes Prinzip des Willens) und zum anderen der Bestimmung des Subjekts als Zweck an sich (zweites Prinzip des Willens) folgt das dritte praktische Prinzip des Willens, nämlich „die *Idee des Willens jedes vernünftigen Wesens als eines allgemein gesetzgebenden Willens*"[501]. Der Wille ist nicht ein von außen oktroyiertes Gesetz, sondern er ist selbstgesetzgebend; der

---

499 *Kant,* GMS, BA 55.
500 *Kant,* GMS, BA 66f.
501 *Kant,* GMS, BA 70.

einzelne kann sich selbst als Urheber des Gebotes betrachten (Autonomie des Willens).

Daß die Abgabe eines falschen Versprechens nicht als richtig aufgefaßt werden kann, liegt nicht daran, daß die positiven Gesetze oder die Gesellschaft in ihren Traditionen dies nicht wünschen, sondern dieses Ergebnis entspringt einem Reflexionsprozeß, der vom Subjekt selbst geleistet wird. Nur so ist die Allgemeingültigkeit des Gesetzes für ihn auch einsichtig und verbindlich.

Damit ist aber noch nicht dargelegt, daß die Vernunft dem Imperativ gemäß auch praktisch werden kann, daß ihm objektive Gültigkeit für menschliches Handeln tatsächlich zukommt. Problematisch ist hier, daß Freiheit nicht empirisch beweisbar ist. Kant hat aber gezeigt, daß der Mensch in der Lage ist, die oben aufgezeigte Reflexion und die sich daraus ergebenen Erkenntnisse zu leisten, er sich als ein (auch) zur intelligiblen Welt gehöriges Wesen begreift und damit Gesetzen entsprechend handeln kann, die von der Empirie unabhängig gegründet sind. Dabei kann er sich aber gar nicht anders als unter der Idee der Freiheit denken, weil gerade in der Unabhängigkeit von den gegebenen Ursachen in der Sinnenwelt die Freiheit liegt. „Denn jetzt sehen wir, daß, wenn wir uns als frei denken, so versetzen wir uns als Glieder in die Verstandeswelt, und erkennen die Autonomie des Willens, samt *ihrer* Folge, der Moralität; denken wir uns aber als verpflichtet, so betrachten wir uns als zur Sinnenwelt und doch zugleich *zur* Verstandeswelt gehörig."[502]

Es stellt zumindest keinen Widerspruch dar, wenn sich der Mensch auf der einen Seite als zur Sinnenwelt gehörig und auf der anderen Seite als intelligibles Wesen begreift. „Die Frage also: wie ein kategorischer Imperativ möglich sei, kann so weit beantwortet werden, als man die einzige Voraussetzung angeben kann, unter der er allein möglich ist, nämlich die Idee der Freiheit, imgleichen als man die Notwendigkeit dieser Voraussetzung einsehen kann, welches zum *praktischen Gebrauche* der Vernunft, d. i. zur Überzeugung von der *Gültigkeit dieses Imperativs*, mithin auch des sittlichen Gesetzes, hinreichend ist, aber wie diese Voraussetzung selbst möglich sei, läßt sich durch keine menschliche Vernunft jemals einsehen".[503]

In der *„Kritik der praktischen Vernunft"* stellt der Begriff der Freiheit nun den „Schlußstein"[504] des Vernunftsystems dar. Das Grundgesetz der reinen praktischen Vernunft „Handle so, daß die Maxime jederzeit zugleich als Prinzip einer allgemeinen Gesetzgebung gelten könne" ist als Bewußtsein desselben ein *Faktum der Vernunft*, d. h. die aus der Vernunft selbstgesetzte Forderung muß

---

502 *Kant,* GMS, BA 110.
503 *Kant,* GMS, BA, 124.
504 *Kant,* KpV, A 4.

als reines Faktum als Anspruch des Guten hingenommen werden. Sie führt dazu, daß sich das Subjekt in transzendentalem Sinne als frei denken muß, auch wenn es seine Freiheit theoretisch nicht erkennen kann. Bei der Beschäftigung der Vernunft mit den Bestimmungsgründen des Willens bekommt das Ich Zugang zum intelligiblen Grund seines Seins. Der praktische Gebrauch der Vernunft beweist also positiv seine Realität durch die praktischen Grundsätze, die als Gesetze, eine Kausalität der reinen Vernunft, die Willkür bestimmen und einen reinen Willen in uns beweisen, in dem die sittlichen Begriffe und Gesetze ihren Ursprung haben. Es ist also die Faktizität der Vernunft, die es möglich macht, sich einen solchen Imperativ aufzustellen und damit Freiheit als denknotwendig anzunehmen.[505] Es zeigt sich somit, daß Freiheit und Sittengesetz wechselseitig aufeinander verweisen: Die Freiheit ist die „ratio essendi des moralischen Gesetzes, das moralische Gesetz aber die ratio cognoscendi der Freiheit (...). Denn, wäre nicht das moralische Gesetz in unserer Vernunft eher deutlich gedacht, so würden wir uns niemals berechtigt halten, so etwas, als Freiheit ist (...) *anzunehmen*. Wäre aber keine Freiheit, so würde das moralische Gesetz in uns gar *nicht anzutreffen* sein".[506]

Kant stellt auch noch einmal einen Bezug zur *„Kritik der reinen Vernunft"* her. Während dort nicht Grundsätze, sondern die reine sinnliche Anschauung wie Raum und Zeit die Prinzipien waren, die Erkenntnis a priori für Gegenstände der Sinne ermöglichten, gibt das moralische Gesetz ein (für uns zwar theoretisch nicht erkennbares) *Faktum* an, welches eine reine Verstandeswelt anzeigt bzw. diese sogar positiv bestimmt, indem wir das moralische Gesetz erkennen können. Statt der Anschauung, die in der Kritik der reinen Vernunft notwendig war, um eine Erkenntnis von Begriffen überhaupt zu ermöglichen, legt die Vernunft den praktischen Gesetzen den Begriff der Freiheit ihres Daseins in der intelligiblen Welt zugrunde. Damit kommen der reinen Vernunft zwei ganz verschiedene Aufgaben zu, auf der einen Seite, a priori Objekte zu erkennen (Kritik der spekulativen Vernunft) und auf der anderen Seite unmittelbarer Bestimmungsgrund des Willens zu sein (Kritik der praktischen Vernunft).[507]

Während in der *„Kritik der reinen Vernunft"* zunächst gezeigt wurde, daß Naturkausalität und Freiheit sich zumindest nicht widersprechen, sondern es möglich ist, beide nebeneinander stehend zu denken, wurde schließlich in der *„Grundlegung zur Metaphysik der Sitten"* und in der *„Kritik der praktischen Vernunft"* dargelegt, daß diese Denkmöglichkeit in eine Denknotwendigkeit, „dieses *Können* in ein *Sein* verwandelt würde, d. i., daß man in einem wirklichen Falle, gleichsam durch ein Faktum beweisen könne: daß gewisse Handlungen

---

505 *Kant,* KpV, Vorrede, A 5.
506 *Kant,* KpV, Vorrede, A 5 Fn.
507 *Kant,* KpV, A 77.

eine solche Kausalität (die intellektuelle, sinnlich unbedingte) voraussetzen“[508]. Zwar kann die „Kausalität aus Freiheit“ in der Sinnenwelt selbst nicht gefunden und damit auch nicht theoretisch bewiesen werden, sie ist aber im Intelligiblen anzutreffen. Das moralische Gesetz gibt als Faktum der Vernunft, das von allen empirischen Bedingungen unabhängig ist, Zeugnis von der Autonomie der reinen Vernunft. Daß diese in uns tatsächlich anwesend ist, wird auch durch die Aufmerksamkeit auf uns selbst bestätigt. Wenn ich meine Maxime, z. B. ein falsches Zeugnis abzulegen, vernünftig überprüfe, ob sie zu einem allgemeinen Gesetz geeignet wäre, würde ich zu dem Ergebnis kommen, daß sie sich selbst widersprechen würde, da sie auf der einen Seite Beweiskraft für Aussagen geben soll, aber auf der anderen Seite unwahr ist. Zugleich rücken damit die anderen ebenso als vernünftige Wesen zu begreifende in den Blick und müssen in die subjektive Maximensetzung, in das Handeln in einer gemeinsamen äußeren Welt miteinbezogen werden.

In der Grundlegung zur Metaphysik und in der Kritik der praktischen Vernunft hält Kant allerdings noch an dem Unterschied zwischen dem einzelnen als Naturwesen und dem als sich frei begreifenden intelligiblen Wesen fest.[509] So stand im Mittelpunkt seiner Betrachtung bisher der Bestimmungsgrund des Willens und die damit verbundene Selbstbestimmung des einzelnen als moralisches Wesen. Erst in den sich tatsächlich vollziehenden Handlungen der Subjekte, die sich in ihren Wirksphären begegnen (und begegnen müssen), treten sie in ihrer Einheit als vernünftige Wesen und Sinnenwesen in Erscheinung. Die Überwindung des beschriebenen Gegensatzes findet in der Rechtslehre Kants ihren Ausdruck. Bevor auf diese einzugehen ist, sollen aber zunächst zwei in der wissenschaftlichen Literatur zu findende Einwände der Diskursethiker gegen die von Kant dargelegte Denknotwendigkeit der Freiheit des Subjekts herausgestellt werden.

Exkurs: Kritik der Diskursethik an Kant

Albrecht Wellmer hat die von der Diskursethik an Kant geübte Kritik in seinem Buch „Ethik und Dialog“ (1999) zusammenfassend dargestellt und soll hier als Grundlage für eine beispielhafte Gegenposition verwendet werden.[510]

---

508 *Kant,* KpV, A 187.

509 Siehe *Kant,* KpV, A 174ff.; GMS, BA 74ff.

510 Es ist darauf hinzuweisen, daß *Wellmer* selber nicht mit der Kritik der Diskursethiker insgesamt übereinstimmt, sondern ihren Einwänden gegenüber der Ethik Kants kritisch gegenübersteht und schließlich in Ansätzen den Versuch unternimmt, beides zu verbinden.

Kritisiert wird zum einen die „Rigorosität" des kategorischen Imperativs und zum anderen, daß das von Kant aufgestellte Moralprinzip einen „formal-monologischen Charakter" aufweise.[511]

Die Allgemeinheit der Maxime bringe die „Rigorosität" des kategorischen Imperativs zum Ausdruck, da sie keine Ausnahmen zulasse. Als Beispiel wird das auch von Kant beigebrachte Gebot „Du sollst nicht lügen", welches nach ihm strikte Allgemeingültigkeit haben solle, angeführt. Kant übersehe nun aber, daß sich das Verbot nur auf eine bestimmte Kategorie von Handlungs*gründen* beziehen könne und nicht auf die entsprechenden Handlungen an sich, also hier das Lügen.[512] So vernachlässige er, daß eine Lüge erlaubt sein, d. h. sogar geboten sein müsse, um einen unschuldig Verfolgten zu retten. Eine entsprechende Maxime ‚Ich werde unschuldig Verfolgte notfalls durch eine Lüge zu retten versuchen' sei daher verallgemeinerbar, was Kant aufgrund der rigoristischen Formulierung des Moralprinzips nicht berücksichtige.[513]

Die Kritikpunkte gehen jedoch an der Sache vorbei, indem sie einerseits die Absicht Kants in der „Grundlegung zur Metaphysik der Sitten" übergehen und andererseits nicht den kategorischen Imperativ selbst betreffen. Kant geht es gerade nicht darum, insofern ein rigoroses Gesetz aufzuzeigen, als es von außen den Menschen auferlegt wird und sie ohne jede Einschränkung bindet, sondern er will die in den Menschen aufgrund ihrer Vernunft gegebene Möglichkeit, einen Sollenssatz in Form des kategorischen Imperativs aufzustellen, aufzeigen, in dem sich die Autonomie des einzelnen widerspiegelt. Es geht hier also nicht um einen Anwendungskonflikt oder um eine Pflichtenkollision, sondern es soll dargelegt werden, daß der Mensch zum einen in der Lage ist, sein Handeln unabhängig von sinnlichen Bestimmungsgründen, Neigungen und Leidenschaften usw. auszurichten, und daß zum anderen empirische Bestimmungsgründe gerade nicht zu einer allgemeinen Gesetzgebung taugen, da jedes Subjekt unterschiedlichen Neigungen unterliegt, die sich ändern können.[514] Kant erörtert also das Konkurrenzverhältnis von Pflicht und Neigung, von empirischen und nicht-empirischen Bedingungen.[515] Prioritätenkonflikte betreffen dagegen die Anwendungsbedingungen der moralischen Perspektive, definieren diese aber nicht selbst. Die Ausnahme, daß im Notfall ein Lügen erlaubt sein müsse, betrifft also nicht mehr den kategorischen Imperativ, sondern liegt außerhalb desselben und ist erst auf einer zweiten Stufe zu suchen. Auch stellt sich die Frage einer Aus-

---

511 Vgl. insbesondere *Wellmer,* Ethik und Dialog, Einleitung.
512 *Wellmer*, Ethik und Dialog, S. 26.
513 *Wellmer*, Ethik und Dialog, S. 27.
514 *Kant,* KpV, A 50f.
515 Vgl. auch *Höffe,* Das Verbot des falschen Versprechens, S. 192.

nahme nur dann, wenn das Grundsätzliche zumindest als Vorstufe gedacht wird, ansonsten hätte diese Frage gar nicht gestellt werden können.

Ein weiterer Vorwurf, der vor der Frage des Rigorismus im kategorischen Imperativ einsetzt, ist der einer „formal-monologischen Pflichtethik". Es sei nicht davon auszugehen, daß moralische Urteile tatsächlich intersubjektive Geltung beanspruchten. Vielmehr hänge von unserer sozialen Wirklichkeit und unseren Bedürfnissen ab, was wir als allgemeine Handlungsweise wollen könnten und was nicht. Erforderlich sei eine reale Kommunikation, eine Verständigung darüber, welche Maximen als allgemeines Gesetz gewollt werden könnten. Kants Ethik müsse daher um einen kommunikativen Unterbau erweitert, in der Gemeinsamkeiten des Weltbezuges herausgearbeitet, Situationen angemessen gedeutet und Selbstverständnisse ausgetauscht werden[516]. So sei es für den einzelnen bereits schwierig, sich überhaupt in die Situation z. B. eines Hilfsbedürftigen hineinzuversetzen. Kant unterstelle dabei einfach diesen notwendigen Perspektivenwechsel als von den Subjekten bereits geleisteten, bevor er die Frage nach der Verallgemeinerbarkeit von Handlungsmaximen stelle. Dieser sei jedoch in verschiedenen Situationen nicht einfach zu vollziehen, sondern bedürfe einer kommunikativen, intersubjektiven Verständigung.[517]

Richtig ist, daß es sich beim Aufstellen der Imperative um eine subjektive, vom einzelnen vorgenommene Reflektionsleistung handelt, die sich zunächst mit den Bestimmungsgründen des Willens beschäftigt, die aber gerade handlungsbezogen sind und andere mit in seine Denkleistung miteinbeziehen.[518] Diese Leistung des einzelnen muß aber vorausgesetzt werden und erfolgt nicht erst innerhalb eines Diskurses in der Form, daß dem Subjekt dadurch erst bewußt wird, was es tun und lassen kann oder zu tun und zu lassen hat. Der Mensch ist aufgrund seiner Vernünftigkeit in der Lage, diese Leistung zu vollbringen. Das Beispiel der Lüge, also die Frage, ob ich die Maxime ein Versprechen abzugeben, in der Absicht, es nicht zu halten, zum allgemeinen Gesetze machen kann, ist bereits in sich widersprüchlich. Eine Selbstverpflichtung wäre gleichzeitig keine Selbstverpflichtung. Daß der einzelne dabei in einer bestimmten Sozialisation aufwächst und von ihr geprägt ist, wird damit nicht bestritten. Auch die

---

516 *Wellmer* nennt sie eine „Ethik des Dialogs", d. h. eine Ethik, in der ein Dialogprinzip am zentralen Punkt unter den abgeleiteten Moralprinzipien auftritt und grenzt sich damit von einer „dialogischen Ethik", in der ein Dialogprinzip *an die Stelle* des Moralprinzips tritt, ab; vgl. Ethik und Dialog, S. 48.

517 *Wellmer*, Ethik und Dialog, S. 48f.

518 Damit geht auch der Vorwurf, es handele sich bei Kant um eine reine Gesinnungsethik, fehl; vgl. auch *Zaczyk*, Das Unrecht der versuchten Tat, S. 146f. Fn. 97; *ders.*, Gerechtigkeit als Begriff einer kritischen Philosophie im Ausgang von Kant, ARSP-Beiheft 56, S. 109.

Diskursethiker müssen zumindest jene Voraussetzung annehmen, indem sie dem einzelnen zumindest unterstellen, daß er sich auf einen derartigen Diskurs überhaupt einläßt. Auch zeigt bereits die Frage selbst, ob ich einem Hilfsbedürftigen helfen soll oder nicht, daß der Mensch zum einen ohne Diskurs in der Lage ist, die Situation des in Not geratenen zu erkennen, und daß eine Hilfeleistung zum anderen geboten ist. Wie diese in der konkreten Situation im einzelnen dann auszusehen hat, betrifft nicht mehr überhaupt die moralische Perspektive.

2. Der Begriff der rechtlichen Freiheit bei Kant

Die vorangegangenen Überlegungen haben gezeigt, daß Autonomie vom einzelnen her notwendig gedacht werden muß und ihre Realität durch praktische Grundsätze belegt, die als Gesetze in der Lage sind, einen reinen Willen, der unabhängig von jeder Erfahrung ist, in uns zu beweisen. Dieser Wille wird im kategorischen Imperativ praktisch, Freiheit und kategorischer Imperativ weisen wechselseitig aufeinander. Während es nun in der „Grundlegung zur Metaphysik der Sitten" und in der „Kritik der praktischen Vernunft" ausschließlich um Selbstbestimmung des Subjekts als eines moralischen Wesens ging, werden in der Rechtslehre Kants[519] die Wirksphären der Handlungen in den Begründungsgang einbezogen. Der einzelne wirkt mit seinen Handlungen tatsächlich nach außen und bestimmt dabei zugleich sein Verhältnis zum anderen. Kant bringt die Notwendigkeit der äußeren Handlung des Subjekts und das damit verbundene In-Verhältnis-Setzen zu anderen plastisch zum Ausdruck, indem er darauf hinweist, daß zum einen die Außenwelt begrenzt ist (die Erde ist eine Kugel[520]) und wir uns daher zwangsläufig begegnen und daß zum anderen die Personen nicht engelsgleich über der Erde schweben, sondern schon aufgrund ihrer Körperlichkeit auf der Erde Raum beanspruchen.[521] Die von Kant zuvor vorgenommene

---

519 In der „Metaphysik der Sitten" (1797) trennt *Kant* zwischen metaphysischer Rechtslehre und metaphysischer Tugendlehre. Kant unterscheidet hier das rechtliche Handeln von der Frage des sittlichen. Jenes bezieht sich auf die äußere Gesetzgebung, auf die „Moral des Zusammenlebens", während dieses die innere Gesetzgebung zum Inhalt hat, eine „Moral der inneren Einstellung" ist. Die Moralität orientiert die Bestimmungsgründe der Handlung allein im Selbst des einzelnen, das Recht dagegen bezieht sich auf die Selbstbestimmung in der Gemeinschaft. Legalität und Moralität stehen dabei aber nicht in einem Alternativverhältnis zueinander, sondern die Moralität bringt mit ihrem strengen objektiven Kriterium im kategorischen Imperativ eine Dimension, die für die rechtliche Beurteilung insofern nur nicht von Bedeutung ist, als diese die tatsächliche Außenwirkung einer Handlung zum Maßstab hat, während die inneren Motive und Antriebe nicht von Bedeutung sind. Vgl. auch *Höffe,* Kant, S. 181.

520 *Kant,* MdS, A 162, B 192.

521 Freilich ein sehr äußerliches Kriterium, was noch nicht erklärt, warum das Sich-Begegnen und dabei das Sich-Anerkennen als gleichwertige Vernunftwesen erfolgt und erfol-

Trennung des einzelnen in intelligibles Wesen und Sinnenwesen wird in der Rechtslehre zu einer Einheit geführt: Das freie Subjekt tritt mit seinen Handlungen gegenüber anderen als Vernunftwesen in Erscheinung und bezieht dabei zugleich die außer ihm liegenden Subjekte in seine Vorstellung und seine Freiheitsäußerung mit ein. Das Recht ist gewissermaßen zwischen den nach außen handelnden Personen, die als freie und selbstbestimmte Personen gedacht und behandelt werden müssen, begründet.[522] Damit ist zugleich der Anwendungsbereich des Rechts benannt. Er betrifft erstens das *äußere Verhältnis* von Personen[523] „sofern ihre Handlungen als Facta aufeinander (unmittelbar, oder mittelbar) Einfluß haben können"[524]. Gegenstand des Rechts ist also das Handeln von Personen, die sich als zurechnungsfähige Subjekte durch ihre Taten (Fakta) in der Außenwelt begegnen und sich damit auch beeinflussen können. Zweitens kann daher für das Recht nicht die innere Einstellung zur Freiheit des Gegenübers maßgeblich sein, sondern nur die *äußere Freiheit* im Zusammenleben mit anderen. Das Recht betrifft „nicht das Verhältnis der Willkür[525] auf den *Wunsch* (folglich auch auf das bloße Bedürfnis) des anderen, wie etwa in den Handlungen der Wohltätigkeit oder Hartherzigkeit, sondern lediglich auf die *Willkür* des anderen"[526]. Es ist die *nach außen gerichtete Handlungsfreiheit*, die für die Frage des Rechts von Bedeutung ist. Schließlich ist für das Recht drittens nicht die „*Materie* der Willkür, d. i. der Zweck, den ein jeder mit dem Objekt, was er will, zur Absicht hat" entscheidend, sondern nur, ob das Verhältnis der Handlungen ein freiheitliches ist, ob sich „die Handlung eines von beiden sich

---

gen muß, vgl. dazu die Ausführungen zu Fichtes Anerkennungsverhältnis unter 3.

522 Vgl. auch *Zaczyk*, Gerechtigkeit als Begriff einer kritischen Philosophie im Ausgang von Kant, ARSP-Beiheft 56, S. 121.

523 Die Person definiert *Kant* als „dasjenige Subjekt, dessen Handlungen einer *Zurechnung* fähig sind. Die *moralische* Persönlichkeit ist also nichts anders als die Freiheit eines vernünftigen Wesens unter moralischen Gesetzen (...), woraus dann folgt, daß eine Person keinen anderen Gesetzen, als denen, die sie (entweder allein, oder wenigstens zugleich mit anderen) sich selbst gibt, unterworfen ist"(MdS, AB 22) und grenzt sie von einer *Sache* als „ein Ding, was keiner Zurechnung fähig ist. Ein jedes Objekt der freien Willkür, welches selbst der Freiheit ermangelt" (MdS, AB 23).

524 *Kant,* MdS, AB 33.

525 „Willkür" ist nach *Kant* das Vermögen, welches „mit dem Bewußtsein des Vermögens seiner Handlung zur Hervorbringung des Objekts verbunden ist" (MdS, AB 5). Die Willkür ist damit auf die Realisation von Handlungen in der Außenwelt gerichtet und führt so zwangsläufig zu Sozialbeziehungen, während der Wille nicht die Handlungen selbst unmittelbar zum Gegenstand hat, sondern „vielmehr (...) den Bestimmungsgrund der Willkür zur Handlung, betrachtet, und hat selber vor sich eigentlich keinen Bestimmungsgrund, sondern ist, sofern sie die Willkür bestimmen kann, die praktische Vernunft selbst" (MdS, AB 5).

526 *Kant,* MdS, AB 32.

mit der Freiheit des andern nach einem allgemeinen Gesetze zusammen vereinigen lasse“[527]. Die von Kant auf die Frage „Was ist Recht?“[528] gegebene Antwort ergibt sich damit nicht aus der Betrachtung der empirischen Rechtsverhältnisse, sondern aus der reinen praktischen Vernunft. Sie lautet: „Das Recht ist also der *Inbegriff* der Bedingungen, unter denen die Willkür des einen mit der Willkür des andern nach einem allgemeinen Gesetze der Freiheit zusammen vereinigt werden kann.“[529] Es kommt darauf an, daß die vernünftigen (freien) äußeren Handlungen von (mindestens zwei) Personen vereinigt werden können und daß dies nach einem allgemeinen Freiheitsgesetz geschieht. „’Recht ist das Dasein der Freiheit’[530] der einzelnen in der über ein Gesetz ermöglichten Vereinigung ihrer Willkür“.[531] „Inbegriff“ ist dabei wörtlich zu verstehen. Als Recht lassen sich nur solche Bedingungen „begreifen“, die die oben aufgezeigte Qualität haben. Der Rechtsbegriff weist dabei eine negative und eine positive Seite auf. Erstere besteht darin, daß der einzelne seine Handlungen um der Freiheit der anderen willen einschränken muß. Letztere ist darin zu sehen, daß für alle eine Freiheitssicherung besteht, bedingt durch diese Freiheitseinschränkung nach allgemeinem Gesetz.[532]

Angeschlossen an den Rechtsbegriff ist das *Rechtsprinzip*: „Eine jede Handlung ist recht, die oder nach deren Maxime die Freiheit der Willkür eines jeden mit jedermanns Freiheit nach einem allgemeinen Gesetze zusammen bestehen kann (...).“[533] Aus diesem leitet sich der *Rechtsimperativ*[534] ab: „handle äußerlich so, daß der freie Gebrauch deiner Willkür mit der Freiheit von jedermann nach einem allgemeinen Gesetze zusammen bestehen könne“.[535] Aus der Einsicht, daß neben mir noch andere freie Wesen existieren, ergibt sich das Postulat der Vernunft, daß die rechtliche Freiheit aufgrund der Freiheit der anderen eingeschränkt *ist*.[536] In dem Rechtsprinzip und dem Rechtsimperativ kommt damit

---

527 *Kant,* MdS, AB 33f.; entscheidend ist z. B. beim Abschluß eines Kaufvertrages nicht, daß dem Käufer einer Sache tatsächlich ein Vorteil aus dem Handel erwächst, sondern nur daß der Vertrag unter freiheitlichen Verhältnissen abgeschlossen wird. Der Vertragspartner z. B. nicht zum Kauf einer bestimmten Sache gezwungen wird.

528 *Kant,* MdS, Einl. § 2.

529 *Kant,* MdS, AB 33; Hervorhebung durch die Verf.

530 Vgl. *Hegel,* Rechtsphilosophie, §§ 29, 30.

531 *E. A. Wolff,* Kausalität von Tun und Unterlassen, S. 71.

532 *Höffe,* Der kategorische Rechtsimperativ, S. 53.

533 *Kant,* MdS, AB 33.

534 Kant selbst verwendet den Begriff „Rechtsimperativ“ nicht. Die Struktur und die Form erlauben es aber, den von Kant aufgestellten Rechtssatz in Analogie zum „kategorischen Imperativ“ als einen solchen zu bezeichnen.

535 *Kant,* MdS, AB 34.

536 Hervorhebung der Verf.; vgl. *Kant,* MdS, AB 34: „(...) die Vernunft sagt nur, daß sie (die Freiheit) in ihrer Idee darauf eingeschränkt *sei* und von andern auch tätlich eingeschränkt

auch zum Ausdruck, daß dieses Postulat nicht von außen dem einzelnen auferlegt wird, sondern aus der Vernunfteinsicht des Subjekts heraus entwickelt wird. Der einzelne nimmt in seine Perspektive die seines Gegenübers mit auf und erweitert damit sein Bewußtsein. Es ist vor allem die Leistung Fichtes gewesen, darzulegen, daß der einzelne dieses Vermögen hat und sich Selbstbewußtsein durch die Begegnung mit einem anderen Bewußtsein überhaupt erst konstituieren kann.[537]

Rechtliche Freiheit ist damit keine, die erworben werden muß, sondern jedem Subjekt kraft seines Menschseins angeboren und damit Maßstab aller weiteren subjektiven Rechte (Menschenrechte) ist. Dabei handelt es sich aber nicht um ein unbeschränktes Recht der (äußeren) Freiheit, sondern es reicht nur soweit, wie es mit jedes anderen Freiheit nach einem allgemeinen Gesetz bestehen kann. Damit ist im Begriff der rechtlichen (äußeren) Freiheit die andere außer mir liegende Person mitgedacht. Nur insoweit dies der Fall ist, kann von *rechtlicher* Freiheit gesprochen werden. „*Freiheit* (Unabhängigkeit eines anderen nötigender Willkür), sofern sie mit jedes anderen Freiheit nach einem allgemeinen Gesetz zusammen bestehen kann, ist dieses einzige, ursprüngliche, jedem Menschen kraft seiner Menschheit zustehende Recht."[538] Die Rechtsgüter des einzelnen sind also nicht als etwas von außen der Person (z. B. durch den Gesetzgeber) Zugewiesenes, sondern sind notwendig an das praktisch handelnde Subjekt gebunden. Rechte wie Leben, Körper, Eigentum, Ehre (letztlich alle Rechtsgüter) können nicht als vom einzelnen zu trennende Objekte betrachtet werden. Um ein Objekt in der Außenwelt als Rechts-Objekt „lebendig werden zu lassen", ihm einen Rechtswert zu verschaffen, kann es nur zu menschlichem Verhalten in Beziehung gesetzt werden. Die einzelnen Rechtsgüter sind damit Formen der Freiheit des einzelnen, die sich erst durch wechselseitige Anerkennung konstituieren und nicht vom Rechtssubjekt zu trennen sind.[539] Damit lassen sich die Rechtsgüter nicht auf ihre empirische Faktizität wie Person, Sache usf. reduzieren, sondern erhalten in Bezug zu den einzelnen Subjekten ihren (Rechts-) Geltungswert. Unabhängig also von einer öffentlich-gesetzgebenden Gewalt, sondern bereits im Naturzustand ist das Recht der Freiheit (und die daraus notwendig abzuleitenden Rechte) Bestandteil des jeweiligen Subjekts

---

werden dürfe; und dieses sagt sie als ein Postulat, welches gar keines Beweises weiter fähig ist".

537 Vgl. dazu sogleich die Ausführungen zu Fichtes Deduktion des Rechtsbegriffs unten unter 3.

538 *Kant,* MdS, AB 45.

539 Eine differenzierte Betrachtung der Konstitution der Rechtsgüter der Person, der Gesellschaft und des Staates kann hier nicht erfolgen. Gleiches gilt für eine getrennte Behandlung der Unrechtsverwirklichung derselben. Vgl. dazu die Ausführungen von *Zaczyk,* Das Unrecht der versuchten Tat, S. 165ff. und S. 198ff.

selbst. *Insofern* stehen die praktisch handelnden Subjekte bereits in einem *rechtlichen* Zustand.[540]

Kant macht aber auf ein weiteres für das Recht unabdingbares Moment aufmerksam. Soll das Recht auch durchsetzbar sein, muß mit ihm die „Befugnis zu zwingen" verbunden sein. Denn ein Recht, welches ich nicht auch tatsächlich gegenüber anderen durchzusetzen vermag, ist kein wirkliches Recht, sondern nur ein leerer Schein. Gemeint ist damit nicht eine Brachialgewalt, ebenso nicht Notwehr oder eine Kriminalstrafe, sondern eine mit dem Prinzip des Rechts verbundene Notwendigkeit, um überhaupt von Recht in der äußeren Handlungswelt sprechen zu können. Derjenige, der mich daran hindert, daß meine Handlung mit „der Freiheit nach einem allgemeinen Gesetze zusammen bestehen kann", handelt unrecht, weil er mir ein Hindernis setzt, das sich mit der Freiheit nach einem allgemeinen Gesetze nicht verträgt.[541] Das Verhältnis von Recht und Zwangsbefugnis ist aber nicht so zu verstehen, daß es sich um zwei getrennte Momente handelt, der „Verbindlichkeit nach einem Gesetze" und der „Zwangsbefugnis", sondern Begriff des Rechts und wechselseitiger Zwang sind miteinander verwoben. „Recht und Befugnis zu zwingen bedeuten also einerlei".[542] Kant verdeutlicht dies am folgenden Beispiel: „Wenn also gesagt wird: ein Gläubiger hat ein Recht, von dem Schuldner die Bezahlung seiner Schuld zu fordern, so bedeutet das nicht, er kann ihm zu Gemüte führen, daß ihn seine Vernunft selbst zu dieser Leistung verbinde, sondern ein Zwang, der jedermann nötigt, dieses zu tun, kann gar wohl mit jedermanns Freiheit, also auch mit der seinigen, nach einem allgemeinen äußeren Gesetze zusammen bestehen".[543] Das Beispiel verdeutlicht zudem, daß der Rechtszwang auf zwei Bedingungen eingeschränkt ist: Er ist als Gegenzwang zu verstehen, d. h. er erfolgt nur dort, wo bereits Zwang vorliegt, d. h. in einen anderen Freiheitsraum eingegriffen wird, und reicht nur so weit, wie er dazu dient, das Unrecht abzuwenden.[544]

---

540 Es bedarf aber noch der Schaffung eines Zustandes, der das Vertrauen in die Vernünftigkeit und das äußere Verhalten der anderen auf eine sichere Basis stellt und damit dem Recht auch zu seiner Realität verhilft. Denn davor, daß „die Neigung der Menschen überhaupt über andere den Meister zu spielen, (die Überlegenheit des Rechts anderer nicht zu achten, wenn sie sich, der Macht oder List nach, diesen überlegen fühlen) in sich selbst hinreichend wahrnehmen kann, und es ist nicht nötig, die wirkliche Feindseligkeit abzuwarten;" (*Kant*, MdS, § 42, AB 157), ist keiner gefeit. Vgl. dazu näher unter 5.

541 *Kant*, MdS, AB 35

542 *Kant*, MdS, AB 36.

543 *Kant*, MdS, AB 36.

544 Vgl. zum Zwangsrecht auch *Zaczyk*, Das Unrecht der versuchten Tat, S. 193f.; *M. Köhler*, Zur Begründung des Rechtszwangs, S. 93ff. (101ff.).

3. Fichtes Lehre vom Rechtsverhältnis: Deduktion des Rechtsbegriffs aus der Interpersonalität – Das Anerkennungsverhältnis und seine Bedeutung für die Konstitution des Rechtsverhältnisses

Die Leistung Fichtes besteht darin, daß er über Kant hinaus aufgewiesen hat, daß der einzelne sein Gegenüber nicht nur als Vernunftwesen erkennt, sondern als gleich *an*erkennt. Für ihn ist Interpersonalität Voraussetzung für die Konstitution des Selbstbewußtseins, wobei hierfür erforderlich ist, daß sich die begegnenden Personen auch tatsächlich als freie und vernünftige behandeln. Das von ihm beschriebene Anerkennungsverhältnis ist bereits ein Rechtsverhältnis, welches sich beim Aufeinandertreffen von praktisch handelnden Subjekten notwendig konstituiert.

Fichte setzt dabei an den von Kant geleisteten fundamentalen Einsichten der „Kritik der reinen Vernunft“ und der „Kritik der praktischen Vernunft“ an, geht aber einen Schritt weiter, indem er dem Grund des Vernunftvermögens nachgeht. Er fragt nach dem „absolut – ersten, schlechthin unbedingten Grundsatz“ menschlichen Wissens.[545] Nicht erst das „Ich denke“ ist, wie Kant meint, Ursprung meiner Vorstellung, sondern bereits das seiner selbst bewußte *„Ich“* ist Voraussetzung für das Denken überhaupt; „man denkt nicht noth- wendig, wenn man ist, aber ist nothwendig, wenn man denkt. Das Denken ist gar nicht das Wesen, sondern nur eine besondere Bestimmung des Seyns“[546]. In den ersten drei Lehrsätzen der *„Grundlage des Naturrechts nach Prinzipien der Wissenschaftslehre“* (1796) antwortet Fichte auf die Frage, wie ein endliches Vernunftwesen sich seiner selbst bewußt werden, wie es „Ich“ zu sich sagen kann. Er macht damit den Menschen selbst zum Gegenstand eigener Betrachtung; er wird zum Objekt seiner Reflexion. Diese innere Reflexion ist jedoch nicht so zu verstehen, daß der einzelne sich als isoliertes, egozentrisches Wesen begreift. Im Gegenteil: Fichte zeigt auf, daß sich der Mensch als ein solches gar nicht erkennen könnte, sondern erst in der Interpersonalität seiner selbst bewußt werden kann. *„Der Mensch (...) wird nur unter Menschen ein Mensch*; (...) *sollen überhaupt Menschen seyn, so müssen mehrere seyn.“*[547] Autonomie, das Eingebundensein in eine soziale Gemeinschaft und das sich nur in einem solchen Zusammenhang Begreifenkönnen des vernünftigen und endlichen einzelnen werden bei Fichte zu einer denknotwendigen Einheit geführt. Für die Antwort auf die Frage, ob ein Zusammenwirken von Einzelpersonen (im Recht wie im Unrecht) überhaupt möglich ist, gibt Fichte damit im Zusammenhang mit

---

545 *Fichte,* Grundlage der gesamten Wissenschaftslehre, Erster Teil, S. 91; in Fichtes Werke herausgegeben von Immanuel Hermann Fichte, Band I.

546 *Fichte,* WL, S. 100.

547 *Fichte,* NR, S. 39.

der Deduktion des Anerkennungsverhältnisses die notwendige Grundbedingung an, indem er aufweist, daß Einflüsse anderer Vernunftsubjekte notwendige Entstehungsbedingung für das endliche Selbstbewußtsein sind.[548]

Den Ausgangspunkt des Begründungsganges Fichtes bildet die Konstitution des einzelnen Selbstbewußtseins überhaupt, konkret die Frage, was geschieht, wenn ein Vernunftwesen über sich selbst reflektiert, sich selbst zum Gegenstand seiner Betrachtung macht. Sein Charakter ist *„in sich selbst zurückgehende Thätigkeit*[549] überhaupt (Ichheit, Subjektivität)"[550]. Die Reflexion über sich selbst ist ein „Act einer solchen Thätigkeit"[551], Fichte nennt sie „A". Diese Reflexion „A" muß dabei auf ein „Etwas", auf ein Objekt „B" zurückgehen. Da das Vernunftwesen gerade über sich selbst reflektiert, kann dieses Objekt „B" auch nur eine *„in sich selbst zurückgehende, sich selbst bestimmende Thätigkeit*"[552] sein. Wie begreift das Ich nun dieses „B"? Das Vernunftwesen ist ein endliches. Daher kann der Gegenstand der Reflexion nicht unendlich sein. Dem „B" muß somit etwas (ein „C") entgegengesetzt sein. Die dem Ich gegenübergestellte Grenze bildet die das Vernunftwesen umgebende Objektwelt. Das Ich ist mit der Objektwelt durch eine Tätigkeit des Vernunftwesens, seine „Weltanschauung", verbunden. Die Weltanschauung kann jedoch nicht die gesuchte Tätigkeit „B" sein, weil sie nach außen geht und auch von außen ihrem Inhalt nach durch die vorgegebenen Objekte bestimmt ist. Eine der Weltanschauung entgegengesetzte Tätigkeit müßte somit eine inhaltlich freie[553] Tätigkeit sein, die darauf gerichtet ist, das Gebundensein an die Objekte aufzuheben. Durch das praktische Verhältnis des Menschen gegenüber der Sinnenwelt wirkt der Mensch in bezug auf die Weltanschauung und die Objektwelt. „Sie (die gesuchte Tätigkeit B) ist mithin *Wirksamkeit* auf die Objecte"[554]. „B" soll aber „ein Zurückgehen in das Vernunftwesen selber sein", soweit es sich aber auf die äußere Welt bezieht, ist es dies nicht. Die freie Tätigkeit muß daher auch auf das Vernunftwesen selbst

---

548 Vgl. insgesamt zur Deduktion des Anerkennungsverhältnisses bei Fichte, *Zaczyk*, Das Strafrecht in der Lehre J. G. Fichtes, S. 19ff.; *ders.*, Die Struktur des Rechtsverhältnisses (§§ 1-4) im Naturrecht Fichtes, S. 9ff.

549 Mit dem Begriff der *„Tätigkeit"* ist etwas gemeint, was nicht von außen an das Vernunftwesen herangetragen wird, sondern was aus ihm selbst kommt. Dabei könnte an dieser Stelle sowohl das Denken gemeint sein, aber auch mehr als ein bloßes Denken oder Erkennen, nämlich ein Handeln bezogen auf die äußere Welt. Fichte nennt sie später „freie Wirksamkeit".

550 *Fichte*, NR, S. 17.

551 *Fichte*, NR, S. 17.

552 *Fichte*, NR, S. 17.

553 „Freiheit" bedeutet, eine bestimmte Handlung zu vollziehen, von der ich weiß, daß sie meine freie, eigene Aktion ist.

554 *Fichte*, NR, S. 19.

bezogen, „eine freie Selbstbestimmung zur Wirksamkeit“ sein. Soweit sie auf die Objektwelt gerichtet ist, ist sie ihrem Inhalt nach bestimmt. Dies soll sie aber gerade nicht sein. Die gesuchte Tätigkeit B „wird daher durch sich selbst bestimmt, ist bestimmt und bestimmend zugleich“[555]. Selbstbewußtsein hat somit seinen letzten Grund im vernünftigen Wesen selbst und ist nur dadurch möglich, daß das Vernunftwesen sich seiner selbst bewußt werden *kann*. Dies kann es aber nur aufgrund seiner Vernünftigkeit. Selbstbewußtsein und Vernunft sind somit identisch. Um sich seiner selbst bewußt werden zu können, muß sich das Vernunftwesen zunächst eine freie Wirksamkeit zuschreiben. Der erste Lehrsatz des Naturrechts lautet daher: *„Ein endliches vernünftiges Wesen kann sich selbst nicht setzen* (wahrnehmen/begreifen), *ohne sich eine freie Wirksamkeit zuzuschreiben*“. An den ersten Lehrsatz schließt Fichte folgenden, sich aus dem ersten Lehrsatz ergebenden Folgesatz (§ 2) an: "*Durch dieses Setzen seines Vermögens zur freien Wirksamkeit setzt, und bestimmt das Vernunftwesen eine Sinnenwelt ausser sich*"[556]. Fichte hebt hier hervor, daß die Objektwelt unabhängig vom Vernunftwesen existiert. Die freie Tätigkeit (das praktische Sich-nach-außen-Verhalten) ist begrenzt, weil auch das Vernunftwesen selber ein endliches ist. Als Grenze ist ihr die Objektwelt entgegengesetzt. Diese liegt außerhalb der Tätigkeit des Vernunftwesens und ist somit von ihr unabhängig, da sie sich nicht in der Sphäre des Vernunftwesen befindet. Dadurch, daß sich das Vernunftwesen seiner Wirksamkeit in der Objektwelt bewußt wird, ist es in der Lage, sich von dieser abzugrenzen. Dabei bestimmt der Mensch aber zugleich auch die Sinnenwelt, indem er sich zu ihr verhält, d. h. "sie (die Objektwelt) wird mit gewissen unveränderlichen und allgemeinen Merkmalen gesetzt"[557]. Im Gegensatz zum Objekt kann sich das Subjekt durch sein Handeln in der Sinnenwelt selber frei bestimmen. Das Objekt ist festgesetzt und bestimmt, es kann sich selber nicht verändern. "Das Ich ist was es ist im *Handeln*, das Object im *Seyn*"[558].

Im zweiten Lehrsatz (§ 3) beschreibt Fichte, daß ein Mensch sein Bewußtsein nicht in reiner Isolation gewinnen kann, sondern dafür anderer vernünftiger Wesen bedarf: *„Das endliche Vernunftwesen kann eine freie Wirksamkeit in der Sinnenwelt sich selbst nicht zuschreiben, ohne sie auch anderen zuzuschreiben, mithin, auch andere endliche Vernunftwesen ausser sich anzunehmen*“[559]. In seiner Beweisführung hebt Fichte dabei zunächst den zeitlichen Zirkelschluß

---

555 *Fichte,* NR, S. 19.

556 In der Wissenschaftslehre unterscheidet Fichte zwischen dem "Ich" (freie in sich selbst zurückgehende Tätigkeit) und dem "Nicht-Ich" (Sinnenwelt, Objektwelt).

557 *Fichte,* NR, S. 28.

558 *Fichte,* NR, S. 28.

559 *Fichte,* NR, S. 30.

hervor: So ist Selbstbewußtsein nicht zu erklären, ohne es immer schon als vorhanden vorauszusetzen. Damit sich der Mensch seiner Wirksamkeit bewußt werden konnte, mußte das Subjekt des Selbstbewußtseins vorher ein Objekt wahrgenommen haben und umgekehrt. Dieser Zirkelschluß kann daher nur so aufgehoben werden, daß die „Wirksamkeit des Subjekts“ mit dem Objekt im selben Moment synthetisch verknüpft wird. Fichte vereinigt nun das, was er vorher bewußt getrennt hatte, nämlich die freie Wirksamkeit und die Objektwelt; „die Wirksamkeit des Subjects sey selbst das wahrgenommene und begriffene Object, das Object sey kein anderes als die Wirksamkeit des Subjects, und so seyen beide dasselbe“[560].

Diese aufgezeigte Synthese scheint widersprüchlich. Auf der einen Seite steht die Objektwelt, die einen Widerstand, eine Begrenzung für das Subjekt darstellen soll und auf der anderen Seite das Subjekt, welches gerade durch seine freie Wirksamkeit gekennzeichnet ist. Der vorliegende Widerspruch kann nur so aufgelöst werden, daß die das Vernunftwesen umgebende Außenwelt eine Aufforderung an das Subjekt zu handeln in sich trägt. Dadurch, daß das Subjekt das Objekt als von ihm unabhängig begreift, kann es seine Freiheit und Selbständigkeit erst erkennen. Die von außen kommende Aufforderung stellt somit etwas das Subjekt äußerlich Begrenzendes dar, aber es verhindert gerade nicht die freie Wirksamkeit, sondern ermöglicht sie.

Die Frage, wie das Vernunftwesen die praktische Tätigkeit zu entwickeln vermag und sich als Selbstbewußtsein begreifen kann, ist somit beantwortet: Selbstbewußtsein kann sich nicht aus sich selbst heraus erklären, sondern bedarf eines Anknüpfungspunktes, nämlich eines Anstoßes von außen (Aufforderung). ”Die beschriebene Einwirkung (Aufforderung) war nothwendige Bedingung alles Selbstbewußtseyns; sie kommt vor, so gewiss Selbstbewußtseyn vorkommt, und ist demnach ein nothwendiges Factum”[561].

Es stellt sich aber die Frage, wo der Grund der Aufforderung zu finden ist und wie dieser beschaffen sein muß, damit sich das Vernunftwesen trotz der von außen an ihn herangetragenen Aufforderung selber frei bestimmen kann. Damit die Aufforderung überhaupt zweckmäßig ist, muß die Ursache der Aufforderung die Möglichkeit voraussetzen, daß das Vernunftwesen diese auch verstehen und begreifen kann. Dies setzt wiederum voraus, daß die Ursache selber vernünftig und frei ist, sie muß also ”selbst ein der Begriffe fähiges Wesen, eine Intelligenz”[562] sein.

---

560 *Fichte,* NR, S. 32.
561 *Fichte,* NR, S. 35.
562 *Fichte,* NR, S. 36.

Wird das Vernunftwesen zum Handeln aufgefordert, "so muß es nothwendig ein vernünftiges Wesen ausser sich setzen als die Ursache derselben, also überhaupt ein vernünftiges Wesen ausser sich setzen"[563]. In der sich an den § 3 anschließenden Corollaria erklärt Fichte, daß die Aufforderung zur freien Selbsttätigkeit das ist, "was man Erziehung nennt. Alle Individuen müssen zu Menschen erzogen werden, ausserdem würden sie nicht Menschen"[564].

Im § 4 des Naturrechts leitet Fichte das Anerkennungsverhältnis (Rechtsverhältnis) ab. Er deduziert dieses Verhältnis nun aus dem Begriff des Individuums selbst. Damit sich das Vernunftwesen als Individuum begreifen kann, muß es sich von anderen Vernunftwesen unterscheiden. Dies kann es, indem es sich bewußt wird, daß der Grund zur Erreichung von Selbstbewußtsein außer ihm liegt, daß der Erfolg (das Produkt) der Aufforderung aber in ihm selber liegt. Es hängt vom einzelnen ab, wie er sich zu der Aufforderung in Verhältnis setzt, wie er auf sie reagiert. „Der Grund der Wirksamkeit des Subjects, liegt zugleich in dem Wesen *ausser ihm* und *in ihm* selbst, der Form nach, oder darin, dass überhaupt gehandelt werde“[565]. Das Vernunftwesen hat mehrere Möglichkeiten, auf die Aufforderung zu reagieren, es wählt eine Möglichkeit. Dadurch, daß der Mensch eine Möglichkeit wählen kann und dadurch, daß er sich seiner verschiedenen Möglichkeiten bewußt wird, „constituiret (er) sich seine Freiheit und Selbständigkeit“[566]. Das vernünftige Wesen hat zwischen den verschiedenen Möglichkeiten, die durch ein anderes Vernunftwesen bedingt waren, selber eine Möglichkeit gewählt und sich dabei gleichzeitig dem anderen Vernunftwesen entgegengesetzt. Bedingung der Entgegensetzung ist, daß sich das Vernunftwesen mit einem anderen vergleicht, sich in Beziehung zu einem anderen Individuum setzt. Das Vernunftwesen wird sich durch das Auswählen einer möglichen Handlung seiner eigenen Sphäre und Freiheit bewußt.[567] Es erkennt durch das Bewußtsein seiner eigenen Freiheit auch die Freiheit des Wesens außer ihm.

Zur Freiheit gehört aber, daß überhaupt gehandelt wird, denn nur so kann das andere Subjekt erkennen, daß es als vernünftiges und freies Wesen anerkannt wird. Damit ein Vernunftwesen frei handeln kann, ist es notwendig, daß ein ihm

---

563 *Fichte,* NR, S. 39.
564 *Fichte,* NR, S. 39.
565 *Fichte,* NR, S. 41.
566 *Fichte,* NR, S. 42.
567 Hierin wird deutlich, daß die Möglichkeit zu „wählen“ nicht auf eine Wahlmöglichkeit zwischen, dem Subjekt inhaltlich vorgegebenen, äußeren Alternativen zu reduzieren ist. Das „aufgeforderte“ Subjekt bestimmt vielmehr gerade selbst, wie es sich zum anderen in Verhältnis setzt. Es füllt somit die Aufforderung selbsttätig mit Inhalt, der vom „auffordernden“ vernünftigen Gegenüber offen gelassen wurde.

gegenübertretendes Individuum seine freie Handlung aufgrund der Erkenntnis der Freiheit des anderen beschränkt, um nicht in die Sphäre des anderen einzugreifen. Die freie Handlung des einen ist wiederum nur dadurch möglich, daß ihm der andere einen Handlungsfreiraum läßt. Durch die Entgegensetzung eines anderen Wesens und durch den Vergleich mit demselben findet daher gleichzeitig eine Gleichsetzung zwischen beiden statt. Ich erkenne, daß mein Gegenüber ebenfalls ein vernünftiges und freies Wesen sein muß und behandle es auch danach. „Das Verhältnis freier Wesen zueinander ist demnach nothwendig auf folgende Weise bestimmt, und wird gesetzt, als so bestimmt: Die Erkenntniss des Einen Individuums vom anderen, ist bedingt dadurch, dass das andere es als ein freies behandele, (d. i. seine Freiheit beschränke durch den Begriff der Freiheit des ersten). Diese Weise der Behandlung aber ist bedingt, durch die Handelsweise des ersten gegen das andere; (...). Das Verhältnis freier Wesen zueinander ist daher das Verhältnis einer Wechselwirkung durch Intelligenz und Freiheit. Keines kann das andere anerkennen, wenn nicht beide sich gegenseitig anerkennen: und keines kann das andere behandeln als ein freies Wesen, wenn nicht beide sich gegenseitig so behandeln“[568].

Das Rechtsverhältnis ist also ein (Wechsel-) Verhältnis handelnder Individuen nebeneinander. Die Freiheit des einen Subjekts mißt sich an der Freiheit des anderen und ist durch dieselbe bedingt. In der Behandlung der Individuen untereinander spiegelt sich wider, inwieweit sie sich untereinander als Freie betrachten und behandeln. Nur so ist ein vernünftiges Verhältnis, ein vernünftiger Umgang zwischen Individuen denkbar. „Das deducierte Verhältnis zwischen vernünftigen Wesen, dass jedes seine Freiheit durch den Begriff der Möglichkeit der Freiheit des anderen beschränke, unter der Bedingung, dass das erstere die seinige gleichfalls durch die des anderen beschränke, heisst das *Rechtsverhältniss*; und die jetzt aufgestellte Formel ist der Rechtssatz“[569].

Nicht allein aufgrund der äußeren Situation („die Erde ist eine Kugel“) müssen die Menschen sich immer wieder begegnen und sind von daher zu Gesellschaftswesen bestimmt, sondern aufgrund der Notwendigkeit der Selbstwerdung - des Sich-seinerselbst-Bewußtwerdens des einzelnen - ist es unumgänglich, daß sie ihr Wirken in der Außenwelt aufeinander beziehen und nicht in reiner Vereinzelung Mensch werden können.[570] Fichte hat damit gegenüber Kant deut-

568 *Fichte,* NR, S. 44.

569 *Fichte,* NR, S. 52.

570 Vgl. *Zaczyk,* Das Strafrecht in der Lehre J. G. Fichtes, S. 99f.: Das „Rechtsverhältnis (ist) mehr (...), als das additive Zusammenstehen von Solipsisten. Wenn der einzelne ein Individuum nur ist durch die Leistung von sich und anderen, dann kann das Rechtsverhältnis nicht bloß eine äußere Verbindung von Individuen sein, sondern muß Ausdruck sein ihres Aufeinanderbezogenseins“.

licher dargelegt, daß Endlichkeit und Vernunft im einzelnen Subjekt eine Einheit bilden und diese im praktischen Handeln auch in Erscheinung treten. Zudem hat er aufgewiesen, daß dem einzelnen bedingt durch die Existenz anderer ihm gleich gearteter Wesen immanente Grenzen gezogen sind und so die Bedingung des Rechthandelns aufgrund des Daseins anderer Mitsubjekte bereits feststeht. Das Recht entsteht nicht durch von einer äußeren Macht auferlegte Regelungen, sondern bezieht sein Dasein aus der Notwendigkeit der Existenz mehrer endlicher Vernunftsubjekte selbst, die sich gegenseitig als solche anerkennen und behandeln müssen.

Auch wenn mit dem originären Interpersonalitätsverhältnis das Recht noch nicht in seiner Gesamtheit erfaßt ist, es hierfür vielmehr noch weiterer Vermittlungsschritte wie der Konstitution der Gesellschaft und des Staates bedarf (vgl. unter 5.), ist doch erwiesen, daß auch diese Schritte nicht an der Wirklichkeit des einzelnen endlichen Selbstbewußtseins vorbei können. Basis muß, auch wenn eine weitere den einzelnen übersteigende Dimension hinzukommt, das praktisch handelnde Subjekt bleiben. Für die Bestimmung der Abgrenzungskriterien von mittelbarer Täterschaft und Anstiftung wird das noch von Bedeutung sein.

4. Zusammenfassung

Es wurde in der Erkenntnistheorie Kants gezeigt, daß sich Freiheit bereits aus den Gegebenheiten des Denkens des einzelnen ableitet. Der Mensch ist in der Lage, die Möglichkeit der Freiheit im Denken anzunehmen. Freiheit wurde insoweit negativ als „Unabhängigkeit von empirischen Bedingungen" bestimmt. Bereits aus dieser Negativbestimmung war die Richtung für die positive angezeigt. So verhält sich das Subjekt zu seiner Erkenntnis nicht passiv, sondern in dem Bewußtsein des „Ich denke" ist es selbst Grund seiner Vorstellung.

Das moralische Gesetz als Faktum der Vernunft ist von allen empirischen Bedingungen unabhängig und somit Zeugnis der Autonomie des einzelnen. Der Mensch ist nicht auf eine reine Wahlmöglichkeit reduziert, sondern seine Selbstbestimmung liegt gerade darin, daß er durch seine Vernünftigkeit ein willentlich–regelsetzendes und damit ein die Wirklichkeit bestimmendes Vermögen aufweist. Selbstbestimmung und praktische Vernunfttätigkeit stehen also in einem notwendigen Zusammenhang. Die aus der theoretischen und praktischen Philosophie Kants gewonnenen Erkenntnisse wurden sodann für den Begriff des Rechts fruchtbar gemacht. Wird der einzelne als autonom begriffen und nicht als von heteronomen Mächten bestimmt, kann auch der Begriff des Rechts nur vom einzelnen ausgehen. Bereits im kategorischen Imperativ ist die Aufgabe des Subjekts angelegt, andere Personen in das Denken mit aufzunehmen. Die subjektive Notwendigkeit, in ein Anerkennungsverhältnis mit anderen zu treten, wurde schließlich bei Fichte im Prozeß des Selbstbewußtwerdens des einzelnen zum Abschluß geführt.

Durch die Darlegung des Rechtsverhältnisses als Anerkennungsverhältnis wurde zugleich ein erster Schritt zur Allgemeinheit aufgewiesen: Der einzelne ist aufgrund seiner Vernünftigkeit in der Lage, seine subjektive Perspektive zu verlassen und sich in ein Verhältnis mit anderen zu setzen, ohne daß er dadurch seine Selbständigkeit oder die seines Gegenübers aufgibt; die Gemeinschaft mit anderen ist vielmehr für die Bildung des Selbstbewußtseins des einzelnen unabdingbar. Bereits im kategorischen Imperativ kam die Forderung, die anderen in das Denken und Handeln mitaufzunehmen, zum Ausdruck. Damit hat der einzelne durch seine subjektive Leistung bereits eine Ebene von Allgemeinheit erreicht. Allerdings ist das beschriebene Anerkennungsverhältnis noch verbunden mit der Konstitution des Subjekts, so daß nur eine subjektive Allgemeinheit begründet werden konnte. Daß aber eine objektive zu fordern ist, um die Freiheit zu realisieren, liegt in der Vernunft der einzelnen selbst begründet, soll Freiheit nicht nur ein gedankliches Konstrukt bleiben. So ist ein zusätzlicher Schritt erforderlich, in dem die von den Subjekten begründeten Verhältnisse auf einer neuen Stufe zu einer Einheit gebracht werden, die es ermöglicht, Freiheit unabhängig von der subjektiven Perspektive und der darin liegenden Fehlbarkeit des einzelnen zu realisieren. Angesprochen ist damit die Dimension des Staates.

5. Die Konstitution des Staates

Bei Kant und Fichte wird die Notwendigkeit des Staates, wenn auch mit unterschiedlichen Akzentuierungen, aber durch eine in dieselbe Richtung weisende Linie aus dem dargelegten Rechtsverhältnis abgeleitet. Insbesondere Fichte hat dabei die Dimension des Staates an die Autonomie des einzelnen gebunden und aus ihr deduziert. Aufgabe der Staatsgründung ist es, den Prozeß des Selbstbewußtwerdens zu beschließen. Die dem einzelnen übergeordnete Dimension des Staates bleibt als subjektiv eingesehene Allgemeinheit mit dem einzelnen verbunden und ist zugleich ihr Verbindungselement. Die Notwendigkeit der Staatskonstitution beruht nicht auf einer eigensüchtigen Befriedigung des Selbsterhaltungsstrebens der einzelnen, um den Egoismus der Menschen zu bändigen.[571] Denn dann wäre der Staat nur eine „rein technische Begriffsapparatur“[572]. Einem einzelnen Subjekt könnte so als Souverän eine uneingeschränkte Macht zukommen, der alle anderen unterdrückt. Eine solche Herrschaft wäre losgelöst von vernünftigen Einsichten, und der einzelne verlöre

---

571 Vgl. aber dagegen *Hobbes,* Leviathan, 13. Und 17. Kapitel.

572 *Schottky,* Untersuchungen zur Geschichte der staatsphilosophischen Vertragstheorie im 17. und 18. Jahrhundert, S. 142; vgl. denselben zur Gegenüberstellung der Staatstheorie Fichtes gegenüber der von Hobbes, S. 139ff.

seine Position als Selbstbegründender.[573] Die Notwendigkeit der Staatskonstitution muß vielmehr im Prozeß des Selbstbewußtwerdens liegen, soll die Autonomie des einzelnen nicht durch eine heteronome Macht wieder aufgegeben werden. Es ist die von der Vernunft geforderte Aufgabe *aller*, die rechtliche Freiheit des einzelnen Wirklichkeit werden zu lassen. Darauf ist nun näher einzugehen.

Im vorstaatlichen Bereich wurde bereits auf das Erfordernis der Wirksphären für die Freiheitsverwirklichung der Subjekte in der endlichen Welt hingewiesen. Voraussetzung für die Realisierung der Wirkmöglichkeit ist es aber, daß die Vermittlung mit der Objektwelt tatsächlich gewährleistet ist. Kant und Fichte zeigen in der Eigentumslehre[574] auf, daß die Verteilung und Anerkennung von Freiheitssphären allein durch ein Subjekt nicht zureichen kann, um sie zu festigen. Es bedarf vielmehr der Anerkennung aller, soll nicht ein ständiger Konflikt zwischen den Subjekten ausgetragen werden. Eine Einzelperson vermag dies aber aufgrund ihrer subjektiven und damit endlichen Perspektive nicht für alle anderen verbindlich zu leisten. Die Dimension des Staates kann also nicht von einer Person begründet werden, die als übergeordnete, heteronome Macht die Wirksphären für alle anderen verbindlich zuweist, sondern die Lösung kann nur in einem vereinigten Willen aller liegen.[575] Voraussetzung bleibt damit die Zustimmung aller Subjekte zu einer gemeinsamen, für sie nachvollziehbaren Regelung. Die aufgezeigte Notwendigkeit der Begegnung mit anderen erfordert die Begründung einer gemeinschaftlichen Organisation deshalb, um die gegenseitigen Freiheitssphären verbindlich zuweisen zu können. Kant legt in der Erwerbs- und Besitzlehre die sich aus der Vernünftigkeit des einzelnen abzuleitende Notwendigkeit, in einen gemeinsamen gesetzlichen Zustand zu treten, dar. Auch im Naturzustand können Gegenstände[576] zwar tatsächlich aber

---

573 Vgl. zur Kritik gegenüber Hobbes auch *E. A. Wolff,* Die Abgrenzung von Kriminalunrecht zu anderen Unrechtsformen, S.204f., der darauf hinweist, daß hier „schon äußerlich die Vernunft nicht an das Ziel gelangt“: Der im Einzelnen aufgrund seiner Vernunft und Endlichkeit angelegte Denkprozeß wird auf die machthabende Person dann gerade nicht übertragen. *Wolff* formuliert die Konsequenzen sehr treffend: „Der selbstbewußte Einzelne, der die Macht der ‚künstlichen Person' tatsächlich innehat, kann schlimmer sein als die übrigen, derentwegen man die Macht auf ihn übertragen hat; er kann durch die Intensivierung seines Selbstgefühls, sich in anderen Personen wirksam fühlen, ungebremst zur Unterdrückung fortschreiten“ (aaO). Dies würde zudem bedeuten, daß der einzelne seine „Stellung als Selbstbegründender, als Freier“ aufgäbe.

574 Der Begriff des „Eigentums“ ist hier weit zu verstehen, d. h. er ist nicht reduziert auf ein Haben von Gegenständen, sondern meint „Rechte auf freie Handlungen in der Sinnenwelt überhaupt“, *Fichte,* NR, S. 195.

575 *Kant,* MdS, AB 85.

576 Der Begriff des „Gegenstandes“ ist hier weit zu verstehen. Gemeint sind nicht nur Sachen im Sinne von körperlichen Gegenständen, sondern neben diesen auch Beziehun-

eben nur provisorisch erworben werden. Ein einseitiger Wille der Erwerbung schafft noch keine Berechtigung derselben. Diese „kann nur in der Idee eines a priori vereinigten (notwendig zu vereinigenden) Willen aller liegen (...); denn durch einseitigen Willen kann anderen eine Verbindlichkeit, die sie für sich sonst nicht haben würden, nicht auferlegt werden. – Der Zustand aber eines zur Gesetzgebung allgemein wirklich vereinigten Willens ist der *bürgerliche Zustand*"[577]. Seine Normen helfen den Subjekten zur Koordinierung ihrer Handlungen in der Außenwelt, wobei die Regelungen inhaltlich so gefaßt sein müssen, daß alle in ihrer Selbständigkeit und Gleichheit im Verhältnis zum anderen begriffen werden. Sie müssen jedem die „selbständige Bewältigung des Daseins"[578] mit anderen ermöglichen.[579] Kant erhebt den beschriebenen Zustand des Privatverhältnisses schließlich durch die Gründung eines Staates zum öffentlichen Zustand.[580] Der öffentlichen Gewalt kommt die Aufgabe zu, die Rechte der einzelnen tatsächlich zu sichern und durchzusetzen. Denn die Menschen „mögen auch so gutartig und rechtliebend gedacht werden, wie man will, so liegt es doch a priori in der Vernunftidee eines solchen (nicht-rechtlichen[581]) Zustandes, daß, bevor ein öffentlich gesetzlicher Zustand errichtet worden, vereinzelte Menschen, Völker und Staaten niemals vor Gewalttätigkeit gegeneinander sicher sein können, und zwar aus jedes seinem eigenen Rechte, zu tun, *was ihm recht und gut dünkt*, und hierin von der Meinung des anderen nicht abzuhängen"[582]. Die dem Menschen innewohnende Schwäche kann also zum einen dazu führen, daß ungerechte Gesetze geschaffen und durchgesetzt werden und kann zum anderen zur Folge haben, daß bestehende vernünftige Gesetze verletzt werden. Mit diesem von den einzelnen auch einsehbaren Faktum begründet Kant die Notwendigkeit des Übertritts vom Naturzustand in den bürgerlichen

---

gen der einzelnen untereinander, wie Vertragsbeziehungen oder Verhältnisse im persönlichen Bereich. *Kant,* MdS, AB 59; vgl. hierzu auch *M. Köhler,* Iustitia distributiva, ARSP 79 (1993), S. 460.

577 *Kant,* MdS, A 87, B 88f., Hervorhebung durch die Verf.; vgl. auch *Kant,* MdS, AB 85: „denn der einseitige Wille (...) kann nicht jedermann eine Verbindlichkeit auferlegen, die an sich zufällig ist, sondern dazu wird ein *allseitiger* nicht zufällig, sondern a priori, mithin notwendig vereinigter und darum allein gesetzgebender Wille erfordert; denn nur nach dieses seinem Prinzip ist Übereinstimmung der freien Willkür eines jeden mit der Freiheit von jedermann, mithin ein Recht überhaupt, und also auch ein äußeres Mein und Dein möglich."

578 *E. A. Wolff,* Die Abgrenzung von Kriminalunrecht zu anderen Unrechtsformen, S. 198.

579 Vgl. zur näheren Ausführung des „bürgerlichen Zustandes" ebenso *E. A. Wolff,* Die Abgrenzung von Kriminalunrecht zu anderen Unrechtsformen, S. 198ff.

580 *Kant,* MdS, § 41, AB 154ff.; vgl. dazu auch *E. A. Wolff,* Die Abgrenzung von Kriminalunrecht zu anderen Unrechtsformen, S. 204, insbesondere Fn. 30.

581 Mit „nicht-rechtlichem Zustand" ist hier der „nicht-bürgerliche Zustand" gemeint.

582 *Kant,* MdS, A 163f./B 193f.

und damit zum rechtlichen Zustand. Kant beschreibt den Zusammenhang von bürgerlichem Zustand und einer öffentlichen Gewalt wie folgt: Der bürgerliche Zustand ist „dasjenige Verhältnis der Menschen unter einander, welches die Bedingungen enthält, unter denen allein jeder seines Rechts *teilhaftig* werden kann, und das formale Prinzip der Möglichkeit desselben, nach der Idee eines allgemein gesetzgebenden Willen betrachtet, heißt öffentliche Gerechtigkeit".[583] Eine verbindliche Festlegung der Rechtssphären – wie sie der bürgerliche Zustand fordert - führt allein noch nicht zu einer tatsächlichen Gewährleistung der Freiheit. Aufgrund der Endlichkeit und damit auch Fehlbarkeit der einzelnen ist es nicht ausgeschlossen, daß es zu Kollisionen kommt. Für die Gewährleistung der Rechte bedarf es daher eines unabhängigen Dritten, der die Durchsetzung der Rechte ermöglicht und der einer Maßlosigkeit innerhalb der Parteien bei privat ausgeübtem Zwang[584] entgegentritt. Kommt es zwischen zwei Subjekten durch eine unrechte Handlung zu einem Bruch des Anerkennungsverhältnisses, kann dieses nicht durch die Kraft der Betroffenen selbständig wiederhergestellt werden. Müßten die Parteien selbsttätig ihre Vertrauensbasis wieder aufbauen, könnte dies nur in der Hoffnung bestehen, der andere werde sich in Zukunft vernünftig verhalten. Wann und ob dies der Fall sein wird, bliebe jedoch ungewiß. Diese Unsicherheit würde zudem bewirken, daß der Betroffene das Maß des Zwanges des angegriffenen Beteiligten nicht halten könnte. Denn selbst wenn sich der andere zwischenzeitlich wieder vernünftig verhält, muß er aufgrund des erfolgten Vertrauensbruchs immer wieder damit rechnen, daß er nur vorübergehend dem eingesehenen Rechtsgesetz gemäß handelt, so daß sein Zwang letztlich unbeschränkt gegen den anderen wäre.[585] Ein durch die betroffenen Parteien ausgeübtes Zwangsrecht würde daher zu einer Unsicherheit der Rechtssphären führen und liefe damit gerade dem eingesehenen Rechtsgesetz zuwider. Es ist daher für die Sicherheit und die tatsächliche Gewährleistung der Rechtsverhältnisse erforderlich, daß das Zwangsrecht einem neutralen, den Parteien „übergeordneten" Dritten - dem Staat - übertragen wird. Die Beteiligten übergeben das Richten freiwillig einer objektiven, unabhängigen Person, wobei die Normen und die darauf beruhenden Rechtsurteile als Voraussetzungen des Rechtszwangs für alle zustimmungsfähig sein, d. h. „resubjektivierbar" bleiben müssen.[586] Auch der Unrechthandelnde wird damit als

583 *Kant,* MdS, A 155, B 154.

584 Der Begriff des Zwangs ist hier nicht nur im Sinne einer strafrechtlichen Strafe gemeint, sondern wie bei Kant weit zu verstehen (siehe dazu oben unter 2.). Er ist die Gegenseite des Rechtsverhältnisses als erforderliches Mittel zur Aufrechterhaltung desselben.

585 *Fichte,* NR, S. 96ff.; vgl. zum Zwangsrecht in der Staatsbegründung bei Fichte ausführlich, *Zaczyk,* Das Strafrecht in der Rechtslehre J. G. Fichtes, S. 63ff.

586 *Kahlo,* Das Problem des Pflichtwidrigkeitszusammenhanges bei den unechten Unterlassungsdelikten, S. 136.

Mitkonstituent des Staates und seiner Gesetze begriffen, die für ihn nichts heteronom Gegenübergestelltes sind. Die Gesetze im Staat schaffen so nicht erst die Rechtssphären, sondern vermitteln sie und schaffen Verbindlichkeit. Das Vertrauen in das freiheitsrespektierende Handeln des anderen wird auf eine sichere Grundlage gestellt, die nicht auf einer vagen Hoffnung basiert, sondern die real ist und auch mit (Rechts-) Zwang durchgesetzt werden kann. Im gesetzten Recht findet die erkannte Allgemeinheit ihre objektive Bestimmtheit, so zunächst noch sehr abstrakt im Grundrechtskatalog der Verfassung und dann in konkreteren Gesetzen des Privat- und öffentlichen Rechts.[587]

Die Notwendigkeit des Staates ergibt sich damit also nicht daraus, daß ohne einen gesetzlichen Zustand ein „Krieg aller gegen alle“[588] entstehen würde und die Gefahr bestünde, daß sich die Menschen vernichten, sondern eine öffentliche Gewalt ist a priori deswegen notwendig, um die Freiheitssphären der Subjekte verbindlich abzustecken, da eine Einzelperson dies nicht gültig für sich und die anderen zu leisten vermag. Aufgabe des Staates ist es zudem, die Freiheit der einzelnen zu gewährleisten, indem er die Institution eines unabhängigen Dritten schafft, der über das Zwangsrecht verfügt. Mit dem Staat ist also kein Machtapparat oder ein väterlich-wachender Staat gemeint. Die Konstitution des Staates beruht vielmehr auf einem „allgemein gesetzgebenden Willen“ und ist damit ein auf einem Vertragsschluß zwischen den Bürgern begründeter, so daß die „Autonomie des einzelnen sich zur Allgemeinheit des Staates erweitern kann und dennoch bei sich bleibt“[589]. Die im kategorischen Imperativ noch subjektiv beschränkte Allgemeinheit erreicht durch die Zusammenführung aller Vernunftwesen eine objektive Allgemeinheit, die den einzelnen Freiheitssphären tatsächlich Geltung verschafft. Zu berücksichtigen ist aber, daß die Gründung des Staates nicht als ein Ereignis zu betrachten ist, welches in einem bestimmten historischen Zeitpunkt aus dem Nichts entstanden ist, sondern das Schaffen einer freiheitlichen Gemeinschaft ist als Denkvorgang zu begreifen. Die Subjekte können aus jedem historisch-tatsächlichen Moment ihren freiheitlichen Staat konstituieren.[590]

Das so begründete Erfordernis der Staatskonstitution verweist auch auf das notwendige Verhältnis des Staates zu seinen Bürgern. Kann das Selbstbewußtsein nur gemeinschaftlich mit anderen Menschen entstehen und ist damit Recht mehr als eine Aneinanderreihung von einzelnen Freiheiten, ist der Staat das verbindende Moment, das die einzelnen in ihrer Individualität wieder zusammenführt.

---

587 *Zaczyk*, Das Unrecht der versuchten Tat, S. 186.

588 So aber *Hobbes*, Leviathan, 13. und 17. Kapitel.

589 *Zaczyk*, Das Unrecht der versuchten Tat, S. 184.

590 *Zaczyk*, Das Unrecht der versuchten Tat, S. 184; *ders.*, Staat und Strafe - Bemerkungen zum sogenannten „Inselbeispiel“ in Kants Metaphysik der Sitten, S. 79.

Dies geschieht aber nicht durch ein übermächtiges Wesen, sondern der Staat mittelt und garantiert die einzelnen Freiheitssphären, indem er sie zu einer Einheit bringt; „der Staat ist (dann) nicht bloß Interessengemeinschaft, sondern Manifestation der Interpersonalität“[591]. Damit wird der Staat zum Staat der Bürger, und der ausgeübte Staatsbürgerwille erschöpft sich nicht in der Beteiligung an Wahlen oder in politischen Aktivitäten, sondern ist die Bejahung des staatlichen Handelns als „richtiger Allgemeinheit“.[592] Der einzelne gibt so auch seine Stellung als Selbstbegründender nicht auf, sondern seine Freiheit erlangt Wirklichkeit und kann auf Dauer garantiert werden.[593]

Zusammenfassend ist festzustellen, daß erst durch die Gesetze (bei uns ist vor allem das geschriebene Gesetz von zentraler Bedeutung) das Allgemeine eine Konkretisierung erlangen kann; es führt zu einer allgemeinen Anerkennung von Freiheitsbestimmungen und befreit durch seine Manifestation vor Zufälligkeiten und subjektiven Eigenschaften. Im vorstaatlichen Zustand, im Naturzustand war zwar schon auf die bestehende von anderen anzuerkennende Freiheit der einzelnen verwiesen worden, aber erst eine durch positive Gesetze bestehende Ordnung vermag dem Subjekt eine Verbindlichkeit des Verhältnisses zum anderen zu geben und das Verhältnis von Zufälligkeiten zu befreien. Die Gesetze können so auch nicht historisch-willkürlich[594] bestimmt werden, sondern müssen sich an dem Prinzip der Autonomie des einzelnen messen lassen. Das Subjekt muß ihnen gedanklich zustimmen können. Die Gesetze und damit auch die Strafrechtsnormen müssen sich damit als „richtig“ erkannte Handlungsnormen erweisen.[595]

---

591 *Zaczyk*, Das Strafrecht in der Rechtslehre J. G. Fichtes, S. 63.

592 *Zaczyk*, Das Unrecht der versuchten Tat, S. 183.

593 Daraus ergibt sich auch, daß sich der einzelne nicht „freiwillig“ einem totalitärem System unterwerfen kann, in dem praktische Vernunft und Freiheit gerade keine Wirklichkeit erlangen, sondern diese unterdrücken. Vgl. auch *Zaczyk*, Das Unrecht der versuchten Tat, S. 184, Fn. 228.

594 Ausgeschlossen ist damit aber nicht eine relative historische Wandelbarkeit des allgemeinen Willens. So können veränderte Lebensbedingungen in den natürlichen oder gemeinschaftlichen Bedingungen dazu führen, daß bestimmte grundlegende Rechte wie Leben, Körperintegrität und Eigentum in anderen Konkretisierungen und damit auch verbunden in anderen Verletzungsarten erscheinen. Es ist aber der allgemeine Wille, der diese Wandlung vornimmt und sie in den Gesetzen konkretisiert, ohne jedoch von anderen Elementen abzuhängen, außer von dem Willen der an der Formung des allgemeinen Willens beteiligten Personen. Vgl. dazu *Groteguth*, Norm- und Verbots(un)kenntnis: Über § 17 Satz 2 StGB, S. 51f.; *M. Köhler*, AT, S. 36.

595 *Zaczyk*, Das Unrecht der versuchten Tat, S. 184; vgl. auch *Kant*, Über den Gemeinspruch, A 250: Der Gesetzgeber muß seine Gesetze so geben „als sie aus dem vereinigten Willen eines ganzen Volks haben entspringen *können* und jeden Untertan, so fern er Bürger sein will, so anzusehen, als ob er zu einem solchen Willen mit zusammen gestimmet

Das Strafgesetzbuch bestimmt in den §§ 25ff. StGB formell, daß nicht nur der unmittelbar die Tat Ausführende bestraft wird, sondern auch weitere Personen, die an der Tat mittelbar mitwirken, sei es als Täter oder Teilnehmer, bestraft werden können. Soll eine Beteiligung an einer fremden Tat materiell Unrecht darstellen, muß sie auf ihre Legitimität überprüft werden.

C. Die Bestimmung des Unrechts als Verletzung des Rechtsverhältnisses

I. Begründungszusammenhang

Für den vorliegenden Zusammenhang ist von Bedeutung, daß es bei mittelbarer Täterschaft und Anstiftung um Unrechtsverwirklichungen geht, an denen mehrere Rechtssubjekte mitwirken. Das positive Recht setzt zwar mit seinen Regelungen in den §§ 25 ff. StGB bereits implizit die Möglichkeit interpersonalen Wirkens im Unrecht und zugleich die Notwendigkeit einer Unterscheidung von Täterschaft und Teilnahme voraus, so daß auf die §§ 25 ff. StGB verwiesen werden könnte. Eine alleinige Betrachtung der in den Normen zum Ausdruck kommenden Wertungen des Gesetzgebers reicht aber für eine wissenschaftliche Untersuchung nicht aus. Sie würde zu spät ansetzen. Das Phänomen, daß die unrechte Tat einem anderen als täterschaftliche oder teilnehmende (mit-) zuzurechnen ist, bedarf eines tieferen Begründungszusammenhangs und einer Aufklärung über die in der Realität vorkommenden intersubjektiven Verhältnisse. Die Tatbestände des Allgemeinen und Besonderen Teils des Strafgesetzes enthalten Verletzungsbeschreibungen, die gerade nicht alleinige Konstruktionen des Gesetzgebers sind. Sollen strafrechtliche Begriffe wie mittelbare Täterschaft und Anstiftung tatsächlich Unrechtsformen darstellen, sind sie an den Verständnishorizont der Subjekte gebunden. Denn – wie dargelegt - können nur solche Gesetze Verbindlichkeit für den einzelnen begründen, die in der Wirklichkeit existente (inter-)personale Gestaltungsmöglichkeiten in sich aufnehmen. Es ist daher zunächst inhaltlich (materiell) zu bestimmen, wie sich die einzelnen Personen im Unrecht zueinander verhalten. Die Einsicht in die materiale Seite des Unrechts ist damit eine gegenüber der Formulierung des Tatbestandes und damit der formalen Seite des Unrechts vorrangige.[596] Es bedarf einer genaueren Untersuchung ob, warum und wann der jeweilige Hintermann für eine von einer anderen Person begangenen Straftat verantwortlich gemacht werden kann. Erst wenn auf dieser materiellen Ebene angegeben ist, daß ein Zusammenwirken mehrerer im Unrecht überhaupt Bestand hat, kann zu den positiven Normen, die dieses Unrecht formell erfassen, übergegangen werden.

---

habe. Denn das ist der Probierstein eines jeden öffentlichen Gesetzes".

596 Vgl. dazu auch *Zaczyk*, Das Unrecht der versuchten Tat, S. 195.

Voraussetzung für eine mögliche (Mit-) Zurechnung einer Unrechtstat ist aber, daß überhaupt eine Rechtsverletzung erfolgt ist. Die Bestimmung des Unrechts muß daher zunächst in den Blick genommen werden, bevor auf unterschiedliche Wirkzusammenhänge eingegangen werden kann.

Es ist insbesondere die Leistung *E. A. Wolffs* und im Anschluß an ihn die *M. Köhlers, Zaczyks* und *Kahlos* gewesen, strafrechtliches Unrecht nach einer freiheitlichen Philosophie genauer zu bestimmen. Ihre Arbeiten sollen hier zu Grunde gelegt werden. Die hier erfolgende neue Bezugnahme einer freiheitlichen Philosophie auf die Frage der Abgrenzung von mittelbarer Täterschaft und Anstiftung rechtfertigt aber eine zum Teil wiederholte Darlegung einer allgemeinen Bestimmung des Unrechts.[597]

II. Bestimmung des Unrechts als Verletzung eines konkreten Anerkennungsverhältnisses

Die Konstitution des Rechtsverhältnisses wurde auf der Basis der Autonomie des einzelnen dargelegt, welches bedingt durch und aufgrund intersubjektiver Zusammenhänge entsteht. Dabei ist es das Vernunftsubjekt selbst, welches in seinen praktischen Handlungen ein Gleichheits- und Freiheitsverhältnis mit anderen begründet. Das konstituierte Anerkennungsverhältnis ist auf die autonome Leistung der Vernunftsubjekte selbst zurückzuführen und nicht ein „künstlich" von einer höheren Macht vorgegebenes Konstrukt. Die einzelnen beschränken im Miteinander ihre Handlungen im Hinblick auf die Freiheit der anderen und zwar nicht aus Angst vor äußeren Sanktionen, sondern aufgrund ihrer eigenen praktischen Vernunftleistung.[598] Auch Täter und Opfer sind auf diese Weise miteinander verbunden. Nur wenn zwischen ihnen dieser vernunftrechtliche Begründungszusammenhang positiv festgestellt ist, kann in einem weiteren Schritt zu der Frage übergegangen werden, wie sich das Verhältnis bestimmt, wenn der andere diese vernunftnotwendige Anerkennungsleistung

---

597 *E. A. Wolff,* Das neuere Verständnis der Generalprävention und seine Tauglichkeit für eine Antwort auf Kriminalität, ZStW 97 (1985), S. 786ff.; *ders.*, Die Abgrenzung von Kriminalunrecht zu anderen Unrechtsformen (1987) S. 137ff.; *M. Köhler,* Die bewußte Fahrlässigkeit (1982); *ders.*, Der Begriff der Strafe (1986); *ders.*, Strafrecht, Allgemeiner Teil (1997); *Zaczyk,* Das Strafrecht in der Lehre J. G. Fichtes (1981); *ders.*, Das Unrecht der versuchten Tat (1989); *Kahlo,* Das Problem des Pflichtwidrigkeitszusammenhanges bei den unechten Unterlassungsdelikten (1990); *ders.*, Die Handlungsform der Unterlassung als Kriminaldelikt (2001).

598 Mag auch die Angst vor Bestrafung ein psychologisches Element dafür sein, daß die einzelnen ihrer Tatneigung nicht nachgeben. Diese Angst kann aber nicht den Grund für die Vernunftleistung angeben. Vgl. dazu *M. Köhler,* Strafbegründung im konkreten Rechtsverhältnis, S. 41f.; *Zaczyk,* Das Strafrecht in der Rechtslehre J. G. Fichtes, S. 123.

nicht mehr erbringt.[599] Das Sich-In-Unrecht-Setzen zum anderen ist also eine *sekundäre Sachlage* und hat an dem positiv bestimmten Rechtsverhältnis anzusetzen.[600]

Die Rechtsgüter der Personen oder der Gesellschaft sind auch nach Errichtung des Staates nicht neuerfundene Zuschreibungen des Gesetzgebers, sondern Formen der Freiheit des einzelnen, die sich durch wechselseitige Anerkennung konstituieren. Sie lassen sich nicht auf ihre faktische Gegebenheit reduzieren, sondern beziehen ihren Geltungswert erst aus dem Bezug zum handelnden Subjekt selbst.[601] Auch die Verletzung des Rechtsguts kann daher nicht auf ihre empirische Faktizität reduziert werden. Mag sie auch einen äußeren sichtbaren Erfolg aufweisen, wie z. B. die Verletzung des Körpers, ist doch das in der Verletzung zum Ausdruck kommende Unrecht nicht vom praktisch handelnden Subjekt zu trennen. Dies zeigt sich schon darin, daß ein solcher äußerer Erfolg nicht immer gleichermaßen sichtbar ist, wie z. B. bei der Ehrverletzung. Es ist nicht das Auftreffen der Schallwellen auf das Trommelfell des Beleidigten, welches die Verletzung ausmacht, sondern die eigentliche Verletzungsdimension liegt in der Nichtrespektierung des anderen als Gleichen.[602] Das Ausmaß des Unrechts ist gerade darin begründet, daß eine andere vernünftige Person Urheberin der Rechtsverletzung ist. Es handelt sich gerade nicht um ein Unglück oder um ein zufälliges Ereignis, sondern um eine auf Freiheitsäußerung beruhende *Verhältnisverletzung* der einen Person zur anderen. Die vernunftnotwendige Anerkennung des anderen als Gleichen unterbleibt. Diese Verhältnisverletzung ist nun eine *konkrete*. Das Handeln des einzelnen bezieht sich allgemein (das rechte, wie das unrechte) niemals auf die Wirklichkeit als Ganzes.[603] Der einzelne konkretisiert vielmehr die Handlungsentscheidung und -ausführung auf einen bestimmten Bereich der äußeren Wirklichkeit. Ebenso sondert der Täter bei der unrechten Tat ein konkretes Rechtsverhältnis heraus, welches er tätig negiert. Er verletzt nicht irgendein Rechtsgut, sondern er verneint mit seiner Tat ein konkret bestehendes Rechtsverhältnis.

Vor diesem Hintergrund wird auch deutlich, daß sich Unrecht nicht auf einen einfachen Normverstoß seitens des Täters reduzieren läßt. Der Täter verletzt

---

599 Vgl. auch die Unrechtsbestimmung Kants in seiner Einleitung zur Rechtslehre: „*Wenn* also meine Handlung, oder überhaupt mein Zustand, mit der Freiheit von jedermann nach einem allgemeinen Gesetze zusammen bestehen kann, *so* tut der mir unrecht, der mich daran hindert; denn dieses Hindernis (dieser Widerstand) kann mit der Freiheit nach allgemeinen Gesetzen nicht bestehen." *Kant,* MdS, AB 33 (Hervorhebung durch die Verf.).

600 *Zaczyk,* Das Unrecht der versuchten Tat, S. 196f.

601 Vgl. dazu schon oben unter B. II. 2.

602 Vgl. *E.A. Wolff,* Handlungsbegriff in der Lehre vom Verbrechen, S. 11; *Zaczyk,* Das Unrecht der versuchten Tat, S. 198f.

603 Vgl. *Kahlo,* Die Handlungsform der Unterlassung als Kriminaldelikt, S. 243.

vielmehr das eingesehene Anerkennungsverhältnis im Verhältnis zum anderen, er negiert mit seiner Tat dessen freies Dasein als Gleichen. Während der einzelne im rechtlichen Verhältnis als Mitkonstituent des Rechtsverhältnisses seine Freiheit im Hinblick auf die Handlungssphären der anderen freien Subjekte beschränkt, geht er im unrechten Handeln zur konkreten Negation dieses Verhältnisses über. Ebenso wie er das Anerkennungsverhältnis positiv konstituieren kann, kann er es auch verletzen.[604]

Die Begründung des Unrechtsverhältnisses läßt sich zunächst dadurch verdeutlichen, daß man sich die erfolgte Verletzung des Anerkennungsverhältnisses aus der Sicht des Opfers vergegenwärtigt. Die äußere Seite der Verletzung, der Erfolg alleine, ist für das Opfer nicht das Entscheidende, denn dieser könnte auch von einem nicht beherrschbaren Naturereignis (z. B. Blitzschlag) herrühren, was für den Betroffenen ein Unglück, einen Schicksalsschlag darstellt, aber nicht als die konkrete tätige Verletzung des Rechtsverhältnisses durch einen anderen begriffen wird. Die Entgleisung eines Zuges bedingt durch einen vom Unwetter gerade umgestürzten Baum ist ein Unglück. Es würde sich aber anders verhalten, wenn sich herausstellte, daß das Entgleisen nicht auf ein Naturereignis, sondern auf einen Fahrfehler des Zugführers zurückzuführen wäre. Das für die unrechte Tat Maßgebliche ist das tätige Wirken eines anderen Vernunftsubjekts, welches die konkrete Verletzung beherrscht. Während ein durch die Natur bewirkter Erfolg nicht zu ändern ist, hätte der Täter die Verletzung unterlassen können, da ihm die Beherrschbarkeit über die Verletzung zukommt. Aufgrund der Vernünftigkeit der Person gehen die einzelnen davon aus, daß sich ihr Gegenüber zum praktisch richtigen Verhalten entschließt und so auch im Umgang mit anderen verfährt. Durch das Dasein des Staates wird dieses Vertrauen der Nichtverletzung zudem gestärkt und auf eine objektiv gesicherte Basis gestellt.[605] Der einzelne kann daher berechtigterweise davon ausgehen, daß die anderen äußerlich so handeln, daß sie ihn in seiner Freiheitsausübung nicht beschränken. Bei der unrechten Tat wird dieses Vertrauen nun in einer *fundamentalen* Weise gebrochen. Nicht jede Form der Berührung einer anderen Freiheitssphäre wird vom Opfer als eine solche Basisverletzung wahrgenommen. So kann nicht die Quantität des eingetretenen Schadens maßgeblich sein: Beispielsweise kann ein durch Nichtvertragserfüllung des Gläubigers entstandener Vermögensverlust viel größer sein als ein Vermögensschaden durch einen Betrug. Der Unterschied der beiden Einbußen liegt vielmehr in der besonderen Qualität der Verletzung. Beim Betrug wird das Vertrauen in die Vernünftigkeit des anderen und das darin begründete Gleichheitsverhältnis derart lädiert, daß der Betroffene es nicht selbständig wiederherzustellen vermag. Denn der

---

604 *Zaczyk*, Das Unrecht der versuchten Tat, S. 202.
605 Vgl. dazu auch oben unter B. II. 5.

Grund des Anerkennungsverhältnisses ist überhaupt gebrochen, wenn der unrecht Handelnde sein Gegenüber nicht mehr als gleichen respektiert. Die gemeinsame Ebene, auf der die Vernunftsubjekte einander begegnen, ist damit zerstört, so daß die Basis, auf der ein Ausgleich stattfinden müßte, gewissermaßen nicht mehr existiert. Bei der Vertragsverletzung stellt der die geschuldete Leistung nicht Erbringende dagegen die Selbständigkeit der Person und damit sein Gleichheitsverhältnis zum Vertragspartner nicht derart in Frage. Daher kann hier eine Lösung der beiden Parteien auf der gleichen Ebene in Form einer materiellen Kompensation erfolgen.

Verbrechen läßt sich aus dem dargelegten Begründungszusammenhang definieren als eine „Verletzung Anderer in der Basis ihrer Selbständigkeit, die in einem gegliederten, den Täter umfassenden und auch von ihm abhängenden Anerkennungsverhältnis ihr Dasein hat".[606]

Durch die Verfestigung der Rechtsgüter in der rechtlichen Gemeinschaft kommt zu der subjektiven Verletzungsdimension eine weitere (objektive) hinzu. Der Täter negiert nicht nur die konkrete Freiheit des anderen, sondern auch die von ihm mitbegründete staatlich verfaßte Allgemeinheit des Rechtsverhältnisses. Das bereits subjektiv eingesehene Vertrauensverhältnis wird durch die Konstitution des Staates auf eine objektive Basis und das Vertrauen in das vernünftige Handeln des anderen auf eine sichere Grundlage gestellt. Zu der Verletzung der konkreten subjektiven Freiheitssphäre kommt bei der Unrechtstat das Infragestellen der auch vom Täter mitkonstituierten objektiven Allgemeinheit hinzu.[607] Das Verbrechen kann daher genauer als eine „Verletzung des rechtlich konstituierten Basisvertrauens" beschrieben werden, auf die sich der einzelne „- in dem von der Rechtsordnung eingeräumten selbstorientierten Dasein - nicht aus eigener Kraft einstellen kann".[608]

Die spezifisch personale Seite des Unrechts wird deutlich bei der näheren Betrachtung der Täterperspektive. Das praktisch handelnde Subjekt steht bei der Unrechtstat im Mittelpunkt seiner Tat und seines Ziels. Seine Handlung und der durch sie bewirkte äußere Erfolg[609] müssen eine ontische Einheit[610] bilden.[611]

---

606 Vgl. *E. A. Wolff,* Die Abgrenzung von Kriminalunrecht zu anderen Unrechtsformen, S. 211.

607 Vgl. zu den Folgerungen dieser Seite für die Strafbestimmung, *E. A. Wolff,* ZStW 97 (1985), insbes. S. 811ff.; *M. Köhler,* Begriff der Strafe, S. 44ff.; *ders.,* AT, S 48ff.

608 Vgl. *E. A. Wolff,* Die Abgrenzung von Kriminalunrecht zu anderen Unrechtsformen, S. 213.

609 Genügen kann dafür nun nicht eine nur innere Verneinung des Gleichheitsverhältnisses, sondern der Täter muß sie durch die Tat äußerlich manifestieren. Ebenso wie für die Bestimmung Rechts kann auch das Unrecht keine Frage der Moralität sein. Für die Bewertung ob eine Handlung legal ist oder nicht, ist nicht der Bestimmungsgrund des

Der Begriff der personalen Handlung nimmt als Strukturbegriff diese Einheit in sich auf. In der rechtsphilosophischen Grundlegung wurde bereits bei der Konstitution des Anerkennungsverhältnisses auf die unterschiedlichen Handlungsebenen Bezug genommen. Ebenso wie bei der Begründung des Rechtsverhältnisses ist es gerade die „geistige", die intelligible Seite, die die Substanz der Negation der Rechtsverletzung ausmacht und nicht die Seite der einfachen Kausalität oder Finalität. Damit soll nicht geleugnet werden, daß die Handlung nicht auch kausale und finale Elemente in sich aufnimmt: Denn Teil des Handelns ist es auch, daß der einzelne die Naturgesetzlichkeit nicht einfach übergehen kann. So tritt ihm die Welt in ihren naturgesetzlichen Zusammenhängen gegenüber. Er ist in der Lage, Kausalverläufe zu durchschauen und neue Kausalreihen zu begründen. Er kann die Wirklichkeit planend gestalten und gezielt auf Veränderungen der Außenwelt hinwirken[612], indem er sich bestimmte Erfahrungsgrundsätze zunutze macht und Mittel einsetzt, von denen er weiß, daß sie eine bestimmte Veränderung der Außenwelt zur Folge haben werden.[613] Das personale Verhalten darf aber eben nicht auf seine kausalen und finalen Momente reduziert werden, sondern es ist gerade die vernünftige Seite des einzelnen, die ihn dazu befähigt (und auch von anderen Lebewesen unterscheidet), mit anderen rechtliche Verhältnisse zu konstituieren. Dementsprechend ist für das Unrecht das „vernunftwidrige" Sich-Erheben über den anderen, der konkrete Übergriff in die Freiheitssphäre des zunächst als gleich anerkannten Gegenübers die entscheidende Dimension.[614] Die (Rechts-) Verletzung ist ebenso wie die Rechtskonstitution Produkt einer autonomen Person. Dieser materielle Unrechtsgehalt zeigt sich besonders deutlich beim vorsätzlichen Handeln. Ebenso wie der einzelne positiv das Rechtsverhältnis willentlich konstituiert, kann er es erfolgreich verletzen. Der unrechte Wille kann damit als „defiziente

---

Willens (die Maxime) Maßstab, sondern nur die unmittelbaren oder mittelbaren äußeren Beziehungen, d. h. die tatsächlichen Aktionen zwischen den Personen bilden die Beurteilungsgrundlage. Vgl. bereits die Ausführungen zum Begriff der rechtlichen Freiheit bei Kant oben unter B. II. 2.

610 Vgl. dazu bereits *Larenz,* Hegels Zurechnungslehre, S. 60ff.

611 Die Einheit zwischen Handlung, Erfolg und Wille geht jedoch bei vielen Autoren verloren bzw. wird von vornherein geleugnet. Vgl. zu einer kritischen Auseinandersetzung mit Lehren, die den Zusammenhang trennen, *Rehr-Zimmermann,* Struktur des Unrechts, insbes. S. 20ff.; 70ff. m. w. N.

612 *E. A. Wolff,* Kausalität von Tun und Unterlassen, S. 19ff.

613 Freilich reichen dabei die Fähigkeiten des Menschen nicht unendlich weit, sondern nur so weit, wie sie sich auf seinen (endlichen) tatsächlichen oder möglichen Willen gründen.

614 *Zaczyk,* Strafrechtliches Unrecht und die Selbstverantwortung des Verletzten, S. 33, der hier insbesondere die Einheit zwischen Wille, Handlung und Erfolg beim Opfer einer bewußten Selbstverletzung beschreibt.

Form des rechtschaffenen Willens“[615] beschrieben werden. Der verletzende Wille negiert die Freiheit des anderen und korrumpiert die eigene Vernünftigkeit dabei bewußt selbst. Spiegelbildlich zu der (positiven) Anerkennungsleistung, läßt sich ihre Negation wie folgt beschreiben: Die verletzende Person erweitert (im negativen Sinne) ihren Handlungsraum, indem sie willentlich in die Freiheit des anderen übergreift. Zugleich beschränkt sie sich jedoch selbst damit, indem sie sich „als Person gleichsam mit hinübernimmt zur Verletzung“[616], denn sie handelt zwar als freie Rechtsperson, liefert sich aber dem in ihrem endlichen Wesen liegenden Hang zur Unvernünftigkeit aus. Wenn sie sich nun bewußt zu diesem freiheitsbeschränkenden Prozeß entscheidet, muß sie sich die „negative“ Außenweltveränderung als die ihrige zuschreiben, denn sie begründet für sich gültig, ein willentliches Hinübergehen in die Freiheit des anderen. Sie *will* sich bei vorsätzlicher Verletzung gewissermaßen als die verletzende Person begreifen.[617]

Bei fahrlässigem Handeln dagegen ignoriert der Täter die Qualität des anderen als Gleichen. Auch wenn bei fahrlässigem Verhalten nicht der Erfolg das Ziel des Täters ist, rechnet er den anderen nicht in seine Handlungen mit ein, sondern überläßt es dem Zufall (im Gegensatz zum vorsätzlichen Handeln, wo dieser gerade ausgeschlossen werden soll), ob der Erfolg nun eintritt oder nicht. Er negiert nicht das Anerkennungsverhältnis bewußt, sondern vernachlässigt die Forderung, den anderen als Gleichen in sein Verhalten mitaufzunehmen. Damit weist fahrlässiges Handeln ebenso die Qualität Unrecht auf, allerdings in einem geringeren Maße als die bewußte Negation des Anerkennungsverhältnisses. Dies kommt im geltenden Gesetz dadurch zum Ausdruck, daß der Schwerpunkt der Delikte quantitativ auf vorsätzlichem Handeln liegt und beispielsweise auch eine Teilnahme an einer fahrlässigen Straftat nicht strafbar ist.[618] Zudem zeigt sich in der Strafhöhe, daß Vorsatzdelikte als gravierender betrachtet werden als Fahrlässigkeitsdelikte.[619]

Die Unrechtshandlung ist damit Ausdruck personaler Freiheit des einzelnen. Nur weil er aufgrund seiner Autonomie das Rechtsverhältnis konstituiert, kann er es auch verletzen. Der Täter handelt dabei wider seine Vernunfteinsicht, er unter-

---

615 *Zaczyk*, Das Unrecht der versuchen Tat, S. 210.

616 *Zaczyk*, Das Unrecht der versuchten Tat, S. 210.

617 Inwieweit ein Irrtum über das eigene Bewirken von Bedeutung ist, soll im Rahmen des Verletzungstatbestandes näher aufgewiesen werden; siehe dazu 4. Kapitel unter D. I. 3.

618 Die folgenden Untersuchungen konzentrieren sich daher auf vorsätzliches Handeln.

619 Vgl. hierzu insgesamt *Zaczyk*, Das Unrecht der versuchten Tat, S. 213f.; *ders.*, Strafrechtliches Unrecht und die Selbstverantwortung des Verletzten; *M. Köhler*, Die bewußte Fahrlässigkeit, S. 373ff.; 414f.; *ders.*, AT, S. 171ff. Köhler spricht sich mit nachvollziehbaren Gründen gegen eine Strafbarkeit der unbewußten Fahrlässigkeit aus.

drückt sein eingesehenes Sollensverständnis.[620] Das hat aber nicht zur Folge, daß er seine Vernünftigkeit und damit seine Identität als selbstbewußtes Wesen „verliert", mag seine Tat auch eine noch so ungerechte sein.[621] Er begreift sich vielmehr (weiterhin) als mit seiner konkreten Tat verbunden, indem er sich bewußt zum Herrscher über den anderen macht.[622] Ein Sich-Verschulden setzt gerade voraus, daß Autonomie mitanwesend ist, die subjektive Vernünftigkeit des einzelnen konstitutives Moment bleibt.[623] [624] Nur dann kann die Unrechtstat auf das Versagen des Täters zurückgeführt und ihm sein Handeln zum Vorwurf gemacht werden.

D. Die Möglichkeit (unterschiedlicher) interpersonaler Wirkzusammenhänge im Unrecht

Von Bedeutung ist für den vorliegenden Zusammenhang, daß es um Unrechtsverwirklichungen geht, an denen mehrere Subjekte mitwirken. Es wird nicht eine Person allein rechtsverletzend tätig, sondern es handeln mehrere gemeinsam.[625] Man könnte nun jede Handlung der Mitwirkenden für sich betrachten und untersuchen, wie sie sich jeweils zur Freiheitsverletzung verhält, unabhängig von den Handlungen der anderen. Dies ist aber deshalb nicht möglich, weil das Verhalten der Subjekte bei der gemeinsamen Unrechtsverwirklichung

---

620 *E. A. Wolff,* Die Grenzen des dolus eventualis, Gallas-FS, S. 216; *M. Köhler,* Die bewußte Fahrlässigkeit (1982), S. 335; *Zaczyk,* Das Unrecht der versuchten Tat, S. 210.

621 Vgl. dazu auch *Zaczyk,* Das Strafrecht in der Rechtslehre J. G. Fichtes, S. 98: „(...) die ursprüngliche Anerkennung (ist) nicht wegdenkbar, soll nicht überhaupt das Selbstbewußtsein entfallen."; vgl. ferner S. 124: „Der Täter manifestiert mit seiner Tat nicht den Willen, als ganze Person mit dieser Rechtsgemeinschaft nichts mehr zu tun haben zu wollen, sondern er lebt im Gegenteil weiter in ihr (...), und will dies auch. Gerade darin zeigt sich dann der Widerspruch zwischen seinem eigenen vernünftigen Wollen und seinem in der Tat zutage getretenen empirischen Willen, der eine Gemeinschaft mit anderen gerade ausschließt, weil er nicht auf die Anerkennung des anderen geht, sondern auf seine Unterwerfung."

622 Damit soll nicht geleugnet werden, daß es dem einzelnen in bestimmten Situationen aufgrund äußerer Faktoren nicht möglich ist, nach seiner Vernunfteinsicht zu handeln. Solche Momente müssen auch Berücksichtigung finden. Sie können aber nicht überspielen, daß es dem autonomen Subjekt konstitutiv möglich ist, sich am Richtigen zu orientieren. Vgl. dazu auch *Zaczyk,* Das Strafrecht in der Rechtslehre J. G. Fichtes, S. 102 (insbes. Fn. 65).

623 *Zaczyk,* Schuld als Rechtsbegriff, S. 114f.; *ders.,* Das Strafrecht in der Rechtslehre J. G. Fichtes, S. 100.

624 Vgl. für die sich daraus ergebenen Folgerungen für die Straffolge, *Zaczyk,* Das Strafrecht in der Rechtslehre J. G. Fichtes, S. 127ff.

625 „Gemeinsames Handeln" ist hier als Gegensatz zum bloßen Nebeneinander zu verstehen und nicht auf mittäterschaftliches Handeln zu reduzieren.

in einem Zusammenhang steht, und sie gerade nicht nebeneinander handeln.[626] Das zur Rechtsverletzung führende Geschehen stellt sich als Werk eines spezifischen interpersonalen Handlungszusammenhangs dar und muß in seiner Gesamtheit betrachtet werden. Es ist daher erforderlich, sich der intersubjektiven Handlungsstrukturen zu vergegenwärtigen. Ausgehend von dem Verständnis des Subjekts als sich begreifende Einheit von endlichem und vernünftigem Wesen ist die Struktur menschlichen Handelns näher herauszustellen und für das Zusammenwirken im Unrecht fruchtbar zu machen.

Die bei Kant aufgezeigten Beispiele, ob ich einem in Not Geratenen helfen, oder ob ich ein falsches Versprechen abgeben soll, zeigen plastisch, daß der einzelne nicht als ein reines Vernunftwesen, sondern als Einheit von Intelligiblität und Sinnlichkeit zu begreifen ist. Hier kommt einerseits zum Ausdruck, daß sich der Mensch sehr wohl als ein seinen Neigungen und Trieben unterworfenes Wesen begreift und daß es Situationen gibt, denen er aufgrund seiner Endlichkeit nicht alleine standhalten kann, sondern Hilfe anderer bedarf. Es wurde andererseits dargelegt, daß das praktisch handelnde Subjekt in der Lage ist, eine Reflexionsleistung zu vollziehen, in der es andere in sein Denken miteinbezieht und mit der es zu verallgemeinerungsfähigen Ergebnissen gelangt. Beide Elemente, Intelligiblität und Endlichkeit, sind in der Einheit der Person notwendig miteinander verbunden: „Beide Teile der Existenz des Ich würden nicht zusammen bestehen können, wenn nicht der eine gerade als Forderung, die den anderen mit aufnimmt, ausgestaltet wäre“.[627] Deutlich wird diese Einheit auch in den von Kant benannten Imperativen. Denn gerade, weil der Mensch endliches und damit auch fehlbares Wesen ist, bedarf sein zweckgerichtetes Handeln einer nötigenden Form, die er sich aufgrund seiner Vernünftigkeit selbst gebietend auferlegen kann. So stimmen objektives Gesetz und subjektive Maximen beim Menschen nicht vollkommen überein. Er hat „keinen *heiligen* Willen, d. i. einen solchen, der keiner dem moralischen Gesetze widerstrebenden Maximen fähig wäre“[628]. Hätte der Mensch einen „heiligen Willen“, müßte er sich nicht die Form der Imperative auferlegen. Der Mensch wäre vielmehr gegen äußere und innere Einflüsse immun. „Daher gelten für den *göttlichen* und überhaupt für den *heiligen* Willen keine Imperativen; das *Sollen* ist hier am unrechten Ort, weil das *Wollen* schon von selbst mit dem Gesetz notwendig einstimmig ist. Daher sind Imperativen nur Formeln, das Verhältnis objektiver Gesetze des Wollens über-

---

626 Fragen der Nebentäterschaft, bei der ohne einen gemeinschaftlichen Wirkzusammenhang der Erfolg zufällig von mehreren herbeigeführt wird, werden hier nicht näher untersucht. Vgl. dazu aber ausführlich *Murmann,* Die Nebentäterschaft im Strafrecht (1993).

627 *E. A. Wolff,* ZStW 97 (1985), S. 810.

628 *Kant,* KpV, A 58; vgl. dazu auch näher *Luf,* Freiheit und Gleichheit, S. 29f.

haupt zu der subjektiven Unvollkommenheit des Willens dieses oder jenes vernünftigen Wesens, z. B. des menschlichen Willens auszudrücken."[629]

Im folgenden sollen zwei (Willens-) Momente näher herausgestellt werden, die für das menschliche Handeln und ihre Zurechnung zu Erfolgen in der Außenwelt von Bedeutung sind: Es ist zum einen das instrumental-finale Handeln: Der Mensch kann sich Veränderungsprozesse in der Außenwelt als die seinigen zuschreiben und hat damit das Bewußtsein, daß sie ihren Grund in seinem eigenen Dasein haben. Seine zweckgerichtete Außenweltveränderung hat aber zudem eine spezifisch geistig-intersubjektive Kategorie, die im kategorischen Imperativ von Kant und schließlich von Fichte im Begriff des Anerkennungsverhältnisses näher herausgestellt wurde. Erforderlich ist es, dabei genauer darzulegen, daß und wie sich autonomes Handeln in Interaktionen mit anderen vollzieht. Denn erst wenn näher aufgewiesen ist, warum und unter welchen Voraussetzungen es möglich ist, auf das Handeln anderer Einfluß zu nehmen, können die unterschiedlichen Formen des Zusammenwirkens im Unrecht (Täterschaft und Teilnahme) näher beleuchtet werden.

I. Instrumental-finales Handeln als Anknüpfungspunkt für eine mögliche (Mit-) Zurechnung fremder Handlungen

Die instrumental-finale Seite findet in den von Kant aufgezeigten hypothetischen Imperativen ihren Ausdruck.[630] Sie verdeutlichen, daß der Wille des Subjekts durch äußere (hier sind zunächst Natureinflüsse gemeint) und innere Einflüsse (wie Triebe und Neigungen) bestimmt wird, die den Willensbildungsprozeß, die Entscheidung des einzelnen beeinflussen können.

Um irgendeinen Zweck zu erreichen, bedarf es bestimmter technischer Mittel. Ob dieser Zweck vernünftig und gut ist oder nicht, ist davon unabhängig (technischer Imperativ oder Imperativ der Geschicklichkeit). „Die Vorschriften für den Arzt, um seinen Mann auf gründliche Art gesund zu machen, und für einen Giftmischer, um ihn sicher zu töten, sind *in* sofern von gleichem Wert, als eine jede dazu dient, ihre Absicht vollkommen zu bewirken."[631] Auch wenn es sich hier um eine Imperativform handelt und ihr damit nötigender Charakter zukommt, ist sie doch in ihrer Ausfüllung auf der einen Seite beliebiger Natur (im Unterschied zur Allgemeingültigkeit des kategorischen Imperativs), da sie von den subjektiven Bedingungen und Bedürfnissen des einzelnen abhängt und auf der anderen Seite eingrenzender Natur, denn die Mittel sind durch den

---

629 *Kant,* GMS, BA 38, 39; vgl. dazu auch *Luf,* Freiheit und Gleichheit, S. 28.

630 Vgl. dazu auch *Kahlo,* Das Problem des Pflichtwidrigkeitszusammenhanges bei den unechten Unterlassungsdelikten, S. 287.

631 *Kant,* GMS, BA 41, 42

Zweck vorgegeben.[632] Der Zweck kann z. B. von subjektiven Trieben und Neigungen oder von Naturbedingungen geleitet und damit abhängig sein und engt den einzelnen so auf bestimmte Wahlmöglichkeiten zur Erreichung eines bestimmten Zwecks ein. Diese Form einer rein instrumentalen Teleologie kommt der belebten Natur ebenso zu wie dem Menschen. So kann ein hungriges Tier, um seinem Bedürfnis nachzugehen, seine Beute jagen. Es folgt seinem Trieb „Hunger" und bewältigt denselben durch Nahrungssuche. Auch das Tier handelt insoweit (instrumental) zweckgerichtet.[633]

Es kommt in dem Sich-Setzen eines hypothetischen Imperativs, in der inneren Teleologie, aber auch zum Ausdruck, daß der einzelne den subjektiven Zweck und die Wahl der Mittel selbst bestimmen kann, er kann seinen Willen dahin bilden (auch wenn dieser von äußeren oder inneren Umständen abhängig sein mag), diesen oder jenen Zweck mit Hilfe eines bestimmten Mittels zu realisieren. Er begreift damit das, was er für sich in dem teleologischen Prozeß selbst konstituiert hat und in der Außenwelt verobjektiviert, als den *seinigen* Prozeß. Bereits in der „Kritik der reinen Vernunft" macht Kant deutlich, daß Autonomie im Sinne von Unabhängigkeit von der Natur bereits in den Erkenntnisleistungen des Menschen ihre Stellung bekommt. Autonomie ist auf den unterschiedlichsten Stufen der Reflexionsleistungen des einzelnen anwesend. Es unterscheidet den Menschen gerade von anderen Naturwesen, daß in ihm eine Struktur zu finden ist, die eine synthetische Erkenntnisleistung ermöglicht.[634] Das bedeutet aber auch, daß sich das Subjekt nur dann die Veränderung als die durch ihn bewirkte und damit als seine Wirklichkeitsveränderung zuschreiben kann, wenn es den Bedeutungsinhalt seiner Handlung zu erfassen vermochte.[635] Eine Herrschaft über das Geschehen kann ihm daher nicht zugeschrieben

---

632 Vgl. zum Unterschied zwischen hypothetischen Imperativen und dem kategorischen Imperativ auch oben unter B II. 1.; der Unterschied der beiden Imperativformen spiegelt sich gerade nicht in der Qualität der Nötigung, sondern in der Notwendigkeit der Befolgung.

633 Siehe dazu auch *E. A. Wolff,* Die Grenzen des dolus eventualis, Gallas-FS (1973), S. 207ff.; 210ff. und *M. Köhler,* Die bewußte Fahrlässigkeit, S. 144, 146f.

634 *Kant,* KrV, B 574f., A 546f.: „Bei der leblosen, oder bloß tierischbelebten Natur finden wir keinen Grund, irgend ein Vermögen uns anders als bloß sinnlich bedingt zu denken. Allein der Mensch, der die ganze Natur sonst lediglich nur durch Sinne kennt, erkennt sich selbst auch durch bloße Apperzeption, und zwar in Handlungen und inneren Bestimmungen, die er gar nicht zum Eindrucke der Sinne zählen kann, und ist sich selbst freilich eines Teils Phänomen, anderen Teils aber, nämlich in Ansehung gewisser Vermögen, ein bloß intelligibeler Gegenstand, weil die Handlung desselben gar nicht zur Rezeptivität der Sinnlichkeit gezählt werden kann."; vgl. dazu auch *M. Köhler,* Die bewußte Fahrlässigkeit, S. 166 m. w. N.; insbesondere auch zur Heteronomiekritik, S. 167ff.

635 Vgl. dazu insgesamt *M. Köhler,* Die bewußte Fahrlässigkeit, S. 143ff. und 165ff.

werden, wenn seine innere Zwecksetzung und die tatsächliche Bedeutung der zu gestaltenden Wirklichkeit nicht übereinstimmen. So kann z. B. ein Kleinkind oder ein Geisteskranker aufgrund mangelnder Einsichtsfähigkeit konstitutionsbedingt möglicherweise nicht erkennen, daß sein Verhalten überhaupt eine Verletzung bewirkt. Ebenso kann bedingt durch die Endlichkeit des einzelnen und damit einer möglichen Nichtüberschaubarkeit der Situation, ein Erwachsener seiner Handlungsmacht nicht einsichtig sein; auch dann kommt ihm im Moment des Agierens keine Herrschaft über das Geschehen zu, auch wenn ihm die Wirklichkeitsveränderung äußerlich zuzuschreiben ist und er auch selbst ex post in der Lage ist, festzustellen, daß es seine Handlung war, die zu einer Verletzung geführt hat. Würde ihm aber eine solche rein kausal bewirkte Außenweltveränderung als sein Werk zugewiesen, wäre diese Zuschreibungsbestimmung eine rein heteronome, da die innere teleologische Anbindung an den Erfolg in der Außenwelt als das Ergebnis seines Handelns verloren ginge. Auch kann der einzelne zwar aufgrund seiner Erfahrung auf der einen Seite einschätzen, mit welchen Mitteln er einen bestimmten Zweck realisieren will, er kann aber ebenso über die Mittel-Zweck-Relation irren, so daß er damit subjektiv die Veränderung nicht als sein Werk begreift. Diese durch die Endlichkeit des einzelnen aufgewiesene mangelnde Einsicht in den Bedeutungsgehalt seines Tuns, sei sie konstitutions- oder situationsbedingt wird für die Bestimmung der Zurechnung und der Frage der Tatherrschaft über ein unrechtes Geschehen noch von Bedeutung sein und damit Auswirkungen auf die Bestimmung der Kriterien zur Abgrenzung von Anstiftung und mittelbarer Täterschaft haben.[636]

Der rein final betrachtete Leistungsvollzug kann ferner aufgrund seiner Eigendynamik Ziele und Verhaltensweisen bestimmen und sich insofern als „Schwäche" darstellen.[637] Die naturhafte Seite des Subjekts kann unmittelbar auf den Vollzug der äußeren Handlung wirken und sie damit auch lenken. Anders als beim Irrtum über die tatsächlichen Auswirkungen der Handlung überhaupt bleibt der einzelne aber in solchen Situationen mit seinem Handeln verbunden. Das ist z. B. der Fall, wenn jemand durch panische Furcht zu einer Handlung getrieben wird. Es gibt also Situationen, in denen der einzelne nur *beschränkt* selbstbewußt handelt. Aber auch hier ist ein Grundelement der Selbstbestimmung anwesend. Der einzelne bleibt in der Lage, sich die Verände-

---

636 Eine weitere Grenze des Zuschreibungsprozesses bildet das Verhalten eines anderen Subjekts, das unabhängig, d. h. ohne ein Zusammenwirken mit dem Ersthandelnden, in das Geschehen eingreift und seinen Ablauf übernimmt. Mag das Handeln des Ersten auch kausal für das Hinzukommen der Handlung des Dritten sein, ist es doch die Person, die zuletzt in das Geschehen eingegriffen hat, und der daher der Erfolg in der Außenwelt als der Ihrige zuzurechnen ist. Vgl. dazu die Ausführungen zur Zurechnung im 4. Kapitel unter D. I. 1. b); 3.

637 *E. A. Wolff,* ZStW 97 (1985), S. 812.

rung als die Seinige zuzurechnen. Dies kommt darin zum Ausdruck, daß er sich beispielsweise hinterher sagen kann: „Wie konnte ich so etwas tun?“ Es bleibt damit auch nach seinem Verständnis sein subjektiver Veränderungsprozeß. Ebenso kann der einzelne in bestimmten Schreckreaktionen z. B. im Straßenverkehr einem anderen ausweichen, um diesen nicht zu verletzen. Auch wenn es ihm in einer solchen Schrecksituation oder in Furchtsituationen nicht gelingt, den Sinnzusammenhang vollständig zu erfassen, wie z. B. der Gefährdung anderer oder seiner selbst, verliert er dennoch nicht das Verständnis dafür, daß das Ausweichmanöver sein Werk ist.[638]

Der einzelne kann sich hinsichtlich seines Sollensverständnisses zudem selbst korrumpieren, sich selbst etwas vormachen. Er kann seinen Neigungen Folge leisten und sich ihnen damit selbstverantwortlich überlassen. Dies kann dadurch geschehen, daß er sich die eigene wirkliche Maxime nicht eingesteht und andere vorschiebt oder daß er vorgibt, einer objektiv verallgemeinerbaren Maxime zu folgen, um sein eigentlich eingesehenes Verständnis von Richtigkeit zu korrumpieren.[639] Er bleibt aber - anders als beim Irrtum über die tatsächlichen Verhältnisse - weiterhin mit seiner Tat verbunden; er weiß, daß er es ist, der gehandelt und den „Veränderungserfolg“ bewirkt hat.

Bedingt durch die Endlichkeit des einzelnen sind die im instrumental-finalen Handeln zum Ausdruck kommenden Schwächen „Einbruchstellen“ (Anknüpfungspunkte) für eine mögliche (Mit-) Zurechnung von Handlungen anderer. Dadurch, daß die praktisch handelnden Subjekte in einer gemeinsamen äußeren Welt tätig werden, können sie insofern den Entscheidungsprozeß der Mitsubjekte beeinflussen, als bewirkte Veränderungen der Realität Einfluß auf das äußere Verhalten des anderen haben können. So kann jemand die Außenwelt derart umgestalten, daß der andere die Auswirkungen seines Handelns nicht mehr zu durchschauen vermag und die Veränderung nicht mehr als sein Werk erscheint. Jemand kann aber auch den Willensbildungsprozeß eines Mitsubjekts beeinflussen, indem er ihn in eine Lage versetzt (z. B. in eine Zwangssituation bringt), der er aufgrund seiner Endlichkeit nicht mehr standhalten kann. Auch wenn der Zweck und/oder das Mittel von einem anderen vorgegeben wird, bleibt aber die Realisierung dieses fremden Zwecks/Mittels solange das Werk des Handelnden, soweit dieser in der Lage ist, den Bedeutungsinhalt seines Tuns zu erfassen und nicht über das Mittel-Zweck-Verhältnis getäuscht wird.[640] Denn

---

638 Vgl. dazu *E. A.Wolff,* ZStW 97, (1985), S. 812; *M. Köhler,* Die bewußte Fahrlässigkeit, S. 165; *Kahlo,* Das Problem des Pflichtwidrigkeitszusammenhanges bei den unechten Unterlassungsdelikten, S. 295.

639 Vgl. dazu insbesondere *E. A. Wolff,* ZStW 97 (1985), S. 812ff.; *Kahlo,* Das Problem des Pflichtwidrigkeitszusammenhanges bei den unechten Unterlassungsdelikten, S. 295.

640 Vgl. dazu *Aristoteles,* Nikomachische Ethik, E III, 1, 3.

soll jemand zu einer bestimmten Handlung gezwungen werden, muß er sie noch durch seinen Willen die Handlung noch vollziehen, so daß der Wille insofern unabhängig ist. „Es kann nur der zu etwas gezwungen werden, der sich zwingen lassen will“.[641]

Kommen in der finalen Handlungsstruktur die Grenzen menschlicher Zurechnung zum Ausdruck und läßt sie die beschriebenen „Einbruchstellen“ erkennen, in denen andere Mitsubjekte auf den Entscheidungsprozeß einwirken können, kann sie doch noch keine positive Aussage darüber machen, ob und wie sich das konstitutive Zusammenwirken der einzelnen vollziehen kann. Der Wille des Subjekts ist noch ein vom äußeren Zweck abhängiger und insofern ein relativer. Freiheit wird reduziert auf Unabhängigkeit und damit auf eine reine Wahlfreiheit. Die Betrachtung des einzelnen ist hier noch an eine Gegenüberstellung von Subjekt und Objekt gebunden, während die anderen Mitsubjektive nicht in die Perspektive als konstitutive Momente der Autonomie des Menschen miteinbezogen wurden und damit in der Bestimmung des personalen Handelns noch nicht ihren Platz gefunden haben. Die Finalität erfaßt zwar bereits eine wichtige Seite des einzelnen, kennzeichnet menschliches Handeln aber noch nicht ausreichend. Im folgenden soll nun das spezifisch menschliche, das geistig-intersubjektive Verhältnis, näher betrachtet werden.

II. Der vernünftige Wille und die Möglichkeit des bewußten Zusammenwirkens im Unrecht

Die positive Bestimmung von Freiheit hat ein weiteres Moment menschlichen Daseins zum Gegenstand. Wie anhand des kategorischen Imperativs Kants und von Fichtes Annerkennungsverhältnis durch den notwendigen Vermittlungsprozeß zum anderen dargelegt wurde, ist der einzelne nicht nur in der Lage, Objekte und Zwecke, die durch Neigungen und Triebe oder äußere Bedingtheiten gesetzt werden, in sein Denken mit aufzunehmen, sondern er begreift sich in einem sozialen Zusammenhang und ist in der Lage, seinen Willen in einem solchen und einem solchen gemäß zu setzen. Die Pflicht des einzelnen betrifft nicht mehr allein die Erhaltung des Lebensdaseins, dem sich der Wille unterzuordnen hat, sondern der kategorische Imperativ bezieht sich auf „das Dasein des als Freiheit bestimmten Selbstbewußtseins“[642]. Die Vernunft des endlichen Wesens steht diesem somit nicht unverbunden gegenüber, sondern es begreift sich als „Grund des Vernünftigen“[643] selbst und hat das Bewußtsein der Notwen-

---

641 *Hegel*, Rechtsphilosophie, § 91; vgl. dazu *M. Köhler*, Die bewußte Fahrlässigkeit, S. 168 und insbesondere S. 189, Fn. 25.

642 *E. A. Wolff*, Grenzen des dolus eventualis, Gallas-FS (1973), S. 214f.

643 *E. A. Wolff*, Grenzen des dolus eventualis, Gallas-FS (1973), S. 215.

digkeit, mit anderen dieses endlich-körperliche Dasein zu teilen. Das Gegenüber ist nicht mehr nur reines Erkenntnisobjekt, sondern es wird als Zweck an sich, als ein Wesen mit absoluten Wert anerkannt und damit als ein ihm gleiches und auch als gleich zu behandelndes Subjekt betrachtet. Der andere wird in die eigenen Handlungen miteinbezogen und es wird begriffen, daß sein Verhalten in der Außenwelt auch eine bedeutende Veränderung der Mitwelt der anderen darstellt. Der einzelne befindet sich damit neben dem oben beschriebenen Verhältnis zur Natur in anderer Weise in einer Wechselwirkung zum Gegenüber.[644] In diesem Zusammenhang spiegelt sich auch das Verhältnis von Vertrauen[645] und Freiheit wider. Denn Freiheit und Vernünftigkeit der anderen Subjekte werden in ihrer Begegnung - im Gegensatz zur Natur - vorausgesetzt. Das Vertrauen in die Vernünftigkeit des anderen ist nicht eine naiv-unbegründete Einbildung, sondern der einzelne kann annehmen, daß sich sein Gegenüber „richtig“ verhält. Damit setzt er sich gewissermaßen auch dem anderen aus und begibt sich damit in eine Abhängigkeit vom anderen. So bedarf es zunächst eines Vertrauensverhältnisses für das Subjekt, damit sich dieses zur Selbständigkeit frei entwickeln kann (Erziehungsverhältnis). Das Vertrauensverhältnis zeigt sich aber auch in der Kommunikation mit anderen. Der einzelne vertraut darauf, daß ihm durch den anderen dargelegte Kenntnisse als dessen wahre oder seiner Überzeugung gemäße berichtet werden. Bereits eine Handlung seitens des Gegenübers, die das Vertrauen des anderen mißbraucht oder diesem zuwider handelt, verletzt damit das zwischen ihnen bestehende und von ihnen eingesehene Anerkennungsverhältnis.[646]

Erst wenn die beschriebenen intersubjektiven Verhältnisse und die durch sie bedingte Reflektionsleistung des endlichen einzelnen in einen notwendigen Zusammenhang gestellt sind, kann entschieden werden, ob ein vernünftiges Mitsubjekt auf den Entscheidungsprozeß eines anderen überhaupt Einfluß nehmen kann. Autonomie, Abhängigkeit des einzelnen von anderen, das Eingebundensein in eine Gemeinschaft, das Sichbegreifen in einer solchen und das Sich-In-Verhältnis setzen zu anderen sowie die Endlichkeit des Subjekts sind nun - so wurde dargelegt - Begriffe, die gegenseitig aufeinander verweisen.

---

644 Vgl. dazu insgesamt *E. A. Wolff*, Grenzen des dolus eventualis, Gallas-FS (1973), S.214ff.; *ders.*, Kausalität von Tun und Unterlassen (1965), S. 63ff.; *ders.*, Die Abgrenzung von Kriminalunrecht zu anderen Unrechtsformen, S. 167ff.; 178ff.

645 Vgl. zum Begriff des Vertrauens in diesem Zusammenhang: *E. A. Wolff*, Kausalität von Tun und Unterlassen (1965), S. 72f.; *ders.*, Die Abgrenzung von Kriminalunrecht zu anderen Unrechtsformen, S. 183.

646 *E. A. Wolff*, Kausalität von Tun und Unterlassen, S. 72, Fn. 68, der auch zu recht darauf hinweist, daß das Vertrauen nicht erst im Rechtszustand seine Bedeutung gewinnt, sondern daß es überhaupt Voraussetzung dafür ist, daß ein solcher herbeigeführt werden kann.

Dabei stehen sich die Subjekte in der gemeinsamen Welt aber nicht nur intellektuell gegenüber, sondern auch gerade in ihrer Körperlichkeit und Unvollkommenheit. Zwar ist der einzelne grundsätzlich für seine Taten verantwortlich, doch stößt er bedingt durch seine psychischen und physischen Schwächen in seinen äußeren Handlungen auf Grenzen. Als auch endliches Wesen und damit als Teil der Natur, die er in all ihren Elementen niemals gänzlich zu durchschauen vermag, und als Beteiligter des Gemeinschaftslebens kann der einzelne (auch als Erwachsener) Situationen ausgesetzt sein, die er für sich selbst nicht widerspruchslos bewältigen kann. Solche Sachlagen können durch Naturereignisse entstehen, aber auch von anderen Personen geschaffen werden, bei denen er aber - im Gegensatz zu Natur - grundsätzlich darauf vertrauen kann, daß sie ihn nicht in solche, von ihm nicht zu bewältigende Situationen bringen. Die anderen Subjekte können in positiver Weise aber ebenso auch in negativer Weise von außen lenkend auf das Subjekt wirken. Sie können z. B. Sachlagen schaffen, die das Subjekt aufgrund seiner begrenzten Einsichts- oder Urteilsfähigkeit - sei es situationsbedingt oder konstitutiv - nicht zu übersehen vermag. Auch kann sich jemand allgemeine Erfahrungsgrundsätze nutzbar machen, von denen er weiß, daß ein anderer seinen Willensbestimmungen unter bestimmten Voraussetzungen Folge leisten wird (z. B. indem er ihn unter Druck setzt). Der eine kann sich damit die Endlichkeit des anderen für seine Zwecke dienstbar machen.[647] Aufgrund der spezifischen Verbindung von Intelligiblität und Endlichkeit ergibt sich also die Möglichkeit interpersonaler Wirkzusammenhänge und damit die Möglichkeit der Mitzurechnung von Handlungen Dritter. Das gemeinsame Agieren gründet sich nun aber nicht in einer rein äußerlichen Verbindung, sondern es ist eine Verbindung, die von den agierenden Subjekten selbst bewirkt und als eine solche begriffen werden muß. Der Begriff des individuellen Handelns ist damit um das Moment des (bewußten) Zusammenwirkens hinsichtlich einer Rechtsgutsverletzung auszudehnen.

Bedingt durch die grundsätzliche Eigenverantwortlichkeit des einzelnen für sein Wirken in der Außenwelt, kann aber nicht jede Form der Beeinflussung ausreichen, um eine (Mit-) Zurechnung des „Außenstehenden" für die Rechtsverletzung zu begründen. Damit würde zum einen dessen Wirkmacht gegenüber dem anderen Vernunftwesen überschätzt. So begründet nicht jeder Defekt eines anderen automatisch die Mitzurechnung, sondern dafür bedarf es (noch zu konkretisierender) bestimmter Wirkzusammenhänge. Auch kann nicht jedes (kommunikative) Einwirken genügen, um die von einem anderen bewirkte

---

647 Ob und unter welchen Voraussetzungen von einer realen Tatherrschaft des Hintermanns, insbesondere in Abgrenzung zur „bloßen" Teilnahme an einer Tat über das Geschehen gesprochen werden kann, ist an dieser Stelle noch nicht zu entscheiden. Vgl. dazu sogleich unter E.

Rechtsverletzung einem „Außenstehenden“ mitzuzuschreiben. Zum anderen würde der einzelne sich als Selbstverantwortlicher selbst widersprechen, wenn er jeder Beeinflussung seitens eines anderen die Bedeutung zuschreiben würde, diese habe sein Handeln allein veranlaßt, er sei heteronom zu einer Tat bestimmt worden. Er würde dann seine grundsätzliche Eigenverantwortung für seine Lebensführung unterschätzen.[648]

Konnte mit der finalen Handlungsseite des einzelnen die Endlichkeit dargelegt und damit die „Einbruchstellen“ und Grenzen des Leistungsvollzuges aufgewiesen werden, mußte die Betrachtung der spezifisch geistig-intersubjektiven Seite hinzukommen, um das konstitutive Zusammenwirken mit anderen begründen zu können. Zusammenfassend läßt sich für die eingangs gestellte Frage, ob überhaupt die Möglichkeit besteht, Handlungen anderer dem einzelnen (mit-) zuzurechnen, feststellen, daß der Endlichkeit des einzelnen Subjekts im Rahmen seiner Einsicht und Zweckverwirklichung der Vernunftschluß entspricht, seine Autonomie und Handlungsfreiheit in Formen gemeinsamen Handelns zu realisieren.[649] Auch die Kriterien der Abgrenzung von (mittelbarer) Täterschaft und Teilnahme (Anstiftung) müssen sich an diesen Momenten des Zusammenhangs als begriffener Einheit von Autonomie, Endlichkeit und des Angewiesenseins auf andere Subjekte messen lassen. Voraussetzung dafür ist aber, daß die in den §§ 25ff. StGB zum Ausdruck kommende Unterscheidung von Täterschaft und Teilnahme den Handlungsstrukturen der Subjekte tatsächlich entspricht.

E. Die Notwendigkeit der Unterscheidung von Täterschaft und Teilnahme: Ablehnung eines Einheitstätersystems

Die im Strafgesetzbuch vorgenommene Unterscheidung von Täterschaft und Teilnahme kann nur dann Bestand haben, wenn sich zeigt, daß sie tatsächlich in der Wirklichkeit bestehende Handlungsstrukturen erfaßt, auch wenn sie im Strafrecht erst virulent werden mag. Bereits bei der Darlegung des Überblick über die historische Entwicklung der Anstiftung und mittelbaren Täterschaft (1. Kapitel) und im Rahmen der Auseinandersetzung mit dem gegenwärtigen Diskussionsstand (2. Kapitel) wurde deutlich, daß eine Unterscheidung von Täterschaft und Teilnahme nicht selbstverständlich ist. Zwar sieht das deutsche StGB in den §§ 25ff. eine Unterscheidung von Beteiligungsformen vor, es gibt aber andere Rechtssysteme (wie z.B. das österreichische), die im Gegensatz zu den § 25ff. StGB auf der Unrechtsebene alle Beteiligten gleichstellen und von

---

648 Dies wird insbesondere auch für die Frage der Auslegung des Merkmals des „Bestimmens“ bei der Anstiftung von Bedeutung sein. Vgl. dazu 5. Kapitel unter B. II.

649 Vgl. dazu auch *M. Köhler, AT*, S. 490.

einem Einheitstäterbegriff ausgehen.[650] Die Gleichstellung wird damit gerechtfertigt, daß nur so das „Prinzip der autonomen Verantwortung“ gewahrt sei, da jeder „nach seinem Unrecht und seiner Schuld“ bestraft werde. Die Vertreter der Einheitstäterlehre führen für ihr System damit ein Begründungsmoment an, welches auf den ersten Blick dem vorliegenden entspricht. Es ist daher im folgenden näher zu untersuchen, ob tatsächlich nur ein Einheitstätersystem der Autonomie des einzelnen gerecht wird, oder ob ein personaler Handlungsbegriff nicht vielmehr eine Unterscheidung verschiedener Beteiligungsformen notwendig voraussetzt und damit auch eine Differenzierung von mittelbarer Täterschaft und Anstiftung erforderlich ist.

Dadurch daß das Einheitstätersystem eine begriffliche Differenzierung von Täterschaft und Teilnahme im Rahmen des Tatbestandes verneint, bewertet es sämtliche an der Tat Mitwirkende als *„Täter“*.[651] Für alle Mitwirkenden sollen

---

650 Vgl. aber zur Kritik des heutigen Gesetzgebers *Volk*, Tendenzen zur Einheitstäterschaft, in: Roxin-FS, S. 563ff. Volk weist zu recht darauf hin, daß in der gegenwärtigen Gesetzgebung, insbesondere in Bereichen von Organisationsdelikten und Wirtschaftskriminalität, immer mehr Strafgesetze geschaffen werden, in denen typische Beihilfehandlungen zur Täterschaft qualifiziert werden, so daß die notwendige Differenzierung von Täterschaft und Teilnahme auf Tatbestands- und Rechtsfolgenebene zurückgedrängt wird. Vgl. z. B. § 258 und § 261 StGB.

651 Innerhalb des Einheitstätersystems werden zwei Varianten unterschieden: Die „formale“ und die „funktionale“ (oder auch "materielle") Einheitstäterschaft. Nach dem *„formalen Einheitstätersystem“* sollen alle Tatbegehungsformen vereinheitlicht werden und keine typenmäßige Differenzierung auf der Ebene der Tatbestandsmäßigkeit erfolgen. Das formale Einheitstätersystem ist im italienischen StGB von 1930 zu finden; vgl. Art. 110 itStGB als zentrale Vorschrift über die Regelung der „Teilnahme mehrerer Personen an einer Straftat": "Nehmen mehrere Personen an derselben strafbaren Handlung teil, so unterliegt jede von ihnen der für diese angedrohten Strafe (...).“ Das itStGB sieht damit keine der Täterschaft gegenüberzustellenden Beteiligungsformen vor; vielmehr ist der Begriff des „Teilnehmers“ identisch mit einer „Mehrheit von Tätern“. Vgl. zum formalen Einheitstätersystem *Kienapfel,* Erscheinungsformen der Einheitstäterschaft, S. 26ff.
Das *„funktionale Einheitstätersystem“* dagegen nimmt eine Typisierung nach Art der Tatbegehung auf der Tatbestandsebene vor. „Wer den Tatbestand in einer der gesetzlichen Tatbildbeschreibung entsprechenden Weise erfüllt, ist unmittelbarer Täter. Wer an der Tatbestandsverwirklichung in anderer Weise beteiligt ist, den kann man - freilich in einem vom Teilnahmesystem gänzlich abweichenden Sinne - als mittelbaren *Täter* bezeichnen“ (*Kienapfel,* Erscheinungsformen der Einheitstäterschaft, S. 35; Hervorhebung durch die Verfasserin). Vgl. dazu das Norwegische StG von 1902 und dort z. B. die Vorschrift über den Totschlag: „Wer den Tod eines andern verursacht, oder wer dazu mitwirkt, wird wegen Totschlags mit Gefängnis nicht unter sechs Jahren bestraft.“ Alle Beteiligten werden tatbestandlich gleichgestellt. Auch wird eine Akzessorietät, eine Abhängigkeit der Beteiligung von einer täterschaftlich begangenen Haupttat nicht gefordert (siehe dazu insgesamt *Kienapfel,* Erscheinungsformen der Einheitstäterschaft,

die gleichen Strafdrohungen Anwendung finden. Erst auf der Ebene der gesetzlichen bzw. richterlichen Strafzumessung soll der tatsächliche Beitrag der Beteiligten entscheidend sein, um dort die Strafe nach dem Maß des Unrechts und der Schuld des jeweiligen Täters individualisieren zu können. Dadurch, daß auf dogmatisch-begrifflicher Ebene alle an der Tat Mitwirkenden gleich zu behandeln sind, entfällt nach einer Einheitstäterlehre das Erfordernis der Akzessorietät der Teilnahme.[652] An seine Stelle tritt „der Grundsatz der ‚autonomen Verantwortlichkeit der Beteiligten' (...), es gilt „das Prinzip der ‚ganzheitlichen Strafzumessung'"[653]. Nur so könne eine „maximale Individualisierung" erreicht werden. „Ob derselbe Erfolg auch die Verantwortlichkeit weiterer Personen begründet und welcher Art diese ist, interessiert nicht".[654] Auffällig ist, daß die Vertreter der Einheitstäterlehre den Begriff der Freiheit aus ihrem Begründungszusammenhang nicht näher bestimmen, sondern sich auf seine „normative Annahme" stützen.[655] Da es naturwissenschaftlich nicht bewiesen sei, daß es tatsächlich eine Willensfreiheit des einzelnen gebe, aber die Annahme derselben auch nicht zu widerlegen sei, könne der Gesetzgeber die Willensfreiheit normativ annehmen und damit zur Voraussetzung eines Schuldstrafrecht machen.[656]

Von einem solchen positivistischen Standpunkt aus ist die Freiheit des einzelnen eine reine Fiktion des Gesetzgebers, der zum einen bestimmt, ob Freiheit überhaupt existiert und zum anderen festlegt, was Autonomie des Subjekts ausmacht. Das von den Vertretern der Einheitstäterlehre dargelegte Argument, daß „an die Stelle des Akzessorietätsdogmas der Grundsatz der autonomen Verantwortlichkeit" tritt, muß sich dann als Scheinargument darstellen. Denn Maßstab für das Recht und damit auch für das Strafrecht sind ja nicht die Handlungsstrukturen des einzelnen, sondern die Wertungen des Gesetzes. Konsequenterweise müßten daher die Vertreter der Einheitstäterlehre mit ihrer rein normativen Freiheits- und Schuldbestimmung auch die Entscheidung für oder gegen ein Beteiligten-

---

S. 34ff.). Die „mittelbare Täterschaft" unterteilt sich wiederum in Veranlassungs- und Unterstützungstäterschaft. Aber auch hier handelt es sich um ein Einheitstätersystem, da die Tatbegehungsformen als wert-, wesens- und haftungsmäßig gleichrangige Täterschaftstypen bewertet werden und demselben Strafrahmen zugeordnet sind. Gemeinsam ist damit den Vertretern der Varianten der Einheitstäterschaft, daß sie im Rahmen des Tatbestandes auf eine Differenzierung von Täterschaft und Teilnahme verzichten wollen.

652 *Kienapfel,* Erscheinungsformen der Einheitstäterschaft, S. 36; *ders.,* JuS 1973, S. 4f., 6f.; *Triffterer,* Österreichisches Strafrecht, AT, Kapitel 16, Rn. 33; 42 (S. 391, 393f.).

653 *Kienapfel,* Einheitstäter im Strafrecht, S. 31ff.; vgl. auch *Triffterer,* Österreichisches Strafrecht, AT, Kapitel 16, Rn. 14ff. (S. 386ff.) m. w. N.

654 *Kienapfel,* Einheitstäter im Strafrecht, S. 29.

655 *Triffterer,* Österreichisches Strafrecht, AT, Kapitel 12, Rn. 14ff. (S. 250ff.); *Kienapfel,* Grundriß des Österreichischen Strafrechts, AT, Z 13 Rn. 6ff. (S. 73f.)

656 *Triffterer,* Österreichisches Strafrecht, AT, Kapitel 12, Rn. 17 (S. 251).

system in das Ermessen des Gesetzgebers stellen. Daß sich der Gesetzgeber aber an der Konstitution des freien einzelnen zu orientieren hat, und es daher gerade nicht von seiner willkürlichen Bestimmung abhängt, ob er die Autonomie des einzelnen zur Voraussetzung macht, wurde ausführlich dargelegt. Nur weil überhaupt die Autonomie des Subjekts als denknotwendig anzunehmen ist, kann ihm sein unrechtes Verhalten auch vorgeworfen und er für seine Taten zur Verantwortung gezogen werden.

Es wurde zudem aufgewiesen, daß mit Autonomie nicht eine Vereinzelung des Subjekts gemeint ist, sondern Interpersonalität bei ihrer Begründung immer mitzusetzen ist. Der Mensch begreift sich gerade nicht nur als unabhängig von anderen, sondern bezieht die anderen begründend in seine Entscheidungen mit ein. Dem Begriff des Anerkennungsverhältnisses und damit dem des Rechts ist ein Verständnis der Gemeinschaftlichkeit und der Einordnung in dieselbe immanent. Autonomie und Eingebundensein in einen sozialen Zusammenhang verweisen aufeinander, woraus sich gerade die Möglichkeit der Einwirkung auf die Handlungen anderer und damit auch die Möglichkeit der Mitzurechnung von fremden Unrechtstaten ergibt.[657] Aus dem interpersonalen Zusammenwirken selbst muß nun auch die Unterscheidung von unterschiedlichen Wirkverhältnissen zum rechtsverletzenden Erfolg resultieren.

Entscheidendes Merkmal menschlichen Handelns ist die Möglichkeit des Subjekts, die Welt sinnhaft zu gestalten und in seine Wirksphäre zugleich die Freiheitssphären der anderen Vernunftwesen miteinzubeziehen. Personales Handeln ist damit mehr als die bloße äußere Veränderung der Wirklichkeit. Nur wenn begriffen ist, daß das praktisch handelnde Subjekt freiheitliche Verhältnisse mit anderen begründen, mit ihnen ein Anerkennungsverhältnis konstituieren kann, wird auch verständlich, daß es in der Lage ist, dieses Verhältnis zu negieren. Rechtsbegründende und rechtsverletzende Tat sind jeweils Ausdruck personaler Freiheit. *Anders ausgedrückt*: Nur wenn der einzelne als derjenige angesehen wird, dem die Macht zukommt, das Rechtsverhältnis positiv zu konstituieren, kann ihm auch die Herrschaft beigemessen werden, dieses Verhältnis tätig zu verletzen. Diese Macht kann mit einem Schlagwort als *Tatherrschaft* bezeichnet werden, die damit einen personalen Handlungssachverhalt beschreibt und sich aus der Struktur menschlichen Verhaltens ableitet. Auch der Tatherrschaftsbegriff als Ausdruck personalen Handelns kann daher nicht auf eine äußere Macht des Geschehens oder auf kausale oder finale Elemente reduziert werden. Maßgebliches Moment ist vielmehr die Macht über die Qualität der Außenweltveränderung, die im praktisch handelnden Subjekt selbst begründet liegt. Tatherrschaft über eine Rechtsverletzung ist damit die Macht über die Qualität

---

657 Siehe unter D. II.

des konkreten Anerkennungsverhältnisses (= Täterschaft).[658] [659] Täter des Verletzungsgeschehens kann also nur derjenige sein, dem die Tatherrschaft über das rechtsverletzende Geschehen tatsächlich zukommt, während der Teilnehmer diese gerade nicht inne hat, sondern an der Gestaltung der Rechtsverhältnisse nur *teil* hat. Der Teilnehmer knüpft damit an die konkrete Wirklichkeitsveränderung eines anderen an, seine Handlung ist keine zufällige Bindung an die Tat eines anderen und ist daher notwendig von dem Vorhandensein einer täterschaftlich begangenen Tat abhängig.[660] In Abgrenzung zur Tatherrschaft über das konkrete rechtsverletzende Geschehen und damit zu täterschaftlichem Handeln kommt dem Teilnehmer gerade nicht die Herrschaft über die Veränderung der konkreten sozialen Wirklichkeit zu, sondern er wirkt „nur" an der besonderen Gestaltung eines anderen mit, hat am konkreten Veränderungsprozeß teil. Damit ist zweierlei vorausgesetzt: Zum einen, daß einer anderen Person die Herrschaft über ein konkretes Geschehen zukommt, an der er teil-nehmen kann. Die Teilnahmehandlung kann sich nicht unabhängig vom Verhalten des Täters bestimmen, sondern muß einen unmittelbaren Bezug zur konkreten Haupttat haben. Zum anderen muß die teilnehmende Person an diese konkrete Wirklichkeitsveränderung anknüpfen und zwar nicht unabhängig vom Ersthandelnden oder rein zufällig, sondern sie muß mit ihm gemeinsam die konkrete soziale Welt gestalten.[661] Der Teilnehmer verändert die sozialen Verhältnisse damit nicht unmittelbar wie der Täter, sondern „mittelbar" im Zusammenwirken mit der autonomen Leistung einer anderen Person. Auch die Teilnahme ist ebenso wie die Täterschaft an die Struktur personalen Handelns gebunden. Entscheidend ist auch hier, daß der Teilnehmer nicht nur äußerlich an der konkreten Tat teil hat, sondern daß er mit seinem Wirken die Qualität der sozialen Verhältnisse mit-gestaltet.

Die in den äußeren Handlungszusammenhängen vorzufindende Differenzierung von Täterschaft und Teilnahme ist damit Teil der sozialen Wirklichkeitsveränderung. Sie wird bereits auf der Unrechtsebene selbst virulent. Die Unterscheidung von Täterschaft und Teilnahme ist eine sich aus den intersubjektiven Verhältnisses ergebende notwendige, die daher auch nicht in das Ermessen des Gesetzgebers gestellt werden oder erst in der Strafzumessung berücksichtigt werden kann, wie die Einheitstäterlehre meint.

---

658 Vgl. auch *Murmann,* Die Nebentäterschaft im Strafrecht, S. 181.

659 Darin kommt zugleich auch zum Ausdruck, daß der die Macht über das konkrete Geschehen inne Habende sich als Tatherr *begreifen muß*.

660 Vgl. genauer zum Erfordernis der „limitierten Akzessorietät" die Ausführungen im 4. Kapitel unter E. II.

661 Dieses bereits begriffliche Gebundensein an eine Haupttat wird noch Bedeutung für die nähere Bestimmung der Akzessorietät der Teilnahme haben.

Das Einheitstätersystem wird von ihren Vertretern zudem mit dem Argument verteidigt, daß es im Gegensatz zum akzessorischen Teilnahmesystem eine Vereinfachung darstelle. So würde letzteres aufgrund seines „enormen begrifflichen Aufwandes“ und wegen des dazu erforderlichen „dogmatischen Scharfsinns“ mit diesem nicht in einem angemessenen Verhältnis zu seinem praktischen Ertrag stehen.[662] Ein solches Argument praktischer Nutzanwendung kann aber nur dann Gewicht haben, wenn es im Recht darum ginge, komplizierte gedankliche Anstrengungen möglichst zu vermeiden. Für die wissenschaftliche Begründung eines positiv-gesetzlich geregelten Rechtsinstituts kann es dagegen nichts beitragen. Es stellt eine solche vielmehr als überflüssig dar, wenn nur eine Vereinfachung für den Rechtsanwender gesichert werden soll. Damit führen die Vertreter ihre Argumentation aber selbst ad absurdum: Sie behaupten einerseits, daß ihr Argument einen Begründungsbeitrag zur Einheitstäterschaft leiste, tun diesen aber im gleichen Atemzug als überflüssig ab.

Außerdem stellt sich die Frage, ob dieses System tatsächlich eine Vereinfachung darstellt, da auf der Strafzumessungsebene auch nach dem Einheitstätersystem wieder eine Differenzierung vorzunehmen ist und hier die „erstrebenswerte maximale Individualisierung der Strafe nach dem Maß des Unrechts und der Schuld des einzelnen Täters“[663] erfolgt. Es verwundert, daß hier der enorme begriffliche Aufwand zur Bestimmung vom Maß des Unrechts und der Schuld nicht demselben Rationalisierungsgedanken zum Opfer fällt wie bei der Ablehnung eines Beteiligungssystems. An dieser Inkonsequenz zeigt sich, daß auf eine Differenzierung des Unrechts nach Art der Beteiligung nicht verzichtet werden kann - selbst wenn dies dogmatischen Scharfsinn erfordert. Es fragt sich dann aber, wie das Maß des Unrechts und der persönlichen Schuld zu bestimmen ist, wenn es keine objektive Unterscheidung der Beteiligungsarten geben soll. Die Möglichkeit besteht dann nur darin, diese auf der subjektiven Ebene vorzunehmen. Soll es eine objektive Differenzierung nach den Tatanteilen in Bedeutung und Gewicht nicht geben, könnte nur die Willensrichtung des einzelnen bei seiner Mitwirkung an der Tat bestraft werden. Folge wäre letztlich eine Form von Gesinnungsstrafrecht, welches mit den Grundsätzen eines personalen Tatstrafrechts nicht zu vereinbaren ist.[664] Damit eine Handlung überhaupt (straf-) rechtliche Relevanz aufweisen kann, ist ein Bezug zur Freiheitssphäre eines

---

662 *Kienapfel,* Grundriß des österreichischen Strafrechts, AT, E 2, Rn. 18 (S. 184); Der Einheitstäter im Strafrecht, S. 26ff.

663 *Kienapfel,* Grundriß des österreichischen Strafrechts, AT, E 2, Rn. 34 (S. 187).

664 Siehe dazu auch die Kritik im 2. Kapitel unter A. I. 2. b); D. I.; vgl. zur Kritik auch *Gallas,* Beiträge zur Verbrechenslehre, S. 80f.; vgl. auch *Maiwald,* Historische und dogmatische Aspekte der Einheitstäterlösung, in: Bockelmann-FS (1978), S. 343ff. (S. 351ff.).

anderen erforderlich. Das hat zur Folge, daß nicht die Willensrichtung allein entscheidend sein kann, sondern der subjektive Wille auch einen realen interpersonalen Bezug aufweisen muß. Maßstab kann damit nach dem vorliegenden Verständnis nicht eine rein innere Intention oder die „böse" Gesinnung des einzelnen sein. Handlung, Wille und Erfolg müssen - sollen sie als Produkt der Person begriffen und nicht heteronom bestimmt werden - eine Einheit bilden und können nicht getrennt voneinander betrachtet werden.

Aber selbst wenn der Gesetzgeber im Rahmen der Strafzumessungsbestimmungen vorschreibt, daß die Schuld der Beteiligten nach ihren jeweiligen objektiven Tatbeiträgen zu bemessen sei, müßte nun der Richter die Differenzierung vornehmen, die der Gesetzgeber vorzugeben unterlassen hat. (Allerdings wäre eine solche Vorgabe ein Widerspruch im System der Einheitstäterlehre, da diese ja gerade der Ansicht ist, daß eine Unterscheidung nicht vorgenommen werden könne.) Der Richter müßte schließlich Unterscheidungen treffen, die mit dem Grundverständnis der Einheitstäterlehre selbst nicht zu vereinbaren sind. Es zeigt sich also, daß zum einen eine Unterscheidung erst auf der subjektiven Ebene mit einem personalen Unrechtsverständnis nicht harmonieren kann und daß zum anderen, wenn der Gesetzgeber im Rahmen der Unrechts- und Schuldbewertung auf der Strafzumessungsebene eine Unterscheidung nach dem Gewicht der objektiven Tatbeiträge vorschreibt, dies mit der dem Einheitstätersystem zugrundeliegenden Konzeption selbst nicht übereinstimmt.[665] Zudem ist deutlich geworden, daß die Einheitstäterlehre auch keine Vereinfachung darstellt, wie sie von ihren Vertretern vorgegeben wird, da der Richter nun aufgefordert ist, eine Unterscheidung vorzunehmen.

Zusammenfassend ist daher festzustellen, daß ein Einheitstätersystem damit dem Verständnis von Autonomie widerspricht (auch wenn es für sich selbst in Anspruch nimmt, diesem gerecht zu werden): Es kann nicht die Wirkweise interpersonalen Handelns erfassen und übersieht damit auch die Möglichkeit des Aufeinanderbezogenseins von Handlungen in der Außenwelt. Vielmehr ergibt sich aus der Freiheit des einzelnen und einem damit verbundenen intersubjektiven Handlungsverständnis, daß eine Unterscheidung von Täterschaft und Teilnahme bereits auf der Unrechtsebene notwendig ist. Täter kann nur sein, wem die Tatmacht über die konkrete Rechtsverletzung zukommt, während der Teilnehmer an dieser nur teil hat und insoweit auch davon abhängig ist, daß eine solche durch einen anderen bewirkt wurde. Die Handelnden agieren dabei aber nicht nebeneinander, sondern sie stehen in einem Wirkverhältnis zueinander. Die hier dargelegten interpersonalen Handlungszusammenhänge spiegeln sich auch in den §§ 25ff. StGB wider: Diese gehen nämlich zum einen davon aus,

---

665 Vgl. auch *Gallas*, Beiträge zur Verbrechenslehre, S. 114f.

daß eine (Mit-) Zurechnung von Handlungen anderer möglich ist und zum andern zwischen unterschiedlichen Beteiligungsformen (Täterschaft und Teilnahme) zu unterscheiden ist.

F. Zwischenergebnis

Bisher wurde dargelegt, wie sich Unrecht nach dem vorgestellten freiheitlichen Begründungszusammenhang bestimmt. Es ist aus dem vom Subjekt selbst begründeten Rechtsverhältnis abzuleiten und damit an dessen Voraussetzungen gebunden. Unrecht ist die konkrete Verletzung des Anerkennungsverhältnisses. Ferner konnten erste Folgerungen für interpersonale Wirkzusammenhänge festgestellt werden und wie sich die Möglichkeit des Zusammenwirkens mehrerer konstituiert. Auch hier ist Ausgangspunkt das in interpersonalen Zusammenhängen wirkende Subjekt selbst in seiner zweiseitigen Realität als vernünftiges, aber zugleich auch endliches Wesen. Schließlich konnte aufgewiesen werden, daß die unterschiedlichen Formen von Täterschaft und Teilnahme Ausdruck verschiedener Verhältnisse zur konkreten Rechtsverletzung sind. Im Gegensatz zur Teilnahme kommt dem Täter die Herrschaft über die konkrete Negation des Anerkennungsverhältnisses zu. Die Teilnahme setzt dagegen (bereits begrifflich) das Vorliegen einer Gestaltungsherrschaft über die konkreten Wirklichkeitsveränderung voraus.

Noch nicht näher ausgeführt wurde aber, wie die Unterschiede zwischen Täterschaft und Teilnahme konkret geartet und wie ihre Abgrenzungskriterien zu bestimmen sind. Das liegt darin begründet, daß sie zunächst als Strukturbegriffe zu bestimmen waren. Es mußte erst dargelegt werden, daß überhaupt die Möglichkeit von Wirkzusammenhängen im Unrecht besteht und woraus sie sich ergeben. Wäre man hier zu dem Ergebnis gekommen, daß die Möglichkeit der Beteiligung mehrerer an einer Tat ausgeschlossen und eine Unterscheidung von Täterschaft und Teilnahme nach einem freiheitlichen Begründungszusammenhang gar nicht möglich ist, hätte eine Bestimmung der Kriterien der Unterscheidung keinen Sinn ergeben, sondern es hätte nur darauf verwiesen werden können, daß es sich bei dieser um ein alleiniges Konstrukt des Gesetzgebers handelt. Ergibt sich nun eine vernunftnotwendige Unterscheidung von Beteiligungsformen, darf ihre formale Seite, durch die das materiell als Unrecht Begriffene in den einzelnen Tatbeständen des Allgemeinen und Besonderen Teils verobjektiviert wird, für die Entwicklung der Abgrenzungskriterien nicht unberücksichtigt bleiben.

Viertes Kapitel

Übertragung der rechtsphilosophischen Erkenntnisse auf strafrechtliche Begriffsbestimmungen

Im Rahmen der rechtsphilosophischen Grundlegung wurde die Möglichkeit der (Mit-) Zurechnung von unrechten Taten anderer und die Notwendigkeit der Unterscheidung von Täterschaft und Teilnahme dargelegt. Es ist also kein Zufall, sondern eine sich aufgrund der interpersonalen Handlungsstrukturen ergebende notwendige Konsequenz, daß das heutige StGB in den §§ 25 ff. zwischen Täterschaft und Teilnahme differenziert.

Während Schwerpunkt der vorigen Ausführungen die materielle Bestimmung des Rechts und des Unrechts war, soll nun die formale Seite des Unrechts, Unrecht als Tatbestandsverwirklichung näher betrachtet werden. Dabei können materielle und formelle Seite aber nicht unabhängig voneinander betrachtet werden, sondern sie stehen in einem Wechselverhältnis zueinander, so daß auch bei der formalen Betrachtung der Unrechtsverwirklichung die materiale Seite nicht unberücksichtigt bleiben darf. Die positiven Gesetze implizieren gerade, daß die einzelnen Tatbestände des Besonderen und des Allgemeinen Teils auch materiell Unrecht zum Gegenstand haben und können daher nicht auf ihren formellen Aspekt reduziert werden. Sie sind nicht alleinige Schöpfungen des Gesetzgebers, sondern beziehen ihre Basis aus der Einsicht in materielles (Un-) Recht.[666] Bevor im folgenden näher auf die Bestimmung strafrechtlicher Begriffe einzugehen ist, soll zunächst an das Verhältnis zwischen formellem und materiellem Unrecht erinnert werden, der auch für die Konkretisierung des Täter- und Teilnahmebegriffs von Bedeutung ist.

A. Die Bedeutung positiver Strafgesetze

Im Rahmen der Konstitution des Staates wurde bereits auf das allgemeine Erfordernis von (geschriebenen) Gesetzen hingewiesen: Nur durch positive Normen können die Freiheitsbestimmungen des einzelnen ihre Konkretisierung und ihre allgemeine Anerkennung erfahren. Mit berechenbaren festgesetzten Regelungen werden die komplexen interpersonalen Rechtsverhältnisse gefestigt und gesichert, indem die bereits subjektiv eingesehenen Freiheitssphären der einzelnen auf eine allgemein-anerkannte Ebene gehoben werden. Die Gesetze schaffen damit nicht erst die Rechtsgüter, sondern führen dieselben durch Objektivierung zu Verbindlichkeit und Beständigkeit.

---

666 Vgl. auch *Zaczyk*, Das Unrecht der versuchten Tat, S. 195, 215.

Das *Strafrecht* bestimmt nun freiheitsbedeutsame Inhalte, in denen das Verhältnis der Verbundenheit zwischen den einzelnen besonders tief berührt wird. Es hat fundamentale Freiheitsverletzungen zum Gegenstand und bedarf daher eines Konkretisierungsgrades, der einen freiheitsgemäß geordneten Zustand der Rechtsverhältnisse ermöglicht. Das in Art. 103 Abs. 2 GG festgelegte Gebot der Bestimmtheit bzw. insgesamt der Satz „nulla poena sine lege“ findet hierin seine basale Bedeutung.[667] Die Vorschriften des Allgemeinen und Besonderen Teils müssen einen Konkretisierungsgrad erreichen, in dem der Allgemeinwille gültig zum Ausdruck kommt. Die Personen und damit auch der spätere Täter sind für das Recht mitkonstitutiv. Das hat zur Folge, daß die einzelnen Normen „resubjektivierbar“ sein müssen, d. h. die einzelnen Tatbestände sind nicht losgelöst von der Lebenswirklichkeit des einzelnen, sondern beziehen sich auf das, was vom einzelnen auch tatsächlich geleistet und in sein Praxiswissen mitaufgenommen werden kann.[668] Nur wenn sich die Normen am Verständnishorizont der praktisch handelnden Subjekt orientieren, kann es auch für seinen Normbruch verantwortlich gemacht werden.[669] Anders ausgedrückt: Der einzelne muß dem Inhalt der Gesetze bei vernünftiger Überlegung zustimmen können. Nur dann kann ihm überhaupt ein Normverstoß persönlich zum Vorwurf gemacht werden, ihm seine Tat als schuldhafte vorgeworfen werden.[670] Gesetzlich bestimmte Allgemeinheit bedeutet also nicht Abstraktion vom einzelnen, eine von ihm losgelöste Bezugnahme, sondern Konkretisierung im Sinne von *inhaltlicher* Klarheit.[671] Als Reflex mag der Bestimmtheitsgrundsatz dem Bürger auch Schutz vor willkürlicher Ausübung oder Ausdehnung der Strafgewalt gewähren,[672] aber dies ist nicht Grund des Prinzips. Die Bestimmtheit des Gesetzes hat sich vielmehr an der vernünftigen Allgemeinheit zu orientieren und nicht umge-

---

667 Vgl. näher zur Begründung des Satzes „nulla poena sine lege“, insbesondere *Kahlo,* Das Problem des Pflichtwidrigkeitszusammenhanges bei den unechten Unterlassungsdelikten, S. 300f.

668 *M. Köhler*, AT, S. 132f.

669 Vgl. dazu zunächst nur *Kahlo,* Das Problem des Pflichtwidrigkeitszusammenhanges bei den unechten Unterlassungsdelikten, S. 136, 217ff. und *M. Köhler*, AT, S. 349.

670 Dies gilt sowohl für Gesetze, die das Verhältnis zwischen den einzelnen Subjekten bestimmen als auch für solche, die das Verhältnis des einzelnen zum Staat beinhalten. Vgl. dazu auch *Kahlo,* Das Problem des Pflichtwidrigkeitszusammenhanges bei den unechten Unterlassungsdelikten, S. 217ff. Er weist zur Verdeutlichung auf § 213 StGB der DDR hin. Das mit Strafe bewährte Verbot, den Aufenthaltsort zu bestimmen, widerspricht unter den Bedingungen des heutigen Soziallebens in einer staatlich verfaßten Gemeinschaft der Realisierung der personalen Selbstbestimmung, so daß eine Übertretung dieser Norm als „Straftat gegen die öffentliche Ordnung“ zwar formal gesetzwidrig ist, der Handelnde aber keine strafrechtliche Schuld verwirklicht. (*Kahlo*, aaO, S. 220).

671 Vgl. dazu insbesondere *Zaczyk,* Das Unrecht der versuchten Tat, S. 215, 217.

672 So aber z. B. *Wessels/Beulke,* AT, Rn. 44, 47.

kehrt der Bürger an möglicherweise willkürlichen, dafür aber bestimmten Gesetzen. Ansonsten läge die Willkür beim Gesetzgeber, bestimmte Verhaltensweisen zu sanktionieren, so daß der Bürger nun dem Gesetzgeber schutzlos ausgeliefert wäre.[673]

Das Gesetz sanktioniert nun nicht jede freiheitsverletzende Form interpersonalen Handelns, sondern konkretisiert den Schutz fundamentaler Freiheiten, wie beispielsweise die körperliche Integrität in den §§ 223ff. StGB. Die Tatbestände beschreiben damit einzelne Merkmale interpersonalen Handelns, die *strafwürdiges* Unrecht darstellen. Sie begrenzen es damit aber auch. Nicht jede Berührung der Körperintegrität eines anderen ist eine Körperverletzung im Sinne des § 223 StGB, sondern nur die, bei der eine körperliche Mißhandlung oder eine Gesundheitsschädigung Folge der Einwirkung auf die Körperintegrität ist. Die Qualität der Verletzung ist ausgewiesen als eine, die das Gleichheitsverhältnis zwischen den Betroffenen vernichtet und die bestehende Vertrauensbasis zerstört.[674] Nicht jeder Beeinträchtigung kann dabei aber die Qualität eines Verbrechens[675] anhaften, sondern nur einer solchen, die bedingt durch die Mißachtung des anderen als Gleichen das Basisverhältnis zerstört, und die der betroffene einzelne daher nicht alleine auszugleichen vermag. Darin liegt der Grund der *fragmentarischen Natur* des Strafrechts.[676] Er ergibt sich nicht erst aus dem vom Rechtsstaatsprinzip des Grundgesetzes abgeleiteten Verhältnismäßigkeitsgrundsatz, denn ein Verweis auf die verfassungsrechtliche Gewährleistung gibt noch keinen sachlichen Grund an,[677] sondern er liegt in der notwendigen Offenheit der Handlungsräume. Diese können nur insoweit Gegenstand strafrechtlicher Normen sein, als sie das Anerkennungsverhältnis in seiner Basis betreffen. Nicht weil es z. B. „unangemessen" wäre, eine Vertragsverletzung mit strafrechtlichen Maßnahmen zu sanktionieren oder weil es sozialpolitisch nicht zweckmäßig wäre[678], sondern weil eine Vertragsverletzung eben nicht die Qualität in sich trägt, das rechtlich konstituierte Basisvertrauen grundlegend in Frage zu stellen.[679] In der Strafe zeigt sich dann auch, daß der

---

673 Daß auch unser Grundgesetz nicht von einem willkürlichen Gesetzespositivismus ausgeht, zeigt Art. 20 Abs. 4 GG.

674 Vgl. auch 3. Kapitel unter C.

675 Der Begriff des Verbrechens ist hier freilich in einem umfassenden Sinn als Kriminaldelikt zu verstehen und nicht auf seine formelle Seite i. S. d. § 12 StGB reduziert.

676 Vgl. zur fragmentarischen Struktur des Strafrechts auch die Ausführungen von *Groteguth,* Norm- und Verbots(un)kenntnis: Über § 17 Satz 2 StGB, S.63f.

677 So aber *Roxin,* AT, § 2 Rn. 38f.

678 *Roxin,* AT, § 2 Rn. 41.

679 Vgl. auch *E. A. Wolff,* Die Abgrenzung von Kriminalunrecht zu anderen Unrechtsformen, S. 212f.

Staat besondere Beeinträchtigungen der Selbständigkeit des einzelnen ernst nimmt und die Bewältigung nicht ihm selbst überläßt.[680]

Zusammenfassend läßt sich die Bedeutung der positiven Gesetze im Strafrecht beschreiben als die konkrete gültige Verobjektivierung strafrechtlichen Unrechts. Die subjektive Perspektive kann das Allgemeine nur für sich, aber nicht für alle gültig festlegen, sondern es bedarf eines formalen Akts, der dies zu leisten hat. Auch wenn die Transformation des materialen Unrechts in Gesetzesbestimmungen ihre Basis in den vernünftigen Einsichten der praktisch handelnden Subjekte hat, ist die formale Seite als Objektivierung des allgemein als richtig Erkannten ebenso von Bedeutung wie die materiale: „Diese bedarf der Form, die Form verweist immer auf die geformte Materie".[681]

B. Notwendigkeit und Inhalt eines personalen Handlungsbegriffs für strafrechtliche Begriffsbestimmungen

Das beschriebene Verhältnis von materialer und formaler Seite des Unrechts hat Bedeutung für die Bestimmung des Täter- und Teilnahmebegriffs. Als formale Bestimmung der Täterschaft ist zunächst gesicherter und unstreitiger Ausgangspunkt die Verwirklichung des Tatbestandes durch eine Person, während Teilnahme die Beteiligung an der Begehung einer Straftat eines anderen ist.[682] Unabhängig von der unterschiedlichen Qualität der Tatbeiträge sind beide Beteilungsformen nach denselben Rechtsnormen zu beurteilen. Sie setzen beide die Verwirklichung einer allgemeinen eingesehenen und im Gesetz als Unrecht festgelegten Verbotsnorm voraus z. B. Verletzung des Tötungsverbots oder des Körperverletzungsverbots. Die (formale) Verwirklichung des Tatbestandes ist damit eine notwendige Voraussetzung für die Unrechtsbestimmung von Täterschaft und Teilnahme; sie läßt sich aber nicht auf sie reduzieren. Unrechtes Verhalten ist mehr als faktische Tatbestandsverwirklichung. Das Unrecht beinhaltet ebenso wie das Recht personale Äußerungen der handelnden Personen, die durch ihr praktisches Verhalten die soziale Welt gestalten. Ausgangspunkt strafrechtlicher Begriffsbestimmungen muß damit ein Handlungsbegriff sein, der die Gesamtheit möglicher personaler Akte erfaßt. Gegenüber der Notwendigkeit der Bestimmung eines vorpositiven Handlungsbegriffs wird - zumeist in einer kritischen Auseinandersetzung mit der Leistungsfähigkeit der finalen Handlungs-

---

680 Der Täter muß dann selber eine Leistung erbringen, damit er das Anerkennungsverhältnis zur Gemeinschaft wieder herstellt und an der Konstitution des Staates wieder teilhaben kann. Vgl. dazu *Zaczyk*, Das Unrecht der versuchten Tat, S. 189.

681 *Zaczyk*, Das Unrecht der versuchten Tat, S. 217; vgl. zur „Materialisierung des Tatbestandes" auch *Schmidhäuser,* Der Unrechtstatbestand, Engisch-FS, S. 441ff.

682 Vgl. z. B. *Kühl,* AT, § 20 Rn. 2f.

lehre[683] - die Legitimation eines Handlungsbegriffs als Basisbegriff für das Strafrecht geleugnet und als „dogmatisches Glasperlenspiel“[684] abgetan. Die „Würfel der strafrechtlichen Dogmatik fallen deshalb nicht in der Handlungslehre, sondern erst bei Tatbestandsmäßigkeit und Unrecht“[685]. Nur innerhalb des Systems interessiere daher auch die „Handlung“ bzw. das „Verhalten“, und zwar als *tatbestandsmäßiges* Tun oder Unterlassen.[686] Erst aus dem Gesetz solle abgeleitet werden können, was Inhalt einer strafbaren Handlung sei und was nicht, während die Möglichkeit eines vorpositiven Handlungsbegriffs, der den Normen zugrunde zu legen ist, geleugnet wird. Auch wenn in der Literatur dabei zum Teil zu recht darauf verwiesen wird, daß die finale Handlungslehre die spezifisch menschliche Seite und ihren sozialen Bedeutungsgehalt nicht hinreichend erfaßt, kann der Konsequenz, sich von einem vorrechtlichen Handlungsbegriff loszusagen, nicht gefolgt werden.[687] Zwar ist der Mensch bedingt durch seine Endlichkeit und damit auch Begrenztheit in seinem Erkenntnisvermögen nicht in der Lage, überzeitliche und damit für immer gültige konkrete Rechtsbestimmungen zu begründen. Es können aber dennoch allgemeine Aussagen über die Struktur menschlichen Handelns gemacht werden, von denen sich auch der Gesetzgeber nicht lossagen kann.[688] Würde allein dem Gesetzgeber die Macht zugestanden, Aussagen über menschliches Handeln machen zu können, bekäme dieser eine Überlegenheit gegenüber den betroffenen Zurechnungssubjekten, die begründungswürdig ist, sich aber nicht begründen läßt. Denn das praktisch handelnde Subjekt würde als autonomes Wesen nicht mehr ernst genommen und wäre damit weder für das Recht noch für das Unrecht mitkonstitutiv.[689] Daß es aber als freies Wesen für das Recht ebenso wie für das Unrecht mitbegründend ist und sein muß, wurde bereits ausführlich dargelegt.[690] Der Gesetzgeber ist

---

683 *Roxin,* ZStW 74 (1962), S. 515ff.; *Lenckner* in Schönke/Schröder, Vorbem. §§ 13ff., Rn. 32.

684 So z. B. *Krey,* AT, Rn. 240; *Lenckner* in Schönke/Schröder, Vorbem. §§ 13ff., Rn. 37; vgl. auch bereits Rn. 32.

685 *Lenckner* in Schönke/Schröder, Vorbem. §§ 13ff., Rn. 37.

686 *Lenckner* in Schönke/Schröder, Vorbem. §§ 13ff., Rn. 37; Hervorhebung der Verfasserin. Vgl. bereits auch zur Kritik gegenüber *Roxin,* oben im 2. Kapitel unter C II. 2. a). Vgl. zur Kritik auch *Murmann,* Die Nebentäterschaft, S. 157ff.

687 *Krey,* AT, Rn. 240; *Lenckner* in Schönke/Schröder, Vorbem. §§ 13ff., Rn. 37; vgl. auch bereits Rn. 32

688 Vgl. auch *Kahlo*, Das Problem des Pflichtwidrigkeitszusammenhanges bei den unechten Unterlassungsdelikten, S. 104f.; *ders.,* Die Handlungsform der Unterlassung als Kriminaldelikt, S. 37 (insbes. auch Fn. 124).

689 Vgl. *Kahlo,* Das Problem des Pflichtwidrigkeitszusammenhanges bei den unechten Unterlassungsdelikten, S. 105.

690 Vgl. dazu die kritische Auseinandersetzung mit dem gegenwärtigen Diskussionsstand im 2. und die Ausführungen 3. Kapitel, insbes. unter B., C. und D.

somit bei der Bildung juristischer Begriffsbestimmungen an die allgemein verstandene interpersonale Wirklichkeit gebunden: Er würde sich selbst in Widerspruch setzen (denn auch der Gesetzgeber besteht aus praktisch handelnden Subjekten), wenn er juristische Wertbegriffe nach Belieben formen und damit sich und den anderen Personen eine irreale Welt gegenüberstellte. Auch die Gesetzesbestimmungen müssen daher für die einzelnen Gemeinschaftsmitglieder nachvollziehbar sein, um in der Realität ihre Umsetzung erfahren zu können. Als freie Rechtspersonen können die einzelnen Subjekte verlangen, daß die von ihnen gestaltete Veränderung der Außenwelt aus dem gemeinsamen Verständnis der Wirklichkeitsstrukturen und der durch sie gegebenen Verhaltensmöglichkeiten begründet wird.[691] Vorauszusetzen ist damit immer ein Verständnis vom personalen Handeln, an dem sich auch der Gesetzgeber zu orientieren hat. Die oben beschriebenen Handlungsstrukturen der Personen im Interpersonalitätsverhältnis dürfen also bei der Bestimmung der strafrechtlichen Begriffe nicht verlorengehen, sondern bilden Ausgangspunkt und Grenze der Betrachtung der vom Täter realisierten Tatbestandsmerkmale. Das ist insbesondere auch für die hier relevanten Begriffe von Täterschaft und Teilnahme von Bedeutung. Als Strukturbegriffe müssen sie das interpersonale Handeln realitätsbezogen wiedergeben. Zeichnet sich der Begriff der Tatherrschaft dadurch aus, daß der Handelnde die Macht über die konkrete Wirklichkeitsveränderung tatsächlich inne hat, muß dies auch für den mittelbaren Täter gelten. Ihm muß die Wirklichkeitsveränderung – obwohl eine andere Person in das Geschehen tritt - als die Seinige „tatsächlich" und nicht nur „gesetzlich" zuzuschreiben sein. Bei der Anstiftung als Teilnahmeform kommt dem Handelnden eine solche Herrschaft dagegen nicht zu, sondern er hat an der Veränderung der Wirklichkeit eines anderen „nur" teil. Ihm ist das Geschehen *mit*-zuzurechnen. Die Begriffe von Täterschaft und Teilnahme stehen damit im unmittelbaren Zusammenhang mit der konkreten Bestimmung eines personalen Handlungsbegriffs. An seinen Inhalt ist im folgenden zu erinnern und zwar jetzt konkret in Bezug auf strafrechtliche Begriffsbestimmungen.

In der oben erfolgten Grundlegung wurde bereits deutlich, daß die Handlung nicht auf einen naturalistischen Kausalsachverhalt zu reduzieren ist.[692] Der rein kausale Handlungsbegriff beurteilt nur die willentliche Verursachung der Körperbewegung als solche, ohne dabei zu berücksichtigen, was der Täter mit seinem Verhalten bezweckt hat. Zudem vermag er die besondere Dimension des

---

691 Vgl. dazu auch *Kahlo*, Das Problem des Pflichtwidrigkeitszusammenhanges bei den unechten Unterlassungsdelikten, S. 105.

692 Vgl. hierzu bereits die Ausführungen im Rahmen der kritischen Auseinandersetzung mit den Kausallehren, im 2. Kapitel unter A. 2. und die Ausführungen in der rechtsphilosophischen Grundlegung im 3. Kapitel unter, insbesondere B. I., C. und D.

Unrechts, nämlich die in der Tat zum Ausdruck kommende besondere Verhältnisverletzung der Personen, nicht zu erfassen. Nicht das Auftreffen der Schallwellen auf das Trommelfell des Beleidigten macht die Qualität der Verletzung aus, sondern die Negation des anderen als ursprünglich anerkannten Gleichen.[693] Die personale Handlung ist damit gerade Ausdruck sinnhafter Weltgestaltung. Deutlich wird das reduzierte Verständnis der kausalen Handlungslehre auch bei der Begründung von Unterlassungsdelikten. Denn beim Unterlassen setzt der Täter gerade keinen Kausalverlauf in Gang, der zu einer Verletzung führt, sondern ihm wird vorgeworfen, daß er freiheitssichernde Maßnahmen zur Rettung des Rechtsguts eines anderen nicht ergriffen hat. Würde sich die Veränderung der Wirklichkeit in der bloßen Verursachung der Körperbewegung erschöpfen, hätte das Unterlassen selbst keine Realität, sondern wäre nur Ausdruck eines vom Gesetzgeber oder Richter geschaffenen gedanklichen Konstrukts. Der Täter würde nicht wegen seines schuldhaften Verhaltens, sondern aufgrund eines reinen Denkprozesses bestraft.[694]

Ebenso hat sich für den hier bedeutsamen Zusammenhang gezeigt, daß ein kausales Handlungsverständnis nicht in der Lage ist, unterschiedliche Beteiligungsformen in sich aufzunehmen. Denn jedes Verhalten wird als gleichwertige Bedingung für den Erfolg betrachtet, so daß eine Unterscheidung des zur Rechtsverletzung führenden Beitrages nach seiner Quantität und Qualität nicht vorgenommen werden kann. Vielmehr müssen alle, die irgendwie eine Ursache für den Erfolg gesetzt haben, als Täter beurteilt werden, was aber der Struktur interpersonaler Handlungszusammenhänge widerspricht.[695] Zwar erfaßt der kausale Handlungsbegriff einen Teilaspekt menschlichen Wirkens, nämlich die Möglichkeit des einzelnen, neue Kausalreihen zu begründen, aber die eigentliche Dimension menschlichen Verhaltens vermag er nicht zu erfassen. Er ist daher nicht in der Lage, strafbegründende Wirkzusammenhänge umfassend in sich aufzunehmen.

Aber auch der finale Handlungsbegriff, der das Wesen menschlichen Verhaltens gegenüber der kausalen Handlungslehre auf bewußte Zwecktätigkeit ausdehnt und damit einen wichtigen Teil personalen Handelns darstellt, kann das Entscheidende menschlichen Handelns nicht zu begreifen. Vernachlässigt wird das Element der freien sinnhaften Entscheidung des einzelnen im Hinblick auf die Bewirkung einer bestimmten Außenweltveränderung.[696] Seine für die Schuld

693 Vgl. dazu: 3. Kapitel unter C. m. w. N.

694 Grundlegend, *E. A. Wolff,* Der Handlungsbegriff in der Lehre vom Verbrechen, 10ff.; *Kahlo,* Das Problem des Pflichtwidrigkeitszusammenhanges bei den unechten Unterlassungsdelikten, S. 312ff.

695 Vgl. dazu 2. Kapitel unter A. 2.

696 Vgl. zur Finalität der Handlung bereits die Ausführungen im Rahmen der kritischen

bedeutende autonome Leistung findet keine Berücksichtigung. Deutlich wird die auf finales Handeln reduzierte Perspektive vor allem bei der Begründung von fahrlässigem Unrecht. Denn die Sorgfaltswidrigkeit läßt sich gerade nicht an Finalitätselementen messen. Nach der finalen Handlungslehre würde der Täter für einen Erfolg zur Verantwortung gezogen, von dem er bei seinem Handeln gar nichts wissen konnte, da er gerade nicht gezielt auf eine Rechtsverletzung hingewirkt hat. Ein Pflichtverstoß aufgrund leichtfertigen Verhaltens läßt sich nur begründen, wenn die Möglichkeit des Täters, sich zum Richtigen zu entscheiden und damit sorgfältig zu handeln, miteinbezogen wird. Läßt man aber diese autonome Leistung des einzelnen unberücksichtigt, muß fahrlässiges Verhalten und damit die Strafbarkeit von Fahrlässigkeitstaten eine irreale Konstruktion bleiben, so daß die Rechtswidrigkeit fahrlässiger Taten nicht begründet werden kann.[697]

Ebensowenig kann ein finales Handlungsverständnis die unterschiedlichen Beteiligungsformen begreifen.[698] Da die Autonomie des einzelnen noch ausgeklammert wird, ist der Wille ein von äußeren Zwecken abhängiger. Der einzelne befindet sich in einer Gegenüberstellung zur äußeren Welt, während die anderen Mitsubjekte nicht als konstitutive Momente seiner Freiheit miteinbezogen werden. Daher kann der finale Handlungsbegriff auch keine Aussagen über interpersonale Wirkzusammenhänge im Unrecht machen, sondern muß auf die im Gesetz vorgegebenen Wertungen zurückgreifen. Eine sich aus der Finalstruktur der Handlung ergebende Begründung der Rechtswidrigkeit interpersonalen Zusammenwirkens kann der finale Handlungsbegriff daher genauso wenig leisten wie der kausale.[699]

Zusammenfassend ist festzuhalten, daß weder der kausale noch der finale Handlungsbegriff in der Lage sind, menschliches Verhalten in seiner Bedeutung zureichend zu erfassen. Sie können nicht die Rechtswidrigkeit und damit die Verschuldensfähigkeit von bestimmten Verhaltensweisen begründen, sondern müssen auf reine Denkkonstruktionen für bestimmte, von ihnen nicht erfaßte und damit (aus ihrer Sicht) letztlich vom Gesetzgeber willkürlich vorgegebene, normative Wertungen zurückgreifen.

Auseinandersetzung mit der Tatherrschaftslehre *Welzels* im 2. Kapitel unter C. I. und die Ausführungen im 3. Kapitel, insbesondere unter D. I. 1.

697 Grundlegend, *E. A. Wolff*, Der Handlungsbegriff in der Lehre vom Verbrechen, S. 12ff.; *M. Köhler*, Die bewußte Fahrlässigkeit, S. 300. Ebensowenig ist der finale Handlungsbegriff in der Lage, die Rechtswidrigkeit der Unterlassung zu begründen. Vgl. auch hierzu grundlegend, *E. A. Wolff*, Der Handlungsbegriff in der Lehre vom Verbrechen, S. 14f.

698 Vgl. hierzu bereits 2. Kapitel unter C. I. und 3. Kapitel unter D. I. 1.

699 Vgl. *Klesczewski*, Selbständigkeit und Akzessorietät der Beteiligung (noch unveröffentlicht), 137f.

Zur positiven Begründung eines strafrechtlichen Handlungsbegriffs, welcher das Verbrechen in seiner Ganzheit erfaßt, wurde bereits in den vorangegangenen Kapiteln einiges gesagt. Das praktisch handelnde Subjekt ist aufgrund seiner Vernunft in der Lage, sich zum Richtigen zu bestimmen. Es befindet und begreift sich in einem Rechtsverhältnis mit anderen und damit als eingebunden in einen sozialen Gesamtzusammenhang. Bedingt durch die Autonomie kann der einzelne ein auf das Verhältnis zu Mitsubjekten bezogenes Sollen bilden, das die anderen nicht als äußerliche Objekte wahrnimmt, sondern sie als mit ihm in einem Verhältnis der Anerkennung und Gleichheit stehend erkennen und behandeln kann. Nur unter dieser notwendigen Annahme ist dem einzelnen eine tätige Entscheidung gegen das vom ihm als richtig Eingesehene, ein Sich-Verschulden, vorzuwerfen. Subjektive Zurechnung eines Erfolges zum Verhalten des Täters bedeutet also, daß dieser sich mit seiner Verletzungshandlung bewußt gegen das von ihm (mit)begründete Sollen im Gesamtzusammenhang wendet (individuelle Seite der Handlung).[700] Das Subjekt stellt aber durch sein Handeln, unabhängig von seiner aktuellen Einsicht, zugleich einen äußeren Bezug zu Mitsubjekten her, mit denen es sich in einer verfaßten Gemeinschaft unter objektiv verbindlichen Rechtsnormen befindet. Sein nach außen gerichtetes Verhalten ist damit zugleich objektiv-soziales Handeln. Neben dem individuellen Verhalten des einzelnen als der persönlichen Entscheidung zum Unrecht, steht sein Handeln damit in einem objektiven Zusammenhang, in dem die Tat sich als rechtswidrige (oder rechtmäßige) erweist (soziale Handlungsseite).[701] Beide Seiten sind dabei notwendig miteinander verbunden. Insbesondere ist die soziale Seite nicht als eine solche zu verstehen, die die individuelle gleichsam überlagert, sondern in ihr bleiben die Besonderheiten der individuellen erhalten.[702]

Aus dieser zweiseitigen Realität der Handlung als individuelle und soziale läßt sich der Begriff des Verbrechens bestimmen als „subjektiv-objektiv handelnde Verletzung des Rechts durch ein Subjekt in seiner besonderen und allgemeingesetzlichen Geltung („als Recht") in einem Maße, das die Freiheit eines anderen in seiner Basis beeinträchtigt. Es ist die Negation des von den Subjekten (und damit auch vom späteren Täter) eingesehenen allgemeinen Anerkennungsverhältnisses.[703]

---

700 *E. A. Wolff*, Der Handlungsbegriff in der Lehre vom Verbrechen, S. 11, 15ff.

701 Grundlegend dazu *E. A. Wolff*, Der Handlungsbegriff in der Lehre vom Verbrechen.

702 Vgl. dazu näher unter D. I.

703 *M. Köhler*, AT, S. 22; vgl. auch *E. A. Wolff*, Die Abgrenzung von Kriminalunrecht zu anderen Unrechtsformen, S. 211; *ders.*, ZStW 97 (1985), S. 819; *Zaczyk*, Das Unrecht der versuchten Tat, S. 203.

Der Inhalt der individuellen und der sozialen Handlungsebenen und ihr Verhältnis zueinander sind im folgenden näher zu beleuchten. Voraussetzung der Täterschaft wie der Teilnahme ist die Verwirklichung des im Tatbestand vertypten Unrechts. Während die Anstiftung das Vorliegen einer vorsätzlichen rechtswidrigen Tat eines anderen voraussetzt und damit an eine Haupttat gebunden ist (Akzessorietät), weist die mittelbare Täterschaft mit ihrer Wendung *„durch* einen anderen" darauf hin, daß es an der Verwirklichung einer strafbaren Haupttat durch die Mittelsperson fehlt, diese hier noch in einem unspezifischen Sinne „nicht verantwortlich" handelt. Obwohl eine an sich freie Person in das Geschehen tritt, kommt dem Hintermann die Macht über das rechtsverletzende Geschehen zu. Diese Macht über das Tatgeschehen ist als Tatherrschaft[704] zu bezeichnen. Dabei kommt es freilich darauf an, wie diese näher zu bestimmen ist.

Bisher wurde deutlich, daß dem Hintermann zumindest nicht „automatisch" die Tatherrschaft zugesprochen werden kann, wenn die Mittelsperson nicht verantwortlich gehandelt hat und er dafür irgendwie kausal war.[705] Kann aber bedingt durch das Dazwischentreten einer anderen freien Person, die Zurechnung des Verhaltens der Mittelsperson zum Hintermann nicht ohne weiteres erfolgen und zwar unabhängig davon, ob die Mittelsperson vollverantwortlich gehandelt hat oder nicht, bedarf es der Feststellung eines besonderen Wirkzusammenhangs zwischen den Beteiligten hinsichtlich der Realisierung des Tatbestandes. Es ist daher insbesondere der Zurechnungszusammenhang des praktisch handelnden Subjekts zum rechtsverletzenden Erfolg näher zu beleuchten (vgl. dazu unter D. I.). Um den Begriff der Tatherrschaft in Abgrenzung zur Teilnahmehandlung näher bestimmen zu können und eine Einordnung der Mittelsperson in das Gesamtgeschehen vornehmen zu können, ist es auch notwendig, sich mit dem Inhalt der einzelnen Stufen von Tatbestand, Rechtswidrigkeit und Schuld nach dem hier zugrunde gelegten freiheitlichen Grundverständnis insgesamt auseinander zu setzen (vgl. dazu insgesamt unter C. und D.).

C. Personaler Handlungsbegriff und Schuld

Gegenstand der individuellen Zurechnung bei einer Verletzungshandlung durch den einzelnen ist das bewußte Sich-Wenden gegen das von ihm selbst mitbe-

---

704 Vgl. statt aller, *Jescheck/Weigend,* § 62 I. 1.; *Wessels/Beulke,* AT, Rn. 535ff.

705 Besonders deutlich die z. T. vorgenommene „automatische" Zurechnung in Fällen der Selbstverletzung: Der Hintermann wird bereits dann als mittelbarer Täter angesehen, wenn der sich selbst Verletzende nicht freiverantwortlich gehandelt hat. Ob dem Hintermann aber tatsächlich auch die Tatherrschaft zukommt oder nicht, wird nicht gesondert überprüft. Vgl. z. B. *Wessels/Beulke,* AT, Rn.539; *Krey,* AT II, Rn. 131.

gründete Sollensverständnis. Die Frage der Schuld kann daher nicht eine von außen kommende Motivation des einzelnen für seine Tat betreffen und sich auch nicht als eine Form der fehlerhaften Gesinnung darstellen (geht es doch bei der Schuld um einen *Rechts*begriff und nicht um die Frage von Moralität), sondern hat den Ablauf des inneren Entscheidungsprozesses zum Inhalt.[706] In der rechtsphilosophischen Grundlegung wurde darauf verwiesen, daß sich die Vernunfttätigkeit des einzelnen nicht als reine Wahlfreiheit zwischen ihm von außen gegebenen Möglichkeiten bestimmt. Vielmehr wurde auseinandergesetzt, daß das praktisch handelnde Subjekt in der Lage ist, für sich gültige Sollenssätze aufzustellen und damit seinen Handlungsinhalt selbst zu bestimmen. Hier muß auch die Bestimmung des Schuldbegriffs gedanklich ansetzen. Für den individuellen Verschuldensprozeß kann nicht allein maßgeblich sein, ob der einzelne eine Wahlfreiheit zwischen verschiedenen Handlungsalternativen hatte oder nicht, sondern ob das Verhalten in der Selbstbestimmung des einzelnen begründet war oder ob die Sollensleistung von ihm aus unterschiedlichen Gründen nicht erbracht werden konnte.[707]

Im Gegensatz zu einem aus der Konstitution der autonomen Person abgeleiteten Schuldbegriff steht der Ansatz, der denselben anhand einer objektiven Wertung zu bestimmen versucht (sog. normative Schuldtheorie[708]). Dieser reduziert das strafrechtliche Schuldurteil auf die (formelle) Wahlfreiheit des einzelnen. Es wird danach gefragt, ob der Täter aufgrund seiner Entscheidungsfreiheit und der damit verbundenen Möglichkeit des „Anderswollenkönnens“, auch hätte tatsächlich „anders handeln können“. Ausgangspunkt der normativen Schuldtheorie ist der Mensch als wählender Entscheidungsträger und die Frage, ob er sich von Rechtsnormen hat bestimmen lassen oder nicht.[709] Damit spricht diese Theorie zwar das Verhältnis des einzelnen zur Norm an, bleibt aber in ihrer Bestimmung letztlich äußerlich, da eine Verbindung zwischen Norm und Subjekt nicht stattfindet. Entscheidend ist nicht, ob der einzelne entsprechend *seinem selbsteingesehenen Sollensverständnisses gehandelt hat*, sondern Maßstab sind die *Wertungen des Gesetzgebers*, nach denen er sich *hätte verhal-*

---

706 Vgl. dazu auch *Zaczyk*, Schuld als Rechtsbegriff, S. 103ff. (112ff.).

707 Vgl. zu den Schuldausschließungs- und Entschuldigungsgründen die Ausführungen im 5. Kapitel unter C. II., III.

708 Die normative Schuldtheorie stellt sich als eine Folge der finalen Handlungslehre in Verbindung mit den Wert- und Zweckvorstellungen dar; vgl. bereits zur Kritik gegenüber dem Tatherrschaftsbegriff aus einer Synthese der sinnerfassenden und normativen Methode, oben 2. Kapitel unter C. II.; vgl. zu den Vertretern *Lenckner* in Schönke/Schröder, Vorbem. §§ 13ff. Rn. 103ff.; *Jescheck/Weigend,* AT, § 30 II. 3. (S. 420ff.); § 39 III. (S. 427ff.); *Stratenwerth,* Strafrecht AT, § 10 Rn. 1ff.; *Gallas,* Beiträge zur Verbrechenslehre, S. 56ff.

709 *Jescheck,/Weigend,* AT, § 37 I. 1. (S. 407f.).

ten können. Der Wille des einzelnen und seine Willensschuld wird damit auf die Frage reduziert, ob er in der Wahl zwischen normgemäßem und normwidrigem Verhalten frei war, oder ob er anders hätte handeln können. Folge der Reduktion der Willensfreiheit auf eine Wahlfreiheit ist, daß die eigentliche Verantwortung des einzelnen für seine Tat nicht begründet werden kann, da er den Inhalt seines Verhaltens nicht selbst bestimmt, sondern dieser ein von der Gemeinschaft dem einzelnen auferlegter und damit ein fremdgesetzter ist. Die einzelnen Verhaltensnormen bleiben dann mit dem Subjekt selbst unverbunden.[710]

Selbst wenn in der Literatur teilweise weiter vorausgesetzt wird, daß der einzelnen aufgrund seines Gewissens konstitutiv veranlagt sei, Wertungen vorzunehmen, verliert die vorgebrachte Kritik nicht ihre Kraft. Auch wenn der Begriff des „Rechtsgewissens" als das „natürliche Organ, durch das der einzelne sich rechtliche Gebote und Verbote zu eigen macht"[711] mit dem hier gewählten Begriff der Selbstbestimmung vergleichbar ist, soll seine Konstitution von den Wertungen der bestehenden Rechtsordnung abhängig sein.[712] Dann bestimmt sich aber das Rechts-Gewissen des einzelnen wiederum heteronom. Es ergibt sich eine unüberwindbare Kluft zwischen dem einzelnen und „seinem" von der Rechtsordnung vorgegebenen Rechtsgewissen.

Der vernunftbegabte, selbstbestimmte einzelne muß dagegen als (Mit-) Begründer der Normen verstanden werden, denn nur so kann für ihn auch einsichtig sein, daß er den in den positiven Gesetzen zum Ausdruck kommenden Wertungen folgen soll. Diese Wertungen können nicht von einer äußeren Macht dem Subjekt aufgedrückt werden, sondern dieses ist auch nach der Konstitution des Staates Grund und Maß derselben. Der Schuldbegriff kann somit als innerer Entscheidungsprozeß nicht losgelöst vom einzelnen betrachtet werden. Das praktisch handelnde Subjekt ist - wie Kant im kategorischen Imperativ aufgewiesen hat - nicht auf eine Wahlfreiheit (mit einem damit verbundenen vorbestimmten Inhalt) reduzierbar; seine Freiheit zeigt sich nicht nur in negativer Weise dadurch aus, daß er „frei von Etwas ist" oder daß er zwischen vorgegebenen Möglichkeiten wählen kann (negativer Freiheitsbegriff), sondern gerade

---

710 Vgl. zur Kritik gegenüber dem normativen Schuldbegriff insgesamt, *M. Köhler,* Die bewußte Fahrlässigkeit, S. 170ff., 372ff. ; *ders.,* AT, S. 370f.

711 *Jescheck/Weigend,* AT, § 37 II. 2. (S. 414).

712 Vgl. *Jescheck/Weigend,* die als einen Anwendungsfall des Rechtsgewissens die Frage der Vermeidbarkeit oder Unvermeidbarkeit beim Verbotsirrtum sehen. Sie hänge davon ab, „ob der Täter bei der von ihm zu verlangenden Anspannung des Gewissens zur Einsicht in das Unrechtsmäßige seines Tuns gelangen konnte oder nicht (...). Der strafrechtliche Schuldvorwurf ist also wesentlich darauf gegründet, daß der Täter bei der Willensbildung sich von seinem Rechtsgewissen *nicht* hat leiten lassen bzw. sein irrendes Gewissen *nicht* korrigiert hat" (S. 414). Das Rechtsgewissen wird aber nicht vorpositiv bestimmt, sondern soll an die bestehende positive Rechtsordnung gebunden sein.

dadurch, daß er sich seinen Inhalt selbstbestimmt geben kann (positiver Freiheitsbegriff).[713] Bleibt man wie die normative Schuldtheorie bei einem negativen Freiheitsbegriff stehen, verschiebt sich auch der Maßstab für den Schuldgehalt, der nicht am tatsächlichen Vermögen des einzelnen angelegt, sondern hypothetisch für den einzelnen bestimmt wird. Es wird danach gefragt, inwieweit „die Gesinnung des Täters hinter der Einstellung zu den rechtlichen Normen zurückbleibt, die von jedermann gefordert wird“[714]. Entscheidend soll sein, ob der Täter *hätte anders handeln können.* Es wird damit die Wirklichkeit des einzelnen verdeckt, denn maßgeblich ist nicht, ob der Täter die Tat selbstbestimmt verschuldet hat, d. h. sich bewußt und gewollt entgegen sein eingesehenes Sollensverständnis gewendet hat, sondern ob ein anderer in seiner Situation die Tat vermieden hätte.

Zusammenfassend läßt sich die Schuld daher bestimmen als der selbstbestimmte (freie) Entschluß zur Verwirklichung der Unrechtsmaxime. Verschulden heißt, daß das *handelnde Subjekt* das von ihm eingesehene Recht „als Recht“ negiert.[715]

D. Der Unrechtstatbestand

Zur beschriebenen individuellen Seite des Sich-Verschuldens tritt aber eine weitere hinzu und zwar die Seite des Unrechts, auf der sich auch der Täterbegriff als Verwirklichung des im Tatbestand vertypten Unrechts befindet. Der einzelne steht unter objektiv verbindlichen Normen, so daß neben der persönlichen Entscheidung zum Unrecht das Verhalten in seiner objektiven Seite als rechtmäßig oder rechtswidrig bewertet wird; es ist damit auch Form sozialen Handelns (sozialer Handlungsbegriff).[716] Diese Seite ist aber nicht eine zusätzliche, in der nun auf einmal eine allgemeine Betrachtung dem einzelnen von außen auferlegt wird. Dann fände nämlich die Begründung des Unrechts nicht mehr aus der subjektiven Vernunfteinsicht des einzelnen, sondern aus der Sicht der anderen statt.[717] Es bleiben vielmehr die Besonderheiten erhalten, die im individuellen Handlungsbegriff dargelegt wurden. So können die einzelnen Tatbestandsmerkmale nicht auf ihre Äußerlichkeit im Sinne von „gewerteter

---

713 Vgl. dazu oben die Ausführungen im 3. Kapitel, insbesondere unter B. II.

714 *Lenckner* in Schönke/Schröder, Vorbem. §§ 13 ff. Rn. 119.

715 Vgl. dazu auch *M. Köhler,* AT, S. 143, 348.

716 *E. A. Wolff,* Der Handlungsbegriff in der Lehre vom Verbrechen; 15ff.; *M. Köhler,* AT, S. 13f.

717 *E. A. Wolff,* Der Handlungsbegriff in der Lehre vom Verbrechen, S. 29ff.; 39; *ders.,* Das Problem der Handlung im Strafrecht, Gedächtnisschrift für Gustav Radbruch, S. 300; *Murmann,* Die Nebentäterschaft im Strafrecht, S. 179.

Objektsveränderung"[718] reduziert werden, sondern sind an den Verständnishorizont des handelnden einzelnen gebunden. Dies zeigt sich bereits bei der Konstitution der objektiven Allgemeinheit, die nicht von einer äußeren Macht auferlegt, sondern von den einzelnen mitgegründet ist. Die Unrechtstatbestände konkretisieren die vom Allgemeinwillen gebildeten Merkmale. Im Zusammenhang mit der materiellen Seite des Unrechts lassen sich nun nähere Aussagen über die Qualität der Tatbestandsmerkmale machen. Die einzelnen Tatbestände des Besonderen Teils enthalten besondere Formen der Freiheitsunterdrückung und verweisen damit auf das praktische Handeln des einzelnen. Die objektiven Tatbestandsmerkmale lassen sich nun nicht auf ihre empirische Faktizität reduzieren, sondern sind, bedingt durch ihre interpersonal-praktische Konstitution, von normativer Qualität. Auch scheinbar deskriptive Gesetzesbegriffe wie Mensch, Sache, töten usw. bezeichnen daher nicht rein empirische Vorgänge, sondern verweisen auf ein rechtliches „Gelten-Sollen".[719] Die Tatbestände beschreiben interpersonale Aktionen, so daß die individuelle Seite des Geschehens bei ihrer Begründung immer mitenthalten sein muß. Vor diesem Hintergrund soll der Unrechtstatbestand im folgenden näher beleuchtet werden.

Der Unrechtstatbestand konstituiert sich zum einen aus dem Verletzungstatbestand, der die allgemeinen und besonderen Merkmale des interpersonal verletzenden Handelns durch ein Subjekt umfaßt. Zum anderen beschreibt er die Rechtswidrigkeit des Verletzungshandelns. Denn nur, wenn sich das Verhalten des einzelnen in der konkreten Situation als allgemein normwidriges darstellt, kann das tatbestandsmäßige Verhalten als spezifisches *Strafunrecht* bewertetet werden.

I. Der Verletzungstatbestand: Tatsubjekt und die Einheit von willentlicher Handlung und Erfolg[720]

Tatsubjekt eines Verletzungstatbestandes kann allgemein jede Person sein. Das Maß des Unrechts eines Delikts wird aber in bestimmten Tatbeständen dadurch erhöht, daß sich der Täter bei Ausführung seiner Tat in einer besonderen Pflichtenstellung gegenüber dem Betroffenen befindet (vgl. z. B. § 340 StGB, Körperverletzung im Amt). Eine Verletzung berührt dann das zwischen Täter und Opfer bestehende ursprüngliche Vertrauensverhältnis deswegen besonders

---

718 *Kahlo*, Die Handlungsform der Unterlassung als Kriminaldelikt, S. 243.

719 *M. Köhler*, AT, S. 91, 120.

720 Der Begriff des „Erfolges" ist hier weit zu verstehen. Gemeint sind nicht nur Tatbestände des Besonderen Teils, in denen das Rechtsgut vollständig aufgehoben wurde, sondern auch solche die noch eine Distanz zur Rechtsverletzung aufweisen (wie z. B. Gefährdung eines Rechtsguts).

stark, weil zu der Verletzung des Rechtsguts, z. B. der Körperintegrität, die Verletzung einer zusätzlichen Schutzpflicht hinzutritt.[721] Der Pflichtige erhebt sich hier nicht (nur) auf der Ebene des Privatverhältnisses über einen anderen, sondern maßt sich aufgrund seiner Verkörperung des Allgemeinen in seiner Funktion als Amtsträger an, das Allgemeine gegenüber dem einzelnen als Verletzung verwirklichen zu dürfen. Gleiches gilt bei familiären Verhältnissen, wie z. B. der Mißhandlung von Schutzbefohlenen (§ 225 StGB). Hier besteht eine besonderen Fürsorgepflicht gegenüber einer abhängigen Person, so daß gewissermaßen bei einer Mißhandlung nicht nur die Körperintegrität verletzt, sondern auch die auf dem Verhältnis gegründete Vertrauensbeziehung zerstört wird, und die Verletzung daher insgesamt als besonders gravierend erscheint. Während der tatbeteiligte Sonderpflichtige sich daher über die Körperverletzung hinaus wegen der Verletzung seiner Sonderpflicht in einem höherem Maß strafbar macht, wird der an der Tat zwar Beteiligte, aber nicht in einer spezifischen Pflichtenstellung zum Opfer Stehende aus dem Grunddelikt (§ 223 StGB) bestraft.[722]

Der Verletzungstatbestand enthält aber neben der Bestimmung des Tatsubjekts weiter solche allgemeinen Handlungsumschreibungen, die tatsächlich die Verletzungsqualität der Freiheit anderer betreffen, und zwar ausgewiesen in Form von bestimmten Rechtsgütern. Der Zuschreibungsprozeß der Handlung des Täters zum Erfolg der Rechtsverletzung ist dabei, wie bei der allgemeinen materiellen Bestimmung des Unrechts aufgezeigt wurde, als Einheit zu fassen. Es muß ein „Erfolgsmoment“, eine hinreichende Verletzung des Basisvertrauens Gegenstand eines begründeten Tatbestandes sein, der auf eine Handlungstätigkeit zurückzuführen ist. Die Verletzung konkreter Freiheit muß dem Handelnden zurechenbar sein: zum einen objektiv zurückführbar auf die menschliche Handlungsmacht und zum anderen subjektiv auf den Tatwillen des Handelnden. Der im Tatbestand beschriebene Erfolg als Verletzung eines Rechtsgutes kann nicht vom praktischen Subjekt gelöst werden, sondern muß sich als Resultat seines Handelns erweisen.[723] Dieser Zuschreibungsprozeß ist nun näher zu beleuchten. So darf er bei der mittelbaren Täterschaft - auch wenn eine andere Person dazwischentritt - insofern nicht verloren gehen, als die Rechtsverletzung tatsächlich als Werk des Hintermanns zu begreifen ist; ihm muß die Rechtsverletzung als die Seinige zugeschrieben werden können. Aber auch bei der Anstiftung ist

---

721 Vgl. insgesamt zum Tatsubjekt *M. Köhler,* AT, S. 136 und *Zaczyk*, Das Unrecht der versuchten Tat, S. 206ff.

722 Vgl. dazu auch ausführlich *M. Köhler,* AT, S. 493ff.; speziell zur Regelung des § 28 StGB, S. 548ff.; vgl. auch *Klesczewski,* ARSP-Beiheft Nr. 66 (1997), S. 76ff. (insbesondere S. 97ff.)

723 Vgl. dazu auch bereits die Ausführungen zum materiellen Unrecht im 3. Kapitel unter C.

das rechtsverletzende Geschehen in seiner Gesamtheit zu betrachten, es muß sich als *Mit*-Werk des Anstifters in Form eines besonderen Wirkzusammenhangs darstellen.

1. Kausallehren und die Lehre von der objektiven Zurechnung

Zur Feststellung im Rahmen des objektiven Tatbestandes, ob überhaupt eine Verbindung zwischen der Handlungstätigkeit des Subjekts und der von ihm bewirkten Verletzung besteht, bedarf es zunächst der Bedingung eines naturgesetzlichen (einfachen) Kausalzusammenhangs. Der einzelne erkennt aufgrund bestimmter Erfahrungssätze, daß ein bestimmter gesetzlicher Bedingungszusammenhang zwischen einem besonderen Ereignis und der dadurch in der Außenwelt bedingten Veränderung gegeben ist.

a) Bedingungszusammenhang (einfache Kausalität)

Nach der Äquivalenztheorie ist jede Bedingung für den Erfolg ursächlich, die nicht hinweggedacht werden kann, ohne daß der tatbestandsmäßige Erfolg entfiele („conditio-sine-qua-non-Formel“).[724] Der Erfolg setzt sich dabei aus verschiedenen Bedingungen zusammen, die als gleichwertig (äquivalent) anzusehen sind, unabhängig davon, ob andere Bedingungen dazwischentreten. So können beispielsweise Dritte in das Geschehen eingreifen oder das Opfer selbst kann das in Gang gesetzte Geschehen zusätzlich verändern; für die Frage des naturgesetzlichen Zusammenhangs ist dies unerheblich. Gleiches gilt auch für den mittelbaren Täter und den Anstifter. Auch sie sind conditio sine qua non für die Tat der Mittelsperson. Das bedeutet aber nicht, daß ein ursächlicher Beitrag allein ausreichen kann, um eine solche Beteiligungsform zu begründen.[725]

Problematisch ist, daß die „conditio-sine-qua-non-Formel“ nicht den Kausalzusammenhang an sich erfaßt, sondern diesen bereits voraussetzt. Nur wenn festgestellt wurde, daß ein Zusammenhang zwischen dem Schuß des Täters und dem Tod des Opfers besteht, kann der Schluß gezogen werden, daß ohne den Schuß der Tod nicht eingetreten wäre.[726] Auch setzt die Formel Ursache und Bedingung gleich, was jedoch mißverständlich ist. So setzt sich die Ursache aus unterschiedlichen Bedingungen zusammen: Anwesenheit des Täters und Opfers am Tatort usw. bis hin zur Geburt des Täters. Warum gerade die Bedingung des

---

724 Vgl. dazu auch bereits 2. Kapitel unter A. I. 1. m. w. N.; vgl. zur Struktur der conditio-sine-qua-non- Formel auch *Murmann,* Die Nebentäterschaft im Strafrecht, S. 148.

725 Vgl. bereits zur Kritik des Begriffs der „intellektuellen Urheberschaft“ auf der Grundlage der Äquivalenztheorie, 2. Kapitel unter A. I.

726 *Engisch,* Die Kausalität im Recht, in: Vom Weltbild des Juristen, S. 130.

Schusses aus der Gesamtursache herausgenommen wird, kann die Äquivalenztheorie nicht erklären. Zudem droht sie in Fällen, in denen das Geschehen auch ohne die Handlung des Täters eingetreten wäre, zu versagen. Deutlich wird dies bei dem von Engisch gebildeten *Scharfrichterfall*[727]: Der Vater des Delinquenten schiebt den Scharfrichter beiseite und löst den Mechanismus des Fallbeils aus. Der Sohn stirbt damit durch das Handeln des Vaters, wäre aber in gleicher Weise auch sonst zu Tode gekommen, weil der Scharfrichter kurze Zeit später den Auslöser betätigt hätte. Das Tun des Vaters läßt sich also hinwegdenken, ohne daß der Erfolg - der Tod des Sohnes - entfiele. Dennoch hat aber der Vater, indem er das Geschehen übernommen hat, den Tod des Sohnes bewirkt.[728]

Auch bei Fällen, in denen die einzelnen unabhängig voneinander auf die gleiche Art und Weise handeln und den Erfolg bewirken, führt die „conditio-sine-qua-non-Formel" in die Irre (Fälle sogenannter alternativer Kausalität): A und B geben beide unabhängig voneinander eine jede für sich tödliche Menge Gift in das Getränk des C. C stirbt nach dem Verzehr der Flüssigkeit. Sowohl die Handlung des A als auch die des B ließe sich hinwegdenken, ohne daß der Erfolg entfiele.[729] Damit berücksichtigt die „conditio-sine-qua-non- Formel" nicht das *konkrete* Verhalten des einzelnen.[730]

Die tatsächliche Handlung des einzelnen beachtet dagegen die *Formel von der gesetzmäßigen Bedingung*, nach der ein Verhalten für einen Erfolg dann ursächlich ist, wenn es mit ihm durch eine Reihe gesetzmäßiger Veränderungen verbunden ist.[731] Auch sie beschreibt den einfachen Kausalzusammenhang und alle Bedingungen gelten als gleichwertig. Im Gegensatz zur Äquivalenztheorie verzichtet sie aber auf eine hypothetische Feststellung und bezieht sich direkt auf die konkrete Betrachtung der Handlung bezogen auf den von ihr bewirkten Erfolg. Dabei spricht sie zudem die Notwendigkeit eines naturgesetzlichen Zusammenhangs positiv an und stützt sich auf allgemeines Erfahrungswissen.

---

727 *Engisch,* Die Kausalität als Merkmal der strafrechtlichen Tatbestände, S. 15f.

728 Damit ist aber noch nicht die Frage beantwortet, ob hypothetische Kausalverläufe im Rahmen der Zurechnung überhaupt Beachtung finden oder nicht. Dazu sogleich unter b) cc).

729 Vgl. dazu auch Murmann, Die Nebentäterschaft im Strafrecht, S. 148: „Die conditio sine qua non-Formel kann das tatsächliche Wirkverhältnis, das sie nicht benennt auch nicht berücksichtigen."

730 Die conditio-sine-qua-non-Formel hat für Fälle der alternativen Kausalität eine „Modifikation" erfahren. Danach sollen auch solche Umstände für den Erfolg kausal sein, die zwar alternativ, aber nicht kumulativ weggedacht werden können, ohne daß der Erfolg entfiele. Vgl. zur modifizierten conditio-sine-qua-non-Formel und ihrer Kritik *Murmann,* Die Nebentäterschaft im Strafrecht, S. 149ff. m. w. N.

731 *Engisch,* Die Kausalität als Merkmal der strafrechtlichen Tatbestände, S. 21; vgl. zusammenfassend, *Murmann,* Die Nebentäterschaft im Strafrecht, S. 150ff. m. w. N.

Damit entfallen die bei der Äquivalenztheorie aufgezeigten Schwierigkeiten. Die Fallgestaltungen der alternativen Kausalität sind auf dieser Grundlage eindeutig zu entscheiden: Beide Bedingungen haben nach menschlicher Erfahrung den Erfolg verursacht, waren also beide kausal für den eingetretenen Erfolg.

Weder die Äquivalenztheorie noch die Formel von der gesetzmäßigen Bedingung sind aber in der Lage, die spezifische personale Einheit von Handlung und Erfolg zu erfassen. Denn für diese muß neben dem Ingangsetzen eines äußeren Geschehens nach Erfahrungssätzen die tatsächliche autonome Wirkmacht des praktisch handelnden Subjekts hinzukommen. Zwar ist die einfache Kausalität, wie sie die Formel der gesetzmäßigen Bedingung ebenso wie die Äquivalenztheorie beschreibt, notwendige, aber nicht hinreichende Bedingung für die Frage, ob die Tat als Werk des Täters angesehen werden kann. Das spezifische Moment der Selbstbestimmung des einzelnen muß in den Begriff der Zurechnung mitaufgenommen werden. Als endliches Wesen ist der Mensch zwar auch in die natürliche Kausalität eingebunden, er ist ihr aber gerade überlegen. Diese Dimension wurde bei der Behandlung des „einfachen" Bedingungszusammenhangs zunächst ausgeklammert. Hinzukommen muß also das Moment der Autonomie des einzelnen. Nur wenn er als derjenige zu begreifen ist, der das Geschehen aufgrund seiner selbstbestimmten Mittel-Zweck-Tätigkeit auf einen bestimmten Erfolg in der Außenwelt lenkt, kann ihm dieser tatsächlich als *sein Werk* zugeschrieben werden.

In neuerer Zeit sind es vor allem die sog. Lehren von der objektiven Zurechnung gewesen, die eine nähere Bestimmung des Zuschreibungsprozesses zu erreichen suchen. Möglicherweise können sie daher Aufschluß darüber geben, wann eine personale Einheit („Kausalität aus Freiheit") zwischen Handlung und Erfolg gegeben ist und wann nicht.

b) Einschränkende Prinzipien durch die „Lehren von der objektiven Zurechnung"

Ziel der „Lehren von der objektiven Zurechnung" ist es, eine Einschränkung der naturgesetzlichen Kausalität mit Hilfe von normativen Maßstäben zu erreichen. Nach ihrer grundlegenden Formel soll ein Erfolg bei einem Vorsatzdelikt dem Täter dann objektiv zurechenbar sein, wenn dieser „eine rechtlich relevante Gefahr geschaffen hat, die sich im tatbestandsmäßigen Erfolg realisiert hat"[732]. Damit ist die im Rahmen des materiellen Unrechts bereits dargelegte[733] ontische Einheit von Handlung des einzelnen und rechtsverletzendem Erfolg ange-

---

732 Vgl. statt aller *Jescheck/Weigend*, AT, § 25 IV. (S. 251ff.); *Kühl*, AT, § 4 Rn. 43.
733 Vgl. dazu 3. Kapitel C.

sprochen, wobei freilich der Wille als verbindendes Element hinzukommen muß.[734]

Nach der „Lehre von der objektiven Zurechnung" sollen insbesondere inadäquate Kausalverläufe aus dem objektiven Tatbestand ausgeschieden werden. Eine Auseinandersetzung mit allen in diesem Zusammenhang stehenden Fragen kann hier nicht erbracht werden. Es ist vielmehr die Behandlung der Fälle in Betracht zu ziehen, in denen sich der „Täter" ein Naturereignis zu nutze macht und in denen Dritte in das Geschehen unabhängig[735] vom Ersthandelnden eingreifen.[736] Die „Lehren von der objektiven Zurechnung" erfassen damit Fallkonstellationen, die für den vorliegenden Zusammenhang von Bedeutung sind. Denn auch bei der mittelbaren Täterschaft und Anstiftung muß das Geschehen insgesamt als Einheit begriffen werden, auch wenn eine autonome Person in den Verletzungsprozeß tritt. Diese Einheit konstituiert sich, wie noch näher darzulegen ist, aufgrund eines besonderen Wirkzusammenhangs der handelnden Personen. Es ist daher eine Abgrenzung zu den Fällen vorzunehmen, in denen ein solcher interpersonaler Handlungszusammenhang nicht besteht.[737]

Als normative Einschränkungskriterien werden von den „Lehren der objektiven Zurechnung" dabei unter anderem die *Steuerbarkeit des Geschehens*, die *Risikoerhöhung* und die einer *Intensivierung der Rechtsgutsverletzung* genannt. Beim Hinzukommen Dritter in das vom Ersthandelnden in Gang gesetzte Geschehen soll zudem der *„Vertrauensgrundsatz"* dazu dienen, das allgemeine Zurechnungsprinzip zu ergänzen und zu begrenzen. Anhand einer kritischen Darstellung der einzelnen Vertreter der Lehre von der objektiven Zurechnung und ihren unterschiedlichen Prinzipien soll untersucht werden, ob sie mit ihren Einschränkungsprinzipien in der Lage sind, den Zusammenhang von Handlung und Erfolg personal zu beschreiben.

---

734 Vgl. dazu sogleich unter 3.

735 „Unabhängig" meint hier, daß die handelnden Personen nicht bewußt und gewollt zusammenwirken.

736 Vgl. zu einer umfassenden Auseinandersetzung mit den Lehren von der objektiven Zurechnung, *Frisch,* Tatbestandsmäßiges Verhalten und Zurechnung des Erfolges.

737 Zudem findet bei einer schuldlos handelnden Person in der Literatur z. T. eine Gleichsetzung mit einem Kausalgeschehen statt, so daß jede Mitverursachung einer Rechtsverletzung genügen soll, um eine mittelbare Täterschaft zu begründen, was bereits im 2. Kapitel kritisiert wurde, vgl. insbesondere die Kritik am Ansatz Jakobs im 2. Kapitel, C. III.; vgl. aber auch *Schumann* zum Einsetzen eines sich im schuldunfähigen Zustand befindlichen „Werkzeugs", Strafrechtliches Handlungsunrecht und das Prinzip der Selbstverantwortung, S. 104ff.; näher dazu 5. Kapitel unter C. II.

aa) Das Zurechnungsprinzip der Steuerbarkeit des Geschehens nach Otto

Mit dem richtigen Hinweis darauf, daß sich menschliches Verhalten nicht auf eine naturgesetzliche Kausalität reduzieren läßt, hebt *Otto* hervor, daß das personale Element strafrechtlicher Haftung bei der „conditio-sine-qua-non-Formel" unberücksichtigt bleibt.[738] Hinzukommen müsse zur einfachen Ursachensetzung das *Prinzip der Steuerbarkeit* des Geschehens und der *Risikoerhöhung*.[739] Die Rechtsordnung verlange vom Menschen, daß er sich pflichtgemäß verhalte und setze damit zugleich voraus, daß der einzelne auch in der Lage sein müsse, diesem „Pflichtansinnen" nachzukommen. Dies sei nur der Fall, wenn er das Geschehen auch tatsächlich steuern könne und damit die Möglichkeit hatte, den Erfolg zu vermeiden.[740] Denn Grund strafrechtlicher Zurechnung sei die „Schaffung oder Vergrößerung einer Gefahrensituation für ein tatbestandlich geschütztes Rechtsgut, aus der sich die Rechtsgutsverletzung als Realisierung der begründeten Gefahr selbständig entwickelt"[741]. Seine aufgestellten Kriterien verdeutlicht Otto unter anderem anhand des sog. Erbonkelfalls, in dem der Neffe seinen Onkel bei Gewitter auf ein offenes Feld schickt, damit dieser von einem Blitz erschlagen wird. Nach Otto schaffe der Täter hier zwar eine „sozialinadäquate Gefahr" für das Leben des Opfers, aber wenn sich das Opfer im Rechtssinne frei entscheide, trotz Gewitters auf das Feld zu gehen, habe dieses die Gefahr auf sich genommen.[742] Es hat die Verantwortung für sich übernommen. Daher sei der Fall auch anders zu beurteilen, wenn ein Kind auf das Feld geschickt werde, welches sich der Gefahr nicht bewußt sei. Der Hintermann hafte, wenn das Kind durch den Blitz umkomme, wegen vollendeter Tötung.[743]

Obwohl sich Otto auf eine personale Unrechtslehre beruft und dabei besonders auf die Qualität menschlichen Handelns, bedingt durch den freien Willen, verweist, verfolgt er seinen Ausgangspunkt nicht konsequent weiter. Begriffe wie Freiheit und Verantwortung werden eher als Schlagworte verwendet und finden inhaltlich nicht hinreichenden Eingang in seine Lehre. So richtig der Verweis auf den Begriff des freien Willens des einzelnen ist, bedarf er doch einer konkreten inhaltlichen Bestimmung, die bei Otto aber nicht erfolgt. Dies zeigt sich vor allem darin, daß er die Handlung des einzelnen von seinem Erfolg in der Außenwelt trennt, was jedoch einem freiheitlichen Verständnis des einzel-

---

738 Vgl. insgesamt zur kritischen Auseinandersetzung *Ottos* mit der Kausallehre, NJW 1980, S. 417ff.

739 *Otto*, Kausaldiagnose und Erfolgszurechnung im Strafrecht, Maurach-FS, S. 92f.; 96ff.; 105; *ders.*, Kausalität und Zurechnung, Wolff-FS, S. 404f.

740 *Otto*, Kausaldiagnose und Erfolgszurechnung im Strafrecht, Maurach-FS, S. 92.

741 *Otto*, Kausaldiagnose und Erfolgszurechnung im Strafrecht, Maurach-FS, S. 101.

742 *Otto*, Kausaldiagnose und Erfolgszurechnung im Strafrecht, Maurach-FS, S. 99f.

743 *Otto*, Kausaldiagnose und Erfolgszurechnung im Strafrecht, Maurach-FS, S. 99f.

nen widerspricht.[744] Unrechtes Handeln besteht für ihn bereits in der „Gefahrschaffung" der von der Rechtsordnung anerkannten Rechtsgüter. Damit wird die Fähigkeit des Menschen, sich konkrete Erfolge vorzustellen und diese auch tatsächlich zu realisieren, nicht berücksichtigt;[745] es findet vielmehr eine Gleichsetzung von Erfolgs- und Gefährdungsunrecht statt. Dies wird auch bei der Behandlung des Beispielsfalls deutlich. So begründet Otto nicht, warum der „Täter" mit seinem Verhalten bereits eine sozialinadäquate Gefahr geschaffen hat. Er sucht nach einer Zurechnung für das Geschehen und geht dann davon aus, daß sich in der ersten Variante das vollverantwortlich handelnde Opfer den Erfolg selbst zuzuschreiben habe und in der zweiten beim nichtverantwortlichen Handeln des Kindes der Hintermann. Der Frage, ob hier den jeweils betroffenen „Hintermänner" überhaupt eine Beherrschbarkeit zukommt oder nicht, geht er demgegenüber nicht nach. Zur Zurechnung gehört aber mehr als nur die Feststellung, daß derjenige, der sich in die Gefahr begeben hat, dafür nicht verantwortlich ist. Eine Haftung desjenigen, der einen anderen auf das Feld schickt, muß hier vielmehr deshalb entfallen, weil er sich keine Herrschaftsmacht über Naturereignisse zuschreiben kann, sondern auf einen äußeren Zufall *hofft*. Auch wenn sich seine Hoffnung erfüllt, liegt keine reale Wirkungsmöglichkeit auf den Geschehensablauf vor, so daß gerade nicht von einer Tötungshandlung gesprochen werden kann. Für die Frage der Herrschaft über eine Situation macht es daher keinen Unterschied, ob jemand ein Kind oder einen für sich vollverantwortlichen Erwachsenen bei Gewitter auf ein Feld schickt. Bewirkt ein vom einzelnen nicht zu beherrschendes Naturereignis einen Erfolg, ist der personale Zuschreibungsprozeß unterbrochen. Eine strafrechtliche Zurechnung ist dann nicht möglich.

bb) Das Prinzip der Risikoerhöhung (Roxin)

Im Gegensatz zu Otto soll nach *Roxin* für die Bestimmung des Zuschreibungsprozesses maßgeblich sein, ob der Täter durch sein Verhalten „eine nicht durch ein erlaubtes Risiko gedeckte Gefahr" für ein Rechtsgut geschaffen hat, die sich im konkreten Erfolg realisiert hat.[746] Für die Konkretisierung der Gefahrschaffung sollen dabei die Wertmaßstäbe des Gesetzes entscheidend sein, in denen zum Ausdruck kommt, wann eine Risikoerhöhung vorliegt und wann nicht. Roxin verneint daher im Gewitterbeispiel eine Zurechnung, weil der „Täter" durch das Hinausschicken keine *rechtlich erhebliche* Tötungsgefahr

---

744 Vgl. dazu bereits das 2. Kapitel unter D. I.

745 Vgl. zur Kritik auch *Kahlo*, Das Problem des Pflichtwidrigkeitszusammenhanges bei den unechten Unterlassungsdelikten, S. 87, 92f.

746 *Roxin,* AT, § 11 Rn. 42.

bewirkt hat[747]. Die Rechtsordnung sehe hierin vielmehr eine so „geringfügige Risikosetzung", die für eine Zurechnung nicht ausreiche. Dagegen solle aber beispielsweise ein aus weiter Entfernung abgegebener und einen anderen tödlich treffender Schuß dem Täter deswegen zuzurechnen sein, weil - auch wenn der Täter die Chance eines Treffers für gering hielt - der Gesetzgeber einen solchen Schuß für die Zurechnung genügen lasse. „Es ist nicht entscheidend, ob der Mörder die 'geringe Chance' als für eine finalitätsbegründende Kausalsteuerung ausreichend erachtet, sondern ob der *Gesetzgeber* das tut".[748]

Roxin überläßt damit die Frage der Zurechnung allein dem Gesetzgeber. Eine an den Realitätsstrukturen des einzelnen erfolgende Begründung, an denen sich die Wertungen des Gesetzes zu messen haben, erfolgt dagegen nicht.[749] Das praktisch handelnde Subjekt wird nicht als eine autonome, für das Recht mitkonstitutive Person betrachtet, sondern gewissermaßen zur „Marionette" des Gesetzgebers. Entscheidend ist nicht die Tat des selbstbestimmten einzelnen und ihre tatsächliche Beziehung zum Erfolg, sondern eine von außen kommende Wertung. Diese Schwierigkeit zeigt sich auch bei den von Roxin behandelten Fällen, in denen jemand nur eine Ursache für eine vollverantwortliche begangene fremde Vorsatztat gesetzt hat, aber unter besonderen Umständen auch als Täter zu bestrafen ist, ohne daß ein besonderer Wirkzusammenhang zwischen den Beteiligten gegeben sein muß. Aufgrund des Vertrauensgrundsatzes könne zwar jeder grundsätzlich davon auszugehen, daß andere keine vorsätzlichen Straftaten begingen. Daher sei auch der Verkauf von gefährlichen Gegenständen und Werkzeugen wie Messern, Feuerzeugen, Brennspiritus usw. möglich, da dies zum erlaubten Risiko gehöre. Roxin will aber dort eine Ausnahme machen, wo ein Verhalten die „erkennbare Tatgeneigtheit eines potentiellen Vorsatztäters fördert"[750]. Dann könne dem Hintermann das Verhalten des Vordermanns als fahrlässige Tat zugerechnet werden. So solle beispielsweise die Liebhaberin eines verheirateten Mannes wegen fahrlässiger Tötung verurteilt werden, wenn dieser seine Ehefrau töte und sie ihm unter verdächtigen Umständen Gift gege-

---

747 *Roxin,* AT, § 11 Rn. 42; vgl. auch *ders.,* Gedanken zur Problematik der Zurechnung im Strafrecht, Honig-FS, S. 135. Roxin betont hier sogar, daß die Rechtsordnung ebenso „ein solches Experiment mit Naturgewalten" verbieten könnte.

748 *Roxin,* Gedanken zur Problematik der Zurechnung im Strafrecht, Honig-FS, S. 148.

749 Vgl. bereits zur Kritik der normativ-teleologischen Methode Roxins die Ausführungen im 2. Kapitel unter C. II. 2. a). Vgl. zur Kritik auch *Kahlo,* Das Problem des Pflichtwidrigkeitszusammenhanges bei den unechten Unterlassungsdelikten, S. 106ff.

750 *Roxin,* AT, § 24 Rn. 28; näher dazu auch *ders.,* Bemerkungen zum Regreßverbot, Tröndle-FS, S. 190ff.; ebenso auch *Schroeder* in Leipziger Kommentar, § 16 Rn. 184.

ben habe.[751] Denn durch ihre Äußerung, „er werde doch seiner Frau nichts anhaben wollen", solle für sie die Tatgeneigtheit erkennbar gewesen sein.[752]

Roxin qualifiziert damit - ohne eine nähere Begründung - das Setzen einer Bedingung zur Täterschaft, auch wenn eine vollverantwortliche Person dazwischentritt. Verhaltensweisen, die typischerweise Teilnahmehandlungen darstellten, wie das Fördern der Tat, werden so automatisch zur (fahrlässigen) *Täterschaft* erhoben. Mit dem Einwirken auf eine andere Person soll bereits eine Gefahr geschaffen werden, die sich dann im Erfolg realisiert hat. Das Subjekt wird dann auf ein Gefahrenpotential reduziert. Die Bestimmung der Strafbarkeit entfernt sich immer weiter von ihm. Gerade hier wird deutlich, daß das Subjekt nur noch auf eine reine „Ursache" zurückgestuft wird. Dies gilt sowohl für denjenigen, der den Anstoß für das Geschehen gibt als auch für die Person, auf die eingewirkt wird und die schließlich die Tat vorsätzlich ausführt. Beide werden als Vernunftpersonen nicht mehr ernst genommen. Der Hintermann nicht, weil er auf eine bloße Bedingung herabgestuft wird und der Vordermann nicht, weil jedes Einwirken auf ihn seitens einer anderer Person genügen soll, um ihn zu einer vorsätzlichen Tat zu veranlassen.[753] Mag auch das erste Handeln erfahrungsgemäß das zweite bedingen, reicht dies für die Zurechnung der Tat zum Ersthandelnden nicht aus, da ihm keine das Geschehen beherrschende tatsächliche Macht zukommt. Das Prinzip der Risikoerhöhung will damit ein Geschehen zusammendenken, welches nicht als personale Einheit ausgewiesen werden kann. Etwas anderes kann freilich gelten, wenn die Beteiligten in einem bewußten und gewollten Wirkzusammenhang stehen.[754] Ohne einen solchen muß aber eine volle personale Zurechnung zur Tat eines vollverantwortlich[755] handelnden anderen verneint werden.

cc) Die sog. Lehre von der Berücksichtigung hypothetischer Ersatzursachen

Als ein weiteres mögliches Kriterium der Einschränkung der einfachen Kausalität und der strafrechtlichen Haftung wird die Berücksichtigung hypothetischer Ersatzursachen genannt. Als Beispiel soll der bereits oben erwähnte Scharfrich-

---

751 Diesen Sachverhalt hatte das Reichsgericht zu entscheiden (RGSt 64, 375).

752 *Roxin,* AT, § 24 Rn. 28ff.

753 Der Frage, ob und inwieweit eine fahrlässige Beihilfe überhaupt strafbar sein könnte, kann hier nicht nachgegangen werden. Vgl. dazu *H. Mayer,* Strafrecht AT, S. 138. Eine rein positivistische Erklärung genügt für eine Begründung jedoch nicht, so aber *Roxin,* AT, § 24 Rn. 28. Vgl. auch *M. Köhler,* AT, S. 195.

754 Vgl. für die mittelbare Täterschaft und Anstiftung die Ausführungen im Rahmen des 5. Kapitels.

755 Für die Frage der Beteiligung eines nichtverantwortlich (nicht-schuldhaft) Handelnden Vordermanns vgl. 5. Kapitel unter C. II.

terfall[756] dienen. Da der Delinquent ein paar Sekunden später (rechtmäßig) vom Henker hingerichtet worden wäre, sei die Tötungshandlung dem Vater nicht zurechenbar. Begründet wird dies zum einen damit, daß zu dem Zeitpunkt des Verhaltens des Vaters, der „Keim zu demselben Erfolg bereits derart gelegt war, daß er auch ohne die Täterhandlung eingetreten wäre“[757], so daß es am Erfolgsunrecht der Tat fehle. Zum anderen sei auch der Handlungsunwert im genannten Beispielsfall sehr gering, da der Vater nur unter den gegebenen Umständen töten wolle.[758] Schließlich sei zu berücksichtigen, daß – wie hier - bei Rechtsmäßigkeit[759] der potentiellen Handlung des Ersatztäters (des Scharfrichters) die Ausführung der Tat der Naturkausalität gleichstehe und eine Bestrafung des tatsächlichen Täters daher entfallen könne, wenn dieser die Handlung übernehme (sog Übernahmeprinzip).[760] In dem Henker-Beispiel würde daher eine Bestrafung des Vaters entfallen.

Bereits der Ausgangspunkt der Lehre von der Berücksichtigung hypothetischer Ersatzursachen widerspricht dem hier zugrundegelegten freiheitlichen Verständnis. So werden die Normen letztlich nicht als Verletzungsverbote in dem Sinne betrachtet, daß diese die Beziehung einzelner handelnder Personen in ihren Freiheitssphären zum Gegenstand haben, sondern sollen vielmehr das Verbot der Lebensverkürzung in sich tragen, so daß jeder, der im Sterben liegt und bei dem die Tat keine Lebensverkürzung zur Folge hätte, als „vogelfrei“ erklärt werden müßte. Damit werden die einzelnen Rechtsgüter nicht auf ihren eigentlich verhaltenskonstitutiven Gehalt von Subjekten, sondern auf Objekte der Außenwelt reduziert.[761] Handlungs- und Erfolgsunrecht werden dabei voneinander getrennt und nicht als Einheit begriffen. Der Erfolg eines Verhaltens wird ausdrücklich einem natürlichen Erfolg gleichgesetzt, wenn er als Ersatzursache berücksichtigt werden soll.[762] Unberücksichtigt bleibt dabei, daß

---

756 Vgl. oben unter a).

757 *Arthur Kaufmann,* Die Bedeutung hypothetischer Erfolgsursachen im Strafrecht, Schmidt-FS, S. 228.

758 *Arthur Kaufmann,* Die Bedeutung hypothetischer Erfolgsursachen im Strafrecht, Schmidt-FS, S. 231.

759 *Samson* ist in seiner Schrift „Hypothetische Kausalverläufe im Strafrecht“ den von Arthur Kaufmann beschrittenen Weg weiter gegangen. Vgl. auch zu einer ausführlicheren Darstellung der „objektiven Zurechnung nach dem Intensivierungsprinzip“, *Kahlo,* Das Problem des Pflichtwidrigkeitszusammenhanges bei den unechten Unterlassungsdelikten, S. 248ff.

760 *Samson,* Hypothetische Kausalverläufe im Strafrecht, S. 126, 142ff.

761 Vgl. zur Kritik auch *Kahlo,* Das Problem des Pflichtwidrigkeitszusammenhanges bei den unechten Unterlassungsdelikten, S. 251.

762 Siehe auch *Kahlo,* Das Problem des Pflichtwidrigkeitszusammenhanges bei den unechten Unterlassungsdelikten, S. 251f.

derjenige, der in das Geschehen eingreift, dieses gerade übernimmt und damit im Rahmen seiner Handlungsmacht verwirklicht. Er setzt das Geschehen auf eine andere interpersonale Ebene. Nicht der Ersatztäter, sondern derjenige, der zuletzt in das Geschehen eingreift (hier der Vater), realisiert den Erfolg (Tod des Delinquenten).

2. Zwischenergebnis

Bei der kritischen Auseinandersetzung mit den „Lehren von der objektiven Zurechnung" hat sich gezeigt, daß solche Fälle dem Täter nicht mehr objektiv zugeschrieben werden können, die er nicht zu beherrschen vermag. Eine Tatbeherrschung ist daher zu verneinen, wenn ein Naturereignis oder ein Dritter unabhängig vom Ersthandelnden in das Geschehen tritt. Auch wenn das frühere Handeln Grund für das des Zweithandelnden war, genügt eine derartige Bedingungssetzung nicht, um eine Tatzurechnung zu begründen, sofern das Verletzungsgeschehen durch die selbstbestimmte Entscheidung eines anderen realisiert wird. Solange nicht ein Wirkzusammenhang zwischen den Beteiligten festzustellen ist, kommt dem Ersthandelnden bereits objektiv keine Macht über das Geschehen zu. Auch wenn die Verletzung von ihm eine erwünschte sein mag, liegt hier lediglich ein Wunsch vor. Die Lehre von der Unterbrechung des Kausalverlaufs hat dies insoweit richtig erfaßt.[763] Der Begriff der Kausalität darf allerdings nicht auf die Erfahrungsgesetzlichkeit reduziert und das Subjekt auf seine Naturgesetzlichkeit determiniert werden, sondern Kausalität ist als eine vom autonomen Subjekts frei begründete zu begreifen (Kausalität aus Freiheit).[764]

Die „Kausalität aus Freiheit" ist es nun auch, die für die Bestimmung der Einheit von Handlung und Erfolg und damit für den Zuschreibungsprozeß die entscheidenden Momente angibt. Diese sollen im folgenden näher beleuchtet werden, wobei dazu im Rahmen der Ausführungen zur materiellen Unrechtsbestimmung[765] schon einiges dargelegt wurde.

3. Objektive und subjektive Zurechnung (Vorsatz)

Bei der materiellen Unrechtsbestimmung wurde aufgewiesen, daß das praktisch handelnde Subjekt bei der Unrechtstat Mittelpunkt seiner Tat und seines Ziels ist. Seine Handlung und der durch ihn bewirkte Erfolg sind als ontische Einheit

---

763 Vgl. auch 2. Kapitel, A. II. 2.

764 Grundlegend dazu *E. A. Wolff*, Kausalität von Tun und Unterlassen; vgl. dazu auch *M. Köhler*, AT, S. 145f.

765 Vgl. 3. Kapitel unter C.

zu fassen. Entscheidend kann nicht die durch eine einfache Ursache gesetzte Veränderung der sozialen Wirklichkeit sein. Denn auch wenn der äußere Bedingungszusammenhang nach Erfahrungsgesetzen notwendig ist, um festzustellen, ob überhaupt eine Verantwortung in Betracht kommt, genügt er nicht, um das praktisch handelnde Subjekt als Zurechnungsgrund für die Veränderung zu begreifen. Aber auch eine Reduzierung auf die Mittel-Zweck-Tätigkeit des einzelnen ist nicht möglich. Zwar legt der einzelne seinem Handeln Erfahrungsgrundsätze zugrunde, von denen er weiß, daß sie bestimmte Folgen haben werden, aber er begreift sich zugleich als Grund für diese Zweckursachensetzung. Er gestaltet die äußere (soziale) Welt sinnhaft, indem er regelsetzend in sie eingreift. Das in § 223 StGB beschriebene Unrecht beispielsweise erschöpft sich nicht darin, daß jemand äußerlich betrachtet zu einem Schlag auf den anderen ausholt und es zu einer Verletzung kommt, sondern maßgeblich ist, daß er mit dem Ziel handelt, einen anderen zu verletzen und sich als derjenige begreift, auf den die Verletzung zurückzuführen ist. Allein deswegen, weil der Erfolg als vom praktisch handelnden Subjekt bewirkbar verstanden wird, kann er als Realisierung von Unrecht begriffen werden.[766] Handlung und Erfolg beschreiben so eine ontische Einheit. Die Beurteilung der Bewirkbarkeit eines Erfolges wird nicht von außen an die verhaltensvermittelte Veränderung des Subjekts herangetragen, sondern ist auf die selbstbestimmte Einsicht des Subjekts zurückbezogen. Der einzelne muß das Bewußtsein haben, Urheber der Verletzung zu sein; nur dann ist er als derjenige zu begreifen, der das tatbestandsmäßige Geschehen beherrscht.[767] Der Vorsatz[768] ist damit Teil des Tatbestandes selbst und wird nicht erst in der Schuld virulent. Denn die Einsicht in die *Rechts*negation setzt gerade voraus, daß der Handelnde überhaupt die Erkenntnis zur Rechtsverletzung hat. Bevor darüber geurteilt werden kann, ob das Subjekt sein Handeln als Unrecht, als Entscheidung gegen das Recht in seiner Allgemeinbedeutung begriffen hat, ist zunächst sein Bewußtsein hinsichtlich der Verletzung erforderlich. Tatvorsatz und Unrechtseinsicht bzw. Schuld sind also systematisch zu trennen.[769]

---

766 Vgl. auch *Zaczyk*, Das Unrecht der versuchten Tat, S. 219

767 Siehe auch *Armin Kaufmann*, „Objektive Zurechnung" beim Vorsatzdelikt?, Jescheck-FS, S. 251ff.; Armin Kaufmann weist hier zu recht auf die Überschätzung der objektiven Zurechnung hin. Vgl. auch *Köhler*, AT, S. 144.

768 Eine Auseinandersetzung mit den Fahrlässigkeitsdelikten würde hier zu weit führen. Sie ist insofern auch nicht erforderlich, als eine Teilnahme an einer Fahrlässigkeitstat oder die fahrlässige Teilnahme nach dem StGB nicht strafbar ist. Eine mögliche (vorpositive) Begründung ihrer Strafbarkeit sprengt den Rahmen der vorliegenden Arbeit.

769 Vgl. demgegenüber die kausalen Handlungslehren, die Vorsatz und Schuld in eins gesetzt haben, 2. Kapitel, A. I.

Vor diesem Hintergrund, daß die Rechtsgutsverletzung (der Erfolg) eine Leistung des selbstbewußten einzelnen ist, wird zudem deutlich, daß ein rein theoretisches Faktenwissen hinsichtlich der den Tatbestand verwirklichenden Umstände nicht ausreichen kann. Denn das Wissen ist nicht auf eine rein sinnliche Wahrnehmung zu reduzieren, da das Subjekt in seinem Erkenntnisprozeß selbst urteilend tätig wird.[770] Ebenso wie der objektive Verletzungstatbestand normative Qualität dadurch aufweist, daß seine Merkmale sich interpersonal-praktisch konstituieren, muß sich der Vorsatz auf die normative Bedeutung dieser Merkmale beziehen. Es genügt also nicht die Erkenntnis des Täters, daß es sich um einen „Menschen", ein „Sache" usf. handelt, sondern er muß auch um die Qualität dieser als besonderer Rechtsgüter wissen. Ferner muß er die Grund-Folge-Relation richtig erkannt haben, denn nur dann kann ihm die Verletzung als eine durch ihn bewirkte, als die Seinige zugeschrieben werden. Innere Zwecksetzung und die tatsächliche Bedeutung der Gestaltung der Wirklichkeit müssen übereinstimmen. Der Täter muß den Bedeutungsgehalt seiner Handlung erfassen können, soll die Veränderung der sozialen Wirklichkeit ihm als sein Werk zugeschrieben werden. Bedingt durch seine Unvollkommenheit kann er aber über die tatsächlichen Folgen seines Handelns irren. Es ist ihm dann bereits nicht möglich, sich zur richtigen Maximensetzung zu bestimmen. Er kann z. B. nicht wissen, daß seine Handlung eine Verletzung darstellt. Zwar ist ihm das Geschehen dann äußerlich zuzuschreiben, aber die sinnhafte Gestaltung kommt ihm gerade nicht zu.[771] Das wird im Unterschied von Rechts- und Tatumstandsirrtum deutlich. Während der Handelnde beim Vorliegen eines Verbotsirrtums nicht weiß, das sein Verhalten einen konkreten Normverstoß darstellt (§ 17 StGB), fehlt dem Täter bei einem Irrtum über den Tatumstand bereits die Verletzungseinsicht, so daß ihm die Möglichkeit zur richtigen Maximenbildung verwehrt bleibt (§ 16 StGB). Er nimmt aufgrund der nichtdurchschauten Sachlage an, daß sein Verhalten keine Verletzung begründet. Er weiß z. B. nicht, daß das Werfen eines Steines eine Fensterscheibe zerstört und damit das Eigentum eines anderen verletzt. Der Verletzungsprozeß ist dann nicht Ausdruck seiner personalen Handlungsmacht; ansonsten würde ihm von außen eine Tatherrschaft zugewiesen, die er bedingt durch die Nichtdurchschaubarkeit der faktischen Sachlage nicht besitzt. Gleiches muß auch gelten, wenn er über die Qualität des konkreten Tatobjekts irrt, wenn er beispielsweise tatsächlich einen Menschen tötet, er aber eine Sache beschädigen wollte. Hier fehlt ihm das Wissen und Wollen in bezug auf die Qualität des konkreten Objekts, so daß eine

---

770 Vgl. dazu ausführlich *M. Köhler,* GA 1981, S. 285ff.; *ders.,* AT, S. 156f.

771 Auf die verschiedenen Bewußtseinsformen (vgl. dazu *E. A. Wolff,* Die Grenzen des dolus eventualis und der willentlichen Verletzung, Gallas-FS, S. 197ff. und *M. Köhler,* JZ 1981, 35ff.) und die Feststellung derselben (vgl. dazu *M. Köhler,* AT, S. 166f. m. w. N.) soll im vorliegenden Zusammenhang nicht eingegangen werden.

Zurechnung des Geschehens (Tötung) als sein Werk nicht erfolgen kann. Da dem Handelnden bereits die Einsicht in die seine Tat begründenden Umstände verwehrt bleibt, fehlt ihm (im Gegensatz zum Verbotsirrtum, bei dem der Täter sich trotz Verletzungseinsicht nicht zur richtigen Maxime bestimmt) überhaupt die Möglichkeit, sich zum Richtigen zu bestimmen.

Unwesentlich muß demgegenüber ein solcher Irrtum sein, der allein die Identität oder die Eigenschaft des konkret individualisierten Objekts zum Gegenstand hat (Objektsirrtum). Das im Tatbestand festgelegte Verletzungsverbot richtet sich im konkreten Fall auf die besondere personale Qualität (z. B. Mensch, fremde Sache), unabhängig von anderen personengebundenen Verhältnissen. Der Täter muß das konkret bestehende Rechtsverhältnis anerkennen.[772] Dieses wird in seiner Qualität oder Quantität nicht dadurch verändert, daß der Täter es mit einer anderer Identität oder Eigenschaft verbindet, sofern das anvisierte und das getroffene Objekt identisch und in ihrer Qualität gleichwertig sind.[773] Es ist also unerheblich, ob er die tatsächlich getroffene Person oder eine andere schädigen wollte.[774] [775]

---

772 Vgl. zum Begründungszusammenhang im Rahmen der Behandlung der aberratio ictus und des error in persona, *Rath,* Die Behandlung der aberratio ictus und des error in persona, S. 247ff.

773 *Rath,* Die Behandlung der aberratio ictus und des error in persona, S. 273f.; *M. Köhler,* AT, S. 151f.

774 Damit ist aber noch nicht entschieden, wie sich ein solcher Irrtum des unmittelbar Handelnden auf den Hintermann auswirkt. Vgl. dazu die Ausführungen im 5. Kapitels unter C. I.

775 Hiervon zu unterscheiden sind jedoch Fälle, in denen der Täter versehentlich ein anderes Objekt trifft als dasjenige, auf das er im konkreten Fall gezielt hat (sog. aberratio ictus). Denn in einer derartigen Konstellation fallen raum-zeitliche Konkretisierungen der Handlung auf ein bestimmtes Objekt und die tatsächlich getroffenen auseinander, so daß eine Kongruenz des vom Täter Gewollten und der tatsächlichen Realisation gerade nicht besteht. Die eingetretene Veränderung in der Außenwelt kann dann nicht als die vom Täter bewußt gestaltete („personale Wirklichkeit") begriffen werden. Unberührt bleibt aber die Möglichkeit des Vorliegens eines Versuchsdelikt bzw. einer Fahrlässigkeitsstrafbarkeit. Ausführlich aus dem Interpersonalitätsverhältnis abgleitet *Rath,* Die Behandlung der aberratio ictus und des error in persona, S. 251ff. (insbes. S. 260ff.); *M. Köhler,* AT, S. 153. Auch die Rechtsprechung läßt bei der aberratio ictus den Vorsatz entfallen; vgl. RGSt 58, 27 (28). *Puppe* betont demgegenüber die Unerheblichkeit der aberratio ictus für den Vorsatz mit der Begründung, daß sich der Vorsatz des Täters nur auf das Wissen um die Erfüllung des objektiven Tatbestandes beziehen müsse. Er weise dann bereits eine ausreichende Erfolgsvorstellung auf („Gattungsvorsatz"). Vgl. GA 1981, S. 1ff. (S. 10ff.). Diese Argumentation mißachtet aber das Element, welches den Vorsatz des Täters gerade prägt, nämlich die Einheit von Handlung und Erfolg, die das Subjekt durch seine bewußt gestaltende Wirklichkeit hervorbringt. Bei der aberratio ictus ist diese wie oben dargestellt aber gerade nicht gegeben.

Zusammenfassend ist festzuhalten, daß die in den Tatbeständen beschriebenen Handlungs- und Erfolgsmerkmale sowie Handlungs- und Erfolgsunrecht nicht voneinander zu trennen sind, sondern durch das praktisch handelnde Subjekt zu einer Einheit geführt werden. Entscheidend ist nicht, daß der einzelne eine Bedingung für den Erfolg gesetzt hat, sondern daß ihm dieser als ein durch ihn bewirkter zuzuschreiben ist. Handeln nun mehrere Personen bezogen auf einen Erfolg, genügt auch hier nicht ein einfacher Kausalzusammenhang, sondern es bedarf für die (Mit-) Zurechnung zu einer fremden Tat eines besonderen qualitativen Wirkzusammenhangs, wie sich im Rahmen der Auseinandersetzung mit den Lehren von der objektiven Zurechnung gezeigt hat. Denn sobald eine autonome Person unabhängig in das Handlungsgeschehen tritt, muß eine Herrschaft über das Geschehen seitens des Ersthandelnden verneint werden. Für die (Mit-) Zurechnung einer fremden Tat kann ein *äußerer* Wirkzusammenhang nicht ausreichen.

Daß die Personen in der Lage sind, sich positiv wie negativ zu beeinflussen, wurde bereits dargelegt. Das Subjekt kann sich nicht nur Kausalgesetze zu nutze machen, von denen es weiß, daß sie einen bestimmten Erfolg hervorbringen werden, sondern es kann auch im Hinblick auf das Verhalten anderer Erfahrungsregeln verwenden.[776] Es bedarf dann aber einer genaueren Überlegung, ob und inwieweit seine Handlung mit der Tat des anderen personal verbunden ist. Denn bedingt durch die Autonomie des anderen sind solche Erfahrungsgesetze gleichsam von unsichererer Art als dies bei Kausalgesetzen der Fall ist. Soll die Einwirkungshandlung für die Rechtsverletzung des anderen von Bedeutung sein, muß sie sich auch tatsächlich im Erfolg manifestieren. Das ist auch bei der näheren Bestimmung von mittelbarer Täterschaft und Anstiftung zu berücksichtigen: Soll bei der mittelbaren Täterschaft dem Hintermann die von einer an sich vernünftigen Person äußerlich bewirkte Rechtsverletzung als die Seinige zugeschrieben werden, muß er derjenige sein, der die Einheit zum Erfolg stiftet. Aber auch bei der Anstiftung muß das Geschehen insgesamt als Einheit betrachtet werden. Zwar ist es hier die Mittelsperson, die mit ihrem Handeln die Rechtsverletzung bewirkt, aber der Anstifter hat an ihr teil, indem er auf den Entscheidungsprozeß des Vordermanns nicht unerheblichen Einfluß nimmt. Dies wird bei der Konkretisierung des „Bestimmensmerkmals" der in der Straftatfolge der Täterschaft gleichstehenden Anstiftung zu berücksichtigen sein.[777]

Unberührt bleibt aber die Möglichkeit des Vorliegens eines Versuchsdelikt bzw. einer Fahrlässigkeitsstrafbarkeit.

776 Vgl. dazu auch näher, insbesondere zur Anstiftung, *Kahlo*, Das Problem des Pflichtwidrigkeitszusammenhanges bei den unechten Unterlassungsdelikten, S. 133f.

777 Vgl. 5. Kapitel unter B. II. c).

II. Das Verhältnis des Verletzungstatbestandes zur Rechtswidrigkeit

Bisher wurde der Verletzungstatbestand näher bestimmt. Zur *Un*-Rechtsverwirklichung muß aber neben der Realisierung des Verletzungstatbestandes die Rechtswidrigkeit des Täterverhaltens, d. h. der Täter muß sich mit seiner konkreten Tat gegen das Recht gewendet haben.

Unrecht wurde oben definiert als Negation des eingesehenen Freiheits- bzw. Anerkennungsverhältnisses durch ein Subjekt. Dabei wurde die *„zweistufige Realität"* des Verbrechens herausgestellt: Sie ist auf der einen Seite individuelle (schuldhafte) Handlung und auf der anderen Seite soziale Handlung, die sich im Tatbestand und der Rechtswidrigkeit ausdrückt. Auch wenn es erst formell einer verfaßten Rechtsordnung bedarf, die die Anerkennung der Freiheit des einzelnen Realität werden läßt, hat die Konstitution und ebenso die Verletzung der Freiheit der Person zunächst eine das betroffene Opfer unmittelbar berührende Seite. Das tatsächlich vom Täter gesetzte Ungleichverhältnis, die Überordnung des einen über den anderen, wird nun auch bei einer an sich gerechtfertigten Verletzung nicht aufgehoben, sondern ein Betroffensein der Rechtssphäre bleibt auch hier bestehen.[778] [779] Um das Verhältnis wieder auf *eine* Ebene, in ein Gleichheitsverhältnis, zu führen, bedarf es einer zusätzlichen Vernunftleistung, in der das im Tatbestand abstrakt beschriebene Verletzungsverbot wegen des betroffenen Freiheitsdaseins eines anderen durch eine Eingriffserlaubnis wieder aufgehoben wird. Diese zum Verletzungstatbestand hinzukommende Ebene ist eine beide

---

778 Vgl. auch *Zaczyk*, Das Unrecht der versuchten Tat, S. 220.

779 Anders demgegenüber die Lehre vom Gesamtunrechtstatbestand, die die Rechtswidrigkeit in den Tatbestand integrieren will. Eine gerechtfertigte Handlung ist danach bereits *nicht tatbestandsmäßig*. Diese Ansicht geht davon aus, daß Funktion der gesetzlichen Tatbestände die Beschreibung strafwürdigen und zugleich rechtswidrigen Verhaltens ist. Liegen Rechtfertigungsgründe vor, sei der Tatbestand nicht verwirklicht. Eine Tötung in Notwehr stellt damit bereits keine tatbestandsmäßige Tötung dar. Dies führt aber dazu, daß die Rechtswidrigkeit den Unwert eines Verhaltens erst begründet. Vgl. zur näheren Begründung dieser Lehre und ihren Vertretern: *Lang-Hinrichsen,* JR 1952, 184 (insbes. 186, 189f); 302 (insbes. 303, 306f.); 356ff.; *ders.* JZ 1953, S. 362ff.; *v. Weber,* Negative Tatbestandsmerkmale, Mezger-FS, S. 183ff.; *Roxin,* Offene Tatbestände (1970) S. 43, 173ff.; *Arthur Kaufmann,* JZ 1956, 353; 393; *ders.,* Einige Anmerkungen zu Irrtümern über den Irrtum, Lackner-FS, S. 85; *Koriath,* Grundlagen strafrechtlicher Zurechnung, S. 326ff.
Zu recht weist *Schmidhäuser* darauf hin, daß das Fehlen der Rechtfertigung die Rechtswidrigkeit nicht erst begründen kann, sondern der Unwert begründet sein muß (z. B. Tötung eines Menschen), wenn nach einer möglichen Rechtfertigung gefragt wird (z. B. nach der Notwehr), AT, 9/8; *ders.,* Der Unrechtstatbestand, Engisch-FS (1969), S. 433 (438f.); vgl. auch *Gallas,* Beiträge zur Verbrechenslehre, S. 32ff. (insbes. S. 42, wo Gallas zu recht erklärt, daß ein Töten, welches in Notwehr begangen wird, zwar kein „verbotenes Töten" ist, dennoch aber ein „Töten" bleibt).

Subjekte übergreifende allgemeine Stufe, die der einzelne subjektiv nicht allgemein mit der erfolgten Verletzung als Einheit setzen kann.[780] Die in den einzelnen Tatbeständen beschriebenen Verbote können damit durch eine Erlaubnisnorm im konkreten Fall zwar jene begrenzen; die Rechtfertigungsgründe stellen dabei aber eine zusätzliche Stufe der Normkonkretisierung aus dem Rechtsverhältnis dar. Das *abstrakt als Unrechtstat* einzustufende Geschehen wird in der *konkreten Situation* als erlaubt angesehen. Es bleibt aber bei der Feststellung der Verwirklichung des objektiven und subjektiven Verletzungsgeschehens, so daß der Verletzungstatbestand an sich nicht aufgehoben wird, sondern der Angriff in die Rechtssphäre „nur" im konkreten Fall nicht als verbotene Wendung gegen das eingesehene Rechtsverhältnis beurteilt werden kann.[781] Verletzungstatbestand und Rechtswidrigkeit stellen daher zwei Ebenen dar, die jedoch beide das Unrechts selbst betreffen.

Die Differenzierung der beiden Momente im Unrecht wird beim Vorliegen eines Irrtums eines Handelnden über Situationsumstände deutlich, die sein Verhalten als gerechtfertigt erscheinen lassen würden (sog. Erlaubnistatumstandsirrtum[782]), in Abgrenzung zum Irrtum über Tatumstände, die die Verletzung begründen. Bei letzterem mangelt es bereits - wie oben dargelegt wurde - an einer bewußten Verletzung überhaupt, weil dem Handelnden die Einsicht fehlt, eine solche zu bewirken.[783] Bei ersterem liegt eine Verletzungseinsicht dagegen vor, und auch das Rechtswidrigkeitsurteil ändert sich aufgrund eines derartigen Irrtums nicht.[784] Dennoch ist ein solcher Erlaubnistatumstandsirrtum nicht rechtlich unerheblich. Der Täter handelt zwar mit Tatwillen, ihm fehlt jedoch das Tatum-

780 *Zaczyk*, Das Unrecht der versuchten Tat, S. 220.

781 Vgl. auch *Gallas*, Zur Struktur des strafrechtlichen Unrechtsbegriffs, in Bockelmann-FS, S. 168; *Zaczyk*, Das Unrecht der versuchten Tat, S. 220; *M. Köhler*, AT, S. 235ff.

782 Vgl. zu diesem Irrtum auch *Kahlo*, Die Handlungsform der Unterlassung als Kriminaldelikt, S. 71ff. Kahlo weist zu recht auf das in einer solchen Situation zum Ausdruck kommende Endlichkeits- und Fehlbarkeitsmoment des einzelnen hin und hebt zudem hervor, daß sich soziales Handeln häufig unter Zeitdruck vollzieht und der einzelne auch im praktischen Denken Zeit benötigt, um „durch situationsbezogenes Erkennen zu einer richtigen Handlungsmaxime zu gelangen" (aaO, S. 71), die ihm aber in Momenten, in denen er seiner Meinung nach schnell reagieren muß, nicht zur Verfügung steht.

783 Vgl. auch *Rehr-Zimmermann*, Die Struktur des Unrechts in der Gegenwart der Strafrechtsdogmatik, S. 115.

784 Anders freilich die Lehre vom Gesamtunrechtstatbestand, die bei einem Erlaubnistatumstandsirrtum davon ausgeht, daß dem Täter bereits der Tatbestandsvorsatz fehlt und einen solchen Irrtum als einen Tatumstandsirrtum ansieht, der dann nach § 16 StGB direkt zu behandeln ist. Vgl. insbesondere *Arthur Kaufmann*, Einige Anmerkungen zu Irrtümern über den Irrtum, Lackner-FS, S. 185 (187ff.), *ders.*, JZ 1956, S. 353 (357); 393ff.

standswissen hinsichtlich der objektiv nicht gegebenen Erlaubnisnorm, so daß ihm die Einsicht fehlt, tatsächlich Unrecht zu verwirklichen. Er verhält sich in seiner Vorstellung der Sachverhaltsumstände „an sich rechtstreu". Objektiver und subjektiver Verletzungstatbestand bleiben jedoch bestehen und auch das Rechtswidrigkeitsurteil wird mangels Vorliegens einer objektiven Rechtfertigungssituation nicht aufgehoben, denn der Täter verstößt gegen das wechselseitig begründete Freiheitsverhältnis, so daß von der Verletzung Betroffene sich gegen eine solche vermeintliche Verteidigung zur Wehr setzen können muß. Es entfällt aber der „erweiterte subjektive Unrechtstatbestand"[785], soweit der Täter nicht die Grenzen der Rechtfertigungshandlung - beispielsweise das erforderliche Maß der Verteidigung bei der Notwehr - bewußt überschreitet.[786]

Nicht geklärt ist die Frage, ob die Rechtfertigung der Tat auch voraussetzt, daß der Täter in Kenntnis der Rechtfertigungslage mit Rechtswillen gehandelt hat. Dies wird zum Teil verneint. So soll nach den Vertretern einer objektiven-kausalen Unrechtslehre Gegenstand der rechtlichen Bewertung allein das äußere Verhalten des einzelnen sein. Bei einer Verletzung ist danach vor allem die objektive Seite des Geschehens für die Bewertung als Unrechtstat maßgeblich.[787] Ebenso wird bei der Rechtfertigung die Notwendigkeit eines subjektiven Rechtfertigungselements verneint.[788] Liegen die objektiven Voraussetzungen eines Rechtfertigungsgrundes vor, bedarf es nach dieser Lehre keines zusätzlichen subjektiven Elementes, so daß auch derjenige gerechtfertigt ist, der sich objektiv in einer Notwehrlage befindet, aber subjektiv keinen Willen zur Verteidigung hat.[789]

Das rein objektive Gegebensein einer Rechtfertigungslage kann aber nicht ausreichen (genausowenig wie allein der subjektive Rechtswille ohne eine tatsächlich objektiv gegebene Rechtfertigungslage genügen könnte), um eine

---

785 *M. Köhler,* AT, S. 324.

786 In Betracht kommt jedoch die Feststellung einer „Erlaubnisfahrlässigkeit", die in ihrem Maß der Verwirklichung fahrlässigen Unrechts entspricht, soweit ein Sorgfaltsmangel in bezug auf die das Verbot begründenden Tatsachenumstände und die damit verbundene Fehlannahme des Vorliegens eines Rechtfertigungsgrundes festzustellen ist. Eine umfassende Darstellung des Streitstandes und eine Stellungnahme zum Erlaubnisumstandsirrtum würde den Rahmen der vorliegenden Arbeit sprengen. Vgl. dazu näher *M. Köhler,* AT, S. 325f.

787 Vgl. *Spendel,* Gegen den Verteidigungswillen als Notwehr-Erfordernis, Bockelmann-FS, S. 251: „ 'Nicht Vorsatz oder Fahrlässigkeit sind es in erster Linie, welche das rechtliche Unwerturteil begründen', sondern die Schädlichkeit oder Gefährlichkeit des Verhaltens."

788 Vgl. *Spendel* in Leipziger Kommentar, § 32 Rn. 138ff.

789 *Spendel,* in Leipziger Kommentar, § 32 Rn. 138ff.; *ders.,* Notwehr und „Verteidigungswille", Oehler-FS, S. 197 ff. Zur Kritik an einer objektiv-kausalen Unrechtslehre vgl. bereits oben die Ausführungen im 2. Kapitel unter A. I. 2. a).

Rechtfertigung zu begründen. Denn die rein objektive Betrachtung des Geschehens, sowohl bezogen auf das Unrecht als auch auf ihren Erlaubnisgrund, erfaßt nur eine Seite des personalen Unrechts. Die Einheit von Handlung und Erfolg wird dann auseinandergerissen und führt zu einer Reduzierung des Subjekts auf seine Äußerlichkeit. Der einzelne würde nicht mehr als freies Wesen begriffen, sondern zum Objekt degradiert. Das Unrechtsurteil muß vielmehr (wie oben beschrieben) auf einer Einheit der subjektiven - in der Tätervorstellung begründeten - und den objektiven - in der Außenwelt hervorgetretenen - Elementen basieren. Soll dieses Urteil durch einen Gegengrund aufgehoben werden, kann dann ebensowenig ein objektives, für den Täter nur rein zufälliges Vorliegen einer rechtfertigenden Situation genügen, sondern erforderlich ist subjektiv die Kenntnis derselben. Ebenso wie die personale Unrechtsbegründung muß auch die Rechtfertigungsbegründung in einer Einheit von äußerer Handlung und Erfolg zusammengefaßt werden. Der Täter muß das Bedeutungsbewußtsein haben, daß sein objektives Verletzungshandeln aufgrund der tatsächlich vorliegenden Rechtfertigungssachlage geschieht.[790] Dies zeigt sich auch darin, daß der sich in einer Rechtfertigungslage Befindende auf diese konkrete Situation in einer bestimmten Art und Weise reagiert. Er setzt seine Abwehrhandlung subjektiv in ein Verhältnis zur konkreten Rechtfertigungssituation, was sich z. B. auch in dem Merkmal der „erforderlichen“ Abwehrhandlung zeigt. Wäre seine Abwehrhandlung rein zufällig begründet, ohne daß er sich eines Angriffs bewußt wäre, wäre auch eine mit dem Angriff in Einklang stehende „erforderliche“ Abwehr rein zufällig.[791] Das personale Unrecht bleibt also bestehen, wenn zwar eine objektive Rechtfertigungslage gegeben ist, das Verletzungsverhalten des Täters sich aber bloß zufallsbedingt im Rahmen einer Erlaubnisnorm befindet.[792]

Wurde bisher der Inhalt der einzelnen Stufen von Tatbestand, Rechtswidrigkeit (Unrechtstabestand) und Schuld näher bestimmt, bedarf es im Anschluß daran der Überlegung, in welchem Verhältnis Unrechtstatbestand und Schuld zuein-

---

790 Vgl. dazu auch *M. Köhler*, AT, S. 321ff.; *Rehr-Zimmermann*, Die Struktur des Unrechts in der Gegenwart der Strafrechtsdogmatik, S. 115.
Darüber hinaus ist es aber nicht erforderlich, daß der Täter *nur* aufgrund der Einsicht in die Rechtfertigungssituation handelt, sondern er kann darüber hinaus auch von anderen Zwecken oder Motiven handeln, mögen sie auch unmoralisch sein. Ansonsten würde eine Vermengung der rechtlichen Anforderungen mit ethischen erfolgen.

791 Vgl. dazu auch *M. Köhler,* AT, S. 323. Deutlich wird das subjektive Rechtfertigungselement zudem in der Wendung „um...zu“, wie z. B. bei §§ 32 II, 34 StGB.

792 Eine ausführliche Auseinandersetzung mit dem Streitstand zur Behandlung des sog. umgekehrten Erlaubnistatbestandsirrtums kann hier nicht erfolgen. Siehe *M. Köhler,* AT, S. 321.

ander stehen. Für den vorliegenden Zusammenhang ist dieses Verhältnis deshalb von besonderer Bedeutung, weil zum einen der Begriff der Tatherrschaft als Wesensmerkmal der Täterschaft und als Abgrenzungskriterium zur Teilnahme näher zu bestimmen und zum anderen die limitierte Akzessorietät der Teilnahme zu begründen ist, die zwar eine vorsätzliche rechtswidrige Tat, d. h. die Verwirklichung des Unrechtstatbestandes voraussetzt, nicht aber eine schuldhaft verwirklichte Haupttat verlangt.

III. Das Verhältnis von Unrechtstatbestand und Schuld

Im Rahmen der vorangegangen Ausführungen wurde die Handlung in ihrer zweiseitigen Realität betrachtet: Sie ist einerseits soziale Handlung auf der Ebene des Unrechts und der Rechtswidrigkeit und andererseits individuelle (schuldhafte) Handlung. Während der Unrechtstatbestand ein dem allgemeinen Recht widersprechendes, die äußere Freiheit der Person verletzendes Verhalten zum Inhalt hat (soziale Seite), betrifft die Schuld den individuellen Entscheidungsprozeß des einzelnen, sich gegen das von ihm selbst eingesehene Sollensverständnis zu wenden (individuelle Seite). Betont wurde auch, daß der soziale Handlungsbegriff nicht ein von außen dem einzelnen oktroyierter ist, sondern mit der Wirklichkeit des praktisch handelnden Subjekts verbunden sein muß. Verbrechen wurde definiert als die „subjektiv-objektiv handelnde Verletzung des Rechts durch ein Subjekt in seiner besonderen und allgemeingesetzlichen Geltung („als Recht“) in einem Maße, das die Freiheit eines anderen in seiner Basis beeinträchtigt. Es ist die Negation des von den Subjekten (und damit auch vom Täter) eingesehenen Anerkennungsverhältnisses“.[793]

Das Verhältnis von Unrecht und Schuld wird nun deutlich, wenn man sich die Doppelseitigkeit des kategorischen Imperativs bzw. des Rechtsimperativs vergegenwärtig.[794] Auf der einen Seite kommt mit der Handlung die selbstbestimmte Entscheidung zur Außenweltveränderung zum Vorschein und begründet daher bei ihrer Verfehlung der Möglichkeit, sich zum „Richtigen“ zu entscheiden, die persönliche Schuld des einzelnen. Dem Täter wird der Vorwurf gemacht, daß er sich gegen sein eingesehenes Sollensverständnis zur unrechten Tat gewendet hat. Mit dem Handeln in der Außenwelt kommt aber ein weiteres Moment hinzu. Die vom Täter realisierte Maxime tritt hier zugleich mit dem Anspruch auf, allgemein zu sein. Damit verläßt sie das Innere der Person und hat an der Gestaltung der sozialen Wirklichkeitsverhältnisse teil. Greift ein Verhalten in die Freiheit eines anderen ein, dann behält die Rechtsverletzung auch dann ihre Realität, wenn der Handelnde nicht in der Lage war, sich die richtige

793 Vgl. oben unter B.
794 Vgl. dazu auch *Murmann,* Die Nebentäterschaft im Strafrecht, S. 179.

Maxime zu setzen, z. B. weil er geisteskrank ist oder sich in einem Verbotsirrtum befand. Der Unterschied, ob das Opfer von einem umstürzenden Baum erschlagen wird, oder durch die tätige Verletzung eines - wenn auch nicht schuldfähigen - anderen, bleibt hier bestehen. Während bei ersterem ein Unglück vorliegt, stellt sich letzteres als Negation des Gleichheitsverhältnisses dar. Die praktisch handelnden Subjekte befinden sich in einem Verhältnis der Anerkennung zueinander, welches durch gegenseitiges Vertrauen geprägt ist, da die Vernünftigkeit des Gegenübers immer mitvorausgesetzt wird. Die Subjekte nehmen sich und müssen sich gegenseitig als Vernunftpersonen ernst nehmen. Personales Verhalten in intersubjektiven Verhältnissen setzt damit immer den Anspruch auf Allgemeinheit voraus und erweist sich so als eine gegenüber Naturgegenständen besondere Realität. Beim Sich-Begegnen miteinander erkennen die Individuen die Strukturgleichheit des Gegenübers mit der eigenen Person und sehen sich nicht einem zufälligen Handeln des anderen ausgeliefert.[795] Damit hat ein Handeln auch dann, wenn es im besonderen Fall nicht den Anspruch auf Allgemeingültigkeit erheben kann, für den Betroffenen eine personale Realität, und die Verletzung stellt für ihn eine das konkrete Anerkennungsverhältnis betreffende dar. Auch der Geisteskranke ist und bleibt ein Mensch und wird als solcher vom anderen begriffen und nicht auf eine Naturkraft reduziert. Dies zeigt sich auch darin, daß, selbst wenn die Person von der Schuldunfähigkeit ihres Gegenübers weiß, seine Handlung eine über die Interpersonalität hinausgehende Veränderung der sozialen Wirklichkeit aufweist. So kann sich beispielsweise der vom schuldunfähigen Angegriffene gegen diesen zur Wehr setzen. Allerdings bleibt auch das Wissen um die Schuldunfähigkeit nicht ohne Bedeutung, wie z. B. die Einschränkung der Verteidigungshandlung in solchen Situationen zeigt; insoweit bleibt die Nichtverantwortlichkeit des Verletzers nicht ohne Konsequenzen, da er die Rechtsgeltung nicht gleichermaßen in Frage stellt wie ein vollverantwortlich Handelnder.[796]

Vor diesem Hintergrund wird auch deutlich, warum nicht die ganze innere Seite des Täters auf der Ebene des Unrechts ausgeblendet sein kann. Entscheidend ist nicht nur die Bildung der Maxime durch die Person, sondern auch die damit verbundene äußere Einstellung zur Freiheit des anderen, der bereits ein Anspruch auf Allgemeinheit zukommt. Es kann auf die Bildung der Maxime nicht einflußlos bleiben, ob sich jemand bewußt (vorsätzlich) oder „nur“ sorgfaltswidrig (fahrlässig) zur Verletzung entscheidet.[797]

Die Handlung des einzelnen kann daher, soweit sie die gemeinsame Wirklichkeit verändert, als „soziale“ bezeichnet werden, denn es ist die Seite der Hand-

---

795 Vgl. dazu ausführlich 3. Kapitel unter C.

796 Vgl. dazu auch *Murmann*, Die Nebentäterschaft im Strafrecht, S. 180.

797 *E. A. Wolff*, Der Handlungsbegriff in der Lehre vom Verbrechen, S. 35f.

lung, die generell für die Begründung der äußeren interpersonalen Verhältnisse und damit eben auch für ihre Verletzung von Bedeutung ist. „Es ist die Handlung, wie sie die Wirklichkeit in interpersonalen Zusammenhängen werthaft gestaltet.“[798]

E. Der Begriff der Tatherrschaft und die Notwendigkeit der limitierten Akzessorietät bei der Teilnahme

Dieser Ausschnitt der Handlung ist es auch, der für den Begriff der Tatherrschaft von Bedeutung ist. Derjenige, dem die Macht über das tatbestandsmäßige Geschehen zukommt, hat die Herrschaft über die konkrete Tat inne. Von daher deckt sich die Formulierung auch mit der von der Tatherrschaftslehre aufgestellten Definition der Tatherrschaft als „das vom Vorsatz umfaßte In-den-Händen-Halten des tatbestandsmäßigen Geschehensablaufs“[799]. Entscheidend ist dabei aber freilich, wie dieses „In-den-Händen-Halten“ näher zu bestimmen ist. Die Konkretisierung des Tatherrschaftsbegriffs ist dabei sowohl für die Bestimmung der mittelbaren Täterschaft von Bedeutung als auch für die Abgrenzung derselben von der Anstiftung. Soll es sich bei ersterer um eine Täterschaftsform handeln, muß dem Hintermann die Tatherrschaft auch tatsächlich zukommen. Davon unterscheidet sich gerade die Anstiftung, bei der der Hintermann eine solche Tatmacht nicht innehat. Es ist vielmehr der Angestiftete selbst, der die tatbestandsmäßige Rechtsverletzung verwirklicht.

I. Der Begriff der Tatherrschaft

Nach dem hier zugrunde gelegten personalen Handlungsverständnis ist der Herrschaftsbegriff aus der Interpersonalitätsstruktur der miteinander agierenden Subjekte selbst abzuleiten. Nur wenn man voraussetzt, daß sie im Umgang miteinander rechtliche Verhältnisse konstituieren, ergibt sich auch die Möglichkeit, daß die Subjekte diese mit der gleichen Fähigkeit verletzen können. Die rechtlichen Verhältnisse sind dabei aber nicht auf ihre äußere Faktizität zu reduzieren, sondern sind werthafte Verhältnisse zwischen Personen, so daß auch ihre Verletzung mehr ist als nur eine äußerliche. Sie ist vielmehr die Negation des auch vom Täter mitkonstituierten Gleichheitsverhältnisses und weist dadurch ihre besondere Qualität auf. Tatherrschaft ist damit *„Herrschaft über die Qualität des Anerkennungsverhältnisses“*.[800] Der Täter beherrscht einen Teil der sozialen Wirklichkeit, der seine Entsprechung in den Tatbeständen findet. Die

---

798 *Murmann,* Die Nebentäterschaft im Strafrecht, S. 180.

799 *Maurach,* AT (4. Auflage), § 49 II C 2; *Wessels/Beulke,* AT, Rn. 512.

800 Vgl. auch ausführlich *Murmann,* Die Nebentäterschaft im Strafrecht, S. 181.

Begründung von Täterschaft setzt damit voraus, daß dem Handelnden auch *tatsächlich* die Macht über die Realisierung des *in den Tatbeständen vertypten Unrechts* zukommt.

Handelt es sich bei der *mittelbaren Täterschaft* um eine Täterschaftsform, muß auch der Hintermann eine derartige Herrschaft über die Rechtsverletzung aufweisen, auch wenn eine andere Person dazwischentritt. Diese Mittelsperson kann nun aber nicht auf ihre naturhaften Bestandteile reduziert werden, sondern ist als Wesen zu betrachten, welches grundsätzlich ebenso wie der Hintermann die Fähigkeit besitzt, das Gleichheitsverhältnis qualitativ zu gestalten. Es kann daher nicht jedes Handlungs- oder Entscheidungs-„defizit" beim Vordermann die Tatherrschaft eines die Rechtsverletzung mitverursachenden Dritten begründen, sondern es muß ein solches sein, durch welches der Hintermann tatsächlich die Rechtsverletzung bewirkt. Soll also bei einer Unrechtstat der Hintermann (mittelbarer) *Täter* der Rechtsverletzung sein, muß ihm eine solche Herrschaft über die Qualität der sozialen Verhältnisse zukommen, obwohl die Verletzungshandlung selbst - äußerlich betrachtet - von einer anderen als autonom zu begreifenden Person vorgenommen wird.[801]

Vor diesem Hintergrund wird deutlich, daß eine *Sonderpflichtenstellung* des Handelnden und eine irgendwie geartete Mitverursachung des tatbestandsmäßigen Geschehens allein nicht genügen kann, um eine Herrschaft über das Verletzungsgeschehen zu begründen. Demgegenüber nimmt aber die Tatherrschaftslehre z. B. eine mittelbare Täterschaft des Grundbuchbeamten in den Fällen an, in denen dieser einen Nichtbeamten zur Vornahme einer Falschbeurkundung veranlaßt.[802] Auch wenn die tatsächliche Herrschaft über das tatbestandsmäßige Geschehen dem Nichtbeamten zukommt, soll der Beamte aufgrund seiner Sonderpflichtenstellung mittelbarer Täter sein, während dem Ausführenden lediglich eine Gehilfenstellung zukommt. Das Besondere der Pflichtdelikte bestehe darin, daß sich die Verletzung der vorstrafrechtlichen Sonderpflicht allein und völlig unabhängig von anderen Merkmalen (wie etwa der Tatherrschaft) die Täterschaft begründet.[803]

Auch wenn der Unrechtsgehalt bei bestimmten Delikten nur besonderen Personen zugänglich ist, wie z. B. bei Amtsdelikten nur den Amtsträgern, setzen die Tatbestände neben der Sonderpflicht voraus, daß der qualifizierte Täter eine

---

801 Vgl. dazu ausführlich 5. Kapitel, B. I. 1.

802 Vgl. z. B. *Welzel,* ZStW 58 (1939), S. 544; *Gallas,* Beiträge zur Verbrechenslehre, S. 99ff.; *Roxin,* Täterschaft und Tatherrschaft, S. 352ff.; *ders.* in Leipziger Kommentar, § 25 Rn. 134f.; *Jescheck/ Weigend,* AT, § 62 II. 7. (S. 669); *Wessels/Beulke,* AT, Rn. 521; vgl. auch RGSt 28, 109; vgl. bereits zur Kritik an der Bestimmung der Sonderpflicht als „normative Tatherrschaft" die Ausführungen im 2. Kapitel unter C.

803 Vgl. statt aller *Roxin* in Leipziger Kommentar, § 25 Rn. 37.

bestimmte Handlung vornimmt. Die Pflichtenstellung konstituiert für sich genommen noch keine Tatherrschaft. Ausreichend kann nicht allein die Tatsache sein, daß die Verletzung der Sonderpflicht kausal durch den Intraneus erfolgt ist. Vielmehr muß hinzukommen, daß der Sonderpflichtige das Geschehen in seiner tatbestandsmäßigen Einheit von Handlung und Erfolg auch wirklich beherrscht; ansonsten wird die Tatmacht des Handelnden letztlich fingiert. Auch wenn die Sonderpflicht die Qualität der Handlung bestimmt, vermag sie diese nicht zu ersetzen. Für Sonderpflichtdelikte können damit keine anderen Maßstäbe hinsichtlich des Tatherrschaftskriteriums gelten wie für die Herrschaftsdelikte.[804]

Auch Fälle, die als zusätzliches subjektives Unrechtsmerkmal besondere Absichten verlangen, die beim Vordermann fehlen (*sog. absichtsloses Werkzeug*), während sie beim Hintermann vorliegen, können für sich genommen keine Täterschaft begründen.[805] [806] Läßt A sich beispielsweise von B für einen Regenspaziergang den Schirm des C mit der Versicherung bringen, ihn später dem C zurückzugeben, während A aber in Wirklichkeit den Schirm behalten will, begründet das Verhalten des A noch keine Tatherrschaft über die Rechtsverletzung. Demgegenüber wird aber zum Teil geltend gemacht, daß, soweit dem B die (Dritt-) Zueignungsabsicht fehlt, der Hintermann (A) die „normative“[807] Tatherrschaft zukommt. Eine solche Argumentation nimmt aber die tatsächlichen Handlungsverhältnisse nicht ernst, sondern fingiert sie.[808] Auch wenn der Hintermann die besondere Absicht hat, beherrscht er gerade die von § 242 I StGB vorausgesetzte Tathandlung der Wegnahme nicht. Dieses Nichtbeherrschen des tatsächlichen Geschehens kann auch nicht - wie *Freund* überlegt - dadurch umgangen werden, daß der Begriff der Wegnahme in Verbindung mit § 25 I 2 StGB auf ein „Sichbringenlassen“ erweitert wird[809]. Eine solche Ausdehnung würde die realen Herrschaftsverhältnisse ebenso fingieren. Sie wäre zudem mit dem Wortlaut des § 242 I StGB i. V. m. § 25 2. Alt. StGB nicht vereinbar.[810] Nach § 25 I 2. Alt. StGB wird zwar auch derjenige als Täter bestraft, der die Straftat „durch einen anderen begeht“. Mit Straftat ist aber nur eine solche gemeint, die den Tatbestand eines Strafgesetzes verwirklicht (vgl.

---

804 So zu recht auch *Stratenwerth,* AT, § 12 Rn. 40; *M. Köhler,* AT, S. 507, S. 511f.

805 Vgl. RGSt 39, 37: Annahme der mittelbaren Täterschaft beim Einsetzen eines bösgläubigen aber absichtslosen Werkzeugs.

806 Vgl. näher zu der besonderen Verletzungsweise des Anerkennungsverhältnisses bei diesen Delikten, *Gallas,* Beiträge zur Verbrechenslehre, S. 19ff.; *M. Köhler,* AT, S. 170.

807 *Gallas,* Beiträge zur Verbrechenslehre, S. 100ff.; *Jescheck/Weigend,* AT, § 62 II. 7. (S. 669f.).

808 Vgl. auch kritisch *Roxin,* Täterschaft und Tatherrschaft, S. 338ff.; *ders.* in Leipziger Kommentar, § 25 Rn. 140f.; *M. Köhler,* AT, S. 512; *Freund,* AT, § 10 Rn. 71f.

809 *Freund,* AT, § 10 Rn. 72.

810 Demgegenüber aber *Freund*, AT, § 10 Rn. 72.

auch § 11 I Nr. 5 StGB). § 25 I Alt. 2 StGB erweitert damit zwar die Täterstrafbarkeit dadurch, daß auch derjenige Täter sein kann, der die Tat nicht unmittelbar selbst, sondern mittelbar ausführt. Das bedeutet aber nicht, daß der Sinn des Tatbestandes verändert werden, und so sein Wortlaut umgangen werden kann. Vielmehr muß sich auch die Unrechtsbeteiligung auf die jeweils im Tatbestand zugrunde gelegte Tathandlung beziehen. Insoweit ist also jede Form der Beteiligung streng akzessorisch. Die in § 242 StGB vorausgesetzte „Wegnahme" kann damit nicht einfach durch ein „Sichbringenlassen" ersetzt werden. Eine solche Wortlautausdehnung würde vielmehr einen Verstoß gegen den Bestimmtheitsgrundsatz (Art. 103 II GG) darstellen.

Zusammenfassend ist für den Begriff der Tatherrschaft festzuhalten, daß er als Strukturbegriff reale Herrschaftsverhältnisse voraussetzt. Dem Hintermann muß *tatsächlich* die Macht über die Gestaltung des Anerkennungsverhältnisses zukommen. Eine Sonderpflichtenstellung oder eine besondere Absicht allein kann dagegen nicht ausreichen, um eine Herrschaft über das tatbestandsmäßige Geschehen zu begründen. Diese Herrschaftsposition ist es auch, die ihn vom Teilnehmer, der an der Rechtsverletzung eines anderen teil-hat, unterscheidet. Nicht der Teilnehmer (der Anstifter oder Gehilfe) verwirklicht die tatbestandsmäßige Rechtsverletzung, sondern der Vordermann geht an sich selbstbestimmt zur Unrechtsrealisierung über. Insofern steht der Teilnehmer der Tat an sich fern. Seine Handlung muß aber auf die begangene Haupttat bezogen sein. Inwieweit diese Abhängigkeit (Akzessorietät) zur Straftat bestehen muß, ist im folgenden zu untersuchen.

II. Die Notwendigkeit der „limitierten Akzessorietät" bei der Teilnahme

Die Teilnahmevorschriften der §§ 26, 27 StGB setzen eine tatbestandsmäßige rechtswidrige Tat voraus, während eine schuldhafte Tat nicht erforderlich ist. Dies wird von § 29 StGB bestätigt, wonach jeder „ohne Rücksicht auf die Schuld des anderen nach seiner Schuld bestraft" wird. Bereits in der rechtsphilosophischen Grundlegung (3. Kapitel) hatte sich gezeigt, daß unterschiedliche Formen der Mitwirkung nach einem wie dem hier zugrundegelegten reflexiven Verständnis zu berücksichtigen sind und die Teilnahme an eine begangene unrechtmäßige Tat zu binden ist. Ein Einheitstätersystem und ein mit ihm verbundener extensiver Täterbegriff sind demgegenüber abzulehnen. Verlangt man das Gebundensein der Teilnahme an eine Unrechtstat, stellt sich weiter die Frage, *inwiefern* und *inwieweit* diese bestehen *muß*. So wird von den „reinen Verursachungstheorien" angenommen, daß die Akzessorietät nur rein faktischer Natur ist bzw. lediglich auf kriminalpolitischen Zweckmäßigkeitserwägungen beruht.

Demgegenüber wird von manchen Autoren eine strenge Akzessorietät und damit das Vorliegen einer schuldhaft begangenen Haupttat als Voraussetzung der

Teilnahme verlangt (sog. Schuldteilnahmetheorie). Es ist daher festzustellen, ob dem Gesetzgeber hinsichtlich der Akzessorietät ein „Spielraum" zukommt[811], oder ob sich das in den §§ 26, 27 und 29 StGB zum Ausdruck kommende Erfordernis der limitierten Akzessorietät als sachlich und rechtlich notwendig erweist, ein tatbestandsmäßiges und rechtswidriges Verhalten also gegeben sein muß, ein schuldhaftes Verhalten des Haupttäters dagegen nicht vorauszusetzen ist.

1. Die Notwendigkeit des Vorliegens einer vorsätzlichen und rechtswidrigen Haupttat

a) Die reinen Verursachungstheorien

Die reinen Verursachungstheorien gehen - im Gegensatz zum Einheitstätersystem - von einem Teilnahmesystem aus. Sie sehen dabei aber das Teilnahmeunrecht als ein von der Haupttat unabhängiges an. Der Teilnehmer verwirkliche durch die Leistung seines *kausalen Beitrages* zur Rechtsgutsverletzung selbst tatbestandliches Unrecht. Die Akzessorietät der Teilnahme soll daher nur „rein faktischer Natur" (Lüderssen) oder lediglich aus kriminalpolitischen Zweckmäßigkeitsgründen erforderlich (Schmidhäuser) sein.

Nach *Lüderssen* ist eine Akzessorietät der Teilnahme zur Haupttat deshalb abzulehnen, weil sie dem Grundsatz widerspricht, daß jeder nur für sein eigenes Unrecht verantwortlich ist.[812] In den Deliktsbeschreibungen des Besonderen Teils sei tatbestandliches Unrecht vertypt, so daß die einzelnen Tatbestände zugleich die Strafbarkeit der Teilnehmers begründeten.[813] Die in den Rechtsnormen zum Ausdruck kommenden personalen Momente charakterisieren seines Erachtens nicht das Pflichtsubjekt näher, sondern präzisieren allein die Rechtsgutsverletzung. Die Rechtgüter seien gegenüber jedermann geschützt und damit auch vom Teilnehmer unantastbar.[814] Daher könne auch der Teilnehmer selbst den Tatbestand verwirklichen, ohne daß es dafür einer realisierten Haupttat bedürfe.[815] Aber auch dort, wo eine Haupttat vorliegt, ist die Abhängigkeit des Teilnehmers von dieser nach Lüderssen „rein faktischer Natur".[816] Eine strafbare Teilnahme sei auch an einem Unglück möglich, d. h. sie setze keine „menschliche Haupttat" voraus: „Auch wer nur Öl in die Flammen eines bereits infolge einer Naturkatastrophe brennenden Hauses gießt, setzt eine Ursache für den

---

811 Vgl. *Kühl,* AT, § 20 Rn. 135.
812 *Lüderssen,* Zum Strafgrund der Teilnahme, S. 25, 28, 119.
813 *Lüderssen,* Zum Strafgrund der Teilnahme, S. 25f., 28f.
814 *Lüderssen,* Zum Strafgrund der Teilnahme, S. 132, 167f.
815 *Lüderssen,* Zum Strafgrund der Teilnahme, S. 190.
816 *Lüderssen,* Zum Strafgrund der Teilnahme, S. 25, 119.

Brand des Hauses."[817] Daher sei er auch Teilnehmer, wenn er nicht selbst das Feuer gelegt, sondern es nur verstärkt habe,[818] da es für die Teilnahme genüge, daß jemand hinsichtlich eines ihm gegenüber geschützten Rechtsguts eine Ursache zur Verletzung gesetzt habe.[819]

Parallel zu den einzelnen Rechtsgütern schützen die Rechtfertigungsgründe nach Lüderssen nur bestimmte Personen vor Rechtsverletzungen.[820] Ebenso komme die Aufhebung des Schutzes nur gegenüber bestimmten Personen in Betracht.[821] Der „Verteidigungswille" in § 32 StGB ist nach seiner Auffassung beispielsweise ein privilegierendes persönliches Element, welches nur demjenigen zugute kommt, der für den in Not Befindlichen tätig wird. Nur dieser führe einen rechtmäßigen Erfolg herbei, während die anderen Teilnehmer rechtswidrig handele, auch wenn der unmittelbar Handelnde gerechtfertigt sei.[822] „Auch für die weniger intensive Form der Erfolgsherbeiführung, die Teilnahme, gilt, daß vom mittelbar Beteiligten aus gesehen der Erfolg rechtswidrig sein kann, obwohl der unmittelbar Beteiligte rechtmäßig handelt."[823] Nach Lüderssen ist damit eine Teilnahme an einer gerechtfertigten Tat ebenso möglich wie an einer rechtswidrigen. Die in den §§ 26f. StGB geforderte Akzessorietät sei damit hinsichtlich der Haupttat „rein faktischer Natur". Erforderlich sei nur, daß ein bestimmtes Ereignis, sei es menschlicher oder natürlicher Art, vorliege, an dem sich jemand beteilige. Seines Erachtens ergibt sich allein aus den Tatbeständen des Besonderen Teils, ob strafrechtliches Unrecht vorliegt oder nicht. Der Teilnehmer verwirkliche ebenso wie der Täter selbst tatbestandliches Unrecht. Für das eigene Unrecht des Teilnehmers spiele es keine Rolle, ob die Tat eines anderen rechtswidrig ist oder nicht.

---

817 *Lüderssen,* Zum Strafgrund der Teilnahme, S. 189f.

818 *Lüderssen,* Zum Strafgrund der Teilnahme, S. 189f.

819 *Lüderssen,* Zum Strafgrund der Teilnahme, S. 25, 119. Für Lüderssen handelt es sich um „objektiv-personale" Momente, die für den Unrechtsgehalt der Tat selbst keine selbständige Bedeutung haben sollen, sondern nur spezielle Voraussetzungen für die Zurechnung der Rechtsgutsverletzung sind. Eine eigenständige Qualität für das Unrecht komme ihnen dagegen nicht zu (vgl. aaO, S. 130ff.). Der Autor betrachtet allein den äußeren Erfolg, die Rechtsverletzung, als entscheidendes Unrechtselement, während er die willentliche Handlung des einzelnen nur insoweit berücksichtigt als sie für das Ingangsetzen des Erfolges von Bedeutung ist (aaO, S. 129). Daß der einzelne bei einer solchen rein kausalen Betrachtungsweise menschlichen Handelns auf seine Naturhaftigkeit reduziert wird und danach eine Verantwortlichkeit des einzelnen für seine Taten nicht zu begründen ist, wurde bereits dargelegt. Vgl. 3. Kapitel, D. I.; 4. Kapitel, B., D. I.

820 *Lüderssen,* Zum Strafgrund der Teilnahme, S. 130ff.

821 *Lüderssen,* Zum Strafgrund der Teilnahme, S. 145.

822 *Lüderssen,* Zum Strafgrund der Teilnahme, S. 145f.

823 *Lüderssen,* Zum Strafgrund der Teilnahme, S. 148.

Schmidhäuser setzt ebenso wie Lüderssen den Strafgrund der Teilnahme mit dem des Täters gleich, während die Abhängigkeit der Haupttat nur aus Strafwürdigkeitsgründen erforderlich ist. Der Teilnehmer verletze selbst das Rechtsgut, „indem sein Willensverhalten dem Willensziel nach (Zielunwert) oder in der Schaffung einer objektiven Gefahr (Gefahrunwert) auf fremdes Unrecht" hin tendiert.[824] Der Erfolgsunwert (die Haupttat) sei dagegen nur deshalb von Bedeutung, weil das Strafgesetz aus Gründen der Generalprävention einen Erfolg verlange. Unerlaubtes Handeln ohne einen Erfolg beeinträchtigt seines Erachtens den Rechtsfrieden weniger und fordert daher Strafe weniger heraus.[825] Ebenso ergebe sich das Erfordernis des Vorliegens einer *rechtswidrigen* Tat nur daraus, daß bei einer Rechtfertigung des Haupttäters ein „kriminalpolitisches Bedürfnis" der Bestrafung nicht bestehe.[826] Dafür daß der rechtsgutsverletzende Charakter der Teilnahme gerade unabhängig von der Haupttat ist, spricht nach seiner Auffassung auch die in § 30 StGB normierte versuchte Anstiftung. Hier verlange das Gesetz dann keine Haupttat, wenn sich die Strafwürdigkeit bereits aus den Gründen des verletzten Rechtsguts als besonders groß (als Verbrechen) erweise.[827]

b) Kritik gegenüber den reinen Verursachungstheorien: Die rechtliche Notwendigkeit des Vorliegens einer tatbestandsmäßigen rechtswidrigen Haupttat

Die reinen Verursachungstheorien, die für die Unrechtsbegründung vom Akzessorietätserfordernis absehen und den Strafgrund der Teilnahme in der *„Verursachung"* des von der Mittelsperson begangenen Verbrechens durch den Teilnehmer sehen und die Abhängigkeit der Haupttat nur als „faktische" bzw. auf kriminalpolitischer Zweckmäßigkeitserwägungen stützen, müssen das Erfordernis der Akzessorietät der Teilnahme auf der Unrechtsebene letztlich ebenso leugnen wie die Vertreter eines Einheitstätersystems. Wie bereits dargelegt, knüpft aber der Teilnehmer an die konkrete Wirklichkeit eines anderen an. Seine Handlung ist *nicht zufälligerweise* mit dem Handeln eines anderen verbunden, sondern die Personen agieren gerade *miteinander*. Die von Lüderssen beschriebene Möglichkeit, daß jemand als Teilnehmer auch an ein Naturereignis anknüpfen kann, übersieht, daß es sich bei den Beteiligungsvorschriften um Fragen interpersonalen Zusammenwirkens handelt, die gerade das Unrecht der Teilnahme ausmachen. Der Teilnehmer bezieht sein Verhalten auf das einer anderen Person, die als Täter die Rechtsverletzung vornimmt. Soll das Handeln

824 *Schmidhäuser,* AT, 14/57.
825 *Schmidhäuser,* AT 14/57; 8/47.
826 *Schmidhäuser,* AT 14/77.
827 *Schmidhäuser,* AT, 14/57, 62, 77; *M. K. Meyer,* GA 1979, S. 252 (255).

des Beteiligten ein unrechtes sein, muß es einen Bezug zu der vom unmittelbar Agierenden tatbestandsmäßigen Rechtsgutsverletzung aufweisen. Die Verbotsnormen stellen keine abstrakten Sollenssätze dar, sondern beziehen sich auf den konkreten Normverstoß durch ein Subjekt und enthalten insofern auch eine Sperrwirkung für den einzelnen, solange dieser kein Verhalten an den Tag legt, welches einen Rechtsbruch begründet. Wurde die vom Hintermann angesonnene Tat vom Vordermann noch nicht einmal versucht, ist strafrechtliches Unrecht noch nicht gegeben, so daß die *ursächliche Einwirkung* seitens des Teilnehmers allein eine straflose Vorbereitungshandlung hinsichtlich der vom Angestifteten zu begehenden Rechtsverletzung begründet. Die Strafbarkeit der Beteiligung bleibt ansonsten unbestimmt und wird auf Handlungen ausgedehnt, die noch keinen Bezug zur Rechtsverletzung selbst haben. Die tatstrafrechtliche Grundlage wird damit verlassen, wenn jede Form der Bedingungssetzung bereits genügen soll, um Unrecht zu begründen. Dies widerspricht aber der Garantiefunktion des Strafrechts (Art. 103 II GG). Es würde eine Spiritualisierung des Rechts bedeuten, würde jede Kommunikationsform, ohne eine reale Manifestation in der Außenwelt, bereits strafrechtliches Unrecht begründen können. Es bedarf daher einer rechtlichen und nicht nur einer faktischen Abhängigkeit des Teilnehmers von der Haupttat.

Zudem kann die reine Verursachungstheorie - ebenso wie die Einheitstäterlehre - aufgrund ihrer Verhaftung in kausalen Handlungsstrukturen interpersonales Handeln nicht begründen, sondern müßte die Handlungen des einzelnen bei gemeinschaftlicher Tatausführung als ein Nebeneinanderwirken von Einzelpersonen begreifen. Daß aber eine kausale Betrachtungsweise die Realität des Zusammenlebens einzelner nicht in ihren Strukturen zu erfassen vermag, wurde bereits ausführlich dargelegt. Es ist zwar richtig, daß, wie Lüderssen meint, jeder grundsätzlich für sein eigenes Handeln verantwortlich ist. Dies bedeutet aber gerade nicht, daß die Möglichkeit der Einwirkung auf das Verhalten anderer und damit die Möglichkeit der Mitzurechnung von Handlungen anderer ausgeschlossen ist. Freiheitliches Handeln und das Eingebundensein in soziale Zusammenhänge verweisen gerade aufeinander. Deutlich wird die mangelnde Erfassung von Personalitätsstrukturen auch bei Schmidhäuser, der Handlung und Erfolg beim Täter- und ebenso beim Teilnahmeunrecht letztlich trennt. Zwar betont Schmidhäuser, daß Handlung und Erfolg insofern in einer Beziehung zueinander stehen müssen, als sich die spezifische Gefährlichkeit der Handlung im Erfolg niedergeschlagen haben muß (objektive Zurechnung).[828] Den entscheidenden Unwert soll aber die Handlung des Täters bilden, mit der dieser bereits den Achtungsanspruch des Rechtsgutes verletzt, während der Eintritt des tatbestandsmäßigen Erfolges nur „etwas Hinzukommendes“ sein soll

---

828 *Schmidhäuser,* AT, 8/47.

und allein im Hinblick auf die Strafwürdigkeit von Bedeutung ist.[829] Damit übersieht Schmidhäuser, daß die Fähigkeit des einzelnen im Recht wie im Unrecht gerade darin besteht, sich Erfolge in der Außenwelt vorzustellen und diese durch tätiges Wirken herbeizuführen. Die Handlung allein kann damit noch nicht zu einer Rechtsverletzung führen, sondern erst wenn durch sie bedingt der Erfolg als Resultat des Verhaltens einer bestimmten Person angesehen werden kann. Willentliche Handlung und Erfolg müssen als Einheit begriffen werden. Gleiches muß auch insofern für die Anstiftung gelten. Der Anstifter macht sich mit seiner Einwirkung auf den Vordermann Erfahrungsgrundsätze zunutze, von denen er weiß, daß dieser seinem Ansinnen Folge leisten und die von ihm geforderte Rechtsverletzung auch durchführen wird. Voraussetzung für das Unrecht der Anstiftung ist aber auch, daß der Vordermann die Verletzung aufgrund der Beeinflussung durch den Anstifter tatsächlich bewirkt bzw. zumindest versucht hat. Es ist damit ein wirklicher Bezug zum betroffenen Rechtsgut erforderlich. Das von Schmidhäuser vorgebrachte Argument, daß nach § 30 StGB eine ausgeführte Haupttat nicht erforderlich sei, kann an der Struktur des Unrechthandelns nichts ändern. Versucht jemand, einen anderen zu einem Totschlag zu bestimmen, verletzt er damit gerade noch nicht den Achtungsanspruch des betreffenden Rechtsguts. Es handelt sich vielmehr um eine reine Vorbereitungshandlung, bei der die Haupttat nur als gedanklicher Bezugspunkt auftaucht. Der freie Entschluß des Täters, der selbstbestimmt zur Unrechtsverletzung übergeht, wird dann einerseits zum reinen Kausalfaktor bestimmt. Andererseits wird bereits die reine kommunikative Beeinflussung des „Versuchers" pönalisiert, was mit einem rechtsstaatlichen Strafrecht nicht zu vereinbaren ist.[830] § 30 StGB bestraft damit Verhaltensweisen, die eigentlich noch kein strafwürdiges Unrecht darstellen, da ein tatsächlicher Bezug zur Freiheit des betroffenen Rechtsguts nicht vorliegt. Ob möglicherweise das Bestimmen selbst, z. B. durch Nötigung des Aufzufordernden, bereits Unrecht darstellt (§ 240 StGB), betrifft lediglich das Verhältnis zwischen Anstifter und Angestiftetem, nicht aber das hinsichtlich des zu verletzenden Rechtsguts. Es bedarf noch eines freien Entschlusses des Angestifteten selbst, die ihm angesonnene Tat auszuführen.

---

829 *Schmidhäuser,* AT, 8/79.

830 Vgl. auch kritisch *Kohlrausch-Lange*, Strafgesetzbuch, § 49a II., III., der den § 49 a StGB a. F. als verfassungswidrig ansieht (Verstoß gegen Art. 3 GG und 103 II GG); kritisch auch *Stratenwerth,* AT I, § 12 Rn. 170 und *Köhler,* AT, S. 545; vgl. aber demgegenüber *Roxin* in Leipziger Kommentar, § 30 Rn. 3; *ders.,* JuS 1979, S. 1 (2ff.); *Bloy,* JR 1992, S. 493ff.; *Geppert,* Jura 1997, S. 546; und die Rechtsprechung, BGHSt 1, 305 (309) zu § 49a StGB a. F.; JZ 1999, S. 156 (157) m. w. N.

Auch das in den §§ 26f. StGB normierte Vorliegen einer *rechtswidrigen* Haupttat ist nach dem oben dargelegten Verhältnis von Verletzungstatbestand und Rechtswidrigkeit sachlogische Voraussetzung für eine Teilnahme. Die Verwirklichung von Un-Recht setzt neben der Verwirklichung des Tatbestandes voraus, daß sich die Verletzung auf einer „zweiten Stufe“ als eine rechtswidrige darstellt.[831] Auch wenn beim Vorhandensein einer Erlaubnisnorm das Verletzungsgeschehen als solches bestehen bleibt, kann es aufgrund der besonderen Sachlage nicht als verbotene Wendung gegen das eingesehene Rechtsverhältnis beurteilt werden. Aufgrund der *konkreten* Situation fehlt es an einer *Unrecht*sverwirklichung. Soll auch die Beteiligtenhandlung die Qualität „Unrecht“ aufweisen, kann sie nicht unabhängig von der rechtswidrigen Ausführungshandlung betrachtet werden - wie Lüderssen und Schmidhäuser meinen -, sondern muß gerade auf diese bezogen sein. Die Teilnahmehandlung bezieht sich auf eine *bestimmte Tat*, bei der es darauf ankommt, daß diese rechtswidrig ist. Die Frage, ob die Handlung des Teilnehmers eine rechtswidrige darstellt, kann sich erst dann stellen, wenn feststeht, daß überhaupt eine Teilnahmehandlung am *Un*-recht vorliegt, die nur möglich ist, wenn sich das Verhalten des Haupttäters als Widerspruch zur Rechtsordnung darstellt. Das als unrecht zu bewertende Verhalten des Teilnehmers ist damit von einem rechtswidrigen Verstoß gegen eine Rechtsnorm seitens des Haupttäters abhängig.

Die Notwendigkeit der Akzessorietät der Teilnahme folgt damit daraus, daß sich auch interpersonales Zusammenwirken auf eine entsprechende Verbotsnorm beziehen und somit einen realen Bezug zum allgemein anerkannten Gleichheitsverhältnis der einzelnen aufweisen muß. Die Möglichkeit der Teilnahme an einer Tat setzt das Vorliegen einer vorsätzlichen rechtswidrigen Haupttat voraus.[832] Ob diese auch schuldhaft begangen worden sein muß, ist damit aber noch nicht entschieden.

2. Die Notwendigkeit der „limitierten Akzessorietät“

a) Die Schuldteilnahmetheorie Hellmuth Meyers

Im Gegensatz zu den reinen Verursachungstheorien, die letztlich eine Abhängigkeit der Teilnahme von der Haupttat auf der Unrechtsebene leugnen mußten, verlangt die sog. „Schuldteilnahmetheorie“ eine strenge Akzessorietät der Teil-

---

831 Vgl. zum Verhältnis von Rechtswidrigkeit und Tatbestand bereits unter D. II.

832 Damit ist auch gesagt, daß die Akzessorietät nicht „rein faktischer Natur“ sein kann (so aber *Lüderssen,* Strafgrund der Beteiligung, S. 119ff.), sondern rechtlich notwendig ist. Vgl. auch konstruktiv *Maiwald,* Historische und dogmatische Aspekte der Einheitstäterlösung, in: Bockelmann-FS (1979), S. 343ff. (S. 351ff.).

nahme, d. h. nicht nur das Vorliegen einer vorsätzlichen und rechtswidrigen, sondern auch einer schuldhaften Haupttat.[833]

Diesem Ansatz wird vor allem entgegengehalten, daß das Gesetz eine solche nicht voraussetzt.[834] Aber auch wenn §§ 26 und 29 StGB nach ihrem Wortlaut eine Teilnahme an einer nicht-schuldhaften Tat zulassen, kann ein einfacher Verweis auf den Gesetzestext noch nicht den Grund für das Erfordernis der sog. limitierten Akzessorietät angeben. So hat *Hellmuth Mayer* zunächst zu recht kritisch gegenüber den kausalen und instrumental-objektiven Handlungskonzeptionen eingewendet, daß sie den einzelnen als sittlich urteilendes Sozialwesen nicht zu erfassen vermögen.[835] Es muß einen Unterschied machen, ob eine vollverantwortliche Person vorsätzlich in das Geschehen tritt oder nicht. Der Teilnehmer steht nach H. Mayer daher objektiv in einem loseren Verhältnis zur Tat als der vollverantwortliche Haupttäter.[836] Strafgrund der Anstiftung ist seines Erachtens die Verstrickung des Täters in Schuld und Strafe, der Anstifter korrumpiere den Willen des Haupttäters. Jener sei derjenige, der den Täterwillen und so die in der Tat zum Ausdruck kommende Willenseinigung zwischen ihm und Täter hervorrufe. Denn die Verleitung oder Bestärkung zur einzelnen bösen Tat trägt seines Erachtens auch immer die Gefahr einer Charakterverderbnis in sich.[837] „Mag der Angriff des Anstifters auf das Rechtsgut nicht so intensiv sein, daß man sagen könnte, er hat den Mord gemacht, so hat er doch jedenfalls den Mörder gemacht."[838]

b) Kritische Auseinandersetzung mit der Schuldteilnahmetheorie: Die Notwendigkeit der limitierten Akzessorietät

Von der Schuldteilnahme wird zwar zutreffend erkannt, daß das Entscheidende die Mitwirkung an einer fremden Unrechtsmaxime ist. Eine „Willenseinigung" und den Begriff der „Schuldteilnahme" kann es jedoch strenggenommen nicht geben, denn im subjektiven Unrechtswillen (Schuld) kommt das individuelle Moment des einzelnen zum Ausdruck, was sich nicht mit einem fremden Willen vereinigen läßt. Die Entschlußfassung zu einer unrechten Handlung ist Ausdruck der Selbstbestimmung des Subjekts, worauf auch die Begrenzung der Akzessorietät beruht. Der innere Prozeß der Selbstbestimmung, das Moment des Sich-

---

833 Vgl. zu dieser Theorie *Hellmuth Mayer,* AT, S. 319ff.; *ders.*, Täterschaft, Teilnahme, Urheberschaft, in Rittler-FS (1957), S. 245ff. (S. 254ff.); ähnlich die sog. Unrechtsteilnahmetheorie von *Trechsel,* Der Strafgrund der Teilnahme, S. 32ff.

834 Vgl. statt vieler *Roxin* in Leipziger Kommentar, Vorbem. § 26 Rn. 10.

835 *H. Mayer,* AT, S. 318f.

836 *H. Mayer,* AT, S. 319.

837 *H. Mayer,* Täterschaft, Teilnahme, Urheberschaft, in: Rittler-FS (1957), S. 255.

838 *H. Mayer,* AT, S. 319.

Entscheidens, ist selbst nicht verletzlich. Auch eine Handlung unter Zwang ist von Autonomie (mit-) geprägt. Der Gezwungene ist insoweit frei, als er sich zwingen lassen kann.[839] Autonomie meint gerade Selbstbestimmung des Willens, der sich durch seine Verwirklichung in der äußeren Welt verobjektiviert. Das schließt es aus, eine Willensvereinigung in dem Sinne anzunehmen, wie sie die Schuldteilnahmetheorie für die Anstiftung verlangt. Denn die Entschlußfassung des einzelnen zu einer rechten oder unrechten Handlung rührt gerade aus seiner Selbstbestimmung her, die nicht selbst korrumpierbar ist. In der Schuld als individuellem Zuschreibungsprozeß des einzelnen wird diese Freiheit gerade virulent. Möglich ist es lediglich, an äußeren Bedingungen mitzuwirken oder Einfluß auf die Entschlußfassung eines anderen auszuüben.[840] Die Schuld bestimmt sich dagegen individuell für den jeweiligen Beteiligten. Sie gründet sich in der selbstbestimmten Entscheidung des einzelnen zum Unrecht und ist damit abhängig von den subjektiven Bedingungen der potentiellen und aktuellen Einsichtsfähigkeit. Eine Teilnahme an der schuldhaft-autonomen Entscheidung an sich ist daher nicht möglich.[841]

Zusammenfassend ist damit festzuhalten, daß das Erfordernis der limitierten Akzessorietät nicht ins Ermessen des Gesetzgebers gestellt werden kann. Notwendige Voraussetzung ist vielmehr eine tatbestandsmäßige rechtswidrige Haupttat. Die Verbotsnormen stellen gerade nicht nur abstrakte Sollenssätze dar, sondern beziehen sich auf den Normverstoß durch ein Subjekt, so daß sie auch eine Sperrwirkung für den einzelnen entfalten. Erst wenn ein konkreter Normverstoß vorliegt, kann an einem solchen teilgenommen werden; ansonsten bewegt sich der Betroffene in einem nur seine persönliche Vorstellungen betreffenden Freiraum. Eine Ausweitung auf diesen Freiraum würde dagegen die tatstrafrechtliche Basis verlassen und zur Vergeistigung des Rechts führen.

Vorauszusetzen ist demgegenüber, wie in der Auseinandersetzung mit der Schuldteilnahmetheorie deutlich wurde, nicht das schuldhafte Handeln des Haupttäters, denn der Verschuldensprozeß beschreibt die selbstbestimmte Entscheidung des einzelnen zum Unrecht, die bei jedem Beteiligten gesondert zu erfassen ist. § 26 StGB verlangt damit zu recht das Vorliegen einer vorsätzlich begangenen rechtswidrigen, nicht aber schuldhaften Haupttat.

F. Zusammenfassung

Im Rahmen der Übertragung der rechtsphilosophischen Erkenntnisse in strafrechtliche Begriffsbestimmungen konnte zunächst dargelegt werden, daß sich

839 Vgl. bereits 3. Kapitel, D. I.
840 Vgl. auch *M. Köhler*, AT, S. 494, 498.
841 Vgl. auch *M. Köhler*, AT, S. 494, 498.

die Unterscheidung von Tatbestand, Rechtswidrigkeit und Schuld als notwendig erweist. Sie stellt kein die Prüfung zu vereinfachendes Verfahren dar, sondern ergibt sich aus der Zweiseitigkeit personalen Handelns selbst. Es ist auf der einen Seite individuelles Handeln auf der Ebene der Schuld und auf der anderen Seite soziales Handeln auf der Ebene von Tatbestand und Rechtswidrigkeit. Die beiden Handlungsebenen sind jedoch nicht unauflösbare Gegensätze, sondern beziehen sich aufeinander. Die subjektive Einsicht des einzelnen ist auf der sozialen Seite immer mitanwesend; Maßstab und Grenze bildet auch unter einer (äußeren) Gesetzgebung im Staat das praktisch handelnde Subjekt selbst. Die einzelnen Tatbestandsmerkmale und das in ihnen verkörperte Unrecht lassen sich nicht auf ihre Äußerlichkeit reduzieren, sondern sind an den Verständnishorizont des einzelnen gebunden.

Ebensowenig ist die Differenzierung von Beteiligungsformen ein Konstrukt des Gesetzgebers, sondern ergibt sich aus der Einsicht in materielles Unrecht und in intersubjektive Handlungszusammenhänge. Das gemeinsame Agieren mehrerer im Unrecht ist kein zufälliges, sondern ist eine Verbindung, die von den handelnden Subjekten selbst bewirkt und als eine solche begriffen wird. Diese Erkenntnisse sind nun auch bei der Konkretisierung der Abgrenzungskriterien von mittelbarer Täterschaft und Anstiftung zu berücksichtigen. Handelt es sich bei ersterer um eine Täterschaftsform, muß auch bei ihr der Begriff der Tatherrschaft als tatsächliche Herrschaft über die Realisierung des in den Tatbeständen vertypten Unrechts den Maßstab bilden, auch wenn die Rechtsverletzung über die Leistung eines anderen erfolgt. Deutlich wurde bereits, daß eine Pflichtenstellung oder eine besondere Absicht verbunden mit einer Ursachensetzung allein nicht genügen kann, um die tatsächliche Macht am rechtsverletzenden Geschehen zu begründen. „Tatsächliche“ Herrschaft bedeutet mehr als das Setzen einer Ursache. Sie ist aber auch mehr als die faktische oder die finale Macht über das tatbestandsmäßige Geschehen. Entscheidendes Handlungsmoment ist vielmehr die Möglichkeit des einzelnen, die soziale Wirklichkeit sinnhaft zu gestalten. Herrschaft über das soziale Geschehen ist die Macht über die Qualität des Anerkennungsverhältnisses; bezogen auf unrechtes Handeln: die Herrschaft über die konkrete Negation des Rechtsverhältnisses.

In Abgrenzung zur Täterschaft konnte auch der Teilnahmebegriff konkretisiert werden. Auch er ist ein Strukturbegriff, der sich nicht erst aus den Bestimmungen der §§ 26f. StGB ableitet, sondern der die Wirkweisen von mehreren Personen in sich aufnimmt. Das Erfordernis der limitierten Akzessorietät ist nicht eine vom Gesetzgeber vorgegebene Konstruktion, bei welchem diesem ein Spielraum zukommt, sondern ergibt sich aus dem intersubjektiven Verhältnis der einzelnen zueinander. Die Teilnahme setzt strukturnotwendig eine vorsätzliche und rechtswidrige Tat voraus. Sie ist insofern von der verwirklichten Rechtsgutsverletzung durch einen anderen abhängig. Der Anstifter als Teilnehmer setzt damit ebenso das Vorliegen einer verwirklichten Rechtsverletzung durch einen anderen voraus. Ihm selbst kommt die Tatherrschaft nicht zu, sondern der die unmittelbare Rechtsverletzung verwirklichenden Mittelsperson, insofern steht er (im Gegensatz zum mittelbaren Täter) der Rechtsverletzung fern. Bei der Anstiftung wird aber zu berücksichtigen sein, daß sie in ihrer Straftatfolge der Täterschaft gleichgestellt ist. Soll die im Gesetz vorgesehene *tätergleiche* Bestrafung eine gerechte sein, kann nicht jede Form der Beeinflussung genügen, um eine täterschaftsähnliche Mitwirkung zu begründen. Vielmehr muß das Merkmal des „Bestimmens“ eine besondere Qualität aufweisen, die den Anstifter in eine täterähnliche Stellung rückt. Würde das StGB demgegenüber eine fakultative oder obligatorische Strafmilderung für die Anstiftung vorsehen, müßte überlegt werden, ob das Merkmal des Bestimmens weit auszulegen wäre. Die Anstiftung würde dann in ihrem Unrechtsgehalt der Beihilfe, die eine Strafmilderung nach § 49 I StGB zwingend vorschreibt (vgl. § 27 II StGB), näher stehen als der mittelbaren Täterschaft. Diese Überlegung betrifft aber nicht mehr die Abgrenzungsfrage von Anstiftung und mittelbarer Täterschaft, sondern die von Anstiftung und Beihilfe, die hier nicht weiter zu verfolgen ist.

Fünftes Kapitel

Kriterien für die Unterscheidung des Unrechtstatbestandes von mittelbarer Täterschaft und Anstiftung

A. Einleitung

Die Ausführungen im 3. und 4. Kapitel haben die Grundlage für die im folgenden vorzunehmende Bestimmung der Abgrenzungskriterien von mittelbarer Täterschaft und Anstiftung gelegt. Das entscheidende Moment der Differenzierung ist benannt. Es ist das praktisch handelnde Subjekt selbst in seinen interpersonalen Handlungszusammenhängen, welches Maßstab und Grenze im Recht wie im Unrecht bildet. Auf den ersten Blick scheint dieses Element banal, man wird ihm aber nicht gerecht, wenn das Verhältnis der Personen untereinander nur äußerlich-kausal betrachtet und das Miteinanderhandeln in einer gemeinsamen äußeren Welt als ein von den agierenden Personen selbst Bewirktes und von ihnen auch Begriffenes unberücksichtigt bleibt. Eine bloß beschreibende Analyse vermag keinen Aufschluß darüber zu geben, warum überhaupt die Möglichkeit besteht, Handlungen Dritter (mit-) zuzurechnen. Daß aber in Literatur und Rechtsprechung zumeist eine solche angenommen wird, zeigte sich bereits in der Auseinandersetzung mit dem gegenwärtigen Diskussionsstand (2. Kapitel). So wird z. B. dort vom mittelbaren Täter gesagt, er spanne einen Tatmittler ein, der als „blinder Kausalfaktor nach Art eines mechanischen Werkzeugs“[842] fungiere oder bloßes „Naturereignis“ sei[843]. Ähnlich wird auch bei der Anstiftung verfahren, deren Tatbeitrag sich darin erschöpfe, daß der Anstifter einen „selbständig und unbeherrschbar weiter wirkenden Kausalverlauf in Gang“[844] setze. Auch wenn die Autoren zumeist im gleichen Atemzug betonen, daß der einzelne als frei anzusehen und daher für seine Taten verantwortlich sei,[845] „vergessen“ sie ihre Aussage, sobald es um Fälle geht, in denen jemand für die Tat eines anderen als Täter oder Teilnehmer mitverantwortlich sein soll. Der Tatmittler wird dann auf einen reinen Kausalvorgang reduziert und

---

842 *Roxin,* Täterschaft und Tatherrschaft, S. 172ff.; 200; *ders.* in Leipziger Kommentar, § 25 Rn. 74, 87 jeweils m. w. N.

843 *Schumann,* Strafrechtliches Handlungsunrecht und das Prinzip der Selbstverantwortung der Anderen, S. 106; *Jakobs,* GA 1996, S. 253f.

844 Vgl. BGHSt 1, 305, 309 zu § 49a a.F.; vgl. aus neuerer Zeit BGH JR 1999, S. 248; JZ 1999, S. 156 (157); *Roxin* in Leipziger Kommentar, § 30 Rn. 3; vgl. auch *Geppert,* Jura 1997, S. 546 (547).

845 *Roxin,* AT, § 7 Rn. 8; § 19 Rn. 1; *Schumann,* Strafrechtliches Handlungsunrecht und das Prinzip der Selbstverantwortung der Anderen, S. 1f.; 4f.; 42f.; *Jescheck,* AT, § 37 I. 2. b), 3. (S. 410ff.); *Lenckner* in Schönke/Schröder, Vorbem §§ 13 ff. §, Rn. 110; *Renzikowski,* Restriktiver Täterbegriff und fahrlässige Beteiligung, S. 72ff.

dem Hintermann quasi automatisch die Tatherrschaft zugewiesen bzw. ihm die Tat eines Dritten als Anstifter mitzugerechnet. Daß aber die Subjekte auch bei einem gemeinsamen Handeln im Unrecht, mögen sie sich auch in einem Irrtum befinden oder in einer Drucksituation handeln, nicht die Fähigkeit verlieren, selbstbestimmt (frei) zu handeln, wird dabei übersehen. Der Grund dieses Mangels in der Argumentation liegt in der unzureichenden Bestimmung von menschlicher Freiheit. Diese wird entweder lediglich als „eine 'normative Setzung', eine soziale Spielregel, deren gesellschaftlicher Wert vom erkenntnistheoretischen und naturwissenschaftlichen Problem der Willensfreiheit unabhängig ist“,[846] angesehen oder auf eine formelle Wahlfreiheit des einzelnen reduziert.[847] Nach dem ersten Ansatz bestimmt allein der Gesetzgeber, ob und wann die Person frei ist, und wie sich intersubjektives Handeln gestaltet. Ein solches Freiheitsverständnis führt zu einer rein deskriptiven Bestimmung gemeinschaftlichen Zusammenwirkens nach normativen (gesetzlich vorbestimmten) Kriterien. Solange die Perspektive (inter-) subjektiver Handlungszusammenhänge in dieser Äußerlichkeit verbleibt, kann sie zu einer Begründung derselben im Recht wie im Unrecht nichts beitragen. Denn der handelnde einzelne spielt dabei keine Rolle mehr, sondern ist nur Teil eines „Gesellschaftsspiels“, dessen Regeln er nicht zu beeinflussen vermag. Ob er mittelbarer Täter oder Anstifter oder Tatmittler ist, bestimmt nicht er, sondern andere legen dies für ihn fest. Auch beim zweiten Ansatz, der die Freiheitsfrage nicht allein dem Gesetzgeber überläßt, sondern sie als „Gewißheit“ voraussetzt, bleibt die Autonomie des einzelnen unterbestimmt. Freiheit des praktisch handelnden Subjekts ist mehr als nur Unabhängigkeit von äußeren oder inneren Einflüssen. Die eigentliche Dimension des einzelnen, nämlich die Fähigkeit, sich zum Richtigen zu wenden und damit den Handlungsinhalt selbst zu bestimmen, bleibt bei einer nur negativen Bestimmung von Autonomie unberücksichtigt. Folge ist, daß die Person selbst nicht als fähig angesehen wird, sich rechtliche Maßstäbe zu bilden, sondern ihr die Grenzen als Orientierungsmaßstab von einem anderen (dem Gesetzgeber) aufgezeigt werden müssen. Dies hat wiederum auch Konsequenzen für die Frage der Möglichkeit der (Mit-) Zurechnung von Unrechtstaten anderer. Denn auch diese ergeben sich nach diesem Ansatz aus dem Gesetz und sind nicht bereits in der Struktur intersubjektiven Handelns selbst angelegt. Erst wenn einsichtig ist, daß sich intersubjektives Handeln im Recht wie im Unrecht aus der Konstitution des einzelnen ergibt, kann deutlich werden, daß überhaupt die Möglichkeit besteht, Handlungen ande-

---

846 *Roxin,* AT I, § 19 Rn. 37; vgl. auch *Schumann,* Strafrechtliches Handlungsunrecht und das Prinzip der Selbstverantwortung der Anderen, S. 1; *Jakobs,* AT, 17/23ff.

847 So *Jescheck,* AT, § 37 I. 2. b) (S. 410f.); *Lenckner* in Schönke/Schröder, Vorbem §§ 13 ff. Rn. 110; *Renzikowski,* Restriktiver Täterbegriff und fahrlässige Beteiligung, S. 72ff.

rer (mit-) zuzurechnen. Es ist dann keine äußere (willkürliche) Zurechnung eines Unbeteiligten, sondern eine, die sich aus dem Verständnis des praktisch handelnden Subjekts in seinen interpersonalen Handlungsbezügen ergibt.

Deutlich wurde in den vorangegangenen Überlegungen auch, daß der Vernunftprozeß im Subjekt selbst nicht korrumpierbar ist. Auch der Tatmittler bleibt eine vernünftig reflektierende Person, mag ihm auch in einer bestimmten Situation die Einsicht in seine konkrete Handlung verwehrt bleiben, oder vermag er einer Drucksituation nicht standzuhalten und in seiner Freiheitsäußerung eingeschränkt sein. Seine Autonomie geht dadurch nicht verloren. Er büßt niemals seine Identität als selbstbestimmte Person ein. Lediglich in den äußeren Entscheidungs- und Handlungsprozeß des einzelnen kann durch einen anderen eingegriffen und diesem insoweit fremdes Handeln (mit-) zugerechnet werden. Eine solche (Mit-) Zurechnung kann aber nicht automatisch erfolgen, sobald der Vordermann einen „Defekt" aufweist und der Hintermann in irgendeiner Weise (mit)ursächlich war, sondern es bedarf eines besonderen Wirkzusammenhangs der Beteiligten. Wird der Vordermann dagegen auf einen reinen Naturfaktor reduziert, überschätzt man einerseits die Wirkmacht des beeinflussenden Hintermanns und unterschätzt andererseits die grundsätzliche Eigenverantwortlichkeit der Mittelsperson für ihr Handeln.

Die einzelnen agieren bei den Beteiligungsformen der mittelbaren Täterschaft und Anstiftung nun nicht zufälligerweise zusammen, sondern ihr Verhalten ist jeweils auf das des anderen bezogen, so daß das Geschehen von der Handlung des Hintermanns hin zur Rechtsverletzung (wenn auch bei mittelbarer Täterschaft und Anstiftung in unterschiedlicher Form) *insoweit* als einheitliches zu betrachten ist. Wie bei der Verwirklichung des Unrechts dargelegt wurde, ist die Verletzung nicht vom handelnden Subjekt zu trennen. Ebenso muß nun das *Gesamtgeschehen* beim Handeln mehrerer hinsichtlich der Rechtsverletzung als Einheit zu begreifen sein. Es ist daher nicht möglich, bei der Bestimmung der Abgrenzungskriterien die einzelnen Handlungen von Hintermann und Vordermann je für sich im Hinblick auf die Rechtsverletzung zu betrachten und sie dann wieder äußerlich zu addieren. Vielmehr sind es gerade die Interaktionen zwischen den gemeinsam Handelnden und das Aufeinanderbezogensein des Verhaltens des einen auf das des anderen, die beim Beteiligungsverhalten virulent werden. Es bedarf immer einer Rückbindung zum jeweils Agierenden. Daher kann auch die Bestimmung der Abgrenzungskriterien nicht schlagwortartig in Begriffe, wie „Wissensmacht", „Willensmacht" oder „Gefährdung des Rechtsguts", gefaßt werden. Die unterschiedlichen Perspektiven der bezogenen handelnden Subjekte zur Rechtsverletzung müssen vielmehr in ihrer jeweiligen Besonderheit mit einbezogen werden.

Im folgenden sind unter B. die generellen Kriterien der Unterscheidung von mittelbarer Täterschaft und Anstiftung als Konsequenz der bisherigen Erkenntnisse darzulegen. Unter C. sollen die Differenzierungskriterien anhand von Fallgruppen konkretisiert werden, bei denen die Abgrenzung insofern Schwierigkeiten bereitet, als nach dem Gesetz konstruktiv sowohl eine Anstiftung als auch eine mittelbare Täterschaft in Betracht kommt. Es handelt sich dabei um Sachverhalte, in denen die Mittelsperson entweder „nur" schuldlos handelt oder für ihr Handeln zwar vollverantwortlich ist, aber dennoch eine mittelbare Täterschaft in den Konstellationen des „Täters hinter dem Täter" diskutiert wird.

B. Mittelbare Täterschaft und Anstiftung als unterschiedliche Formen der Verletzung des Rechtsverhältnisses: Die Kriterien der Unterscheidung von mittelbarer Täterschaft und Anstiftung

I. Begründungszusammenhang der Unterscheidungskriterien

Im dritten Kapitel wurde dargelegt, daß im praktischen Handeln des einzelnen Subjekts die selbstbestimmte Entscheidung zur Außenweltveränderung zum Ausdruck kommt. Aufgrund seiner Vernünftigkeit ist der Mensch in der Lage, sich den Inhalt seiner Handlung selbst zu geben und sich damit selbsttätig zum Richtigen zu bestimmen. Nur weil ihm die Fähigkeit zur „rechten" Maximenbildung zukommt, kann ihm überhaupt der Vorwurf gemacht werden, daß er sich gegen sein eingesehenes Sollensverständnis wendet. Ist der einzelne im Guten wie im Schlechten grundsätzlich für sein Handeln verantwortlich, bedarf es eines besonderen Grundes, warum (auch) einem anderen die unrechte Tat (mit-) zuzurechnen ist.

Die Möglichkeit der Mitzurechnung von Unrechtstaten anderer überhaupt ergab sich aus der zweiseitigen Realität der Person. Sie ist einerseits vernunftbegabtes und andererseits auch endliches und damit unvollkommenes Wesen. Diese beiden Seiten wurden aber nicht erst im Unrecht virulent, sondern waren gerade auch Bedingung für die Konstitution und das Bestehen der Rechtsverhältnisse überhaupt. Die einzelnen begegnen sich in der einen gemeinsamen Welt durch ihre Handlungen und sind als unvollkommene (endliche) Wesen auch voneinander abhängig. Diese Abhängigkeit besteht zunächst in der Begründung des einzelnen Selbstbewußtseins. Dieses kann sich nicht unabhängig von anderen konstituieren, sondern bedarf einer vernünftigen „Aufforderung" durch Mitsubjekte. Autonomie meint gerade nicht Unabhängigkeit von Wirkweisen anderer in dem Sinne, daß alle isoliert voneinander agieren und in ihrer jeweiligen Welt beziehungslos ohne andere Vernunftexistenzen ihr Leben fristen, sondern sie begründet sich in der unmittelbaren und mittelbaren Wechselwirkung mit anderen praktisch handelnden Subjekten. Aufgrund seiner Vernünftigkeit kann der einzelne berechtigterweise darauf vertrauen, daß sein Gegenüber ihn als Vernunftperson ernst nimmt und ihn unmittelbar in seine Handlungen tatsächlich (nicht nur gedanklich) miteinbezieht, indem er ihn dem Anerkennungsverhältnis gemäß behandelt und nicht direkt verletzend in sein Freiheitsdasein eingreift.

Die praktisch handelnden Subjekte wirken aber auch mittelbar auf die Wirklichkeit der anderen ein. Denn dadurch, daß sie in einer gemeinsamen äußeren Welt agieren, können sie auch insofern die Entscheidungsprozesse der Mitsubjekte beeinflussen, als bewirkte Veränderungen der Realität Einfluß auf die Freiheitsäußerung des anderen haben. Das Vertrauen gegenüber den anderen Vernunftpersonen gründet sich auch darin, daß die äußere Welt nicht derart umgestaltet wird, daß der einzelne die Folgen seines Handelns nicht mehr zu durchschauen vermag oder daß er von anderen in eine Situation gebracht wird, die er aufgrund seiner Endlichkeit nicht widerspruchslos zu bewältigen vermag. Die Endlichkeit des einzelnen Subjekts in seiner Einsicht und Zweckverwirklichung ist mögliches „Einfallstor" für die Mitzurechnung von Handlungen anderer. Der eine kann sich den anderen in der Weise zunutze machen, daß er ihn für seine Zwecke mißbraucht. Er kann z. B. eine Sachlage schaffen, die der andere nicht zu durchschauen vermag, so daß er bereits nicht einsehen kann, daß sein Handeln eine Rechtsverletzung bewirkt. Ein anderer kann ihn auch unter Druck setzen und ihn so in ein Abhängigkeitsverhältnis bringen, um ihn zu einer unrechten Tat zu zwingen.

Die nunmehr zu entwickelnden Kriterien für die Unterscheidung des Unrechtstatbestandes von Anstiftung und mittelbarer Täterschaft müssen sich an diesen Erkenntnissen messen lassen, d. h. sie müssen aus der Konstitution des praktisch handelnden Subjekts als vernünftiges und endliches Wesen in seinen interpersonalen Wirkzusammenhängen zu deduzieren sein.

Für den vorliegenden Zusammenhang ist nun von besonderer Bedeutung, daß es bei mittelbarer Täterschaft und Anstiftung um Beteiligungsformen geht, die der Alleintäterschaft in bestimmter Weise - sei es bereits in der Ausführungshandlung in Form der Tatherrschaft wie bei der mittelbaren Täterschaft, sei es in der Straftatfolge wie bei der Anstiftung - gleichstehen.[848] Soll diese Gleichstellung *gerecht* sein, muß sie sich auch in der Qualität des Unrechts der beiden Formen widerspiegeln. Eine weitere Besonderheit liegt darin, daß zwischen Hintermann und Rechtverletzung (anders als bei der Alleintäterschaft) eine vernünftige Person agiert, die ein selbständig denkendes Subjekt ist, und es auch bleibt, wenn sie nur verantwortungslose Mittlerin einer Unrechtstat ist.[849] Mag sie auch das Verletzungsgeschehen nicht zu durchschauen oder mag auch der Hintermann einen bestimmenden Einfluß auf ihr Handeln haben, bleibt sie doch Vernunftwesen und insoweit autonom. Hintermann und Vordermann sind und bleiben zwei selbständige, voneinander unabhängige Personen. Damit ist aber nicht gemeint, daß eine (Mit-) Zurechnung zur unrechten Tat eines anderen unmöglich wäre. Es sind aber grundsätzliche Überlegungen zu berücksichtigen, die

848 Das bedeutet aber nicht, daß sie mit der Alleintäterschaft gleichzusetzen sind.
849 Vgl. auch *M. Köhler,* AT, S. 541.

nicht bei der Beschreibung eines äußeren Zusammenwirkens stehen bleiben können. Es bedarf vielmehr der Berücksichtigung eines besonderen qualitativen Wirkzusammenhangs, der sich bei mittelbarer *Täterschaft* und Anstiftung (*Teilnahme*) unterschiedlich gestalten muß.

Aufgabe der vorliegenden Arbeit ist es, die Unterscheidungskriterien von mittelbarer Täterschaft und Anstiftung herauszukristallisieren. Es erfolgt keine Darstellung anhand von denkmöglichen Einzelfällen. Die Darlegung des Unrechts von mittelbarer Täterschaft und Anstiftung konzentriert sich vielmehr jeweils im Hinblick auf die Abgrenzung dieser beiden Beteilungsformen (vgl. dazu sogleich unter 1. und 2.). Unter C. sollen schließlich Fallgestaltungen, in denen konstruktiv sowohl mittelbare Täterschaft als auch Anstiftung in Betracht kommen, nach dem hier zugrunde gelegten personalen Begründungszusammenhang aufgezeigt werden.

1. Mittelbare Täterschaft als Verletzung des Rechtsverhältnisses durch einen anderen

a) Begründungszusammenhang: Der Begriff der Tatherrschaft als Strukturbegriff

Täterschaft wurde als konkrete Verwirklichung des im Tatbestand vertypten Unrechts definiert. Herausgestellt wurde dabei, daß der Begriff der Tatherrschaft ein Strukturbegriff ist, der nicht durch normative Wertungen des Gesetzgebers zu ersetzen ist. Auch bei der mittelbaren Täterschaft kann sich der Begriff der Tatherrschaft nicht von der Struktur menschlichen Handelns lösen und kann damit nicht gänzlich abweichend von der Alleintäterschaft bestimmt werden.

Die Besonderheit der mittelbaren Täterschaft besteht darin, daß sich die Verletzung selbst äußerlich als eine durch die Mittelsperson bewirkte darstellt, die Tatherrschaft über das tatbestandsmäßige Geschehen aber beim mittelbaren Täter liegt, d. h. ihm allein die Rechtsverletzung zuzuschreiben ist. Der von der Tatherrschaftslehre geprägte Begriff der Tatherrschaft, als „das vom Vorsatz umfaßte In-den-Händen-Halten des tatbestandsmäßigen Geschehens“[850], hat sich insoweit als zutreffend erwiesen. Es ist aber nun genauer zu untersuchen, wann bei einer außenstehenden Person von einer derartigen Tatmacht gesprochen werden kann. Daß für die Tatherrschaft eine Sonderpflichtenstellung allein oder das Vorliegen einer besonderen Absicht beim Hintermann zur Begründung nicht genügen kann, wurde bereits dargelegt. Vielmehr muß auch hier hinzukommen, daß der Sonderpflichtige oder der die Absicht inne habende Außenstehende das Geschehen in seiner tatbestandsmäßigen Einheit von Handlung und Erfolg auch

850 Vgl. statt aller *Wessels/Beulke,* AT, Rn. 512.

wirklich beherrscht, soll die Tatherrschaft nicht letztlich („normativ") fingiert werden.

Bevor der eigene Begründungszusammenhang der mittelbaren Täterschaft in Abgrenzung zur Anstiftung darzulegen ist, soll zunächst an die Abgrenzung der beiden Formen nach der Tatherrschaftslehre erinnert und wesentliche Kritikpunkte herausgestellt werden.

b) Kritische Auseinandersetzung mit der Tatherrschaftslehre, insbesondere mit dem Begriff der Willensherrschaft beim sog. Nötigungsnotstand

Nach der Tatherrschaftslehre ist mittelbare Täterschaft in Abgrenzung zur bloßen Teilnahme (insbesondere zur Anstiftung) bei Herrschaftsdelikten[851] dann anzunehmen, wenn dem Hintermann die „Willensherrschaft" zukommt. Während der Alleintäter Inhaber der Handlungsherrschaft sei und er durch eigenhändige Verwirklichung der Tatbestandshandlung die Täterschaft begründe, fehle dem mittelbaren Täter eine solche. Seine Tatherrschaft konstituiere sich vielmehr aufgrund „der Macht des steuernden Willens"[852]. Diese Willensherrschaft des Hintermanns soll in drei Formen vorkommen: der Irrtumsherrschaft („Wissensherrschaft"), der Nötigungsherrschaft und der Organisationsherrschaft, die im folgenden näher zu betrachten sind.

Befinde sich der Vordermann in einem Irrtum, sei es ein *Rechtsirrtum* (§ 17 StGB) [853], sei es ein *Irrtum über die Tatumstände* (§ 16 StGB) und habe der Hintermann den Irrenden zu einem bestimmten Verhalten veranlaßt, spanne der Außenstehende den ahnungslosen Mittler als „blinde(n) Kausalfaktor nach Art eines mechanischen Werkzeugs" in seinen „zielbewußt (final) gesteuerten Geschehensablauf" ein. Er habe so das Geschehen in der Hand[854] und sei der „spiritus rector, der Träger der Willensherrschaft"[855].

Bei der die mittelbare Täterschaft begründenden *Nötigungsherrschaft* liege die „Willensherrschaft" des Hintermanns darin, daß dieser dem Vordermann (z. B. durch Drohung) seinen Willen aufdrücke. Soweit der Gesetzgeber den unmittelbar Handelnden aufgrund des vom Hintermann ausgehenden Drucks von seiner

---

851 Vgl. zur Kritik gegenüber der Unterscheidung des Herrschaftskriteriums bei Pflichtdelikten und Herrschaftsdelikten bereits die Ausführungen im 2. Kapitel, C. II. 2c) bb); 4. Kapitel E. I.

852 *Roxin,* Täterschaft und Tatherrschaft, S. 142.

853 Vgl. noch ausführlich zur Behandlung dieser Fälle und ihrer Differenzierung nach vermeidbarem und unvermeidbarem Verbotsirrtum unten unter C. II. 1.

854 Vgl. zunächst nur *Roxin,* Täterschaft und Tatherrschaft, S. 172ff.; 200; *ders.,* in Leipziger Kommentar, § 25 Rn. 74; 87 jeweils m. w. N.

855 *Roxin,* Täterschaft und Tatherrschaft, S. 172.

Verantwortung entlaste (vgl. § 35 StGB), ergebe er zugleich zu erkennen, daß er dem Hintermann und nicht dem unmittelbar Ausführenden das tatbestandsmäßige Geschehen als sein Werk zurechnen wolle.[856] Auch wenn der Hintermann unmittelbar nur den Genötigten beherrsche, sei er mittelbarer Täter, da er den Genötigten in der Hand habe. Die Willensherrschaft des Hintermanns überlagere so die Handlungsherrschaft des Ausführenden.[857]

Eine weitere eigenständige Form der „Willensherrschaft" soll die *Organisationsherrschaft* bilden. Der Hintermann bediene sich hier zwar einer vollverantwortlichen Person, die er aber, bedingt durch die hierarchischen Strukturen eines „staatlichen Machapparates", lenken könne. Die Tatherrschaft des Hintermann ergebe sich hier daraus, daß es nicht auf die individuelle Person des Tatmittlers ankomme, sondern diese von den an den Schalthebeln sitzenden Auftraggebern nur als „beliebig austauschbares Rädchen im Getriebe des Machtapparates"[858] erscheinen. Die Rechtsprechung[859] und Teile der Literatur[860] erweitern zudem die mittelbare Täterschaft kraft „Organisationsherrschaft" auch auf unternehmerische oder gesellschaftsähnliche (auch „mafiaähnliche") Organisationsstrukturen, die ebenso Rahmenbedingungen mit regelhaften Abläufen aufweisen.

Auffällig ist, daß die Tatherrschaftslehre die mittelbare Täterschaft nur in ihrer Phänomenologie beschreibt und nicht begründet, warum hier eine Tatherrschaft des Hintermanns und nicht nur eine Teilnahmehandlung anzunehmen ist. Die Tatmacht des Hintermanns wird nicht eigenständig begründet, sondern *weil* die Mittelsperson in den behandelten Fällen nicht verantwortlich ist, soll dem Hintermann Tatherrschaft zukommen. Abgestellt wird allein auf das Verhältnis des Hintermanns zur Mittelsperson, während die Beziehung des Hintermanns zum Opfer keinen Eingang in die Betrachtung nimmt. Für die Herrschaft des Hintermanns wird nur auf die mangelnde Verantwortlichkeit des Tatmittlers verwiesen. Es müßte aber auch dargelegt werden, daß, z. B. bedingt durch das Unterdrucksetzen des Vordermanns, diesem tatsächlich keine autonome Ent-

---

856 *Roxin* in Leipziger Kommentar, § 25 Rn. 61 m. w. N.

857 *Roxin,* Täterschaft und Tatherrschaft, S. 147; *Herzberg,* Täterschaft und Teilnahme, S. 14; vgl. zu den Fällen des sog. Nötigungsnotstandes noch ausführlich sogleich unter C. III.

858 *Roxin* in Leipziger Kommentar, § 25 Rn. 54 und 128ff.; *Kühl,* AT, § 20 Rn. 73, 73a; vgl. zur näheren Auseinandersetzung mit diesen Fällen unten unter C. IV.

859 BGHSt 40, 218 (236); 40, 257 (267f.); NJW 1998, 767 (769) m. krit. Besprechung *Dierlamm,* NStZ 1998, S. 568

860 *Kühl* in Lackner/Kühl, StGB, § 25 Rn. 2; *Ransiek,* Unternehmensstrafrecht, S. 46ff.; 53ff.; kritisch demgegenüber *Rotsch,* NStZ 1998, S. 491 (493); *ders.* Individuelle Haftung in Großunternehmen, S. 131ff; *Cramer/Heine* in Schönke/Schröder, § 25 Rn. 25a; *Heine,* Die strafrechtliche Verantwortlichkeit von Unternehmen, S. 100ff.; *Murmann,* GA 1996, S. 269 (278ff.)

scheidung über das Geschehen zukommt *und* sich die Rechtsverletzung allein als eine des Hintermanns darstellt. Dieser muß das Gesamtgeschehen tatsächlich beherrschen, soll ihm die Tat als die Seinige zugerechnet werden. Entscheidend muß damit ebenso das Verhältnis zwischen Hintermann und verletztem Rechtsgut sein, da die Verletzung - zwar vermittelt über die Leistung eines anderen - bei der mittelbaren Täterschaft zwischen Hintermann und betroffenem Rechtsgut liegt. Es ist *seine* realisierte Rechtsverletzung. Besonders deutlich wird der mangelnde Begründungsaufwand der Tatherrschaftslehre bei den Nötigungsfällen.[861] Auch wenn der Hintermann unmittelbar auf die die Herrschaft über die Rechtsverletzung selbst innehabende Mittelsperson einwirkt, soll die „Willensmacht" des Hintermanns die Handlungsherrschaft „überlagern". Von den Autoren wird aber nicht näher ausgeführt, was überhaupt „Willensherrschaft" meint, bzw. ob es eine „Willensherrschaft" überhaupt geben kann, wenn sie zugleich betonen, daß der einzelne aufgrund seiner Entscheidungs- und Willensfreiheit grundsätzlich für seine Taten selbst verantwortlich ist. Der Grund für das Begründungsdefizit der Tatherrschaftslehre liegt darin, daß sie die intersubjektiven Handlungsstrukturen der Personen selbst übergeht und statt dessen ihre Maßstäbe vornehmlich den Wertungen des Gesetzes entnimmt. Die vorpositive Frage, ob es überhaupt möglich ist, eine fremde Handlung zuzurechnen und wie sich diese Möglichkeit konstituiert, wird nicht gestellt. Die Antwort auf diese Frage ist aber entscheidender Wegweiser für die Bestimmung der weiteren Kriterien. Sie müssen aus der Konstitution des vernünftigen und endlichen Subjekts in seinen interpersonalen Wirkzusammenhängen abzuleiten sein. Insbesondere darf auch bei der mittelbaren Täterschaft die Mittelsperson nicht auf einen reinen Kausalprozeß reduziert und ihre Vernünftigkeit damit vollständig ausgeblendet werden. Denn anders als ein von einer Person zu steuernder Kausalverlauf ist der einzelne aufgrund seiner Autonomie nicht in gleicher Weise beherrschbar, sondern könnte sich beispielsweise besinnen.[862] Eine

861 Nicht einheitlich beurteilt wird allerdings die Frage, ob ein unrechtes Verhalten im Nötigungsnotstand einen Rechtfertigungsgrund (§ 34 StGB) darstellt (so *Samson* in Systematischer Kommentar [6. Auflage], § 34, Rn. 31; *Bernsmann*, „Entschuldigung" durch Notstand, S. 147) oder ob der Handelnde „nur" entschuldigt ist (§ 35 StGB). Vgl. zu dieser Auffassung: *Lenckner/Perron* in Schönke/Schröder, § 34 Rn. 41b; *Wessels/Beulke*, AT, Rn. 443; *Jescheck/Weigend*, AT § 44 II. 3. (S. 484). Differenzierend *Roxin*, Die notstandsähnliche Lage - ein Strafausschließungsgrund?, Oehler-FS 1985, S. 181ff. (S. 188). Würde § 34 StGB Anwendung finden, käme eine Anstiftung nicht mehr in Betracht, da diese eine vorsätzliche rechtswidrige Haupttat voraussetzt. Bei Anwendung des § 35 StGB dagegen wäre theoretisch sowohl eine mittelbare Täterschaft als auch eine Anstiftung möglich. Der Großteil der Literatur wendet bei den Fällen des Nötigungsnotstandes zu recht § 35 StGB an. Vgl. hierzu noch ausführlich unter C. III.

862 Daher geht auch die Kritik *Roxins* an M. Köhler fehl. Roxin meint, daß es nicht einzusehen ist, daß jemand nur deshalb nicht „zum bloßen Mittel gesetzt" werden kann, weil

Gleichsetzung von Alleintäterschaft und mittelbarer Täterschaft verbietet sich daher, so daß die differenzierte Regelung des § 25 I StGB nicht überflüssig ist.[863] Dies wird auch deutlich, wenn man sich die Perspektive des Opfers vergegenwärtigt. Dieses begreift die Verletzung nicht als ein hinzunehmendes Naturereignis, sondern zunächst unmittelbar als die von einer bestimmten handelnden Person (dem Vordermann) bewirkten Freiheitsverletzung. Gemeint ist damit aber nicht, daß der einzelne nicht auch Erfahrungsregeln im handelnden Umgang mit Menschen einsetzen kann, ebenso, wie er sich Gesetze der Natur zunutze macht. Bedingt durch die Eigenständigkeit der jeweils handelnden Person sind diese aber von strukturell anderer und insbesondere auch von unsichererer Art als mechanische Abläufe.

Es stellt sich daher die Frage, ob die Tatherrschaftslehre mit dem Begriff der „Willensherrschaft" das Verhältnis zwischen der Mittelsperson und dem Hintermann zutreffend kennzeichnet. Kann es eine Herrschaft über den (autonomen) Willen eines anderen überhaupt geben? Zur Beantwortung dieser Frage bedarf es der Rückbesinnung auf die Konstitution des Subjekts selbst, das für sich eine Einheit von intelligiblem und endlichem Wesen bildet. In seinem Denken und Handeln begreift es sich als Einheit, die die äußere Welt für sich gestaltet und Urheber eigener Taten ist. Dabei besteht freilich die Möglichkeit einer Beeinflussung des Willens durch umgebende Mitsubjekte, die auf die Maximenbildung des endlichen einzelnen einwirken können. Erfolgt eine derartige Einflußnahme auf den Entscheidungsprozeß des Subjekts, bleibt dieses aber in seinem Handeln selbst frei, d. h. es behält die Fähigkeit, sich als Urheber seiner Taten zu verstehen. Auch bei einem noch so starken Motivationsdruck, z. B. durch das Vorhalten einer Pistole zur Erzwingung eines Verhaltens, schreibt sich der einzelne, der aufgrund seiner Endlichkeit dem von außen kommenden Druck nicht standzuhalten vermag, (weiterhin) die Veränderung in der Außenwelt als die Seinige zu.[864] Seine autonome innere Zwecksetzung und die Ausführung derselben korrespondieren auch in äußeren Zwangssituationen miteinander. Folge dieser Übereinstimmung ist, daß das Verhalten des Subjekts

---

er „ein an sich freies Subjekt" ist. M. Köhler müsse, wenn er meine, daß jemand, der über Tatsachen irre, reflektiertes Subjekt bleibe, zu einer gänzlichen Ablehnung der Figur der mittelbaren Täterschaft kommen (Täterschaft und Tatherrschaft, S. 651). Roxin verkennt hier aber zum einen, daß es um eine *grundsätzliche* Frage des Subjekts als an sich freies geht. Zum anderen ist mit der Feststellung, daß auch jemand, der sich in einem Tatsachenirrtum befindet, freies Subjekt bleibt, nicht gesagt, daß ein anderer sich diesen nicht für seine Zweck zunutze machen kann. Zwar könnte sich die vom Hintermann eingesetzte Mittelsperson besinnen und die Täuschung aufdecken, aber dies überläßt jener gerade dem Zufall.

863 So aber wohl *Schild,* Täterschaft als Tatherrschaft, S. 24.

864 Vgl. auch bereits 3. Kapitel, D. I.

als *sein Werk* erscheint und nicht als das eines anderen, auch wenn dieser die Motive geliefert hat. Eine *Herrschaft* über das tatbestandsmäßige rechtsverletzende Geschehen kann dem motivierenden Hintermann also nicht schon dann zukommen, wenn er auf die Maximenbildung des Vordermann einwirkt. Einerseits würde dann die Macht des Hintermanns, bezogen auf die Tat, überschätzt und andererseits würde die Fähigkeit der Mittelsperson zu autonomem Handeln gleichzeitig unterschätzt. Denn auch wenn ein anderer jemanden zu einer Tat nötigt, bleibt der Genötigte in der Lage, sich die rechtsverletzende Handlung als die durch ihn begründete zuzurechnen. Die Mittelsperson bleibt in ihrer Entscheidung frei und ist für die Rechtsverletzung selbst verantwortlich. Auch begreift sie sich zum Zeitpunkt ihres Handelns als die Person, die die Unrechtshandlung ausführt. Für die Begründung der mittelbaren Täterschaft, in der der Hintermann tatsächlicher Machtinhaber des Geschehens ist und sich auch subjektiv als ein solcher begreift, kann allein die unter Nötigungszwang erfolgende Motivierung eines anderen zu einer Tat daher nicht genügen, um eine Machtstellung über die Rechtsgutsverletzung selbst zu begründen. Da die Mittelsperson um die konkreten tatsächlichen Auswirkungen ihres Verhaltens in der Außenwelt weiß, kann nur ihr und nicht dem Hintermann eine Geschehens-Herrschaft zukommen. Der von der Tatherrschaftslehre entwickelte Begriff der „Willensherrschaft" ist daher an sich bereits ungenau, denn eine solche kann es aufgrund der Autonomie genaugenommen gar nicht geben, sondern der Ausführende bleibt und begreift sich auch als derjenige, dem die Rechtsverletzung als sein willentliches Werk zuzurechnen ist. Der nötigende Zwang kann damit zwar das Motiv für die Tat bilden, er führt aber nicht zu einer Änderung der Herrschaftsverhältnisse über das rechtsverletzende Geschehen.

Zusammenfassend ist festzustellen, daß die Tatherrschaftslehre den Begriff der Tatherrschaft bei der mittelbaren Täterschaft nicht personal begründet, sondern ihn allein normativ-beschreibend bestimmt. Das Geschehen wird dabei nicht als Einheit begriffen, sondern die Handlungen der Mitwirkenden werden nur je für sich betrachtet, ohne daß ihr Verhältnis zueinander analysiert wird. Insbesondere ist der von der Tatherrschaftslehre geprägte Begriff der „Willensherrschaft" an sich bereits ungenau und vermag zu einer Begründung der Änderung der Herrschaftsverhältnisse nichts beizutragen. Zudem wird die Mittelsperson auf einen Naturvorgang reduziert und damit als freies Subjekt nicht mehr ernst genommen, so daß die Wirkverhältnisse nicht mehr als solche von handelnden *Personen* begriffen werden.

c) Mittelbare Täterschaft als Verletzung des Rechtsverhältnisses durch einen anderen

Soll ein Außenstehender Vorsatztäter der (äußerlich) vom unmittelbar Handelnden vollzogenen Rechtsverletzung sein, muß sein Verhalten die Verletzung des

Opfers in der Weise bewirkt haben, daß der Hintermann das Gesamtgeschehen zum Erfolg führte, er also die Tatherrschaft in einem umfassenden Sinn besaß. Nur dann kann von einer *täterschaftlich* begangenen Unrechtstat gesprochen werden.

Für den *allgemeinen* Begriff der personalen Tatherrschaft ist nun entscheidendes Element die untrennbare Einheit von willentlicher Handlung und rechtsverletzendem Erfolg[865]. Der einzelne handelt auf einen das Anerkennungsverhältnis verletzenden Erfolg hin, indem er die Wirklichkeit planend gestaltet und so gezielt Veränderungen in der Außenwelt vornimmt. Sein Handeln ist nicht empirisch-wertfrei, sondern er ist, bedingt durch seine Vernunftbegabung, in der Lage, die Welt sinn- und werthaft zu gestalten. Ebenso wie es *seine* Vernunftleistung darstellt, das Rechtsverhältnis mit anderen positiv zu konstituieren, kann *er* es auch erfolgreich verletzen. Für die Tatherrschaft war nun die soziale Seite des rechtswidrigen Handelns relevant: Soweit der Täter seine innere Maxime in der Außenwelt verobjektiviert, kommt ihr ein Anspruch auf Allgemeinheit zu und hat so an der Gestaltung der konkreten sozialen Wirklichkeit teil. Dieser Anspruch auf Allgemeinheit geht auch nicht verloren, wenn sich herausstellt, daß der Handelnde geisteskrank war oder sich in einem Rechtsirrtum befand. Da sich die praktisch handelnden Subjekte in einem Verhältnis der Anerkennung zueinander befinden, negieren sie durch ihre rechtswidrige Verletzung das Gleichheitsverhältnis zum anderen, der darauf vertraut und zu recht darauf vertrauen kann, daß sich sein Gegenüber auch vernünftig verhält und in seine Handlung die Freiheit der anderen Subjekte miteinbezieht. Dabei wurde auch deutlich, daß die subjektive Seite des Täters (sein Vorsatz) bereits auf der Verletzungsebene von Bedeutung ist. Denn bei der Bildung der Maxime kommt bereits auch die Einstellung der Person zur Freiheit des anderen und so ein Anspruch auf Allgemeinheit zum Ausdruck. Sobald einer Person diese Herrschaft über die Qualität des rechtlich gesetzten Anerkennungsverhältnisses zukommt und sie damit selbst die Einheit zwischen willentlicher Handlung und rechtsverletzendem Erfolg herstellt, ist sie für einen Außenstehenden gleichsam gesperrt.[866]

Soll nun eine dritte Person als mittelbare Täterin die Tatherrschaft hinsichtlich der Rechtsverletzung innehaben, muß ihr die Gestaltungsmacht über das rechtsverletzende Geschehen zukommen. Nicht der unmittelbar Handelnde verwirklicht dann seine Unrechtsmaxime, sondern der Hintermann setzt die Mittelsperson für seine Unrechtszwecke ein. In welchen Fällen überhaupt eine

---

865 Daß hier der Begriff des „Erfolges" nicht auf einen äußeren zu reduzieren ist, sondern in einem qualitativen Sinn als Negation des Anerkennungsverhältnisses zu verstehen ist, wurde bereits ausführlich dargelegt. Vgl. 3. Kapitel, D. und 4. Kapitel, D. I.

866 Vgl. dazu 4. Kapitel, D. I. 1.b), 2., 3.; E. I.

solche Herrschaftsstellung des Hintermanns möglich ist, ist im folgenden zu untersuchen. Dabei ist aber zuvor in einem ersten Schritt festzustellen, wie sich die Unrechtsmaxime des einzelnen überhaupt näher konstituiert (unter aa)). Erst dann kann in einem zweiten Schritt aufgewiesen werden, wann der einzelne als potentieller Tatmittler nicht mehr seine eigene Unrechtsmaxime verwirklicht (unter bb)). Denn nur dann ist überhaupt die *Möglichkeit* gegeben, daß ein anderer als Hintermann seine Unrechtsmaxime durch einen Vordermann realisiert. In einem dritten Schritt kann schließlich dargelegt werden, wann dem Hintermann tatsächlich die Macht über das rechtsverletzende Geschehen zukommt (unter cc)).

aa) Die Bildung der Unrechtsmaxime und ihre Umsetzung in die soziale Wirklichkeit[867]

Die Maxime des einzelnen wird jeweils im Hinblick auf eine konkrete Situation gebildet. Die Entscheidung, beispielsweise die Sache eines anderen zu beschädigen, kann aufgrund unterschiedlicher innerer und äußerer Bedingungen erfolgen. So beschädigt jemand das Eigentum des Opfers etwa deswegen, weil dieses den Täter Tage zuvor durch eine Bemerkung gereizt hat, oder weil der Täter meint, daß dem Opfer eine so schöne Sache nicht zustehe. Die Entscheidungsprozesse des einzelnen, sich zum Unrechten zu wenden, stellen einen komplexen inneren Vorgang dar, in dem die Person ihre (Unrechts-) Maxime formt. Dabei spielen auch subjektive Befindlichkeiten eine Rolle, die auf die Erfahrungen und Bedürfnisse des einzelnen und seine persönliche Lebensgestaltung zurückzuführen sind. Jemand läßt sich z. B. deshalb von einer bestimmten Person schneller reizen, weil er zu dieser eine besonders enge Beziehung hat und ihn eine von ihr ausgehende Kränkung besonders tief trifft.

Die Maxime enthält dabei zugleich auch allgemeine Bestandteile, die bei ihrer Bildung mitanwesend sind. So kann der einzelne sich z. B. sagen: „Es ist richtig, wenn dich jemand reizt, dessen Sache zu beschädigen." Das Subjekt ist dabei aber nicht auf seine Neigungen und Gefühle reduziert, sondern diese stehen bei der Maximenbildung zugleich in einem Wechselverhältnis zur Vernunfteinsicht, sich zum Richtigen bestimmen zu können. Die subjektive Einsicht in die objektiv richtige Maxime, daß es richtig ist, jemanden nicht in seinem Eigentum zu verletzen, geht dabei aber nicht verloren. Sie konkurriert vielmehr mit der

867 Vgl. allgemein zur Bildung der (Unrechts-) Maxime, dem Begriff der Entscheidung und seiner Umsetzung in die soziale Wirklichkeit auch *Wolff*, Der Handlungsbegriff in der Lehre vom Verbrechen, S. 15ff.; *ders.*, Die Abgrenzung von Kriminalunrecht zu anderen Unrechtsformen, S. 70ff.; ausführlich auch *Murmann*, Die Nebentäterschaft im Strafrecht, S. 208ff.

Maxime: „Es ist richtig, einen anderen zu verletzen, wenn er dich zuvor gereizt hat.“ Es gibt also bei der Bildung von Maximen eine Vielzahl von Momenten, die die Freiheitsverletzung an sich selbst nicht unmittelbar zum Inhalt haben, sondern die nur innere und äußere Motive für die Negation des Rechtsverhältnisses sind. Das entscheidende Element der unrechten Gestaltung der Rechtsverhältnisse ist aber allein die vom Täter bei der konkreten Freiheitsverletzung umgesetzte *Unrechtsmaxime*, die geäußerte Entscheidung, ein bestimmtes Rechtsgut zu verletzen. Beim Sich-Wenden zum Unrecht lautet also die Maxime: „Ein anderer soll in seinem Eigentum verletzt werden“. Auch die Tatbestände des Besonderen Teils beschreiben das Unrecht im Hinblick auf diese konkrete Vernichtung fremder Freiheit (z. B.: Es ist nicht richtig, die Sache eines anderen zu beschädigen, § 303 StGB). Die einzelnen Motive spielen für die Unrechtstat in ihrer sozialen Erscheinung zunächst keine Rolle. Für das Unrecht ist damit nur der Teil der Maxime zu betrachten, der die Verletzung eines bestimmten Anerkennungsverhältnisses zum Inhalt hat.

Die Realisierung der Maxime enthält aber über die Verletzung des einzelnen Rechtsguts hinaus noch einen weiteren Bestandteil, die sie als *unrechte Gestaltung* des *Anerkennungsverhältnisses* erscheinen läßt. Denn die unrechte Handlung erscheint nicht nur in ihrer Verletzung zum Opfer, sondern ist zugleich auch eine Wendung gegen die Allgemeinheit des Rechts.[868] Der einzelne stellt bei der Umsetzung seiner konkreten unrechten Maximensetzung das objektive Recht zugleich in seinem allgemeinen Anspruch in Frage. Er handelt rechtswidrig. Nur ausnahmsweise begründet die verletzende Umsetzung der Maxime nicht zugleich die Verletzung rechtlicher Verhältnisse, wenn nämlich dem Handelnden bei einer Freiheitsverletzung ein Rechtfertigungsgrund zur Seite steht.[869] Zwar wird auch dann die Verletzung an sich nicht aufgehoben, aber die Tat ist nicht Ausdruck einer *un*rechten Maximenbildung, sondern der Eingriff in die Rechtssphäre beruht im konkreten Fall auf einem richtigen, die Freiheit des einzelnen sichernden, Entscheidungsprozeß.

In der Entscheidung zur Verletzung wird die Unrechtsmaxime nun konkret. Unter Berücksichtigung der Regeln der hypothetischen Imperative, der Geschicklichkeit und Klugheit werden bestimmte Mittel ausgewählt, die zur erfolgreichen Umsetzung der Maxime führen. Dabei ist nicht entscheidend, daß der einzelne den Kausalverlauf bis ins Detail kennt, z. B. daß das Opfer nicht, wie vom Täter ursprünglich beabsichtigt, unmittelbar durch den Schuß stirbt, sondern erst einige Zeit später verblutet. Maßgeblich ist vielmehr, daß die Freiheitsverletzung des anderen und damit die Veränderung der sozialen Wirklich-

---

868 Vgl. auch bereits 3. Kapitel, C. II, 4. Kapitel, D. II.

869 Daß es sich hier um eine zweite Reflektionsebene handelt, die eine die betroffenen Subjekte übergreifende allgemeine Stufe darstellt, wurde dargelegt. Vgl. 4. Kapitel, D. II.

keit tatsächlich auf die Unrechtsmaxime des Täters zurückzuführen ist. Er muß die Grund-Folge-Beziehung kennen, damit ihm die Verletzung des Rechtsverhältnisses als sein Werk zuzuschreiben ist. Die Gestaltung der unrechtlichen Verhältnisse muß sich als Realisation der Entscheidung des Täters zur Umsetzung seiner konkreten Unrechtsmaxime darstellen. Nur soweit der von ihm in Gang gesetzte, das Rechtverhältnis verletzende Geschehensablauf für ihn als ein solcher vorhersehbar war, ist er verobjektivierter Teil seiner konkreten Unrechtsmaxime.

bb) Für die Unrechtstat relevante Fehlvorstellungen im Rahmen des Maximenbildungsprozesses

Innerhalb des Maximenbildungsprozesses kann es nun, bedingt durch die Endlichkeit des einzelnen, zu Fehlannahmen kommen, die die Einsicht versperren, daß er durch seine Handlung eine Rechtsverletzung bewirkt. Es handelt sich dann nicht mehr um eine vom Subjekt begründete und verobjektivierte Unrechtsmaxime. Anders ausgedrückt: Die notwendige Einheit von Handlung und rechtsverletzendem Erfolg ist nicht sein Werk. Dabei können aber nur solche Fehlvorstellungen maßgeblich sein, die für die Unrechtsmaxime selbst relevant sind, d. h., die auf die Verletzung des konkreten Anerkennungsverhältnisses gerichtet sind. Irrtümer, die dagegen allein die Motive des Handelnden betreffen, müssen bei der Bildung der Unrechtsmaxime unberücksichtigt bleiben. So kann z. B. ein Motivirrtum über den Wert einer Sache nicht entscheidend für die Bildung der tatbezogenen Unrechtsmaxime an sich sein.[870] Aber auch ein Rechtsirrtum, d. h. ein alleiniger Irrtum darüber, daß das Handeln einen konkreten Gesetzesverstoß beinhaltet (Verbotsirrtum), kann für die Bildung der Maxime im Hinblick auf die Freiheitsverletzung nicht von Relevanz sein. Weiß der Täter nicht, daß seine Verletzung gegen eine bestimmte Norm verstößt, verliert er nicht die Einsicht in die Rechtsverletzung überhaupt, sondern handelt im Hinblick auf seine tatbezogene Regelanwendung an sich selbstbestimmt.

Auf welcher Ebene solche Fehlvorstellungen für die Bildung der konkreten Unrechtsmaxime von Bedeutung sind, ist im folgenden näher auszuführen. Denn nur, soweit die unmittelbar handelnde Person nicht die eigene Verletzungs-

870 Vgl. aber demgegenüber *Roxin* in Leipziger Kommentar, § 25 Rn. 96ff., der bei Irrtümern über den „konkreten Handlungssinn“ mittelbare Täterschaft auch bei solchen Fälle annimmt, in denen der unmittelbar Handelnde z. B. über den Wert einer Sache irrt, den der Hintermann ihm verschleiert hat, oder über gesetzlich qualifizierende Qualifikationsmerkmale von diesem getäuscht wurde. Vgl. aber zur Behandlung des Hintermanns beim Vorliegen eines error in persona seitens des unmittelbar Handelnden (sog. Dohna-Fall) sogleich unter C. I.

maxime verwirklicht, ihr also nicht die Herrschaft über die Veränderung der Qualität des Anerkennungsverhältnisses zukommt, besteht überhaupt die Möglichkeit, daß eine andere Person das rechtsverletzende Geschehen mittelbar verwirklicht und so die Unrechtseinheit durch eine fremde Maxime gestiftet worden ist. Solange der unmittelbar Handelnde dagegen Einsicht in seine tatbezogene rechtswidrige Handlung hat, bleibt die Möglichkeit einer fremden täterschaftlichen Zurechnung im Hinblick auf die Rechtsverletzung verwehrt. Es können damit nur solche Irrtümer maßgeblich sein, die dem Subjekt die Einsicht in die die Unrechtsmaxime begründenden Bedingungen versperren.

Auf einer *ersten Stufe* im Rahmen des *Unrechtstatbestandes* kann der einzelne einer Fehlvorstellung über einzelne Tatumstände unterliegen, die die Rechtsverletzung begründen, z. B. weiß er nicht, daß das Werfen eines Steines zu einer Sachbeschädigung führt. Die Person ist dann nicht in der Lage, sich *überhaupt* zur *richtigen Maximenbildung* zu bestimmen, da sie die faktischen Umstände nicht kennt, deren Wissen für eine solche aber unabdingbar sind. Selbst wenn sie abstrakt weiß, daß es unrecht ist, eine fremde Sache zu beschädigen oder zu zerstören, hat sie in der konkreten Situation (beim Werfen des Steines) mangels des Wissens um die erfolgsbegründenden Umstände, nicht die Möglichkeit, der richtigen Maximensetzung Wirkung zu verschaffen. Deutlich wird dies auch im Unterschied zu einem Motiv- oder Rechtsirrtum. Unterliegt der Handelnde lediglich einer Fehlvorstellung darüber, daß ihn ein anderer gereizt hat, hat dies für die konkrete Äußerung der Verletzungsmaxime keine relevante Auswirkung. Die Tat bleibt Ausdruck seines Entscheidungsprozesses. Aber auch bei einem vermeidbaren oder unvermeidbaren Verbotsirrtum behält er die vollständige Einsicht in die die Freiheitsverletzung begründenden Umstände, auch wenn er verkennt, daß sein Verhalten einen konkreten Normverstoß darstellt. Die Tat ist weiterhin Ausdruck seiner Selbstbestimmung. Demgegenüber fehlt dem Handelnden bei einem Irrtum über die Tatumstände bereits die Verletzungseinsicht (vgl. § 16 StGB), so daß es ihm überhaupt unmöglich ist, die richtige Maxime zu bilden. Die die Zuschreibung zur Unrechtstat begründende Einheit von Handlung und rechtsverletzendem Erfolg ist dann beim unmittelbar Handelnden durchbrochen. Erforderlich ist aber, daß die Fehlvorstellung über die äußeren Tatbedingungen für den Handelnden von Bedeutung ist und sich auf seinen Entscheidungsprozeß ausgewirkt hat. So ist es für den vom Handelnden gestifteten Erfolgszusammenhang unerheblich, ob jemand z. B. mit Arsen getötet werden soll, in Wirklichkeit aber ein anderes tödlich wirkendes Gift verwendet wird. Der vom Handelnden gestiftete rechtsverletzende Zusammenhang ist in einem solchen Fall nicht aufgelöst, sondern läßt sich weiterhin als der vom Handelnden bewirkte begreifen.[871]

---

871 Welche Auswirkungen ein Personen- oder Objektsirrtum auf den vom Handelnden

Ein Irrtum auf der Sachverhaltsebene kann aber auch auf einer weiteren Stufe des Unrechtstatbestandes und damit für den Maximenbildungsprozeß im Hinblick auf die Einsicht in die Freiheitsverletzung überhaupt von Bedeutung sein. Denn auf der sozialen Handlungsseite ist nicht nur die Seite des Verletzungstatbestandes an sich maßgeblich, sondern die Tat muß sich auch als Wendung gegen das Recht darstellen, sie muß *rechtswidrig* sein. Wie dargelegt wurde, ist das allgemeine Anerkennungsverhältnis durch die konkrete Verletzungshandlung nicht beeinträchtigt, soweit dem Handelnden ausnahmsweise ein Rechtfertigungsgrund zur Seite steht. Bestandteil der verobjektivierten Unrechtsmaxime ist es auch, daß sie das Rechtsverhältnis zu einem unrechten gestaltet. Auch wenn hier die Einheit von Handlung und Verletzungserfolg an sich nicht aufgehoben ist, kann der Eingriff in die Rechtssphäre des anderen im konkreten Fall nicht als verbotene Wendung gegen das eingesehene Rechtsverhältnis beurteilt werden. Es fehlt bei einer solchen Tat zwar nicht an der Herrschaft über das Verletzungsgeschehen selbst, aber es mangelt an der Macht über die Un*rechts*verwirklichung. Dies ist z. B. dann der Fall, wenn ein Polizeibeamter aufgrund einer falschen Verdächtigung einen Unschuldigen vorläufig festnimmt, § 127 II StPO. Sind die allgemeinen Voraussetzungen für eine Festnahme gegeben, handelt er auch bei einem Irrtum über die verdachtsbegründenden Umstände gerechtfertigt, und der Betroffene hat die erfolgte Freiheitsberaubung zu dulden. Sachverhaltsirrtümer auf der Ebene der Rechtswidrigkeit bilden damit die zweite mögliche Einbruchstelle für die Tatherrschaft eines anderen.[872]

Schließlich kann auf einer dritten Stufe ein Sachverhaltsirrtum zur Durchbrechung der *Unrechts*einheit führen. Irrt der Täter über die Umstände, die eine Erlaubnisnorm begründen würden *(Erlaubnistatumstandsirrtum)*, fehlt ihm die Einsicht in die unrechtsbegründende Maximensetzung.[873] Das ist z. B. dann der Fall, wenn jemand irrigerweise annimmt, er werde von einem anderen angegriffen und daraufhin den anderen in dessen Körperintegrität verletzt. Auch wenn ihm hier zwar nicht die Einsicht in die Verletzung selbst fehlt, so irrt er doch über faktische Umstände, die sein Verhalten rechtswidrig machen. Der Täter handelt zwar mit Tatwillen, ihm fehlt jedoch das Tatumstandswissen hinsichtlich der objektiv nicht gegebenen Erlaubnisnorm und damit die Einsicht, rechtswidriges Unrecht zu verwirklichen. Er verhält sich in seiner Vorstellung der Sachverhaltsumstände „an sich rechtstreu" und realisiert daher seines Erachtens in der konkreten Situation kein Unrecht. Das Vorliegen eines Erlaubnistatumstandsirrtums beim unmittelbar Handelnden begründet damit ebenso

---

bewirkten Erfolg hat, ist damit noch nicht entschieden, vgl. dazu unten unter C. I.

872 Vgl. zu diesen Fällen auch RGSt 133, 426; 72, 150; BGHSt 3, 4; 10, 306.

873 Vgl. zum näher zum Erlaubnistatumstandsirrtum die Ausführungen im 4. Kapitel unter D. II.

eine Durchbrechung der Unrechtseinheit und ermöglicht eine Veränderung der Herrschaftsverhältnisse, da dem einzelnen auch hier die Einsicht in die unrechtsbegründende Maximensetzung fehlt.

Zusammenfassend ist festzuhalten, daß allein bei einem Irrtum über die *tatsächlichen* Umstände, die für die Bildung der konkreten Unrechtsmaxime entscheidend sind, die personale Herrschaft über das konkrete (rechtswidrige) rechtsverletzende Geschehen des unmittelbar Handelnden ausgeschlossen ist. Nur wenn sich der Handelnde in einem bedeutsamen Irrtum über die Freiheitsverletzung selbst (§ 16 StGB) oder in einem Irrtum über die Umstände, die eine Erlaubnisnorm begründen würden (Erlaubnistatumstandsirrtum), befindet, oder wenn sein Verhalten aufgrund der besonderen Situation keine Wendung gegen das allgemeine Recht darstellt, hat er selbst kein Un-Recht bewirkt. Die Freiheitsverletzung erscheint dann nicht als *seine* Negation des Anerkennungsverhältnisses. Bei Eigenschafts-[874] oder Rechtsirrtümern[875] ist dem einzelnen dagegen die Möglichkeit, sich zur richtigen Maximenbildung zu bestimmen, nicht verwehrt, da er hinsichtlich der rechtswidrigen Verletzungstat an sich selbstbestimmt handelt.[876]

cc) Mittelbare Täterschaft als Herrschaft über die unrechte Gestaltung des Anerkennungsverhältnisses durch einen anderen

Im Rahmen der Darstellung der Möglichkeit der (Mit-) Zurechnung fremder Unrechtstaten wurde aufgewiesen, daß sich diese Möglichkeit aufgrund der spezifischen Verbindung von Intelligiblität und Endlichkeit des Subjekts ergibt. Nachdem nun weiter unter aa) der Prozeß der Maximenbildung des einzelnen näher beleuchtet wurde, konnte unter bb) dargelegt werden, wann ein Fehlgehen dieses Prozesses im Rahmen des Maximenbildungsprozesses für die Unrechtstat selbst von Relevanz ist. An diesem Punkt wird nun das Verhältnis zu anderen Personen von Bedeutung. Denn tritt ein Dritter in das Geschehen, besteht die *Möglichkeit*, daß diesem die Verantwortung für das rechtsverletzende Verhalten zugewiesen werden kann, indem er sich die endliche Tatmacht des anderen in der Weise zunutze macht, daß er, bedingt durch die mögliche Fehlvorstellung des unmittelbar Handelnden über die äußeren Sachverhaltsumstände, seine Unrechtsmaxime verwirklicht. Er kann in den Maximenbildungsprozeß eines anderen eingreifen und die Herrschaftsverhältnisse in der Weise verändern, daß nun ihm (dem Hintermann) die Tatmacht über das rechtsverletzende Geschehen

---

874 Vgl. aber zur Unterscheidung eines bloßen Eigenschaftsirrtums und eines error in persona unten unter C. I.

875 Vgl. dazu unter C. II. 1.

876 Vgl. hierzu insgesamt auch *M. Köhler*, AT, S. 505f., 508f.

zukommt, auch wenn die Rechtsverletzung von einer anderen Person unmittelbar ausgeführt wurde. Gemeint ist damit aber nicht eine Zurechnung in dem Sinne, daß, weil nun der unmittelbar Handelnde nicht für seine Tat verantwortlich ist, einem anderen das Geschehen („nach dem Willen des Gesetzes") zugewiesen wird. Es bedarf vielmehr eines spezifischen Wirkzusammenhangs, der den Hintermann in eine Stellung rückt, die das rechtsverletzende Geschehen als das von ihm begründete erscheinen läßt. Voraussetzung ist dabei zunächst, daß er Grund für das Geschehen ist, indem er z. B. den Irrtum hervorgerufen hat oder die den anderen rechtfertigende Situation begründet hat. Es kann aber keinesfalls ausreichen, daß er bloß irgendwie kausal war. Er muß - soll ihm die *personale* Tatherrschaft zukommen - die für den Handelnden undurchschaubare Wirklichkeit bewußt so gestaltet haben, daß er davon ausgehen konnte, daß der andere seiner (die der des Hintermanns) unrechten Maxime Folge leisten wird. Der von ihm geleistete Tatbeitrag muß damit nicht nur in Kenntnis des Irrtums des Vordermanns erfolgen, sondern er muß ihn auch *durch* diesen Defekt zum Erfolg geführt haben.[877] Der Hintermann muß das berechtigte Vertrauen der Mittelsperson darauf, daß das, was er ihr als Sach- oder Faktenlage vorgibt, nicht zu einer Freiheitsverletzung führen wird, mißbrauchen. Er schafft eine für den Vordermann undurchschaubare Sachlage, die die Mittelsperson dazu bringt, gewissermaßen aus Versehen eine Verletzung zu realisieren. Der Hintermann setzt den Vordermann als Mittel für seine Zwecke ein, indem er gezielt das Vertrauen seines Gegenübers für seine Dienste benutzt. Der mittelbare Täter benutzt also das allgemeine Vertrauensverhältnis für seine Manipulation. Damit wird auch deutlich, daß der Tatmittler nicht als ein Unvernünftiger zu begreifen ist. Beide Seiten vom Menschen (Endlichkeit und Vernünftigkeit) sind in den Begründungszusammenhang vielmehr mit einzubeziehen: Der Hintermann setzt die in jedem Subjekt liegende Endlichkeit (und die damit verbundene mögliche Nichtdurchschaubarkeit der gegebenen Bedingungen) für seine Zwecke ein, nimmt aber dabei zugleich auch die Vernünftigkeit des anderen mit in sein Vorhaben auf. Denn er muß gerade darum bemüht sein, eine undurchschaubare Sachlage zu schaffen, weil er zugleich davon ausgehen kann, daß der andere sonst die von ihm intendierte Tat möglicherweise nicht ausführen würde. Auch der Hintermann begreift damit „sein Werkzeug" nicht als ein bloß natürliches, sondern als ein menschliches. Der Hintermann kann sich aber die Tatmacht über die durch die Mittelsperson bewirkte Rechtsverletzung verschaffen, indem er sie für die Verwirklichung seiner Unrechtsmaxime mißbraucht. Subjektiv muß dieser auch ein Verständnis von seiner Herrschaft über das Geschehen haben, d.

---

877 Vgl. auch *Zaczyk*, Strafrechtliches Unrecht und die Selbstverantwortung des Verletzten, S. 43.

h. eine rein objektive Tatherrschaft genügt nicht (so z. B. wenn dem Hintermann zwar tatsächlich die Tatmacht zukommt, er sich dieser aber nicht bewußt ist).

Nur wenn also neben dem Sachverhaltsirrtum des unmittelbar Handelnden aufgewiesen ist, daß sich der Hintermann die Mittelsperson bewußt für seine unrechten Zwecke zunutze macht, indem er in dessen Wirklichkeitsvorstellung eingreift, stellt sich die Rechtsverletzung als die durch ihn bewirkte dar. Der äußerlich die Rechtsverletzung verursachende unmittelbar Handelnde realisiert dann allein die Unrechtsmaxime des Hintermanns. Insofern gleicht die Tat des Hintermanns insgesamt der Selbsttäterschaft. Sie ist mit ihr aber nicht gleichzusetzen, was auch in der gesetzlichen Unterscheidung von mittelbarer Täterschaft und Alleintäterschaft zum Ausdruck kommt.[878] Der Hintermann hat dann die Herrschaft über die „Qualität des Anerkennungsverhältnisses", d. h. über das im Tatbestand vertypte Unrecht und gerade nicht die von ihm eingesetzte Mittelsperson. Damit ist zugleich die systematische Abgrenzung zur Anstiftung benannt. Solange der unmittelbar Handelnde hinsichtlich der rechtswidrigen Tat äußerlich frei und einsichtig handelt, ist für die Täterschaft eines Außenstehenden kein Platz.[879] Auch wenn seine Maximenbildung durch einen anderen beeinflußt wurde, indem ein anderer bei ihm z. B. einen Rechtsirrtum (§ 17 StGB) bewirkt oder ihn unter Druck gesetzt hat (§ 35 StGB), verwirklicht der unmittelbar Handelnde weiterhin nicht eine fremde, sondern die eigene Unrechtsmaxime, während der Hintermann an derselben „nur" teil-haben kann.

Auf der Unrechtstatbestandsebene stellt sich das Geschehen bei der mittelbaren Täterschaft als *eine* Einheit dar. Zwar führt der Hintermann die Handlung selbst nicht aus, sondern läßt eine Mittelsperson handeln, so daß diese letztlich das Geschehen durch ihre Handlung rein objektiv zu einer Einheit bringt, aber der Hintermann ist für diese Einheit zuständig; er stiftet dieselbe. Der Verletzungstatbestand und die Rechtswidrigkeit wird *durch ihn* mittels des Einsetzens einer Person verwirklicht. Die Mittelsperson selbst realisiert kein Unrecht, sondern verwirklicht die Unrechtsmaxime des Hintermanns, bedingt durch den Irrtum über die faktische Sachlage.

2. Anstiftung als Mitzurechnung einer fremden Verletzung des Rechtsverhältnisses

Im Gegensatz zur mittelbaren Täterschaft handelt es sich bei der Anstiftung um eine Teilnahmeform, die voraussetzt, daß eine vorsätzliche rechtswidrige

---

878 Daß der Vordermann möglicherweise die Inszenierung durch den Hintermann durchschaut, und es daher nicht zur Verwirklichung seiner Unrechtsmaxime kommt, ist für ihn nur zufällig.

879 Vgl. auch *M. Köhler,* AT, S. 505f., 508.

Haupttat begangen wurde (vgl. § 26 StGB). Daß das Erfordernis der „limitierten Akzessorietät" bei der Teilnahme keine willkürliche Entscheidung des Gesetzgebers ist, sondern eine sachlogische Notwendigkeit darstellt, wurde bereits dargelegt.[880]

a) Begründungszusammenhang

Aus dem im dritten und vierten Kapitel herausgearbeiteten Begründungszusammenhang ist nun auch die Anstiftung in Abgrenzung zur mittelbaren Täterschaft zu deduzieren. Die Möglichkeit der Mitzurechnung von Handlungen anderer ergab sich aus der Konstitution des Subjekts selbst, aus seiner spezifischen Verbindung von Intelligiblität und Endlichkeit. Zwar ist der einzelne bedingt durch seine Vernünftigkeit grundsätzlich für seine Unrechtstaten verantwortlich, er stößt aber aufgrund seiner physischen und psychischen Schwächen in seinen äußeren Handlungen auf Grenzen. Genau diese Grenzen wurden als mögliche Einbruchstellen aufgewiesen, die eine (Mit-) Zurechnung fremder Taten begründen können. Der Endlichkeit des einzelnen Subjekts im Rahmen seiner Einsicht und Zweckverwirklichung entspricht der Vernunftschluß, seine Autonomie und Handlungsfreiheit in Formen gemeinsamen Handelns zu realisieren. Bei der mittelbaren Täterschaft, so wurde dargelegt, setzt der Hintermann die Endlichkeit des Subjekts in der Weise für seine Zwecke ein, daß er der Mittelsperson bereits die Möglichkeit nimmt, sich überhaupt zur richtigen Maximenbildung zu bestimmen, indem er die äußeren Verhältnisse für den Vordermann undurchschaubar gestaltet. Die Rechtsverletzung erscheint dann als sein Werk, wenn er nun über die Mittelsperson seine Unrechtsmaxime verwirklicht, und ihm so die tatsächliche Herrschaft über das rechtsverletzende Geschehen zukommt. Er stiftet die Einheit zwischen seiner Handlung und dem tatbestandsmäßigen rechtswidrigen Erfolg „durch einen anderen" (§ 25 I 2. Alt. StGB). Angedeutet wurde damit zugleich auch die systematische Abgrenzung zur Anstiftung. Hier handelt der Vordermann hinsichtlich der rechtswidrigen Tat äußerlich frei und einsichtig, ihm kommt die Herrschaft über die „Qualität des Anerkennungsverhältnisses", über das im Tatbestand vertypte Unrecht, zu und gerade nicht (wie bei der mittelbaren Täterschaft) dem Hintermann.

Die Besonderheit der Anstiftung liegt nun darin, daß sie trotz ihrer Einordnung als Teilnahme nach dem Gesetz in ihrer Straftatfolge der Täterschaft gleichsteht. Soll diese Gleichstellung *gerecht* sein, muß sich dies auch im Unrecht der Anstiftung widerspiegeln. Das weist bereits darauf hin, daß nicht eine irgendwie geartete Beeinflussung, mag sie auch mitursächlich für die Fassung des Tatent-

---

880 Vgl. 4. Kapitel unter E. II.

schlusses sein, ausreichen kann, um die tätergleiche Bestrafung zu rechtfertigen. Es muß vielmehr ein besonderes Maß an Einflußnahme seitens des Anstifters auf die Maximenbildung des Vordermanns vorliegen, die jenen in eine Position rückt, die der Täterschaft gleichsteht, auch wenn die Mittelsperson selbstbestimmt zur Unrechtsverwirklichung übergeht. Dem Merkmal des „Bestimmens" muß eine besondere Qualität zukommen.

Bei der Analyse des gegenwärtigen Diskussionsstandes zeigt sich aber, daß die Rechtsprechung und große Teile der Literatur das entscheidende Moment des Strafunrechts der Anstiftung in der „Ursachensetzung" sehen (sog. akzessorietätsorientierte Verursachungstheorie). Daneben werden in einer kritischen Auseinandersetzung mit dieser Lehre Auffassungen vertreten, die insbesondere im Hinblick auf die tätergleiche Bestrafung des Anstifters versuchen, spezifische Gefährlichkeitselemente herauszuarbeiten, die den besonderen Unrechtsgehalt seines Handelns mit prägen. Es kann hier keine umfassende Analyse der hierzu vertretenen Lehren erfolgen, sondern es sollen nur beispielhaft einige Ansätze herausgestellt werden und anschließend in einer kritischen Auseinandersetzung eine eigene Lösung herausgestellt werden.

b) Kritik gegenüber den bisherigen Lehren zum Strafunrecht der Anstiftung und ihrer Auslegung des „Bestimmens" in § 26 StGB

aa) Die akzessorietätsorientierte Verursachungstheorie und ihre Modifizierung

Der Strafgrund der Anstiftung wird nach der sog. akzessorietätsorientierten Verursachungstheorie[881] in der Verursachung der vom Angestifteten begangenen Haupttat gesehen. Der Hintermann verwirkliche selbst nicht unmittelbar das tatbestandsmäßige Unrecht, sondern mittelbar über die vom Angestifteten vorgenommene Deliktsrealisierung. Das Teilnahmeunrecht sei daher nach Grund und Maß vom Haupttatunrecht abhängig. Der Anstifter werde durch Erweckung des Tatentschlusses beim Vordermann „mitursächlich" für die Haupttat. Da es alleine auf die Ursachensetzung ankommen soll, werden nach einem Teil dieser Lehre die Bestimmungsmittel sehr weit gefaßt. Genügen soll jede irgendwie geartete Einflußnahme auf den Täter, wie z. B. ein einfacher Rat, der bloße Hinweis, ein Tip oder eine Bitte. Auf die Stärke und Intensität der Beeinflussung oder die Umstände (z. B., ob ein Widerstand überwunden werden muß oder nicht) soll es nicht ankommen. Auch das Schaffen einer tatprovozierenden Situ-

---

881 *Samson* in Systematischer Kommentar, Vor § 26 Rn. 14; *Bloy,* Beteiligungsform als Zurechnungstypus, S. 328f.; *Weber* in Baumann/Weber/Mitsch, AT, § 30 Rn. 3, 6; *Widmaier,* JuS 1970, S. 242; vgl. auch *Christmann,* Zur Strafbarkeit sogenannter Tatsachenarrangements wegen Anstiftung, S. 71.

ation[882] soll unter Umständen ausreichend sein, da sie so anreizend gestaltet werden könne, daß sich niemand die Chance entgehen lassen werde, deliktisch tätig zu werden.[883] Das Aufbauen einer Anreizsituation erscheint nach dieser Auffassung möglicherweise sogar „aussichtsreicher, raffinierter und für das Angriffsobjekt gefährlicher" als eine verbale Aufforderung zur Tat.[884]

Von einem Teil der Literatur wird nun diese weite Auslegung des Bestimmensmerkmals angesichts der tätergleichen Straftatfolge zu recht kritisiert und ein „kollusives Zusammenwirken" in Form einer geistigen Kommunikation zwischen Anstifter und Täter verlangt.[885] Die Begründungen hierfür sind unterschiedlicher Natur. So wird zum Teil darauf hingewiesen, daß das Unrecht der Anstiftung zwar von der Haupttat abhängig sei, jedoch zugleich einen eigenen Unwert verkörpere. Der Anstifter müsse nicht nur den Rechtsgutsangriff durch einen anderen ermöglichen, sondern das Rechtsgut selber durch die kommunikative Beeinflussung des Täters angreifen, so daß das bloße Situationsarrangement nicht ausreichend sei.[886] Zum Teil wird die weite Auslegung des Bestimmensmerkmals damit verneint, daß der Anstifter nicht nur eine konkrete Gefahr durch das Hervorrufen des Tatentschlusses schaffen, sondern sein Verhalten auch „auf die Hervorrufung solcher Entschlüsse funktional bezogen"[887] sein müsse. In den Fällen des „Arrangements zugkräftiger Situationen" fehle dagegen der eindeutige Sinngehalt einer auf die Hervorrufung des deliktischen Entschlusses gerichteten Aktion.[888]

---

882 So z. B., wenn A den eifersüchtigen Ehemann B nach Hause lockt in der Hoffnung, dieser werde dort den in flagranti überraschten Liebhaber seiner Frau verprügeln. Vgl. zu weiteren Beispielen, *Roxin* in Leipziger Kommentar § 26 Rn. 3, der dieser weiten Auslegung aber nicht folgt. Vgl. aber auch *Christmann,* Zur Strafbarkeit sogenannter Tatsachenarrangements wegen Anstiftung, S. 7.

883 *Weber* in Baumann/Weber/Mitsch, AT, § 30 Rn. 63; *Widmaier,* JuS 1970, 241 (242f.); *Herzberg,* Täterschaft und Teilnahme, S. 53, 146; *Hilgendorf,* Jura 1996, S. 9 (10, Fn. 18); *Christmann,* Zur Strafbarkeit sogenannter Tatsachenarrangements wegen Anstiftung, S. 20ff.; S. 39ff.; ebenso die Rechtsprechung, vgl. nur BGH NJW, 924; StV 2000, 260.

884 *Herzberg,* Täterschaft und Teilnahme, S. 146; vgl. auch *Christmann,* Zur Strafbarkeit sogenannter Tatsachenarrangements wegen Anstiftung, S. 36; BGH GA 1980, 184; *Widmaier,* JuS 1970, S. 242f.

885 *Cramer/Heine* in Schönke/Schröder, § 26 Rn. 4; Vorbem §§ 25ff. Rn. 17a; *Kühl,* AT § 20 Rn. 172; *Frisch,* Tatbestandsmäßiges Verhalten und Zurechnung des Erfolges, S. 333ff.; 343f.

886 So *Cramer/Heine* in Schönke/Schröder, § 26 Rn. 4; Vorbem §§ 25ff. Rn. 17a; vgl. auch bereits *Roxin* in Leipziger Kommentar, § 26 Rn. 4.

887 So *Frisch,* Tatbestandsmäßiges Verhalten und Zurechnung des Erfolges, S. 337.

888 *Frisch,* Tatbestandsmäßiges Verhalten und Zurechnung des Erfolges, S. 339ff.

Im Gegensatz zur „reinen Verursachungstheorie“[889] hebt die hier dargelegte Lehre der „akzessorietätsorientierten Verursachungstheorie“ zwar zu recht hervor, daß der Teilnehmer mittelbar die Rechtsgutsverletzung verwirklicht und das Teilnahmeunrecht daher zum Haupttatunrecht akzessorisch ist. Sie begründet dabei aber nicht das Unrecht des Anstifters, sondern beschreibt dieses nur. Wie sich das intersubjektive Wirkverhältnis bei der Anstiftung konstituiert, wird nicht näher dargelegt. Deutlich wird dies bei der Auslegung des in § 26 StGB vorausgesetzten Kriteriums des „Bestimmens“ eines anderen. Wird dieses nur als „Mitverursachung“ der Haupttat umschrieben, kann eine Abgrenzung zu täterschaftlichem Handeln, insbesondere zur mittelbaren Täterschaft, nicht begründet werden, denn auch hier ist der Hintermann für die Tat in jedem Fall mitursächlich. Insofern steht die Verursachungslehre letztlich der funktionalen Einheitstäterlehre nahe, die zwar zwischen unmittelbarer und mittelbarer Täterschaft unterscheidet, aber auf der Unrechtsebene keine Differenzierung von täterschaftlichem und teilnehmendem Handeln vornimmt.[890] Daß aber ein Einheitstätersystem den interpersonalen Wirkzusammenhängen nicht gerecht wird, wurde ausführlich dargelegt. Intersubjektives Handeln ist mehr als das bloße Ursächlichwerden für einen bestimmten tatbestandsmäßigen Erfolg.[891]

Diejenigen, die schließlich das Merkmal des Bestimmens einschränkend auslegen und dennoch weiter an der Theorie der „Mitverursachung“ festhalten, können letztlich keinen im Unrecht der Anstiftung selbst liegenden Grund für das Erfordernis einer kommunikativen Einwirkungshandlung angeben. Warum das Teilnahmeunrecht von der Haupttat abhängen und der Hintermann daher selbst das Rechtsgut (mittelbar) angreifen muß, wird nicht dargelegt. Ein einfacher Verweis auf den Wortlaut des § 26 StGB, der den Bezug zu einer vorsätzlich begangenen rechtswidrigen Haupttat verlangt, genügt aber nicht.[892]

Die Lehre von der akzessorischen Verursachungstheorie läßt damit insgesamt das intersubjektive Wirkverhältnis zwischen den Personen unterbestimmt. Der Anstifter setzt mit seinem Verhalten gerade keine einfache Kausalkette in Gang, sondern wirkt auf eine Vernunftperson ein, die sich nicht nach reinen Naturgesetzen steuern läßt. Würde jeder „Verhaltensvorschlag“, „Rat“ oder „Tip“ für ein „Bestimmen“ genügen, würde zum einen die Macht des „Anstifters“ überschätzt, denn dieser „bedient“ sich gerade nicht eines mechanischen Werkzeugs, sondern wirkt auf eine freie Person ein, die schließlich selbstbestimmt zur Unrechtstat übergeht. Zum anderen würde dabei aber auch die Person des Ange-

---

889 Vgl. zu den reinen Verursachungstheorien, 4. Kapitel unter E. II. 1.

890 Vgl. 3. Kapitel, E.

891 Vgl. 3. Kapitel, E.

892 So *Cramer/Heine* in Schönke/Schröder, Vorbem §§ 25 ff. Rn. 17; vgl. auch *Roxin* in Leipziger Kommentar, Vor § 26 Rn. 5.

stifteten unterschätzt, denn diese begreift sich auch weiterhin als selbständiges Wesen. Sie würde sich zu ihrer Vernunfteinsicht selbst in Widerspruch setzen, wenn sie annähme, jede noch so geringe Beeinflussung könne sie „automatisch" zur Tat veranlassen. Für die Frage, welche Mittel für eine in ihrer Straftatfolge tätergleiche Anstiftung in Betracht zu ziehen sind, ist es daher erforderlich, sich den besonderen Wirkzusammenhang der handelnden Personen in bezug auf das zu verletzende Rechtsgut näher zu betrachten und nicht bei einer rein beschreibende Perspektive stehenzubleiben. Zu berücksichtigen ist dabei insbesondere, daß dem Anstifter, soll sich die der Täterschaft gleichstehenden Straftatfolge als *gerecht* erweisen, eine der Tatherrschaft vergleichbare Stellung zukommen muß, auch wenn sie sich nicht unmittelbar auf die Rechtsverletzung selbst bezieht.

Roxin schlägt daher vor, die *„akzessorietätsorientierte Verursachungstheorie"* mit der „reinen Verursachungstheorie" zu kombinieren.[893] Strafgrund der Teilnahme sei der „akzessorische Angriff auf das tatbestandlich geschützte Rechtsgut".[894] Der durch den Teilnehmer bewirkte mittelbare Rechtsgutsangriff an sich beschreibe einerseits das selbständige Element des Teilnahmeunrechts, während die Akzessorietät andererseits verdeutliche, daß das Teilnahmeunrecht „zum guten Teil auch aus dem Unrecht der Haupttat abgeleitet" werde.[895]

Eine wirkliche Verknüpfung der beiden Elemente „Akzessorietät" und „Rechtsgutsangriff" findet jedoch nicht statt, sondern beide werden lediglich beziehungslos nebeneinandergestellt.[896] Die von Roxin versprochene Synthese findet sich auch nicht bei der Erörterung des besonderen *Strafgrundes der Anstiftung*, der als „kollusive Tatveranlassung in Form der Hervorrufung oder „identitätsverändernden" Modifizierung eines Tatentschlusses" umschrieben wird.[897] Denn auch die Mittel der Anstiftung sind nach Roxin gleichgültig, soweit sie eine „kollusive" Verhaltensweise mit Aufforderungscharakter darstellten. So genüge auch die bloße Überredung oder Raterteilung[898], nicht dagegen aber das bloße Schaffen einer tatprovozierenden Situation.[899] Was das Bestimmen zu einer „kollusiven Tatveranlassung" werden läßt, wird nicht deutlich, wenn schließlich doch jede kommunikative Einwirkungshandlung genügen soll.

---

893 *Roxin,* Zum Strafgrund der Teilnahme, Stree/Wessels-FS, S. 365 (380); *ders.* in Leipziger Kommentar, Vor § 26, Rn. 22.

894 *Roxin,* Zum Strafgrund der Teilnahme, Stree/Wessels-FS, S. 365 (380ff.); *ders.* in Leipziger Kommentar, Vor § 26 Rn. 7; § 26 Rn. 4.

895 *Roxin* in Leipziger Kommentar, Vor § 26 Rn. 7.

896 Fraglich ist, ob ein solches Verhältnis dann als *Synthese* zu begreifen ist.

897 *Roxin* in Leipziger Kommentar, § 26 Rn. 15.

898 *Roxin* in Leipziger Kommentar, § 26 Rn. 58.

899 *Roxin* in Leipziger Kommentar, § 26 Rn. 3.

Damit bleibt der die akzessorietätsorientierte Verursachungstheorie modifizierende Ansatz Roxins bei einer rein beschreibenden Darstellung des Anstiftungsunrechts stehen. Eine genauere Klärung der intersubjektiven Wirkverhältnisse erfolgt nicht, so daß der Unwert der Anstiftung und ihr Bezug zur Haupttat ungeklärt bleiben. Auch wenn Roxin die tätergleiche Bestrafung damit rechtfertigt, daß der Anstifter die Tat überhaupt erst in Gang setze und sich damit die geringere Tatherrschaft des Anstifters „kompensieren" lasse,[900] zieht er daraus keine Konsequenzen. Er betont zwar, daß es zweifelhaft sei, ob die „Initialzündung" als Rechtfertigung der tätergleichen Bestrafung ausreichen könne und nicht möglicherweise die leichtere Form der Anstiftung der Beihilfe näher stünde als der Täterschaft, stellt aber gleichzeitig fest, daß die gesetzliche Regelung hinzunehmen sei.[901] Die Möglichkeit, das Merkmal des Bestimmens restriktiver auszulegen, verneint er schließlich mit der kriminalpolitischen Erwägung, dies sei nicht zweckmäßig, da für die Anstiftung dann „zu wenig übrig" bleibe.[902] Solche kriminalpolitischen Zweckmäßigkeiten können aber keine Aussagen über Begründungen im Recht abgeben. Für die *gerechte* Bestrafung des einzelnen ist seine *Tat* entscheidend und nicht außerrechtliche Erwägungen, die letztlich nur zufällig die Strukturen menschlichen Handelns richtig erfassen können.[903]

bb) Der präventive Ansatz Schumanns: Der Strafgrund der Anstiftung als besondere Gefahr für die Geltungskraft des Rechts

Schumanns Ausgangspunkt und seine Einwände gegenüber den akzessorietätsorientierten Verursachungstheorien scheinen zunächst dem der vorliegenden Arbeit zugrunde gelegten Ansatz nahe zu kommen. So betont er, daß es einer besonderen Begründung bedarf, vom Prinzip der Selbstverantwortung abzuweichen und die Möglichkeit einer Mitzurechnung für Taten anderer einzuräumen.[904] Er wirft den Verursachungstheorien daher auch zu recht vor, daß sie mit ihrem kausalen Verständnis, den Unwertgehalt der Teilnahme nicht zu begrün-

---

900 *Roxin* in Leipziger Kommentar, § 26 Rn. 15.

901 *Roxin* in Leipziger Kommentar, § 26 Rn. 15.

902 *Roxin* in Leipziger Kommentar, § 26 Rn. 12. Zudem ist das Argument Roxins nicht überzeugend, daß eine enge Auslegung des „Bestimmensmerkmals" nicht mit dem Wortlaut des § 26 StGB zu vereinbaren sei (vgl. aaO, Rn. 11).

903 Vgl. auch bereits die Kritik gegenüber dem methodischen Ausgangspunkt Roxins im 2. Kapitel unter C. II. 2. a).

904 *Schumann,* Strafrechtliches Handlungsunrecht und das Prinzip der Selbstverantwortung der Anderen, S. 42f.

den vermögen, sondern stillschweigend einem extensiven Täterbegriff zusprechen müssen.[905]

Schumanns eigenen Ausführungen zum Unrecht der Teilnahme, insbesondere zur Anstiftung kann aber nicht gefolgt werden. Er sieht das entscheidende Unrechtsmoment der Teilnahme in ihrem besonderer „Aktunwert" begründet, der sie als ein für die Rechtsgemeinschaft „unerträgliches Beispiel" erscheinen lasse.[906] Das Unrecht der Teilnahme sei mit dem des Versuchs gleichzusetzen. Bei beiden liege der Strafgrund in dem sich in der Straftat manifestierenden rechtsfeindlichen Willen, der das Vertrauen der Allgemeinheit in die Geltung der Rechtsordnung zu erschüttern geeignet sei (sog. Eindruckstheorie).[907] Das besondere Unrecht des Teilnehmers zeichnet sich seiner Meinung nach dadurch aus, daß er sich mit fremden Unrecht „solidarisiert". Das Hervorrufen des Tatentschlusses seitens des Anstifters könne aber nur dann eine unrechte Solidarisierung darstellen, wenn es sich als „ein den Rechtsfrieden in unerträglicher Weise störendes Sichgemeinmachen mit fremden Unrecht" erweise.[908] Dies sei allein dann anzunehmen, wenn der Anstifter seinen Willen, den Haupttäter zu einer Vorsatztat veranlassen zu wollen, ausdrücklich zum Ausdruck bringe. Eine „tatprovozierende Situation" oder irgendeine psychische oder geistige Beeinflussung könne dafür nicht ausreichen, sondern die Anstiftung setze eine Aufforderung (z. B. eine Überredung) mit „einem bestimmten gedanklichen Inhalt" voraus.[909]

Auch wenn Schumann in seiner Arbeit immer wieder betont, Grund und Grenze des Teilnahmeunrechts müßten sich nach dem Verantwortungsprinzip der Beteiligten ableiten,[910] wird er seiner Prämisse bei der Deduktion des eigenen Ansatzes nicht gerecht. Denn entscheidender Maßstab für das Teilnahmeunrecht soll nun nicht mehr das freie (verantwortliche) Handeln des einzelnen sein, sondern die Frage, inwieweit der „Rechtsfrieden in unerträglicher Weise" durch die „Solidarisierung mit fremden Unrecht" gestört werde. Ausgangspunkt ist nicht mehr die Handlung der Person und ihre Beziehung zum angegriffenen

905 *Schumann,* Strafrechtliches Handlungsunrecht und das Prinzip der Selbstverantwortung der Anderen, S. 47.

906 *Schumann,* Strafrechtliches Handlungsunrecht und das Prinzip der Selbstverantwortung der Anderen, S. 49.

907 *Schumann,* Strafrechtliches Handlungsunrecht und das Prinzip der Selbstverantwortung der Anderen, S. 50.

908 *Schumann,* Strafrechtliches Handlungsunrecht und das Prinzip der Selbstverantwortung der Anderen, S. 51.

909 *Schumann,* Strafrechtliches Handlungsunrecht und das Prinzip der Selbstverantwortung der Anderen, S. 52.

910 *Schumann,* Strafrechtliches Handlungsunrecht und das Prinzip der Selbstverantwortung der Anderen, S. 1, 42ff.

Rechtsgut, sondern der äußere „Eindruck" der Allgemeinheit. Die Gesellschaft wird zum Subjekt, während der betroffene einzelne zum Objekt für andere wird. Der „friedensstörende Eindruck" stellt zudem nur scheinbar ein objektives Kriterium in dem Sinne dar, daß er die Strafwürdigkeit der Tat zu seinem Inhalt macht. Vielmehr ist er Ausdruck einer unbestimmten Beliebigkeit eines sozialpsychologischen Gefühls anderer, der relativ bleiben muß, da sich für ihn keine allgemeingültigen Kriterien ableiten lassen.[911] Bei dem einen könnte z. B. auch eine tatprovozierende Situationsschaffung ausreichen, um sein Rechtsgefühl zu erschüttern, bei einem anderen dagegen nicht. Schließlich wird, anders als bei der vollendeten täterschaftlich begangenen Tat, bei der das Unrecht Grund für die Folge (den Eindruck als Wendung gegen das Recht) ist, Grund und Folge beim Teilnahmeunrecht umgekehrt: Der Eindruck soll nun Grund dafür sein, daß die Tat als unrechte zu bewerten ist. Eine Tat, die nach den sonst anzulegenden Kriterien kein Unrecht darstellt, wird als Unrecht behandelt, weil sie für andere so erscheint.[912] Die Rechtswidrigkeit des Teilnahmehandelns wird damit durch den Eindruck fingiert, nicht aber begründet.

cc) Heghmanns: Das Strafunrecht der Anstiftung als Gefährdung des Rechtsguts und Verursachung von Exzeß- und Wiederholungsgefahren

Nach *Heghmanns* ist der Strafgrund der Anstiftung darin zu sehen, daß der Anstifter nicht nur eine Gefährdung für das konkrete Rechtsgut bewirkt, indem er den präsumtiven Täter zu einer bestimmten Tat motiviert,[913] sondern den Angestifteten *insgesamt* zu einer zukünftigen Gefahr der Gesellschaft macht. Der durch den Hintermann bewirkte Wertverlust des Angestifteten ist danach nicht nur darin zu sehen, daß dieser die von ihm angesonnene Haupttat verwirklicht, vielmehr hat seine Aufforderung zur Tat immer auch eine „generelle Senkung seiner Normtreue" zur Folge.[914] Das Anstiftungsverbot dient somit nicht nur dem Schutz des konkret von der Tat betroffenen Rechtsguts, „sondern darüber hinaus dem Schutz der Güterwelt insgesamt"[915]. Schließlich sei mit dem Bestimmen zur Tat zugleich ein Exzeßrisiko des Angestifteten und damit eine gesteigerte Gefahr für andere Rechtsgüter verbunden. So könnten sich bei der

---

911 Vgl. zur Kritik auch *M. Köhler,* AT, S. 454.

912 So zu recht *Zaczyk,* Das Unrecht der versuchten Tat, S. 22ff. hinsichtlich der sog. Eindruckstheorie als Begründung für das Versuchsunrecht.

913 „Der potentielle Täter soll gezwungen werden, selbst den Tatentschluß zu fassen, und da dies naturgemäß seltener autonom gelingt als bei entsprechender Beeinflussung von außen, wird so der Schutz des Rechtsguts intensiviert." *Heghmanns,* GA 2000, S. 473 (484).

914 *Heghmanns,* GA 2000, S. 473 (485).

915 *Heghmanns,* GA 2000, S. 473 (485).

Tatausführung beispielsweise die mit ihr verbundenen Entdeckungsrisiken oder Verteidigungsrisiken verwirklichen. Der Täter eines Totschlags (§ 212 StGB) kann z. B. bei Entdeckung seiner Tat die Ausführung seiner Tat gewaltsam durchsetzen, so daß er nun den Tatbestand des § 211 StGB erfüllen würde.[916]

Die tätergleiche Bestrafung des Anstifters rechtfertigt sich nach Heghmanns also aufgrund der Tatsache, daß zu dem Erfolg der Tatmotivation noch die beiden abstrakten Gefährdungserfolge einer von ihm nicht mehr zu beherrschenden Wiederholung und eines Exzesses seitens des Angestifteten hinzutreten und so das „Minus an Tatherrschaft" des Anstifters aufwiegen.[917] Aufgrund dieser besonderen Gefährlichkeit des Anstifterverhalten sind die Anstiftungsmittel seines Erachtens weit zu fassen: Es genügt das Schaffen einer tatprovozierenden Situation, denn entscheidend ist allein die gefährliche Beeinflussung der Täterpsyche überhaupt, die auch bei der „verdeckten" Anstiftung besonders gravierend sein kann.

Mit einem solchen Ansatz wird die konkrete Handlung des Anstifters gänzlich verlassen und ihre Strafwürdigkeit auf ein abstraktes Gefährdungs*potential* reduziert. Die Anbindung an eine tatsächlich begangene Rechtsverletzung oder eine konkrete Rechtsgefährdung ist nicht mehr erforderlich. Die Rechtsgüter bestehen aber nicht in einer abstrakten Allgemeinheit, sondern haben einen unmittelbaren Bezug zum Dasein der besonderen personalen Freiheit der handelnden einzelnen. Sie können daher auch nicht in ihrer Allgemeinheit als solche verletzt werden, sondern bedürfen immer einer Rückbindung an die Bedingungen äußerer Freiheit selbst. Soll aber - wie Heghmanns meint - mit dem Anstiftungsverbot ein „Schutz der Güterwelt insgesamt" erreicht werden, geht die Bindung an das konkrete freiheitsverletzende Verhalten einer Person verloren. Die Begründung des Strafunrechts überhaupt muß aber an das jeweilige Verhalten des einzelnen gebunden sein und sich auf die Beeinträchtigung einer konkreten Freiheitsverletzung beziehen. Erst durch diese bestimmte Verletzung wird die Allgemeinheit angegriffen. Ebenso muß eine mögliche Mitzurechnung von einer konkreten Rechtsverletzung abhängig sein. Wird dagegen von der einzelnen Tat abstrahiert und jegliche Einflußnahme auf einen anderen als abstrakte Gefährdung begriffen, wird Strafrecht zum totalen Ordnungsmittel. Selbst wenn man daher mit Heghmanns annimmt, daß die Schaffung einer tatprovozierenden Situation oder die Raterteilung den Entscheidungsprozeß des Täters auch in späteren Verhaltensweisen beeinflussen wird, bleibt dieser hinsichtlich der zukünftigen Realisierung weiterer Rechtsverletzungen in seinem Urteil und Handeln frei. Ausräumen läßt sich die Kritik auch nicht mit dem Argument, daß die Strafbarkeit der eigentlichen Rechtsgutsgefährdung oder

---

916 *Heghmanns,* GA 2000, S. 473 (485).
917 *Heghmanns,* GA 2000, S. 473 (485).

ihrer Verletzung oft zu spät ansetzt, um ihre *präventive Wirkung* entfalten zu können. Die Frage, ob strafwürdiges Unrecht vorliegt, kann sich nicht nach kriminalpolitischen Zielsetzungen richten. Ausgangspunkt muß vielmehr die vom Subjekt begangene rechtswidrige Tat sein und nicht die von ihr unabhängige Frage, wie das Verbrechen wirksam zu bekämpfen ist. Es geht bei der Strafe um den gerechten Ausgleich einer vom Täter schuldhaft begangenen Rechtsverletzung und nicht darum, die Tat im Vorfeld zu verhindern.[918] Die Gefahrenabwehr ist Aufgabe des Polizei-, nicht aber des Strafrechts. Wird der einzelne nicht mehr wegen seiner schuldhaft begangenen Tat bestraft, sondern auf ein mögliches Gefährdungspotential für die Gesellschaft reduziert, der aus dem Gemeinschaftsleben eliminiert werden muß, nimmt man ihn als vernünftiges und verantwortungsfähiges Subjekt nicht mehr ernst. Das Subjekt wird dann wie ein Gegenstand behandelt und die strafende Auseinandersetzung mit ihm erfolgt nicht mehr in freiheitsgemäßer Weise.

c) Anstiftung als Mit-Zurechnung einer fremden Verletzung des Anerkennungsverhältnisses

Die kritische Auseinandersetzung mit den Lehren zum Strafunrecht der Anstiftung und die damit verbundene weite Auslegung des Bestimmensmerkmals hat deutlich gemacht, daß sich der Strafgrund nicht in der Mitverursachung der vom Täter begangenen vorsätzlichen rechtswidrigen Haupttat erschöpfen kann. Ebensowenig können präventive Erwägungen das Strafunrecht der Anstiftung und ihre tätergleiche Straftatfolge begründen.

Im folgenden soll keine neue Lehre zum Strafgrund der Anstiftung entwickelt, sondern dargelegt werden, wie das Bestimmensmerkmal in § 26 StGB in Abgrenzung zur Handlung des mittelbaren Täters, der „durch einen anderen" die Rechtsverletzung selbst verwirklicht, auszulegen ist.

aa) Erinnerung an die für das Unrecht entscheidenden Elemente des Maximenbildungsprozesses und Abgrenzung der Anstiftung zur mittelbaren Täterschaft

Aufgewiesen wurde, daß es hinsichtlich der Bildung der Unrechtsmaxime eine Vielzahl von Momenten gibt, die für ihre Motivation eine Rolle spielen können. Für die Unrechtsmaxime selbst ist dabei aber nur ein Teil, nämlich die konkrete Verletzung eines Anerkennungsverhältnisses entscheidend. Bedeutsames Element für die Möglichkeit, sich in der konkreten Situation zum Richtigen zu

918 Vgl. insgesamt zur Kritik gegenüber der Generalprävention als Strafbegründung insbesondere *E. A. Wolff*, ZStW 97 (1985), S. 786 (792ff.); *M. Köhler*, Über den Zusammenhang von Strafrechtsbegründung und Strafzumessung, S. 29ff.

bestimmen, ist die Kenntnis hinsichtlich der äußeren Sachverhaltsumstände überhaupt. Nur dann kann der Agierende das rechtsverletzende Geschehen als sein Werk begreifen. Erst wenn dem Subjekt aufgrund seiner Unvollkommenheit die Einsicht in die die Rechtsverletzung begründenden Umstände verwehrt bleibt, besteht die Möglichkeit, daß ein anderer seine eigene Unrechtsmaxime durch ihn verwirklicht (mittelbare Täterschaft). Die Möglichkeit einer Tatherrschaft des Hintermanns über das rechtsverletzende Geschehen kommt also nur in den Fällen in Betracht, in denen dem unmittelbar Handelnden die Einsicht in die die rechtswidrige Tat begründenden Sachverhaltsumstände fehlt. Benannt wurde damit bereits auch die systematische Abgrenzung zur Anstiftung. Der unmittelbar Agierende handelt hier hinsichtlich des Tatgeschehens äußerlich frei und einsichtig, so daß für die Tatherrschaft eines Außenstehenden über die Rechtsverletzung selbst kein Raum ist. Er verwirklicht die von ihm gebildete Unrechtsmaxime. Dennoch ist aber die Anstiftung nach heutigem Recht in ihrem Strafmaß der Täterschaft gleichgestellt.

Kennzeichnend für die Anstiftung ist, daß der Anstifter einen anderen zur Tat „bestimmt". Er nimmt also ebenso auf den Maximenbildungsprozeß eines anderen Einfluß, allerdings in einer anderen Form als der mittelbare Täter. Denn der unmittelbar Handelnde geht bei der Teilnahme zum konkreten Rechtsbruch selbstbestimmt über, und es fehlt ihm nicht generell die Verletzungseinsicht (wie der Mittelsperson bei der mittelbaren Täterschaft). Ihm verbleibt die Möglichkeit, sich zur richtigen Maximenbildung zu bestimmen. Dennoch soll der Anstifter der Täterschaft in der Straftatfolge hinsichtlich der vom anderen bewirkten Rechtsverletzung gleichzustellen sein. Die Einflußnahme muß dann eine besondere Qualität aufweisen, die diese Gleichstellung rechtfertigt.

bb) „Bestimmen" als besondere Einflußnahme auf den Unrechtsmaximenbildungsprozeß eines anderen

Um eine tätergleiche Bestrafung zu begründen, kann nicht jede Form der (ursächlichen) Einflußnahme auf die Maximenbildung eines anderen ausreichen. Vielmehr muß dem Anstifter eine der Täterschaft gleichende Tatherrschaft zukommen, soll sich die Gleichstellung in der Straftatfolge als *gerecht* erweisen. Ein Rat oder Tip genügt ebensowenig wie der bloße Vorschlag, eine Tat zu begehen. Ansonsten würde auf der einen Seite die Selbstbestimmtheit des Haupttäters unterbewertet, die autonom zur Unrechtsverwirklichung übergeht, und auf der anderen Seite die Macht des Anstifters überbewertet.[919] Deutlich wird dies auch, wenn man sich das Geschehen aus der Perspektive des Bestimmenden vergegenwärtigt. Dieser setzt bewußt eine Vernunftperson ein und

919 Vgl. bereits oben unter B. I. 2. b) aa).

bedient sich gerade nicht eines technischen Werkzeugs, welches er unmittelbar beherrschen könnte. Er wirkt vielmehr auf den Entscheidungsprozeß eines selbstbestimmten Subjekts ein und setzt damit seine Vernünftigkeit zugleich voraus. Er würde sich selbst überschätzen, wenn er meinte, das jede von ihm erfolgte Beeinflussung ausreichen würde, um ihm eine der Täterschaft gleichkommenden Wirkmacht zu verschaffen. Auch aus der Perspektive des unmittelbar zur Rechtsverletzung übergehenden Angestifteten zeigt sich, daß dieser sich weiterhin als Vernunftwesen begreift und nicht jede Form der Beeinflussung als unbedingte Aufforderung zur Tat versteht.

Der einzelne kann, ebenso wie er Kausalgesetze zu durchschauen vermag, im handelnden Umgang mit Menschen Regelmäßigkeiten feststellen, die er sich für seine Zwecke dienstbar machen kann. Auch wenn diese Erfahrungsgrundsätze bedingt durch die autonome Subjektsnatur des Gegenübers von schwächerer Art sind als Naturkausalitäten, weiß er, daß bei einer gewissen Form der Beeinflussung, der andere seinen Willensbestimmungen, bedingt durch seine Unvollkommenheit, regelmäßig Folge leisten wird. Dabei wird bereits deutlich, daß nicht jeder äußere oder innere Einfluß von solcher Kraft sein kann. Es können nur solche Einwirkungen sein, die den Angestifteten in seiner Entscheidung so einengen, daß es ihm aufgrund seiner Endlichkeit unmöglich wird, die Situation für sich richtig zu lösen. Die Einflußnahme muß zur Folge haben, daß dem Handelnden nur eine beschränkt freie Entscheidung hinsichtlich der Rechtsverletzung möglich ist. Voraussetzung für die Anstiftung ist damit, daß dem Anstifter eine den Willen der Mittelsperson bestimmende Herrschaft zukommt, die zu einer Art Abhängigkeit vom Beeinflussenden bei der Verwirklichung der konkreten Unrechtsmaxime führt. Der Anstifter faßt einen eigenen Unrechtsentschluß und wirkt durch seine Einflußnahme auf den unmittelbar Handelnden auf eine bestimmte Tat hin.[920] Letzterer geht jedoch (wenn auch beschränkt) selbstbestimmt zur Verwirklichung seiner Unrechtsmaxime über. Die Willensbestimmung seitens des Anstifter besteht damit im (einseitigen) Einwirken auf den Vordermann. Jenem kommt damit nicht die Herrschaft über die Tataus-

---

920 Insoweit besteht eine gewisse Parallele zur Mittäterschaft. Bei der Anstiftung ist das bestimmende Hinwirken auf eine konkrete Tat jedoch einseitig, während es bei der Mittäterschaft wechselseitig ist. (vgl. auch *M. Köhler,* AT, S. 521). Der vorliegende Ansatz unterscheidet sich insofern auch von dem *Puppes*, als diese das Unrecht der Anstiftung darin sieht, daß der Anstifter „eine Art Pakt mit dem Täter“ schließe. Diese faktische Bindung erschwere es dem Angestifteten, den Tatplan aufzugeben. (GA 1984, S. 101 (S. 112ff.). Ein solcher „Pakt“ verleiht dem Hintermann aber noch keine Macht über den Täter. Denn anders als bei der Mittäterschaft kommt es bei der Anstiftung nicht zu einem wechselseitig bestimmenden Vollzug der Unrechtsmaxime während der Tatausführung. Die Macht des Anstifters liegt vielmehr in seiner einseitigen bestimmenden Einflußnahme auf die Mittelsperson.

führung selbst zu, sondern seine Handlungsmacht liegt darin, daß er ein Abhängigkeitsverhältnis zum anderen begründet oder ausnutzt. Es bedarf also eines Bestimmungsmittels von besonderer Qualität, die dem Anstifter eine täterschafts*ähnliche* Tatmacht verleiht. Während bei der mittelbaren Täterschaft die Tatherrschaft über das rechtsverletzende Geschehen selbst dem Hintermann zukommt, liegt diese hier bei der Mittelsperson. Sie ist diejenige, die mit ihrer Handlung den Erfolgszusammenhang stiftet. Das Verhalten des Anstifters ist zwar auch Teil des Geschehens, aber er stiftet nicht selbst die Einheit zwischen seiner Handlung und dem rechtsverletzenden Erfolg (wie der mittelbare Täter), sondern er nimmt auf die (Unrechts-)Maximenbildung eines anderen "bestimmenden" Einfluß. Der Anstifter beteiligt sich damit durch seine Einflußnahme auf den Entscheidungsprozeß des unmittelbar Handelnden an der von diesem selbst gestifteten Verletzungseinheit. Er ist Teilnehmer einer, wenn auch von ihm entscheidend mitbewirkten, *fremden* Unrechtstat.

Aus der Unvollkommenheit des einzelnen und der damit verbundenen Möglichkeit, auf den Entscheidungsprozeß eines anderen im Hinblick auf die Verletzung eines Rechtsguts Einfluß zu nehmen, ergibt sich also die *Mit*zurechnung einer fremden Rechtsverletzung. Diese ist bei einer bestimmten Qualität der Beeinflussung mit der Herrschaft über die vom unmittelbar Handelnden bewirkten Freiheitsverletzung *vergleichbar*, mit ihr aber dennoch nicht gleichzusetzen ist, da der Vordermann weiterhin *seine* Maxime realisiert. Für die Anstiftung ist es erforderlich, daß der Anstifter so auf die Mittelsperson einwirkt, daß diese der Willensbestimmung bedingt durch ihre Endlichkeit nicht zu widerstehen vermag. Ebenso wie der mittelbare Täter macht sich also auch der Anstifter die Endlichkeit des Gegenübers zunutze, allerdings in einer anderen Form als jener.

cc) Enge Auslegung des Merkmals „Bestimmen"

Die Form des „Bestimmens" ist damit eng zu fassen. Ausreichend sind weder allein ein Rat oder Tip noch eine bloße Überredung. Diese können vielmehr nur die „schwächere" Form der (psychischen) Beihilfe bilden, da sie dem Täter nur Möglichkeiten aufzeigen, wie er seine schließlich eigenständig gefaßte Unrechtsmaxime verwirklichen kann. Es handelt sich hier nur um eine untergeordnete Tätigkeit, die dem Teilnehmer keine der Täterschaft gleichenden Machtstellung verleiht, wie die mittelbare Täterschaft oder die Anstiftung.[921] Darin gründet sich auch die in § 27 II S. 2 StGB vorgesehene obligatorische Strafmilderung des Gehilfen. Für die in ihrer Straftatfolge tätergleiche Anstiftung kommen dagegen nur solche Formen in Betracht, die dem Anstifter eine gewisse Machtstellung über die Handlung des Vordermanns und dessen Rechts-

---

921 Vgl. auch *M. Köhler,* AT, S. 525.

verletzung verleihen. Dies kann auf unterschiedliche Weise erfolgen, was im folgenden beispielhaft dargelegt werden soll.[922]

Das ist zunächst der Fall, wenn jemand einen anderen unter Androhung einer Einbuße der eigenen Rechtsgüter zwingt (vgl. auch § 35 StGB), einen Dritten zu verletzen. Zwar geht der Vordermann selbstbestimmt zur Unrechtsmaxime über, aber er sieht sich vor die Wahl gestellt, entweder die ihm angedrohte Freiheitseinbuße hinzunehmen oder der Willensbestimmung des Hintermanns nachzugeben. Die Unrechtseinsicht des Agierenden bleibt an sich bestehen, denn auch, wenn er sich in einer gegenwärtigen Gefahr für Leib oder Leben befindet und eine Unrechtstat begeht, um der Gefahr zu entgehen, weiß er, daß er Unrecht verwirklicht. Er besitzt weiterhin die Fähigkeit, sich zum Richtigen zu bestimmen, vermag aber seiner Rechtsmaxime aufgrund der Drucksituation keine Wirksamkeit zu verschaffen.[923] Er gerät so in eine Abhängigkeit vom Anstifter, der ihn auf diese Wahlmöglichkeit einengt und den Anstifter so in eine der Tatherrschaft gleichende Position rücken läßt.[924] Der Handelnde wird hier auf seine Wahlfreiheit eingeschränkt, entweder eine Einbuße in seine Guts- und Wohlbestimmung hinzunehmen, oder der Aufforderung des Hintermanns zu folgen. Der Anstifter kann so in gewisser Weise das rechtsverletzende *Verhalten* des Vordermanns beherrschen, der aber weiterhin selbstbestimmt zur Freiheitsverletzung übergeht.[925] Für den Anstifter besteht damit immer eine gewisse Unsicherheit, ob die Mittelsperson seinem Ansinnen überhaupt nachkommt. Denn er realisiert und beherrscht dabei nicht selbst die Verletzung und verwirklicht so auch nicht seine eigene Unrechtsmaxime, sondern nimmt "bestimmenden" Einfluß auf die Unrechtsmaximenbildung des Vordermanns.

Eine der Täterschaft gleichstehende Machtstellung kann auch dann vorliegen, wenn zwischen den Beteiligten bereits ein Abhängigkeitsverhältnis besteht und der Hintermann das bestehende Machtgefälle nutzt, um einen anderen zur Tat zu veranlassen, z. B. im Verhältnis der Eltern zu ihren Kindern oder des Arbeitgebers gegenüber seinem Arbeitnehmer. Es ist auch dann der Fall, wenn jemand sich eine konstitutionelle Schwäche eines anderen für seine Zwecke zunutze macht. So z. B. wenn der Großvater seinen 13jährigen Enkel veranlaßt, an ein Wohnhaus Feuer zu legen.[926] Auch hier geht die Mittelsperson (der Enkel) selbstbestimmt zur Verletzung des Anerkennungsverhältnisses über (soweit sie

---

922 Vgl. zu weiteren Fallgruppen unten unter C. II. bis V.

923 Welche Folge sich daraus für die dogmatische Einordnung des § 35 StGB ergeben, soll an dieser Stelle nicht weiter verfolgt werden. Vgl. dazu unten unter C. III. 1.

924 Vgl. konkret zur Frage des Nötigungsnotstandes unten unter C. III. 2.

925 Vgl. auch *M. Köhler,* AT, S. 510, 525.

926 Vgl. RGSt 61, 265; a. A. *Herzberg,* Täterschaft und Teilnahme, S. 29f.

Verletzungseinsicht hat).[927] Sie kann aber der Aufforderung durch den Hintermann nicht in der Weise widerstehen wie jemand, der vollverantwortlich zur Rechtsverletzung übergeht. Gleiches kann auch bei rechtswidrigen Befehlen im Rahmen staatlicher Hierarchien gegeben sein, bei denen dem jeweils Übergeordneten durch seine Autoritätsstellung eine besondere Macht über den Entscheidungsprozeß des anderen zukommt.[928]

Muß dem Anstifter also gegenüber dem unmittelbar Handelnden eine übergeordnete Position zukommen, wird deutlich, daß das bloße Schaffen einer tatprovozierenden Situation nicht genügen kann. Ebensowenig kann aber auch ein bloßes Lohnversprechen (unabhängig in welcher Höhe) ausreichen, um eine tätergleiche Stellung des Anstifters zu begründen.[929] Es ist nur dann ausreichend, wenn es z. B. in Verbindung mit der Ausnutzung oder Begründung eines dargelegten Abhängigkeitsverhältnisses besteht. Ansonsten ist die Entschlußfassung des unmittelbar Handelnden zur Unrechtsrealisierung selbst nicht eingeschränkt. Es kommt daher nur eine Beihilfe in Betracht.

II. Zusammenfassung zur Bestimmung der Abgrenzungskriterien

Bildet das praktisch handelnde Subjekt in seinen endlichen Bedingungen und seinem Verhältnis zu anderen Mitsubjekten Maßstab und Grenze im Recht wie im Unrecht, haben sich auch die Abgrenzungskriterien von Anstiftung und mittelbarer Täterschaft, sollen sie *Rechts*kriterien sein, an der Konstitution des einzelnen selbst zu messen. Die beiden Beteiligungsformen zeichnen sich zunächst dadurch aus, daß jeweils eine an sich vernünftige Person zwischen der Handlung des Hintermanns und der Rechtsgutsverletzung steht. Diese wird auch nicht dadurch zu einem natürlichen Kausalfaktor, wenn sie sich z. B. in einem Irrtum oder in einer Drucksituation befindet. Sie bleibt vielmehr selbständig denkendes Subjekt, mag ihre Autonomie in einer bestimmten Situation auch eingeschränkt sein. Der Vernunftprozeß selbst ist nicht korrumpierbar und eine Beteiligung daher nur an äußeren Bedingungen möglich, d. h. an einer vom unmittelbar Agierenden begangenen konkreten Unrechtstat.

Die Verletzung des konkreten Rechtsverhältnisses gestaltet sich bei mittelbarer Täterschaft und Anstiftung unterschiedlich. Während dem mittelbaren Täter selbst die Herrschaft über die Freiheitsverletzung zukommt, und er damit derjenige ist, der das Anerkennungsverhältnis, wenn auch vermittelt über eine andere

---

927 Vgl. zu den Fällen, in denen die Mittelsperson mangels Einsichts- und Steuerungsfähigkeit schuldlos handelt (§§ 19, 20 StGB) sogleich unter C. II. 2.

928 Vgl. auch *M. Köhler*, AT, S. 510, 525.

929 So aber wohl *M. Köhler*, AT, S. 525.

Person, verletzt, hat der Anstifter an der vom unmittelbar Handelnden begangenen Verletzung „nur“ Teil. Ihm wird die Tat eines Dritten *mit*zugerechnet.

Differenzierungsmoment der beiden Zurechnungsformen ist das unterschiedliche „Benutzen“ der Endlichkeit des einzelnen durch den Hintermann für seine Zwecke. Der *mittelbare Täter* nutzt die Endlichkeit der Mittelsperson in der Weise für die Verwirklichung seiner Unrechtsmaxime, daß ihr die Möglichkeit, sich zum Richtigen zu bestimmen, durch Manipulation unmöglich macht: Er verhindert die richtige Maximenbildung schon in einem ersten Schritt dadurch, daß er beim Vordermann die richtige Beurteilung der Sachlage vereitelt. Das ist dann der Fall, wenn er einem Tatbestands- oder Erlaubnisumstandsirrtum hervorruft oder ausnutzt, oder sich die Tat des Vordermanns aufgrund der von ihm nicht durchschauten Sachlage als gerechtfertigt. Die Mittelspeson weiß in diesen Situationen bereits nicht, daß sie eine Freiheitsverletzung bewirkt.

Eine *Anstiftung* kommt dagegen dann in Betracht, wenn der Anstifter die Endlichkeit der Mittelsperson in der Weise ausnutzt, daß er sie in eine Lage versetzt, die sie für sich nicht widerspruchslos zu bewältigen vermag. Er mißbraucht oder schafft ein Abhängigkeitsverhältnis zum Vordermann, der dann zwar seine eigene Unrechtsmaxime verwirklicht, aber dabei auf eine äußere Wahlfreiheit eingeschränkt ist. So z. B. vor die Wahl gestellt wird, selbst in seiner Guts- und Wohlkonzeption beeinträchtigt zu werden oder zur Rechtsverletzung überzugehen. Der Hintermann formt damit durch seine *willensbestimmende Macht* entscheidend die bewußt gefaßte Verletzungsmaxime der Mittelsperson. Ein bloßer Tip oder Rat genügt daher für die in ihrer Bestimmungswirkung der Anstiftung gleichstehenden Täterschaft ebensowenig wie eine Überredung oder ein Lohnversprechen. Solche Einflüsse stellen vielmehr nur untergeordnete Formen der Beteiligung dar und sind daher der in ihrer Straftatfolge gegenüber der Täterschaft geminderten Beihilfe zuzuordnen.

C. Konkretisierung der Unterscheidungskriterien anhand von Fallgruppen

Den vorangegangenen Überlegungen entsprechend sollen im folgenden die genannten Kriterien anhand einzelner Fallgruppen näher untersucht und überprüft werden. Es handelt sich dabei um solche Konstellationen, in denen nach dem Gesetz konstruktiv sowohl eine mittelbare Täterschaft als auch eine Anstiftung in Betracht kommt. Das ist zum einen dann der Fall, wenn die Mittelsperson selbst vollverantwortlich (sog. Dohna-Fall und Fälle organisatorischer Machtapparate) handelt. Aufgrund der limitierten Akzessorietät der Anstiftung (vgl. § 26 StGB) sind es zum anderen solche Fallgruppen, in denen die Mittelsperson schuldlos (§§ 17, 20 StGB) bzw. vermindert schuldfähig (§ 21 StGB) oder entschuldigt (§ 35 StGB) ist.

I. Der Dohna-Fall[930]

Der Dohna-Fall soll zur Erinnerung wiederholt werden:

A erfährt, daß B den X zu einem bestimmten Zeitpunkt an einem bestimmten Ort erschießen will. Er verabredet mit O dort ein Treffen, bei dem O - wie von A erwartet - von B mit X verwechselt und erschossen wird.

Der *Vordermann* (B) hat seine Entscheidung, einen anderen zu töten in die Wirklichkeit umgesetzt. Es wurde allerdings nicht X, wie er dachte, sondern O getötet. B irrte über die Identität des konkret individualisierten Subjekts. Für das von ihm bewirkte Unrecht muß dieser error in persona jedoch unerheblich bleiben. Denn das im Tatbestand festgelegte Verletzungsverbot richtet sich im konkreten Fall auf die besondere (abstrakte) personale Qualität (Mensch), unabhängig von anderen personengebundenen Verhältnissen. Der Täter muß das jeweils bestehende Rechtsverhältnis anerkennen.[931] Das begriffene Anerkennungsverhältnis wird in seiner Qualität nicht dadurch verändert, daß der Täter es mit einer anderer Identität verbindet, sofern das anvisierte und getroffene Objekt identisch und in ihrer Qualität gleichwertig sind.[932] Es ist also unerheblich, ob der Täter die tatsächlich getroffene Person oder eine andere schädigen wollte. Es ist daher richtig, für den error in persona Vollendungsunrecht anzunehmen.[933]

Zu untersuchen ist nun, wie der Hintermann (A) zu behandeln ist, der den error in persona beim Vordermann geplant hat. Konstruktiv kommt hier sowohl eine Anstiftung als auch eine mittelbare Täterschaft[934] in Betracht.

---

930 Vgl. *v. Dohna,* Übungen im Strafrecht, Fall Nr. 36

931 Vgl. zum Begründungszusammenhang im Rahmen der Behandlung des aberratio ictus und des error in persona, *Rath,* Zur strafrechtlichen Behandlung der aberratio ictus und des error in persona des Täters, S. 247ff.

932 *Rath,* Zur strafrechtlichen Behandlung der aberratio ictus und des error in persona des Täters, S. 273f.; *Köhler,* AT, S. 151f.; vgl. auch bereits die Ausführungen im 4. Kapitel, D. I. 3.

933 So auch einhellig Literatur und Rechtsprechung. Siehe z. B. *Cramer/Steinberg-Lieben* in Schönke/Schröder, § 15, Rn. 59; BGHSt 11 268 (270).

934 Zum Teil wird auch eine Nebentäterschaft angenommen, so z. B. *Welzel,* Das deutsche Strafrecht (11. Auflage), S. 111; *Herzberg*, Täterschaft und Teilnahme, S. 51f.; *Spendel,* Der „Täter hinter dem Täter“ - eine notwendige Rechtsfigur?, Lange-FS, S. 168ff.; *Wessels/Beulke,* AT, Rn. 525. Auf diese Auffassung soll vorliegend nicht näher eingegangen werden. Es ist jedoch zu bedenken, daß das Charakteristikum der Nebentäterschaft gerade darin besteht, daß die Beteiligten insofern unabhängig voneinander handeln, als sie nur *zufällig* zusammenwirken und gerade nicht, wie im Dohna-Fall, der eine sich bewußt die Unrechtsmaxime des anderen zunutze macht. Das erklärt selbst *Spendel* (aaO, S. 168), wenn er meint, die Nebentäterschaft zeichne sich dadurch aus, daß „zwei oder mehrere Täter selbständig und unabhängig voneinander auf einen Erfolg hinwirken.“ Er nimmt aber dennoch im Dohna-Fall eine Nebentäterschaft an,

Teilweise wird in der Literatur angesichts der tatbestandlichen Unerheblichkeit des error in persona für den Vordermann eine Anstiftung angenommen.[935] Eine mittelbare Täterschaft könne deswegen nicht in Betracht kommen, weil es sich bei einem solchen Irrtum lediglich um einen Motivirrtum handele, der ohne jede Auswirkung auf die strafrechtliche Beurteilung der Tat bleibe.[936] Der Hintermann könne dann aber nicht aufgrund seiner Irrtumsbewirkung als Täter belastet werden, wenn der unmittelbar Handelnde nicht entlastet werde.[937] Ansonsten würde der Täterbegriff gespalten: Während für den unmittelbar Handelnden der Irrtum unerheblich sein soll, soll er für die mittelbare Täterschaft zu den konkretisierenden Merkmalen zählen und so zu ihrer Begründung führen. Es sei vielmehr nur eine Teilnahme in Form der Anstiftung möglich. Bei dieser hänge das Unrecht gerade von der konkret begangenen Haupttat ab im Gegensatz zur Täterschaft und damit auch zur mittelbaren Täterschaft, bei der sich die rechtliche Relevanz nach der konkreten Tätervorstellung der jeweiligen Fassung des Tatbestandes richte.[938] Unterliege der mittelbare Täter einem error in persona, werde er nicht entlastet, so daß auch umgekehrt, eine mittelbare Täterschaft nicht dadurch begründet werden kann, daß der Hintermann Umstände manipuliere, die zu einem solchen Motivirrtum führten.[939] Während daher die Individualität des Opfers für den Hintermann bei der mittelbaren Täterschaft unerheblich sei,[940] sei sie dies für den an eine konkrete Haupttat gebundenen Anstifter nicht. Deshalb könne für den Teilnehmer die Individualisierung des Opfers schon tatbestandsmäßig nicht gleichgültig sein. Aufgrund der akzessorischen Unrechtsstruktur der Teilnahme sei daher beim Hervorrufen eines error in persona seitens des Hintermanns eine Anstiftung anzunehmen.[941] Unerheblich sei es, daß es an einer direkten (psychischen) Beeinflussung seitens des Hintermanns fehle.[942]

---

obwohl der „Hintermann“ hier gerade nicht unabhängig vom unmittelbar Handelnden agiert hat. Vgl. allgemein zur Nebentäterschaft auch ausführlich *Murmann,* Die Nebentäterschaft im Strafrecht; *M. Köhler*, AT, S. 520; vgl. auch BGH NJW 1966, 1823 (Fall der Nebentäterschaft); NStZ 1996, 227f. (Abgrenzung Nebentäterschaft-Mittäterschaft).

935 *Bloy,* Beteiligungsform als Zurechnungstypus im Strafrecht, S. 358ff.; *Schumann,* Strafrechtliches Handlungsunrecht und das Prinzip der Selbstverantwortung der Anderen, S.76f.

936 *Bloy,* Beteiligungsform als Zurechnungstypus im Strafrecht, S.359; *Schumann,* Strafrechtliches Handlungsunrecht und das Prinzip der Selbstverantwortung der Anderen, S.77.

937 *Bloy,* Beteiligungsform als Zurechnungstypus im Strafrecht, S.359.

938 *Bloy,* Beteiligungsform als Zurechnungstypus im Strafrecht, S.361.

939 *Bloy,* Beteiligungsform als Zurechnungstypus im Strafrecht, S.360.

940 *Bloy,* Beteiligungsform als Zurechnungstypus im Strafrecht, S.360.

941 *Bloy,* Beteiligungsform als Zurechnungstypus im Strafrecht, S.359.

942 *Bloy,* Beteiligungsform als Zurechnungstypus im Strafrecht, S. 328f.; 361.

Die Anstiftung zeichnet sich nach dem vorliegenden Begründungszusammenhang dadurch aus, daß sich der Anstifter die Endlichkeit des unmittelbar Handelnden in der Weise zunutze macht, daß er auf seinen Entscheidungsprozeß unmittelbar einwirkt. Er nutzt ein bestehendes oder von ihm gegründetes Abhängigkeitsverhältnis aus und formt damit die Unrechtsmaxime des anderen entscheidend mit. Das Schaffen einer für den unmittelbar Handelnden nicht zu durchschauenden Sachlage begründet kein Anstifter-Unrecht. Erforderlich ist vielmehr eine direkte Beeinflussung seitens des Hintermanns auf den unmittelbar Handelnden, die aber im Dohna-Fall gerade fehlt. Eine Anstiftung kann daher bereits aus diesem Grunde nicht vorliegen. Möglicherweise kommt aber eine mittelbare Täterschaft in Betracht.

Entscheidendes Moment der mittelbaren Täterschaft war die Inszenierung einer Sachlage, die der Vordermann, bedingt durch seine Endlichkeit, nicht zu durchschauen vermag, so daß dem Hintermann die Tatherrschaft über die „Qualität des Anerkennungsverhältnisses" zukommt. Er verwirklicht durch einen Dritten seine Unrechtsmaxime, während dieser nicht die Möglichkeit hat, sich zur richtigen Maximenbildung zu bestimmen. Voraussetzung dafür war, daß der Mittelsperson die Herrschaft über das Geschehen gerade nicht zukommt. Es ist daher in einem ersten Schritt zu prüfen, ob diese Voraussetzung bei einem error in persona seitens der Mittelsperson erfüllt sein kann, der Hintermann somit überhaupt die Möglichkeit hat, seine Unrechtsmaxime durch einen anderen zu verwirklichen. Erst wenn diese festgestellt ist, kann in einem zweiten Schritt gefragt werden, ob dem Hintermann eine Herrschaft über die unrechte Gestaltung des Anerkennungsverhältnisses zukommt.[943]

Der Vordermann haftet im Dohna-Fall für vollendetes Unrecht, und der error in persona bleibt für seine *strafrechtliche Beurteilung* gleichgültig. Allerdings ist damit noch nicht entschieden, ob der Irrtum im Hinblick auf das konkrete Anerkennungsverhältnis nicht möglicherweise erheblich sein kann. So verletzt der Vordermann aufgrund des Sachverhaltsirrtums ein anderes personales Rechtsverhältnis, als er zu verletzen glaubt. Der Schluß, daß die Individualität des Opfers für die Täterschaft unerheblich bleibe und daher auch umgekehrt das Bewirken eines error in persona nicht die (mittelbare) Täterschaft begründen könne, ist somit nicht zwingend. Der error in persona ist für den unmittelbar Handelnden und für seine *strafrechtliche Verantwortlichkeit* deshalb nicht entscheidend, weil er die Qualität des Rechtsguts „Leben" abstrakt verletzt, die er an sich richtig erkennt, und die er unabhängig von der Personengebundenheit anerkennen muß. Dennoch kann aber der Irrtum in seinen tatsächlichen Auswirkungen für das konkrete Anerkennungsverhältnis erheblich sein. Das wird deut-

---

943 Vgl. oben unter B. I. 1.c).

lich, wenn man sich noch einmal die Konstitution desselben vergegenwärtigt. Das Anerkennungsverhältnis gründet sich zwischen den einzelnen Personen gerade nicht nur abstrakt, d. h. allein bezogen auf ein von der Rechtsordnung geschütztes Rechtsgut, sondern es konstituiert sich personal und stellt sich damit als ein individuelles Verhältnis zwischen den Vernunftsubjekten dar. Ebenso ist auch die unrechte Verletzung eine konkrete, die unmittelbar das Verhältnis zwischen Täter und dem bestimmten Opfer betrifft. Es sind damit die einzelnen Rechtssubjekte selbst, die in ihrem interpersonalen Handeln das von der Rechtsordnung abstrakt gefaßte („Wer einen Menschen tötet") Rechts- und damit auch Unrechtsverhältnis konkret werden lassen.[944] Auch wenn damit der error in persona für die strafrechtliche Bewertung unerheblich ist, wirkt er sich hinsichtlich des konkreten Anerkennungsverhältnisses tatsächlich aus. Deutlich wird die Auswirkung auch im Unterschied zu einem bloßen Eigenschaftsirrtum.[945] Irrt der Täter nicht über die Person als solche, sondern nur darüber, daß er sie nach ihrem Tod beispielsweise beerben könnte, ändert das an der Konstitution und damit auch der konkreten Verletzung des Anerkennungsverhältnisses nichts. Der „Erbonkel" bleibt auch dann „Onkel" und bleibt die konkrete Person, wenn er nicht zu beerben ist. Auch wenn damit der error in persona seitens des Vordermanns für dessen strafrechtliche Verantwortung unerheblich ist, hat er im tatsächlichen Anerkennungsverhältnis Auswirkungen.

Nur wenn man zwischen der abstrakten Verletzung eines anderen und der Verletzung des konkreten Anerkennungsverhältnisses (Täter-Opfer) trennt, wird deutlich, inwiefern der Irrtum - wenn auch nicht strafrechtlich - so doch für die Gestaltung des konkreten Anerkennungsverhältnisses an sich relevant ist. Erst dann kann auch herauskristallisiert werden, inwieweit ein anderer (konkret: der Hintermann) sich in den Verwirklichungsprozeß der Unrechtsmaxime einschalten kann und die Möglichkeit besteht, daß er über einen anderen seine Unrechtsmaxime verwirklicht.

Der Vordermann hat das Geschehen im Dohna-Fall in der Weise in der Hand, als er einen anderen Menschen tötet. Die konkrete Tat mißlingt aber hinsichtlich der konkreten Person. Der unmittelbar Handelnde gestaltet damit nicht die Verletzung der Person in ihrer Individualität, und sie ist insofern nicht Gegenstand seiner Entscheidung. Er negiert zwar das Anerkennungsverhältnis in Bezug auf eine fremde Person, nicht aber in dem Sinn, daß er gerade sein Verhältnis zu O zum Gegenstand seiner Verletzung macht.[946] *Insoweit* fehlt ihm bereits die Mög-

---

944 Vgl. dazu die Ausführungen im 3. Kapitel, C. II. und im 4. Kapitel, B.

945 Eigenschaftsirrtum und Identitätsirrtum (error in persona vel in objecto) können daher nicht gleichgesetzt werden. So aber wohl *Rath,* Zur strafrechtlichen Behandlung der aberratio ictus und des error in objecto des Täters, S. 52f.

946 Vgl. auch *Murmann,* Die Nebentäterschaft im Strafrecht, S. 218; *M. Köhler,* AT, 508; im

lichkeit, sich hinsichtlich des *konkreten* Rechtsgutes zum Richtigen zu bestimmen, und er verwirklicht auch *insoweit* nicht seine eigene Unrechtsmaxime. An dieser Stelle wird nun das Verhalten des Hintermanns virulent.

Wie bereits dargelegt, kann sich der einzelne Erfahrungsgrundsätze zu nutze machen, von denen er weiß, daß jemand in bestimmten Lagen in der Art und Weise handeln wird. Bedingt durch die Endlichkeit und damit Unvollkommenheit des einzelnen kann dieser nicht jede Situation vollständig überblicken, und genau in eine solche kann ein anderer eingreifen und sie damit mitgestalten bzw. aus der Perspektive des anderen umgestalten. Der Hintermann nutzt nun beim Dohna-Fall die Endlichkeit des anderen zwar nicht in der Weise aus, daß er eine Sachlage für den Vordermann schafft, die dieser nicht als von ihm bewirkte Verletzung eines anderen begreift. Er gestaltet aber die Wirklichkeit insofern mit, als er Einfluß auf die *konkret* zu tötende Person des unmittelbar Handelnden und damit auf die individuelle Verletzung nimmt, so daß sich die Tötung des konkreten Opfers als Gestaltungsleistung des Hintermanns darstellt. Auch zwischen Hintermann und Opfer besteht vor der Tat ein rechtliches Anerkennungsverhältnisses, welches zum unrechten gewendet werden kann. Auch wenn A nicht unmittelbar die Ausführung der Tat des B, einen anderen zu töten, beherrscht, kommt ihm die Gestaltungsmacht hinsichtlich des konkreten Opfers (O) zu. Mag er auch keinen Einfluß darauf haben, ob B sein ursprüngliches Vorhaben in die Tat umsetzen wird, gestaltet er durch die Planung des error in persona das konkrete Anerkennungsverhältnis zu O. Dadurch, daß der Hintermann insoweit den konkreten Geschehensablauf „in den Händen hält“, verletzt er das zwischen ihm und dem Opfer bestehende (konkrete) Rechtsverhältnis, während der Vordermann „nur“ sein Verhältnis zu einem anderen Menschen gestaltet. Es ist daher im Dohna-Fall, auch wenn der Vordermann selbst vollverantwortlich handelt, eine Form der Geschehensherrschaft, bezogen auf das individuelle Opfer seitens des Hintermanns gegeben. Ihm kommt die Herrschaft über den Geschehensablauf hinsichtlich der Individualisierung der Tat zu und insofern weist die Mittelsperson auch ein Defizit auf, mag dieses auch für ihre strafrechtliche Beurteilung nicht von Relevanz sein.[947] Die Sachlage stellt sich hinsichtlich der konkreten Rechtsverletzung als eine vom Hintermann gestaltete Realität dar. Er stiftet die Einheit zwischen seiner Handlung und dem hinsichtlich des *konkreten* Rechtsguts bewirkten Verletzungserfolges. Er verletzt das

---

Ergebnis ebenso *Roxin,* Bemerkungen zum „Täter hinter dem Täter“, Lange-FS, S. 173 (191); *ders.* in Leipziger Kommentar, § 25 Rn. 105.; *Schroeder,* Der Täter hinter dem Täter, S. 134ff.; *M.-K. Meyer,* Ausschluß der Autonomie durch Irrtum, S. 99ff.

947 Vgl. dazu ausführlich, *Murmann,* Die Nebentäterschaft im Strafrecht, S. 114 und insbesondere S. 215ff.

konkrete Rechtsverhältnis durch einen anderen. Der Hintermann (A) ist also im Dohna-Fall mittelbarer Täter.

II. Fallgestaltungen, in denen die Mittelsperson schuldlos handelt

Aufgrund der in den §§ 26, 29 StGB zum Ausdruck kommenden limitierten Akzessorietät kann bei einem nicht-schuldhaften Handeln des Vordermanns konstruktiv sowohl eine mittelbare Täterschaft als auch eine Anstiftung in Betracht kommen. Bei den Vertretern der Tatherrschaftslehre ist allgemein anerkannt, daß der Hintermann, der sich eines schuldunfähigen Werkzeugs (vgl. §§ 17, 19, 20 StGB) bedient, mittelbarer Täter ist, soweit die Fähigkeit eigenverantwortlichen Handelns beim Vordermann nicht vorliegt. Der Hintermann habe einen ihm konstitutionell unterlegenen Vordermann zur Tatbegehung gebracht, so daß er - freilich nur soweit er dessen unterlegene Stellung kennt - seine Überlegenheit ausnutzt, indem er dem Werkzeug seinen Willen oktroyiert. Damit wird auch in diesen Fällen die „Handlungsherrschaft" des unmittelbaren Täters bei der mittelbaren Täterschaft um das Herrschaftselement des „Willens" erweitert.

1. Fallgestaltungen, in denen sich die Mittelsperson in einem vermeidbaren oder unvermeidbaren Verbotsirrtum (§ 17 StGB) befindet

Ein vermeidbarer oder unvermeidbarer Verbotsirrtum liegt vor, wenn dem Täter die Vorstellung fehlt, Unrecht zu verwirklichen. Obwohl er weiß, daß sein Verhalten ein anderes Rechtsgut verletzt (z. B. das Eigentum eines anderen), er also seine Verletzungsmaxime realisiert, weiß er nicht, daß sein Verhalten gegen eine Rechtsnorm verstößt (Strafrechtsirrtum).[948] So kann jemand, der in einer anderen Kultur aufgewachsen ist, ein anderes Normbewußtsein gebildet haben, so daß ihm die Einsicht fehlen kann, daß sein Verhalten nach dem hiesigen Rechtsverständnis bei Strafe verboten ist. Der Handelnde kann aber ebenso irrig davon ausgehen, daß die Verbotsnorm in seiner Lage nicht eingreift, sondern durch eine Erlaubnisnorm gedeckt ist (sog. indirekter Verbotsirrtum). Das ist z. B. dann der Fall, wenn jemand meint, er dürfe einen Tatverdächtigen auch mit schwer verletzenden Mitteln an der Flucht hindern.[949]

---

948 Vgl. zur Auseinandersetzung, ob das Unrechtsbewußtsein nur die Kenntnis und das geistige Verstehen des Unwertgehalts der Tat voraussetzt oder notwendigerweise (wie nach dem vertretenen Ansatz) die Kenntnis erfordert, daß seine Handlung gegen eine sanktionsbewehrte Norm verstößt, *Groteguth,* Norm- und Verbots(un)kenntnis, S. 35ff.; *Otto,* Mittelbare Täterschaft und Verbotsirrtum, Roxin-FS, S. 483 (S. 488f.). Vgl. zur Unterscheidung von Vorsatz und Schuld die Ausführungen im 4. Kapitel, D. I. und III.

949 Vgl. näher zum Verbotsirrtum, *Zaczyk,* JuS 1990, S. 889 (insbesondere S. 891); *M.*

Nach § 17 S. 1 StGB handelt aber nur derjenige ohne Schuld, der den Verbotsirrtum nicht vermeiden konnte. Bei einem vermeidbaren Verbotsirrtum bleibt die Schuld demgegenüber bestehen, aber die Strafe kann unter Umständen gemildert werden (vgl. § 17 S. 2 StGB).[950]

Nach nahezu einhelliger Meinung soll ein typischer Fall der mittelbaren Täterschaft dann gegeben sein, wenn der Hintermann beim Tatmittler einen *unvermeidbaren Verbotsirrtum* ausnutzt oder hervorruft.[951] Unterschiedlich beurteilt wird dagegen das Hervorrufen oder Ausnutzen eines *vermeidbaren Verbotsirrtums*. Während der überwiegende Teil der Lehre[952] und die Rechtsprechung[953] davon ausgeht, daß die Tatherrschaft bei Vermeidbarkeit des Irrtums nicht per se ausgeschlossen ist, wird auf der Grundlage des (normativen) „Verantwortungsprinzips" behauptet, ein vermeidbarer Verbotsirrtum schließe die mittelbare Täterschaft aus.[954]

Köhler, AT, S. 408ff.

950 Das Gesetz erklärt nicht näher, was „Vermeidbarkeit" bedeutet. Mittelbares Verschulden liegt dann vor, wenn der Täter *tatsächlich* Zweifel an der Rechtmäßigkeit seines Verhaltens, diese aber nicht ernst genommen hat, obwohl er sie bedingt durch seine Vernünftigkeit durch Vernunftleistung oder Erkundigung ermitteln konnte (vgl. insbesondere *Zaczyk*, JuS 1990, S. 892ff.). Erforderlich ist also, daß der Täter nicht nur Zweifel *hätte haben müssen* (so aber die Vertreter der sog. normativen Schuldtheorie, vgl. nur *Jescheck/Weigend*, AT, § 41 II 2. b) (S. 458); *Stratenwerth*, AT, § 10 Rn. 86), sondern daß er solche *hatte*, sie aber beiseite geschoben hat. „Der Handelnde sagt sich nicht: 'Das ist zwar verboten, trotzdem tue ich es', sondern: 'Ich weiß nicht genau, ob es verboten ist. Aber es wird schon nicht verboten sein, und letztlich ist es mir gleichgültig." (so plastisch *M. Köhler*, AT, S. 408). Eine direkte Unrechtseinsicht ist dann bei Begehung der Tat zwar nicht gegeben, aber der Täter handelt dennoch dadurch schuldhaft, daß er seine Zweifel verdrängt und seine Entscheidung zur rechtswidrigen Tat nicht hinreichend überprüft hat.

951 Siehe etwa *Hoyer* in Systematischer Kommentar (7. Auflage), § 25 Rn. 73 m. w. N.; BGHSt 35, 347 (353f.). Vgl. zur kritischen Auseinandersetzung auch konstruktiv *Otto*, Mittelbare Täterschaft und Verbotsirrtum, Roxin-FS, S. 483 im Anschluß an *Roxin*, Täterschaft und Tatherrschaft, S. 193ff.; *ders.* in Leipziger Kommentar, § 25 Rn. 89.

952 Siehe z. B. *Herzberg*, Jura 1990, 22ff.; *Kühl* in Lackner/Kühl, StGB, § 25 Rn. 4; *Schumann*, Strafrechtliches Handlungsunrecht und das Prinzip der Selbstverantwortung der Anderen, S. 78f.; *Cramer/Heine* in Schönke/Schröder, § 25 Rn. 38, jeweils m. w. N.; *Schaffstein*, NStZ 1989, S. 156.

953 BGHSt 35, 347 (sog. Katzenkönigfall); vgl. dazu bereits 2. Kapitel D. II. 2. m. w. Literaturnachweisen.

954 Vgl. zu dieser Ansicht, *Bloy*, Beteiligungsform als Zurechnungstypus im Strafrecht, S. 351; *Gallas*, Beiträge zur Verbrechenslehre, S. 98f.; *Jescheck/Weigend*, AT, § 62 II. 5 (S. 669); *Stratenwerth*, AT, § 12 Rn. 53ff.

a) Die Auffassung der Tatherrschaftslehre

Mittelbare Täterschaft bei Ausnutzung oder beim Hervorrufen eines *unvermeidbaren* Verbotsirrtums wird nach der Tatherrschaftslehre damit begründet, daß der Hintermann im Gegensatz zur Mittelsperson das Geschehen sowohl in seiner tatsächlichen als auch in seiner rechtlichen Bedeutung kennt und daher den ahnungslosen Mittler „in der Hand" hat.[955] Kenne der unmittelbar Handelnde zwar die äußeren Tatumstände, werde ihm aber die soziale Wertwidrigkeit nicht klar, so erfasse er den Sinn des Verbots nicht und handele insofern „blind".[956] Aufgrund des Wissensvorsprungs des Hintermanns sei eine „finale Überdetermination" möglich, die ihn hinsichtlich des Unwertgehalts der Tat zur „Zentralfigur und zum Herrn des Geschehensablaufs" mache.[957]

Der Streit hinsichtlich der Behandlung der Fälle, in denen der Verbotsirrtum der Mittelsperson *vermeidbar* ist, ergibt sich daraus, daß der Vordermann hier ebenso ahnungslos war wie im Falle eines unvermeidbaren Irrtums und daher auch in gleicher Weise vom Hintermann zu beherrschen ist. Entscheidend könne nicht sein, daß der unmittelbar Handelnde das Unrecht hätte erkennen müssen, sondern es sei auf das psychologische Moment abzustellen, daß er das Unrecht nicht erkannt habe.[958] Der Bundesgerichtshof betont, daß auch dem im vermeidbaren Verbotsirrtum Handelnden die Unrechtseinsicht fehlt und je nach der konkreten Fallgestaltung im Einzelfall wertend zu ermitteln ist, ob eine Tatherrschaft seitens des Hintermanns vorliegt oder nicht.[959]

Demgegenüber wendet die Gegenauffassung ein, daß beim vermeidbaren Verbotsirrtum der Mittelsperson die fehlende Unrechtseinsicht vorgeworfen werden und sie deshalb für ihr Handeln verantwortlich gemacht werden kann (vgl. § 17 StGB). Bei normativer Betrachtung komme dem Hintermann keine beherr-

---

955 *Cramer/Heine* in Schönke/Schröder, § 25 Rn. 38.

956 Vgl. auch *Schumann,* Strafrechtliches Handlungsunrecht und das Prinzip der Selbstverantwortung des Anderen, S. 78.

957 *Roxin,* Täterschaft und Tatherrschaft, S. 199f. Roxin unterscheidet dabei allerdings zwischen Unkenntnis der materiellen und formellen Rechtswidrigkeit. Während bei ersterer eine mittelbare Täterschaft möglich sei, da der unmittelbar Handelnde dann bereits nicht erkenne, daß sein Tun schädigend in die Rechtssphäre eines anderen eingreife und damit sozialethisch wertwidrig sei, komme eine mittelbare Täterschaft nicht in Betracht, wenn die „Mittelsperson" nur über die formelle Rechtswidrigkeit getäuscht werde. In der Sache kommt dieser Ansatz dem vorliegenden nahe. Vgl. hierzu sogleich unter b).

958 *Roxin,* Täterschaft und Tatherrschaft, S. 204; *Herzberg,* Täterschaft und Teilnahme, S. 23.

959 BGHSt 35, 347 (353f.); BGHSt 40, 257 (266ff.); vgl. zur Kritik bereits 2. Kapitel, D. II. 2a).

schende Stellung zu und sein Tatbeitrag werde daher zur Teilnahme relativiert.[960]

Zusammenfassend läßt sich feststellen, daß die mittelbare Täterschaft beim Verbotsirrtum allgemein damit begründet wird, daß der Hintermann die Wissensmacht habe und ihm daher die Herrschaft über das rechtsverletzende Geschehen zukomme; umstritten ist dabei jedoch die normative Grenzziehung dieser Wissensdominanz.[961]

b) Kritik und eigene Lösung

Die Begründung der mittelbaren Täterschaft nach der Tatherrschaftslehre beim Hervorrufen oder Ausnutzen eines Verbotsirrtums des Vordermanns, sei er vermeidbar oder unvermeidbar, erfolgt allein aufgrund der Betrachtung des Verhältnisses des Hintermanns zur Mittelsperson. Die Beziehung des Hintermanns zum Opfer, die ebenso von Bedeutung ist, bleibt dagegen ausgeblendet.[962] Die Tatherrschaftslehre stellt letztlich nicht auf die tatsächliche Macht der Hinterperson ab, sondern maßgeblich soll allein die mangelnde Verantwortlichkeit des Vordermanns sein. Die Tatherrschaft kann dem Hintermann aber nicht "automatisch" zugerechnet werden, wenn die Mittelsperson einem Verbotsirrtum unterliegt, sondern es müßte dargelegt werden, daß der Hintermann dann allein derjenige ist, der die Rechtsverletzung dadurch bewirkt, daß er über eine andere Person *seine* Unrechtsmaxime realisiert. Entscheidendes Element muß das Kriterium der Tatherrschaft des Hintermanns über das tatbestandsmäßig vertypte unrechte Geschehen sein. Ihm kann nicht allein wegen eines Defekts des Vordermanns die Geschehensherrschaft zugesprochen werden.

Augrund dieses Begründungsmangels soll nach *Murmann* für die Behandlung der Fälle, in denen ein anderer einen Verbotsirrtum bei der Mittelsperson hervorruft oder ausnutzt, daher folgendes gelten: Da auch der mittelbare Täter eine "tatbestandsmäßige Handlung" vornehmen muß, ist es für die Frage der Tatherrschaft entscheidend, ob jemand ein rechtlich zu mißbilligendes Risiko bezogen auf den tatbestandsmäßigen Erfolg geschaffen hat. Eine Risikoschaffung sei beim Hervorrufen oder Ausnutzen eines Verbotsirrtums zwar zu bejahen, zweifelhaft sei aber, ob darin auch zugleich ein *rechtlich zu mißbilligendes* Risiko zu sehen sei. Ein solches würde voraussetzen, daß dem Hintermann eine Unterlassenspflicht hinsichtlich des Ausnutzens oder Hervorrufens eines solchen Irrtums zukomme. Murmann weist darauf hin, daß diese jedoch in der Regel nicht besteht, da der „Zugang zum Recht (...) jedem Bürger in gleicher Weise

---

960 *Jescheck/Weigend,* § 62 II. 5. (S. 669); *Stratenwerth,* AT, § 12 Rn. 55.
961 Vgl. *Murmann,* GA 1998, S. 79; deutlich auch *Küper,* JZ 1989, 948.
962 Vgl. auch *Murmann,* GA 1998, S. 80.

eröffnet (ist); keiner ist dem anderen insoweit überlegen und es bleibt grundsätzlich auch dann dem einzelnen überlassen, sich zutreffende Rechtseinsicht zu verschaffen, wenn ein anderer die Richtigkeit eines bestimmten Rechtsverständnisses behauptet. Da jeder insoweit selbständig ist, macht es auch keinen Unterschied, ob die durch falsche Information hervorgerufene Fehlvorstellung vermeidbar war oder nicht."[963] Daher habe auch das Opfer gegenüber dem Hintermann normalerweise keinen rechtlichen Anspruch darauf, daß dieser ein mit dem Hervorrufen oder Ausnutzen eines Verbotsirrtums verbundenes Risiko der Begehung einer Straftat durch einen anderen nicht schaffe. Komme es wegen fehlender Unrechtseinsicht eines anderen zu einer Straftat, könne derjenige, der den Verbotsirrtum hervorgerufen oder ausgenutzt habe, nicht als Täter (möglicherweise jedoch als Teilnehmer) bestraft werden. Denn zuständig für die Verbotskenntnis sei allein der Irrende selbst.[964] Murmann will aber dann eine Ausnahme von diesem Grundsatz machen, wenn „zum Schutze Dritter rechtlich anerkannte Sonderpflichten bestehen, zutreffend über die Rechtswidrigkeit eines Verhaltens zu informieren oder Fehlvorstellungen nicht auszunutzen (..)".[965] Denn dann trage die Verletzung dieser Pflichten die Schaffung eines rechtlich mißbilligten Risikos hinsichtlich des geschützten Rechtsgutes in sich.

Richtig sieht es im Grundsatz Murmann, der im Gegensatz zur kritisierten Tatherrschaftslehre - die allein die Beziehung zwischen Hintermann und Mittelsperson betrachtet - vornehmlich auf das Verhältnis zwischen Hintermann und Opfer und auf die sich aus diesem Verhältnis ergebenden Pflichten abstellt. Als Beispiel nennt er staatliche Stellen, die für bestimmte Bereiche besondere fachliche Qualifikationen aufweisen. Gebe etwa ein zuständiger Sachbearbeiter einer Wasserbehörde einem Fragenden falsche Auskunft über die Reichweite der Tatbestände, die dem Gewässerschutz dienten, so schaffe er hierdurch ein rechtlich mißbilligtes Risiko für dieses Rechtsgut. Er sei daher als Täter der Rechtsverletzung anzusehen, wobei Murmann offen läßt, ob es sich hierbei um Fälle der mittelbaren Täterschaft oder der Nebentäterschaft handelt, da sich die Täterschaft nicht auf die Herrschaft über den Vordermann gründe, sondern sich nur aus der Verletzung einer Sonderpflicht gegenüber dem Opfer ergebe.[966]

Zu recht weist Murmann darauf hin, daß der Zugang zum Recht jedem Bürger in gleicher Weise möglich ist und insoweit keiner dem anderen überlegen ist. Da jeder insoweit selbstbestimmt ist, kann es auch keinen Unterschied machen, ob der durch unrichtige Information hervorgerufene Irrtum vermeidbar war oder nicht. Dies muß auch dann gelten, wenn ein anderer zu Unrecht die Richtigkeit

963 *Murmann,* GA 1998, S. 81.
964 *Murmann,* GA 1998, S. 82.
965 *Murmann,* GA 1998, S. 83.
966 *Murmann,* GA 1998, S. 87, Fn. 41.

eines bestimmten Rechtsverständnisses behauptet. Eine Tatherrschaft, wie sie für die mittelbare Täterschaft erforderlich ist, kann daher dem Hintermann nicht zukommen, denn für die Verbotskenntnis ist allein der Irrende selbst zuständig. Aus diesem Grund kann aber der von Murmann dargelegten Ausnahme nicht zugestimmt werden. Denn auch hier ist es der ratsuchende Bürger, der z. B. bewußt und gewollt das Gewässer verunreinigt. Auch wenn der Sachbearbeiter das Wissen hinsichtlich der konkreten Normverletzung hat und sich der Bürger darauf verlassen kann, daß die ihm gegenüber geäußerte Auskunft der Rechtslage entspricht (er unterliegt einem unvermeidbaren Verbotsirrtum), verwirklicht der Bürger selbst vorsätzlich die Gewässerverunreinigung. Er ist Herr des tatbestandsmäßigen Geschehens, solange er Kenntnis von der durch ihn bewirkten Verunreinigung des Gewässers hat. Auch wenn der Sachbearbeiter den Prozeß der Sollensreflexion mitbestimmt, kommt ihm - auch bei seiner besonderen Schutzpflicht hinsichtlich der Gewässerreinhaltung - noch nicht die Herrschaft über das tatbestandsmäßige Geschehen zu. Er hat zwar den Entschluß des Bürgers motiviert, aber die Machtverhältnisse über die Realisierung des tatbestandsmäßigen Geschehen werden dadurch nicht verändert. Auch wenn dem Hintermann eine besondere Pflicht gegenüber dem Opfer zukommt, wird er damit noch nicht zum Tatherr des rechtsverletzenden Geschehens.[967] Er ist vielmehr Teilnehmer der Rechtsverletzung. So nutzt der Sachbearbeiter das ihm vom Bürger entgegengebrachte besondere Vertrauen aus, indem er bewußt eine falsche Rechtsauskunft erteilt. Seine besondere Stellung gibt ihm daher eine täterschaftsähnliche Tatmacht, die es rechtfertigt ihn als Anstifter zu bestrafen.

Murmann kritisiert damit zwar richtigerweise die einseitige Betrachtung des Verhältnisses von Hintermann und Vordermann durch die Tatherrschaftslehre, nimmt aber zugleich eine zu enge Perspektive ein, wenn er lediglich auf die Beziehung von Hintermann und betroffenem Rechtsgut abstellt, die Stellung des Vordermanns demgegenüber aber ausblendet und damit das als Einheit zu betrachtende Gesamtgeschehen unberücksichtigt läßt. Es ist zutreffend, daß - wie er schreibt - auch der mittelbare Täter ein rechtlich mißbilligtes Risiko, bezogen auf den tatbestandsmäßigen Erfolg, schaffen muß. Aber diese vom Recht mißbilligte Risikoschaffung taugt nicht als alleiniges Abgrenzungsmerkmal zur Teilnahme. Denn auch der Teilnehmer schafft ein solches Risiko.[968]

---

967 Vgl. auch die Kritik gegenüber der Annahme, eine Pflichtenstellung könne bereits mittelbare Täterschaft begründen, 4. Kapitel, E. II.

968 Auch wenn *Murmann* darauf hinweist, daß im Unterschied zur täterschaftlichen mißbilligenden Gefahrschaffung die teilnehmende darin liegt, daß „die Teilnahmehandlung die Situation des Opfers im Verhältnis zum Haupttäter verschlechtert, also weil sie fremde (täterschaftliche) Risikoschaffung fördert oder motiviert“ (GA 1998, S. 80 Fn. 16), ist damit für das Merkmal der rechtlich mißbilligenden Risikoschaffung kein Unterscheidungskriterium genannt. Dieses könnte sich nur aus dem positiven Gesetz selbst ableiten,

Für die Tatherrschaft über das rechtsverletzende Geschehen seitens des Hintermanns bei der mittelbaren Täterschaft spielt es eben auch eine Rolle, ob dem Vordermann eine Tatherrschaft hinsichtlich der Verletzung des Rechtsverhältnisses zukommt. Die Entscheidung der Mittelsperson, sich zu einer rechten oder unrechten Tat zu entscheiden, wird durch das Hervorrufen oder Ausnutzen eines vermeidbaren oder unvermeidbaren Verbotsirrtums seitens eines anderen, nicht zu einer unfreien. Denn dieser realisiert, solange er die Einsicht über die Verletzung hat, nicht „blind" die Unrechtsmaxime des Hintermanns. Vielmehr bleibt auch der im Verbotsirrtum, aber mit Verletzungseinsicht Handelnde in der Lage, sich selbstbestimmt dem Richtigen zuzuwenden. Es ist und bleibt seine Aufgabe, sich Zugang zum Rechtsinhalt zu verschaffen, damit er nicht zum „Werkzeug" desjenigen wird, der ihm eine falsche Rechtsauskunft gegeben hat. Beeinflußt damit zwar der Hintermann die Maximenbildung der Mittelsperson, bleibt diese aber in ihrer willentlichen Wirkweise, bezogen auf das Handeln in der Außenwelt, frei. Auch beim Hervorrufen oder Ausnutzen eines Rechtsirrtums schreibt sich der unmittelbar Handelnde die Veränderung der Anerkennungsverhältnisse als das seinige Werk zu; er bleibt Herr des rechtsverletzenden Geschehens. Deutlich wird dies in Abgrenzung zu den Fällen, in denen jemand beim anderen einen Irrtum über die Tatumstände hervorruft. Denn hier verwehrt der Hintermann dem Vordermann bereits die Möglichkeit der richtigen Maximenbildung, weil die Mittelsperson diese aufgrund der faktischen Vorgaben nicht in Frage stellen kann. Er kann, bedingt durch die nicht durchschauten äußeren Bedingungen, nicht einer überhaupt von ihm gebildeten gültigen Rechtsregel folgen, sondern verwirklicht mit seinem rechtsverletzenden Verhalten die Unrechtsmaxime eines anderen.

Ruft der Hintermann einen (vermeidbaren oder unvermeidbaren) Verbotsirrtum beim Vordermann hervor oder nutzt er einen solchen aus, nimmt er zwar Einfluß auf die Willensbildung, in der Verletzungstat realisiert sich aber nicht seine Verletzungsmaxime, sondern die Mittelsperson geht - wenn auch unter Umständen nicht schuldhaft - selbstbestimmt zur Verletzung des Anerkennungsverhältnisses über. Die Tat stellt sich damit als die ihrige dar und ist eine für den Hintermann fremde. In Betracht kommt aber eine Anstiftung seitens des Hintermanns. Denn kennzeichnend für diese ist gerade die „bestimmende" Einflußnahme auf die Maximenbildung eines anderen. Aber auch hier ist die Betrachtung des Gesamtgeschehens entscheidend. Eine Anstiftung ist nur dann anzunehmen, wenn zu dem Hervorrufen oder Ausnutzen des Rechtsirrtums eine besondere Stellung des Hintermanns, sei diese persönlicher oder beruflicher Art, gegenüber dem Vordermann kommt, die jenem eine Überlegenheit gegenüber

---

d. h. daraus, was dieses als rechtlich mißbilligend bewertet. Dann wird das Kriterium der Tatherrschaft aber letztlich wieder rein normativ bestimmt.

diesem verschafft und daher unmittelbar auf den Maximenbildungsprozeß des Agierenden Einfluß nehmen kann. Ansonsten liegt nur die schwächere Form der Beihilfe vor.

Eine Anstiftung liegt beispielsweise im *sog. Katzenkönigfall* vor.[969] Die beiden Hintermänner (H. und P.) haben das Tatgeschehen nicht selbst in der Hand, da R. selbstbestimmt zur Tötung der Frau N. übergeht. H. und P. haben nicht eine Sachlage geschaffen, die R. nicht zu durchschauen vermochte. Dieser war in der Lage, die richtige Maxime zu bilden. Deutlich wird dies auch in der Feststellung, daß er „erkannte, daß das Mord sei" und "auch unter Berufung auf das fünfte Gebot vergeblich nach einem Ausweg (suchte)“[970]. H. und P. haben aber das von ihnen bewußt aufgebaute Vertrauensverhältnis des „leicht beeinflußbaren“ R., der in seiner Kritikfähigkeit eingeschränkt und um die Liebe zu Frau H. bemüht war, in der Weise mißbraucht, daß sie ihn für ihre Zwecke manipulierten. Obwohl er an sich die Möglichkeit hatte, sich zum Richtigen zu bestimmen, glaubte er, aufgrund der von H. und P. vorgespielten Existenz des Katzenkönigs, daß zur Begegnung der Gefahr für eine Millionen Menschen die Erbringung eines Menschenopfers in der Gestalt der Frau N. gerechtfertigt sei. H. und P. haben damit durch die besondere persönliche Stellung gegenüber R. diesen insofern in ein Abhängigkeitsverhältnis gebracht, als sie ihn dazu bewegten, ihnen blind zu vertrauen. Sie konnten durch die Bewirkung des Rechtsirrtums und durch Ausnutzung des besonderen Verhältnisses zu R. unmittelbar auf dessen Entscheidungsprozeß Einfluß nehmen, dem dieser nicht mehr standzuhalten vermochte.[971] Ihnen kam daher bezogen auf die (versuchte) Tötungshandlung des R. eine der Täterschaft gleichende Tatmacht zu. Die fremde Rechtsgutsverletzung des R. ist ihnen daher als Anstifter mitzuzurechnen.

2. Fallgestaltungen, in denen die Mittelsperson mangels Einsichts- und Steuerungsfähigkeit schuldlos handelt (§§ 19, 20 StGB)

Die Schuld kann auch dann ausgeschlossen sein, wenn jemand aufgrund seines Alters (vgl. § 19 StGB) oder bedingt durch eine seelische Störung unfähig ist, das Unrecht seiner Tat einzusehen oder nach dieser Einsicht zu handeln (vgl. § 20 StGB). Vorauszusetzen ist grundsätzlich die potentielle Fähigkeit des prak-

---

969 BGHSt 35, 347; vgl. zum näheren Sachverhalt, 2. Kapitel, D. II. 2a).

970 BGHSt 35, 347 (348)

971 Auch wenn eine Anwendung des § 21 StGB, wie im vorliegenden Fall, nicht in Betracht gekommen wäre, hätte dies an der Ausnutzung des besonderen Vertrauensverhältnisses, worauf es hier vorliegend in Verbindung mit dem Hervorrufen eines Rechtsirrtums ankommt, nichts geändert.

tisch handelnden Vernunftsubjekts, ein Sollensverständnis (Normwissen) zu bilden und auf seine Handlungen in der Außenwelt anzuwenden. Erforderlich ist dafür aber, daß die in ihm liegende Vernunft- und Verstandestätigkeit ausgebildet ist und er sein potentielles Regelwissen anwenden kann (Schuldfähigkeit).[972] Die Schuld ist daher ausgeschlossen, wenn es dem einzelnen aufgrund seiner geistigen Konstitution nicht möglich ist, ein solches Normwissen zu bilden (z. B angeborene Geistesschwäche) oder er aufgrund seines Alters seine potentielle Normeinsicht noch nicht „lebenszeitlich" gebildet hat (Strafmündigkeit[973]). Ein Kind hat zwar die Anlage zur Vernünftigkeit, es bedarf aber eines Entwicklungs- und Lernprozesses durch die Familie und das gesellschaftliche Umfeld, um das potentielle Normbewußtsein zu etablieren. Nur wenn eine Normfestigung gegeben ist, kann die Person für ihr Verhalten in der Außenwelt (strafrechtliche) Verantwortung übernehmen. Es bedarf also einer gewissen Lebenserfahrung, um zur Normeinsicht und damit auch zu demgemäßen Handeln.[974]

Nicht erst die Schuld, sondern der Tatwille (Vorsatz) ist ausgeschlossen, wenn dem Handelnden - konstitutions- oder situationsbedingt - die Einsicht fehlt, daß er das Anerkennungsverhältnis verletzt. Dann hat er bereits nicht mehr die Möglichkeit, sich überhaupt zur richtigen Maxime zu bestimmen. Handelt er dagegen mit Verletzungswissen, aber aufgrund einer noch nicht gefestigten oder gestörten Normhaltung, faßt er den Unrechtsentschluß als überhaupt normreflektierendes Subjekt an sich (wenn auch unverschuldet) selbstbestimmt.

Veranlaßt jemand nun eine nichtschuldhaft handelnde Person (vgl. §§ 19, 20 StGB) zur Begehung einer Rechtsverletzung, ist bei den Vertretern der Tatherrschaftslehre allgemein anerkannt, daß der Hintermann mittelbarer Täter der

---

972 Gleiches gilt, wenn er situationsbedingt nicht die Fähigkeit besitzt, sein gebildetes Regelwissen anzuwenden (z. B bei vorübergehende Bewußtseinsstörung). In beiden Fällen fehlt ihm die Einsicht, Unrecht zu verwirklichen, so daß eine schuldhafte Verletzung verneint werden muß. Vgl. insgesamt zur Zurechnungsfähigkeit, *M. Köhler,* AT, S. 374ff.

973 Noch nicht strafmündig ist daher das Kind, welches sein 15. Lebensjahr nicht erreicht hat (vgl. § 19 StGB). Der Jugendliche ist grundsätzlich mit dem 14. Geburtstag strafmündig, es sei denn, er kann das Unrecht seiner Tat nicht einsehen oder sich nicht nach seiner Einsicht verhalten (vgl. § 3 JGG); vgl. dazu ebenso *M. Köhler,* AT, S. 399ff.; s. auch die Ausführungen zu Fichte im dritten Kapitel der vorliegenden Arbeit. Nach ihm ist die Aufforderung zur freien Selbsttätigkeit das, „was man Erziehung nennt. Alle Individuen müssen zu Menschen erzogen werden, außerdem würden sie nicht Menschen" (NR, S. 39).

974 Vgl. zum Vorrang des elterlichen Erziehungsrechts für Verfehlungen der Kinder: *Köhler,* AT, S. 400f.

Rechtsverletzung sein kann.[975] Da der "normale" Hintermann einen ihm konstitutionell unterlegenen Vordermann zu der Tat veranlaßt habe und aufgrund der Kenntnis der unterlegenen Position seine Überlegenheit ausnutze, könne nur ihm, da er dem „Werkzeug seinen Willen aufdrückt", die Rechtsverletzung als die Seinige zugeschrieben werden.[976] Nicht einheitlich beurteilt wird dabei aber, ob jede unterstützende Tätigkeit seitens des Hintermanns ausreicht, um eine mittelbare Täterschaft zu begründen. Umstritten ist zudem, ob auch das Einsetzen einer vermindert schuldfähigen Mittelsperson (§ 21 StGB), mittelbare Täterschaft begründen kann.

a) Begründung der mittelbaren Täterschaft nach der Tatherrschaftslehre

Den Auffassungen zur Begründung der mittelbaren Täterschaft bei einem schuldlos Handelnden liegt z. T. die Vorstellung zugrunde, daß ein Schuldunfähiger zwar auch Normadressat sei, aber insoweit ein „untauglicher".[977] Auch wenn dem Schuldunfähigen dabei zumindest nicht die Handlungsfähigkeit abgesprochen wird, soll doch sein Verhalten „wie ein Naturereignis in Ansatz zu bringen (sein)".[978] Es soll daher für die täterschaftliche Zurechnung des rechtsverletzenden Geschehens durch die Mittelsperson zum Hintermann auch genügen, wenn dieser die „Kausalkette" mitverursacht hat. Ausreichend sei z. B. das Schaffen einer Anreizsituation oder die Unterstützung der Tat.[979] Das besondere Erfordernis der Handlungsherrschaft des mittelbaren Täters sei in den Konstellationen, in denen dieser sich eines Schuldunfähigen bediene, entbehrlich.[980]

Die übrige Literatur stellt darauf ab, ob der Hintermann den unmittelbar Handelnden bzw. dessen Defekt aus- oder benutzt hat, so daß er eine Person als menschliches Werkzeug eingesetzt hat. Eine mittelbare Täterschaft sei dann gegeben, wenn der Schuldunfähige die „maßgebliche Entscheidung" nicht selbst getroffen und der Hintermann so den Tatmittler als Werkzeug „in der Hand"

975 *Kühl,* AT, § 20 Rn. 66f.

976 Vgl. *Kühl,* AT, § 20 Rn. 66; vgl. auch *Roxin,* Täterschaft und Tatherrschaft, S. 233ff.

977 *Schumann,* Strafrechtliches Handlungsunrecht und das Prinzip der Selbstverantwortung der Anderen, S. 106.

978 Vgl. *Schumann,* Strafrechtliches Handlungsunrecht und das Prinzip der Selbstverantwortung der Anderen, S. 106; vgl. auch *Jakobs,* GA 1996, S. 253.

979 *Schumann,* Strafrechtliches Handlungsunrecht und das Prinzip der Selbstverantwortung der Anderen, S. 105f.; BGH NJW 1983, 462; *Jakobs,* GA 1996, S. 255; *ders.,* Schuld und Prävention, S. 17.

980 *Schumann,* Strafrechtliches Handlungsunrecht und das Prinzip der Selbstverantwortung der Anderen, S. 105.

habe. Jener beherrsche dann „kraft seiner überlegenen Willensherrschaft“ mittelbar dessen Tatausführung.[981]

Ähnlich wie beim Verbotsirrtum stellt sich nun allerdings die Frage, ob die Begründung mittelbarer Täterschaft davon abhängt, wie weit das Gesetz die Grenze der Schuldunfähigkeit zieht. Dabei gehen auch hier die Vertreter, die auf das Verantwortungsprinzip abstellen, davon aus, daß die Mittelsperson bei nur verminderter Schuldfähigkeit (§ 21 StGB) für ihre Tat verantwortlich ist und daher eine täterschaftliche Verantwortlichkeit des Hintermanns nicht in Betracht kommt.[982] Die Gegenauffassung bejaht auch bei verminderter Schuldfähigkeit das Vorliegen einer mittelbaren Täterschaft, da - unabhängig davon, ob der Mittelsperson die Unrechtseinsicht fehlt oder die Steuerungsfähigkeit nicht gegeben ist - das Defizit des Vordermanns vom Hintermann ausgenutzt werden kann.[983] Es solle durch Wertung der konkreten Umstände im Einzelfall ermittelt werden, ob mittelbare Täterschaft oder Anstiftung vorliegt. In der Regel sei mittelbare Täterschaft dann anzunehmen, wenn die verminderte Schuldfähigkeit des Tatmittlers durch den Hintermann absichtlich und mißbräuchlich herbeigeführt wurde, um jenen zur Tat zu veranlassen.[984]

b) Kritik und eigene Lösung

Ebenso wie bei der Behandlung der Fälle des Verbotsirrtums ist auch hier an den dargelegten Begründungen zu kritisieren, daß unabhängig von den verschiedenen Differenzierungen vordergründig auf das Verhältnis zwischen Hintermann und Mittelsperson abgestellt wird, während die Herrschaft des Hintermanns, bezogen auf die konkrete Rechtsverletzung, außer Betracht bleibt.

Besonders deutlich wird dies bei der Auffassung, die eine Gleichsetzung des schuldunfähigen Subjekts mit einem Naturereignis vornimmt und daher jede Mitverursachung seitens des Hintermanns für die Annahme einer mittelbaren

---

981 *Cramer/Heine* in Schönke/Schröder, § 25 Rn. 39ff.; *Wessels/Beulke*, AT, Rn. 538; *Jescheck/Weigend*, § 62 II. 4. (S. 668).

982 *Otto,* Jura 1987, S. 255; *Schumann,* Strafrechtliches Handlungsunrecht und das Prinzip der Selbstverantwortung der Anderen, S. 76; *Herzberg,* Täterschaft und Teilnahme, S. 12f.; *Jakobs,* AT, 21/94. Teilweise wird auch hier danach differenziert, ob dem unmittelbar Handelnden die Unrechtseinsicht fehlt, oder ob nur seine Steuerungsfähigkeit nicht vorhanden ist. Nur im ersteren Fall komme mittelbare Täterschaft in Betracht, während im zweiten Fall beim Vordermann zumindest die Steuerungsfähigkeit gegeben sei, so daß dem Außenstehenden die Tatherrschaft verwehrt bleibe. Vgl. *Roxin*, Täterschaft und Tatherrschaft, S. 237f.; *ders.* in Leipziger Kommentar, § 25 Rn. 120, 122; *Kühl,* AT, § 20 Rn. 68.

983 *Cramer/Heine* in Schönke/Schröder, § 25 Rn. 41; *Schaffstein,* NStZ 1989, S. 156.

984 *Schaffstein,* NStZ 1989, S. 158.

Täterschaft als ausreichend erachtet. Zum einen bleibt aber auch der Schuldunfähige weiterhin Vernunftwesen und ist, soweit er mit Verletzungswissen handelt, regelreflektierendes Subjekt. Eine Reduzierung auf einen Naturfaktor verbietet daher. Zum anderen ist ein solcher Ansatz letztlich nicht in der Lage, überhaupt eine Tatherrschaft des Hintermanns über das Geschehen zu begründen. Wie sich in der Auseinandersetzung mit den Lehren von der objektiven Zurechnung[985] gezeigt hat, könnte bei einer Gleichsetzung einer schuldunfähigen Person mit einem Naturereignis eine Herrschaft über jemanden, der letztlich wegen seiner „Handlungsunfähigkeit" nicht zu beherrschen ist, gerade nicht angenommen werden. Eine Möglichkeit der Mitzurechnung wäre dann gänzlich ausgeschlossen. Die Rechtsverletzung durch den Vordermann würde sich dann vielmehr als ein zufallbedingtes Unglück darstellen.[986]

Aber auch die Ansicht, die auf die tatsächliche Willensherrschaft des Hintermanns über den schuldunfähigen Vordermann abstellt und nicht jeden Kausalbeitrag des Hintermann genügen läßt, verkennt, daß der Hintermann hier auf ein überhaupt normreflektiertes Subjekt einwirkt. Dieses geht, solange es die Verletzungseinsicht hat, selbst - wenn auch nicht schuldhaft - zur Verwirklichung seiner Unrechtsmaxime über.[987] Im Rahmen der kritischen Auseinandersetzung mit der Tatherrschaftslehre allgemein wurde bereits darauf verwiesen, daß der Begriff der Willensherrschaft des einen über den anderen an sich ungenau ist. Denn auch wenn jemand ein starkes Motiv für die Tat liefert, bleibt der Wille des unmittelbar Handelnden an sich selbstbestimmt. Eine Änderung der Herrschaftsverhältnisse über das tatbestandsmäßige Geschehen ist damit nicht verbunden. Der Hintermann kann den Entscheidungsprozeß, bezogen auf die Maximenbildung seines Gegenübers, nur von außen *beeinflussen*, indem er sich Erfahrungsgrundsätze zu nutze macht, nach denen es wahrscheinlich ist, daß der Vordermann seiner Motivsetzung Folge leisten wird und damit zur Ausführung der Tat übergeht; eine Beherrschung des (inneren) Willens kann aber nicht angenommen werden.[988]

Unabhängig davon, ob der Hintermann einen schuldlos oder nur vermindert schuldfähig Handelnde zu einer Tat bestimmt, beherrscht er damit nicht dessen Willen, sondern nimmt Einfluß auf dessen Entscheidungsprozeß, tatsächlich zur eingesehenen Verletzungshandlung überzugehen. Damit realisiert aber der Vordermann, wenn auch nicht schuldhaft, seine eigene Unrechtsmaxime und nicht die des Hintermanns. Zwar setzt der Hintermann den Schuldunfähigen oder den vermindert Schuldfähigen für seine Zwecke ein, aber dieser bleibt in seiner

---

985 4. Kapitel, D. I. 1. b) aa).

986 Vgl. bereits die Kritik an *Jakobs,* 2. Kapitel, C. III. 2.

987 Vgl. auch *M. Köhler,* AT, S. 509.

988 Vgl. oben B. I. 1a).

willentlichen Wirkweise hinsichtlich der Außenweltveränderung frei.[989] Er kann sich die Verletzung als durch ihn bewirkte weiterhin zuschreiben; sie stellt sich daher gerade als sein Werk dar und nicht als das eines anderen. Eine Änderung der Herrschaftsverhältnisse über die Verletzungstat zugunsten des Hintermanns liegt damit nicht vor, sondern der Hintermann ist lediglich Teilnehmer; er wirkt an der Rechtsverletzung eines anderen mit. Bedingt durch die mangelnde Einsichts- und Steuerungsfähigkeit (§§ 19, 20, 21 StGB) kann der Hintermann hier gegenüber dem unmittelbar Handelnden eine überlegende Stellung gewinnen, die er für die Realisierung auch seiner unrechten Zwecke nutzen kann. Aufgrund seiner Konstitution ist der unmittelbar Handelnde in seiner Entscheidungsfähigkeit eingeschränkt, so daß es ihm unmöglich ist, die Situation für sich richtig zu lösen.

So hat das Reichsgericht[990] in einem von ihm zu entscheidenden Fall, in dem ein Großvater seinen 13-jährigen Enkel aufgefordert hatte, die Waldung eines Dritten, ein fremdes Stallgebäude nebst Heuvorräten und ein zur Wohnung von Menschen dienendes Gebäudes mit Stall und Scheune in Brand zu setzen, zu recht eine Anstiftung und keine mittelbare Täterschaft angenommen. Der Enkel wußte und wollte die Brandstiftungen begehen, handelte also vorsätzlich. Er hatte aber für die Dimension seines Unrechts noch nicht das volle Verständnis, so daß der Großvater durch intensive Einflußnahme („unter Mißbrauch seines Ansehens oder durch sonstige Mittel“) insoweit dem Enkel überlegen war und seine Autoritätsstellung ihm gegenüber ausnutzen konnte.

III. Fälle des sog. Nötigungsnotstandes

Auch wenn bereits im Rahmen des Begründungszusammenhangs der mittelbaren Täterschaft und Anstiftung auf die Fälle des Nötigungsnotstandes näher eingegangen wurde, sind sie an dieser Stelle noch einmal näher zu beleuchten. Herausgearbeitet wurde insbesondere nicht, warum diese Konstellationen solche des sog. entschuldigenden Notstandes (§ 35 StGB) sind und nicht eine Rechtfertigung nach § 34 StGB begründen, wie in der Literatur zum Teil angenommen wird, so daß bereits eine Anstiftung, die eine vorsätzliche rechtswidrige Haupttat voraussetzt, nicht mehr in Betracht käme.

---

989 Vgl. ausführlich zu der sich hieraus ergebenen Kritik gegenüber dem Begriffs der Willensherrschaft, oben unter B. I. 1. a).

990 Vgl. auch RGSt 61, 265 (insbes. S. 266f.). Vgl. demgegenüber BGH NJW 1983, S. 462 Allerdings ging es hier um einen Fall der Selbstverletzung (Körperverletzung in mittelbarer Täterschaft).

1. Einordnung des Nötigungsnotstandes und kritische Auseinandersetzung mit der Tatherrschaftslehre

Wie bereits dargelegt, liegt ein „außer Streit“[991] stehender Hauptanwendungsfall der mittelbaren Täterschaft nach der Tatherrschaftslehre dann vor, wenn der Ausführende von dem Hintermann unter Nötigungsdruck gesetzt wird. In einem solchen befindet sich der Täter dann, wenn er von einer anderen Person rechtswidrig zur Begehung einer Straftat gezwungen wird. Das ist z. B. der Fall, wenn A den B unter vorgehaltener Pistole zwingt, die Fensterscheibe des C zu zerstören.

Nicht einheitlich beurteilt, wird allerdings die Frage, ob ein unrechtes Verhalten im Nötigungsnotstand einen Rechtfertigungsgrund (§ 34 StGB) darstellt, oder ob der Handelnde „nur“ entschuldigt ist (§ 35 StGB). Wäre ersteres der Fall, käme eine Anstiftung nicht mehr in Betracht, da diese eine vorsätzliche *rechtswidrige* Haupttat voraussetzt. Bei einer Entschuldigung nach § 35 StGB wäre konstruktiv sowohl eine mittelbare Täterschaft als auch eine Anstiftung möglich. Es bedarf daher zunächst einer Einordnung des Nötigungsnotstandes.

a) Einordnung des Nötigungsnotstandes

aa) Nötigungsnotstand als Rechtfertigungsgrund nach § 34 StGB?

Kennzeichnend für den rechtfertigenden *und* den entschuldigenden Notstand ist, daß - im Unterschied zur Rechtfertigung aus Unrechtsverantwortung nach § 32 StGB - die in Anspruch genommenen Rechtsgüter eines anderen nicht für die Gefahr begründenden Umstände verantwortlich sind, so daß ein bedingungsloser Rückgriff nicht möglich ist.[992] Vielmehr stehen sich zwei begründete Rechte kollidierend gegenüber. Das Gesetz legt nun in § 34 StGB einem unbeteiligten Dritten eine Duldungspflicht auf (Sonderopfer), die auf einer Solidaritätspflicht gegenüber demjenigen gründet, der, bedingt durch seine Endlichkeit, die Notlage allein nicht zu bewältigen vermag. Der Eingriff in das fremde Rechtsgut dient hier der Freiheitssicherung des von der (natürlichen) Notlage Betroffenen.[993] Gegenüber dem "regulären" Notstand (die Gefahr geht von einer

---

991 *Roxin,* Täterschaft und Tatherrschaft, S. 666; *Herzberg,* Täterschaft und Teilnahme, S. 13; *Kühl,* AT, § 20 Rn. 62.

992 Vgl. statt vieler *Kühl,* AT, § 8 Rn. 1ff.

993 Muß der Eingriff in das Rechtsgut eines Unbeteiligten und damit die Solidaritätspflicht der Freiheitssicherung dienen, zeigt sich darin zugleich, daß der Eingriff nur so weit reichen kann, wie es im Rahmen des freiheitlichen Verhältnisses denkbar ist. Daher kann dem Duldungspflichtigen auch beim Vorliegen einer zufallsbedingten Gefahr nicht jeder Zugriff auf seine Rechtsgüter abverlangt werden, sondern nur ein solcher bei, dem auch seine Freiheit weiterhin gesichert ist.

Naturgewalt aus) wird beim Nötigungsnotstand die Gefahr nicht von einer Naturgewalt begründet, sondern rührt aus dem rechtswidrigen Verhalten eines anderen her. Es fragt sich daher, ob auch bei einem solchen Sachverhalt § 34 StGB Anwendung finden kann.[994] Zu berücksichtigen ist dabei, daß beim Nötigungsnotstand der unmittelbar Handelnde - wenn auch gezwungenermaßen - auf die Seite des Unrechts tritt, da er der Unrechtsmaxime des Hintermanns nachkommen will. So dürfte sich der Unbeteiligte bei einer Rechtfertigung seitens des in seine Rechtsgüter Eingreifenden nicht gegen den erfolgten Angriff zur Wehr setzen, sondern müßte (anders als bei § 35 StGB) die Mißachtung seiner Autonomie dulden. Daher soll § 34 StGB nach einem Großteil der Literatur hier keine Anwendung finden. Der unmittelbar Handelnde ist nicht nach § 34 StGB gerechtfertigt, sondern gem. § 35 StGB entschuldigt.[995]

---

994 Bejahend *Samson* in Systematischer Kommentar (6. Auflage), § 34 Rn. 31; *Mitsch* in Baumann/Weber/Mitsch, § 17 Rn. 81; *Bernsmann*, „Entschuldigung“ durch Notstand, S. 147; es soll nach dieser Auffassung unerheblich sein, ob die Gefahr von einer Naturgewalt ausgeht oder auf das rechtswidrige Verhalten eines Dritten zurückzuführen ist, da die Personen die Solidarität der anderen gleichermaßen beanspruchen könnten.

995 Vgl. hierzu *Lenckner/Perron* in Schönke/Schröder, § 34 Rn. 41b; *Wessels/Beulke*, AT, Rn. 443; *Jescheck/Weigend*, AT § 44 II. 3. (S. 484); vgl. auch BVerfGE 46, 160 und 214; vgl. hinsichtlich der Abnötigung von Taten gegen überindividuelle Rechtsgüter und der Anwendung des § 35 StGB auch BGHSt 5, 371. Differenzierend *Roxin*, Die notstandsähnliche Lage - ein Strafausschließungsgrund?, Oehler-FS 1985, S. 181ff. (S. 188), der darauf abstellt, wie schwer sich die Rechtsgutsbeeinträchtigung im Verhältnis zum bedrohten Rechtsgut darstellt. Hingenommen werden könnten nur sehr geringe Eingriffe in die Rechtsgüter des Dritten, ansonsten dürfe diesem das Notwehrrecht nicht versagt werden, so daß eine Rechtfertigung nach § 34 StGB nicht in Betracht komme. Die Schuld könne dann aber unter Umständen nach § 35 StGB ausgeschlossen sein.
Das Abhängigmachen der Einordnung des Nötigungsnotstandes von dem Ergebnis einer Interessenabwägung erscheint problematisch. Denn eine Zweck-Nutzen-Abwägung kann keine Begründung dafür geben, daß überhaupt in fremde Rechtsgüter eingegriffen wird. Das Rechtsverhältnis bestimmt sich gerade unabhängig von den Interessen des einzelnen Subjekts. Eine utilitaristische Betrachtungsweise beruht allein auf individuellen Kriterien und ist daher nicht in der Lage zu einer allgemeinen intersubjektiven Gültigkeit führen, welches aber für ein interpersonales Zwangsrecht notwendig ist. Der (unbeteiligten) Person kommt ein absoluter Wert zu; sie ist Zweck an sich und darf gerade nicht als Mittel zu Zwecken anderer eingesetzt werden. Dies gilt allgemein auch für die Begründung des rechtfertigenden Notstandes in § 34 StGB.
Vgl. demgegenüber zur reinen Güterabwägung des Reichsgerichts: RGSt 61, 242ff.und zur Interessenabwägung *Jescheck/Weigend,* AT, § 33 IV. 3. c) (S. 362f.); *Roxin,* AT, § 16 Rn. 1ff.; *Lenckner/Perron* in Schönke/Schröder, § 34 Rn. 22ff.; *Lenckner*, GA 1985, S. 295ff. Vgl. dazu auch die Kritik *Köhlers,* GA 88, 435ff. (434); *ders.* AT, S. 282f. Vgl. zur Begründung der Eingriffsbefugnis und der damit verbundenen Duldungspflicht aus einer freiheitlichen Philosophie: *Klesczewski*, ARSP Beiheft Nr. 66 (1997), S. 77ff.; *Köhler,* ARSP 79 (1993), S. 457ff.; *ders.,* Ursprünglicher Gesamtbesitz,

Die Zulässigkeit eines Eingriffs in die Rechtsgüter eines Unbeteiligten kann sich nur daraus ergeben, daß sie der Sicherung der Freiheit des einzelnen dient. Aufgabe der Verbotsnormen und ebenso der Erlaubnisnormen ist gerade die wechselseitige-allgemeingültige Sicherung der Freiheitssphären der endlichen Personen, die eine allgemeine Eingriffsbefugnis aus Solidarität aufheben würde. Der erwachsene Mensch ist grundsätzlich selbst für die Realisierung seiner Freiheit verantwortlich, und es ist damit auch zunächst seine Aufgabe, eine mögliche Bedrohung - sei sie natürlicher oder personaler Natur - zu bewältigen. Ein uneingeschränktes allgemeines Gebot zum Eingriff in die Rechtsgüter anderer kann es daher nicht geben („Not hat kein Gebot“[996]).[997] Dabei wird zugleich deutlich, daß nicht jeder Eingriff gegenüber einem anderen eine Eingriffsbefugnis und damit eine Duldungspflicht des Betroffenen erzeugen kann, sondern nur ein solcher, der gewährleistet, daß auch dessen Freiheit nicht bedingt durch den Zugriff auf seine Rechtsgüter gefährdet ist.[998]

Eine umfassende Begründung des rechtfertigenden und entschuldigenden Notstandes kann hier nicht erfolgen. Vielmehr ist die Besonderheit des Nötigungsnotstandes gegenüber dem „Normalfall“ des rechtfertigenden Notstandes, bei dem die Gefahr von einem zufälligen Naturereignis herrührt, herauszukristallisieren.

---

ursprünglicher Erwerb und Teilhabegerechtigkeit, Wolff-FS, S. 247ff. vgl. auch *Kant:* „Der Nutzen vieler gibt ihnen kein Recht gegen einen.“ In: Reflexionen zur Moralphilosophie, S. 97 (6586) in Kants handschriftlicher Nachlaß, Band VI, in: Kants gesammelte Werke, hrsg. von der Preußischen Akademie der Wissenschaften, Band XIX; Berlin und Leipzig 1934.

996 *Kant,* MdS, AB 41, 42.

997 Vgl. zur Kritik insgesamt *M. Köhler,* AT, S. 282f.

998 Vgl. dazu näher *M. Köhler,* GA 88, S. 439ff.; *ders.,* ARSP 79 (1993), 457ff. (insbes. 475ff.); *ders.,* AT, S. 208ff. und 281ff.; *ders.,* Ursprünglicher Gesamtbesitz, ursprünglicher Erwerb und Teilhabegerechtigkeit, Wolff-FS, S. 247ff., der die in § 34 geforderte Solidaritätspflicht aus dem ursprünglichen (freiheitskonstitutiven) Besitzrecht des einzelnen ableitet. Aus dem Teilhaberecht und dem daraus folgenden freiheitsunabdingbarem distributiven Gehalt müsse ein Rückgriff auf Gegenstandsgüter anderer möglich sein, wenn die Freiheit einer Person in ihrer Basis betroffen ist. Aufgrund einer (Lebens-) Gefahr für einen Menschen kann daher ein Eingriff in das Eigentum oder das Vermögen, also in solche äußeren Gegenstände, die für den anderen wiederherstellbar oder ersetzbar sind, gerechtfertigt (geboten) sein. Der Betroffene muß einen solchen Eingriff dann dulden. (Vgl. dazu auch *Klesczewski,* Ein zweischneidiges Recht - Zu Grund und Grenzen der Notwehr in einem vorpositiven System der Erlaubnissätze, Wolff-FS, S. 243). Das Notstandsrecht ist damit aber auch auf solche äußeren-wiederherstellbaren Rechte (wie z. B. das Eigentum) eingeschränkt. Ein Eingriff in andere nicht reversible Freiheitsrechte kann daher nicht zu einer Duldungspflicht führen.

Der Nötigungsnotstand zeichnet sich dadurch aus, daß eine Person eine andere bewußt in eine Notlage versetzt, indem sie sie zwingt, in die Rechtsgüter eines Unbeteiligten oder des Staates einzugreifen. Im Falle des „regulären Notstandes" rechtfertigt sich der Eingriff in fremde Rechtsgüter daraus, daß dieser letztlich der Freiheitssicherung dient, so daß es sich beim Nötigungsnotstand maßgeblich auswirken kann, daß die Gefahr nicht von einem neutralen Ereignis herrührt, sondern auf eine Unrechtsmaxime des Hintermanns zurückzuführen ist. Beiden Situationen ist gemeinsam, daß die Person aufgrund der Bedrohung in ihrer Basis betroffen ist. Liegt die Funktion der Rechtsordnung darin begründet, daß sie der Freiheitssicherung des einzelnen dient und setzt sie damit die Möglichkeit der Freiheitsverwirklichung voraus, ist ein Eingriff in die Rechtsgüter eines anderen und damit eine Solidaritätspflicht nur dann begründet, wenn der Eingriff selbst der Freiheitsrealisation der Person dient. Bricht jemand beispielsweise in das Haus eines anderen ein, um einer lebensbedrohlichen Naturgefahr auszuweichen, begeht er zwar eine Eigentums- und Hausrechtsverletzung, diese ist aber bedingt durch die bestehende Gefahr als erlaubt anzusehen und stellt damit in der konkreten Situation keine Wendung gegen das allgemeine Recht dar.

Im Unterschied zum regulären Notstandsfall handelt beim Nötigungsnotstand die Mittelsperson nicht nur im Hinblick darauf, ihre Freiheit zu schützen, sondern will zugleich der Unrechtsmaxime des Hintermanns nachkommen werden, indem sie eine zusätzliche Freiheitsverletzung bewirkt. Damit hilft sie der Rechtsordnung nicht zu ihrer Geltung, sondern gefährdet sie. Denn der Unbeteiligte würde gezwungen, ein Verhalten zu ertragen, welches sich bewußt gegen die Verletzung des bestehenden Gleichheitsverhältnisses richtet. Die Unrechtsmaxime des Dritten könnte von der Rechtsordnung nicht ausgeglichen werden, sondern eine Solidaritätspflicht seitens des Unbeteiligten hätte eine zusätzliche Billigung der vom Hintermann ausgehenden Freiheitsverletzung zur Folge. Für die Frage der Rechtfertigung eines Eingriffs in fremde Rechtsgüter macht es daher einen Unterschied, ob die Unrechtsmaxime eines Dritten hinzukommt. Zudem kann der Hintermann eine Vielzahl von Verletzungen einfordern, diese beliebig variieren und damit die Rechtsordnung gezielt angreifen, so daß die Gefährdungsdimension des unbeteiligten Rechtsgutes wesentlich höher ist als beim regulären Notstand, der nur eine der konkreten (neutralen) Gefahr entsprechende und damit begrenzte Anzahl von Eingriffsmöglichkeiten zuläßt.[999]

---

999 Vgl. dazu *Kelker,* Der Nötigungsnotstand, S. 156ff.; insoweit ähnlich *Bernsmann,* „Entschuldigung" durch Notstand, S. 142ff., der darauf hinweist, daß man - im Gegensatz zu einer Notstandslage, die auf ein Naturereignis zurückzuführen ist - bei Sachverhalten, in denen die Gefahr von einem Menschen ausgeht, keine seinswissenschaftlichen Aussagen machen könnte, d. h. keine berechenbaren Prognosen abgeben könnte, ob der Drohende

Eine Rechtfertigung des Genötigten und eine Verneinung der Verletzung einer Verbotsnorm im interpersonalen Verhältnis stünde mit einem freiheitlichen Rechtsverständnis nicht im Einklang.[1000]

bb) „Entschuldigender Notstand" (§ 35 StGB), resp. der Nötigungsnotstand als Strafunrechtsaufhebungsgrund

Zwar widerspricht eine Rechtfertigung des sich im Nötigungsdruck Befindenden einem freiheitlich begründeten Rechtsverhältnis, aber es ist noch nicht darüber entschieden, ob eine derartige Notstandssituation nicht möglicherweise den Betroffenen ent-schuldigt (vgl. § 35 StGB).

Die Schuld wurde bestimmt als der „selbstbestimmte (freie) Entschluß zur Verwirklichung der Unrechtsmaxime". Sie bemißt sich also an der positiven Freiheitsbestimmung des einzelnen. Autonomie meint aber nicht nur Freiheit der Person, zwischen vorgegebenen Möglichkeiten zu wählen, sondern die Möglichkeit des Subjekts, sich Sollenssätze aufzustellen, nach denen es sein Handeln bestimmt. Nur weil ihm die Fähigkeit, sich selbst zum Richtigen zu bestimmen, zukommt, kann ihm ein Verhalten, welches diesen von ihm selbst aufgestellten und in Verbots- und Gebotsnormen verobjektivierten Pflichtanforderungen nicht entspricht, auch - als schuldhaftes - vorgeworfen werden. Kann er dagegen diese geistige Leistung nicht erbringen, sei es konstitutions- (vgl. § 20 StGB), sei es situationsbedingt (vgl. § 17 StGB), kann ihm der Entschluß zur Verwirklichung der Unrechtsmaxime nicht als schuldhafter vorgeworfen werden.[1001] Es fragt sich aber, ob der Nötigungsnotstand bzw. der entschuldigende Notstand überhaupt die Schuld betrifft. Der einzelne kann in Fällen, in denen jemand aufgrund eines Naturereignisses oder von einem anderen in eine Drucksituation gebracht und damit vor die Entscheidung gestellt wird, ob er selber schwer verletzt wird oder statt dessen das Rechtsgut eines anderen verletzt, zwar in seiner Wahlfreiheit eingeschränkt sein, aber bei der Entscheidung zur unrechten Tat bleibt er an sich selbstbestimmt.[1002] Das Bewußtsein, sich gegen das eingesehene Sollensverständnis zu wenden und damit die freie Selbstbestimmung zur Normeinsicht, bleibt auch in einer Drucksituation bestehen. Daher wird auch insoweit zu recht

---

tatsächlich zur Rechtsverletzung übergegangen wäre oder nicht. Anders als die vorliegende Arbeit kommt Bernsmann trotz kategorialer Unterschiede der Gefahrenqualität seitens eines Naturereignisses und seitens eines Menschen zu dem Ergebnis, daß beim Nötigungsnotstand auch eine Rechtfertigung gem. 34 StGB in Betracht komme; aaO, S. 147.

1000 Siehe dazu insbesondere *Kelker,* Der Nötigungsnotstand, 124ff.; 156ff.

1001 Vgl. oben unter C. II.

1002 Vgl. bereits die Ausführungen im 3. Kapitel, D. I.; im vorliegenden Kapitel unter B. I. 1.b.)

darauf verwiesen, daß der „Grund der Strafbefreiung (...) nicht in der *fehlenden* Schuld (liegt)".[1003] Dem Bedrohten sei die rechtmäßige Entscheidung bedingt durch die außergewöhnliche Notsituation und dem damit verbundenen (psychischen) Motivationsdruck derart erschwert, daß seine Schuld *gemindert* sei. Die Entschuldigung des Täters ergebe sich daraus, daß die verbleibende Schuld unterhalb der Strafwürdigkeitsgrenze liege.[1004]

Die Feststellung eines empirischen (psychologischen) Motivationsdrucks ist aber nicht in der Lage zu begründen, warum bei derartigen Kollisionen eine Bestrafung des Täters ausscheidet. Anzusetzen ist vielmehr an dem interpersonalen und staatlich garantierten Rechtsverhältnis selbst.[1005] Aufgabe des Gesetzgebers ist es, die bereits subjektiv eingesehenen Freiheitsbestimmungen in widerspruchslose Normen zu fassen und ihnen damit eine objektive Gültigkeit zu geben.[1006] So enthalten die Strafrechtsnormen die objektive Allgemeingültigkeit des Verletzungsverbotes von Freiheitssphären anderer. Dabei kann auch eine für den einzelnen besondere Notsituation diese Allgemeingültigkeit nicht beseitigen. Deutlich wird dies im Karneades-Fall[1007], in dem zwei Schiffbrüchige sich an eine Planke klammern, diese aber nur einen trägt. Ein *Recht*, den anderen zur Selbsterhaltung von der Planke zu stoßen, kann sich hieraus nicht ableiten, denn keiner von ihnen kann sein Lebensrecht gegenüber dem anderen behaupten. Ihre Lebensnot gibt ihnen kein Recht, in die Rechtsgüter des anderen einzugreifen und damit auch keine Duldungspflicht seitens des jeweils Betroffenen. Die Allgemeingültigkeit des Rechts, genauer des Verletzungsverbotes, wird durch die empiristische Motiviertheit nicht aufgehoben.[1008] „Not hat kein Gebot"[1009]. Würde dagegen aufgrund einer empirischen Zufälligkeit das Rechtssubjekt von seinen Rechtspflichten befreit, würde dies einen Rückfall in vor-vernunftrechtliche Zustände bedeuten und damit dem subjektiv und objektiv

---

1003 So zu recht *Roxin,* AT § 22 Rn. 4; Hervorhebung durch die Verf.; seiner Begründung kann allerdings nicht gefolgt werden, dazu sogleich.

1004 *Kühl,* AT, § 12 Rn. 3, 10; *Jescheck/Weigend*, AT, § 43 III. (S. 477ff.); *Wessels/Beulke*, AT, Rn. 433; *Lenckner/Perron* in Schönke/Schröder, § 35 Rn. 2. Zudem entfalle auch eine „präventive Bestrafungsnotwendigkeit", wovon sich auch der Gesetzgeber habe leiten lassen, indem er die notstandsfähigen Rechtsgüter auf existentielle begrenzt habe; vgl. hierzu *Roxin,* AT, § 22 Rn. 11; *Jakobs,* AT, 22/11; *Kühl,* AT, § 12 Rn. 20. Vgl. zur Kritik gegenüber präventiven Begründungen insbesondere die Ausführungen im 2. Kapitel unter C. III. 1. c).

1005 Vgl. dazu auch insgesamt *M. Köhler,* AT, S. 330ff., zur Kritik, S. 332.

1006 Vgl. dazu 3. Kapitel, C. II., 4. Kapitel A.

1007 „Brett des Karneades" nach dem griechischen Philosophen Karneades, 214-129 v. Chr., der diesen Fall gebildet hat.

1008 Vgl. dazu auch *Kant,* KpV, BA 18f., 19f.; *M. Köhler,* AT, S. 330, 331.

1009 *Kant,* MdS, AB 41, 42.

vollzogenen Vernunftschluß widersprechen. Die beschriebenen Notstandskonstellationen stellen nun aber nicht das allgemein anerkannte Rechtsverhältnis selbst in Frage, sondern zeigen vielmehr seine Grenzen auf.[1010] Wie beim Karneades-Fall deutlich wird, stehen zwei sich widersprechende vernünftige Verhaltensnotwendigkeiten kollidierend gegenüber. Auf der einen Seite das Selbsterhaltungsrecht des einzelnen und auf der anderen das Verletzungsverbot gegenüber dem anderen. Das Notrecht kann nicht allgemein als interpersonalgültiges Recht gefaßt werden, wobei zugleich die im Verletzungsverbot zum Ausdruck kommende Geltungsallgemeinheit in einer solchen Situation nicht beansprucht werden kann: Der Täter verletzt daher in einem derartigen Kollisionssachverhalt das Verletzungsverbot im interpersonalen Verhältnis. Er verletzt aber nicht das Verhältnis zur staatlichen Allgemeinheit, da eine widerspruchsfreie Lösung nicht möglich ist.[1011] Gleiches trifft auch auf die Fälle des Nötigungsnotstandes zu. Auch hier kann der Gesetzgeber das wechselseitige Verhältnis zwischen den Beteiligten nicht schlüssig lösen. Denn das dem Genötigten zukommende Verbot, in die Freiheit des Unbeteiligten einzugreifen, kann aufgrund der drückenden Unrechtsmaxime des Hintermanns nicht geschützt werden. Das Notrecht kann daher als wechselseitig-gültige Norm nicht bestimmt werden.[1012]

Es handelt sich also bei den beschriebenen Konstellationen um Ausnahmesituationen, die nicht durch allgemeingültige Normen gefaßt werden können. Auch wenn die in einer Situation des § 35 StGB begangene Tat als rechtswidrige und schuldhafte zu beurteilen ist, wäre eine Strafbedrohung des einzelnen in derartigen Situationen wegen der nicht möglichen widerspruchsfreien Lösungsmöglichkeit durch ein allgemeines Gesetz sinnlos. „Es (kann) keine Not geben, welche, das, was unrecht ist, gesetzmäßig machte“[1013] Die beschriebenen Kollisionsfälle begründen daher genaugenommen (entgegen § 35 StGB, der von „Entschuldigung“ spricht) einen Strafunrechtsausschluß, während es beim Vorliegen einer tatbestandsmäßigen, rechtswidrigen und schuldhaften Tat bleibt.[1014] [1015] Die Fähigkeit der rechtsbildenden Maximenbildung der einzelnen bleibt auch in einer derartigen Notsituation erhalten. Grund für den Ausschluß des Strafunrechts ist aber nicht der Motivationsdruck des Betroffenen in einer

---

1010 Vgl. dazu auch den Exkurs im 3. Kapitel.

1011 *M. Köhler,* AT, S. 330f., 341.

1012 *M. Köhler,* AT, S. 331.

1013 *Kant,* MdS, AB 41, 42.

1014 Vgl. dazu *M. Köhler,* AT, S. 334ff.

1015 Vgl. auch *Kant,* MdS, AB 41, 42: „Also ist die Tat der gewalttätigen Selbsterhaltung nicht etwa als unsträflich (inculpabile), sondern nur als unstrafbar (impunibile) zu beurteilen.“

solchen Situation, sondern die Unmöglichkeit der widerspruchsfreien Wahrung der Rechtsverhältnisse durch den Staat in derartigen Notsituationen.

b) Die Behandlung der Fälle des Nötigungsnotstandes als solche der mittelbaren Täterschaft nach der Tatherrschaftslehre

Wie eingangs dargelegt, soll es sich bei den Fällen des Nötigungsnotstandes nach vorherrschender Meinung, um typische und unstreitige der mittelbaren Täterschaft handeln.[1016] Zwinge der Hintermann den Tatmittler beispielsweise unter vorgehaltener Pistole zur Tötung eines anderen, so beherrsche jener aufgrund des von ihm ausgeübten Nötigungsdrucks denjenigen, der die Tat ausführe. Dabei wird zunächst zu recht darauf verwiesen, daß die Mittelsperson weiterhin Täter der Tat ist und daher die Fälle des Nötigungsnotstandes als Konstellationen des „Täters hinter dem Täter" anzusehen sind.[1017] Die Tatherrschaft des Hintermanns soll sich aus dem Verantwortungsprinzip ergeben. Der Gesetzgeber entlaste (vgl. § 35 StGB) den unmittelbar Handelnden aufgrund des vom Hintermann ausgeübten Drucks von der Verantwortung und gebe damit zugleich zu erkennen, daß er nur diesem das Geschehen als seine Tat zurechnen wolle.[1018] Der Hintermann beherrsche zwar unmittelbar nur den Genötigten, aber „weil der Genötigte seinerseits kraft seines Handelns den Geschehensablauf in der Hand hat, beherrscht der Hintermann mittelbar die Tat selbst. Die Willensherrschaft des mittelbaren Täters überlagert also die Handlungsherrschaft des Ausführenden."[1019] Das Merkmal der Willensherrschaft richte nach dem Gesetz, welches, sobald der Motivationsdruck eine bestimmte Stärke erreicht habe, die Verantwortlichkeit auf den Hintermann verlagere und ihn damit zur „Hauptfigur des Handlungsvorganges" mache.[1020]

2. Kritik und eigene Lösung

Dargelegt wurde, daß dem Hintermann nur dann die Rechtsverletzung als die Seinige zugeschrieben werden kann, obwohl eine an sich freie Person in das konkrete Geschehen tritt, wenn er derjenige ist, der mit seiner Handlung die Einheit zur Rechtsverletzung stiftet. Eine Herrschaft über das tatbestandsmäßige Geschehen liegt nur dann vor, wenn der Vordermann nicht die eigene, sondern

---

1016 *Kühl,* AT, § 20 Rn. 62; *Roxin,* Täterschaft und Tatherrschaft, S. 666; vgl. auch RGSt 64, 30 (32).

1017 *Roxin* in Leipziger Kommentar, § 25, Rn. 62.

1018 *Roxin* in Leipziger Kommentar, § 25, Rn. 61.

1019 *Roxin* in Leipziger Kommentar, § 25, Rn. 61.

1020 *Roxin,* Täterschaft und Tatherrschaft, S. 147; vgl. auch *Herzberg,* Täterschaft und Teilnahme, S. 14; vgl. zur Rechtsprechung RGSt 31, 395; 64, 30.

die Unrechtsmaxime des Hintermanns verwirklicht. Kommt der Mittelsperson die Tatherrschaft über das konkrete Geschehen zu, so entfaltet diese gewissermaßen eine Sperrwirkung für eine solche des Hintermanns. Dieser kann zwar an der Unrechtsmaxime eines anderen teilhaben, er kann aber nicht selbst Täter sein. Es muß damit sowohl die Beziehung des Hintermanns zum verletzenden Rechtsgut als auch die Beziehung des Hintermanns zur Mittelsperson und ihr Verhältnis zur Rechtsverletzung in den Blick genommen werden. Die Tatherrschaft kann dem Hintermann nicht "automatisch" zugerechnet werden, wenn die Mittelsperson irgendeinen "Defekt" aufweist, sondern der Hintermann muß durch sein spezifisches Verhalten derjenige sein, der die Rechtsverletzung dadurch bewirkt, daß er über einen anderen *seine* Unrechtsmaxime realisiert.

Zwar bestreitet auch die Tatherrschaftslehre nicht, daß es dem unter Nötigungsdruck Gesetzten faktisch überlassen bleibt, ob er die Tat ausführt oder nicht. Eine Begründung dafür, warum dennoch der Hintermann der Täter sein soll, erfolgt aber nicht. Vielmehr wird allein auf die Entscheidung des Gesetzgebers in § 35 StGB verwiesen, in der zum Ausdruck komme, daß man bei eigener Lebensgefahr einem solchen Druck nachgeben dürfe.[1021] Damit wird die Tatmacht des Hintermanns aber nicht eigenständig begründet. Nur weil die Mittelsperson normativ nicht verantwortlich ist, soll dem Hintermann die Tatherrschaft kraft Willensherrschaft zukommen. Abgestellt wird bei einer solchen Betrachtungsweise ebenso wie bei der Frage des Einsetzens einer schuldlos handelnden Person allein auf das Verhältnis des Hintermanns zur Mittelsperson, während die Beziehung des Hintermanns zum Opfer keine Berücksichtigung findet. Das Tatherrschaftskriterium mit seiner Konkretisierung für den Bereich der mittelbaren Täterschaft als "Willensherrschaft" ist - wie dargelegt - lediglich eine Umschreibung eines phänomenologischen Sachverhalts in Verbindung mit den Wertungen des Gesetzes. Die Herrschaft des Hintermanns wird dann aber nicht selbst positiv begründet, sondern es wird allein auf die mangelnde Verantwortlichkeit des Tatmittlers verwiesen.

Der von der Tatherrschaftslehre entwickelte Begriff der "Willensherrschaft" ist zudem - wie bereits aufgewiesen wurde[1022] - ungenau, denn eine solche kann es aufgrund der Autonomie nicht geben. Der Ausführende bleibt und begreift sich auch im Nötigungsnotstand als derjenige, dem die Rechtsverletzung als sein willentliches Werk zuzurechnen ist. Der nötigende Zwang kann damit zwar das Motiv für die Tat sein, er führt aber nicht zu einer Änderung der Herrschaftsverhältnisse über das rechtsverletzende Geschehen. Der Hintermann kann den Entscheidungsprozeß, bezogen auf die Maximenbildung seines endlichen Gegenübers, von außen *beeinflussen*, indem er sich Erfahrungsgrundsätze

---

1021 Vgl. statt vieler *Kühl*, AT, § 20 Rn. 62f.
1022 Vgl. oben unter I. 1. b).

zunutze macht, nach denen es wahrscheinlich ist, daß der Vordermann seiner Motivsetzung Folge leisten wird und zur Ausführung der Tat übergeht; eine Beherrschung des Willens selbst kann aber nicht angenommen werden. Eine tatsächliche Herrschaft seitens des Hintermanns über das Geschehen und damit eine mittelbare Täterschaft muß daher in Fällen der Willensbeeinflussung nach einem personalen Verständnis verneint werden.

Es handelt sich bei diesen Fällen um eine Form der tätergleichen Anstiftung. Denn diese unterscheidet sich von der mittelbaren Täterschaft durch ihr Bezogensein auf die Realisierung *fremden Unrechts*. Das Zwingen zur Ausführung einer rechtswidrigen Tat stellt ein "Bestimmen", das Hervorrufen eines fremden deliktischen Tatenschlusses dar, dem der einzelne aufgrund seiner Endlichkeit nicht widerstehen kann.[1023] Der Anstifter begründet damit gegenüber dem unmittelbar Handelnden eine Art Abhängigkeitsverhältnis. Entscheidend ist für das Anstifterunrecht aber nicht allein die Zwangsübung gegenüber dem Genötigten (welche unter Umständen zusätzliches Unrecht z. B. eine Nötigung nach § 240 StGB begründet), sondern die Tatsache, daß der Anstifter den Vordermann als Mittel zur Verletzung eines anderen Rechtsgutes benutzt. Maßgeblich ist also die im Zwang gegründete Aufforderung des Hintermanns, eine Straftat zu begehen.

Bei den Fällen des sog. Nötigungsnotstand handelt es sich damit ebenso wie bei den Fällen, in denen der Hintermann eine schuldlos handelnde Person für seine unrechten Zwecke einsetzt, um eine typische Form der Anstiftung.

IV. Organisatorische Machtapparate am Beispiel der Tötungshandlungen an der innerdeutschen Grenze

Bereits in der Auseinandersetzung mit der Tatherrschaftslehre Roxins und der Rechtsprechung des Bundesgerichtshofs zu den Tötungshandlungen an der innerdeutschen Grenze wurde dargelegt, daß eine mittelbare Täterschaft kraft Willensherrschaft (neben der Nötigungsherrschaft und der Irrtumsherrschaft) auch dann angenommen wird, wenn jemand einen organisierten Apparat zur Tatbegehung benutzt.[1024] Aufgrund der Mitwirkung an den Beschlüssen des Nationalen Verteidigungsrates und des Politbüros zur Sicherung der Grenze, die Grundlage für sämtliche Entscheidungen, Anordnungen und Befehle der für die Grenzsicherung zuständigen staatlichen Organe bildeten, sah der Bundesgerichtshof hohe DDR-Funktionäre als mittelbare Täter an. Aber auch die unmittelbar handelnden Grenzsoldaten wurden als vollverantwortlich handelnde Täter betrachtet. Der Verbotsirrtum, in dem sich die Mauerschützen in dem Glauben,

---

1023 Vgl. auch *M. Köhler,* AT, S. 510f., 525.
1024 Vgl. 2. Kapitel, C. II. 2a) aa) (3); D. II. 2b)

ihr Verhalten sei gerechtfertigt, bei Ausführung ihrer Tat befanden, war nach Ansicht des Bundesgerichtshofes vermeidbar: Da das Leben das höchste Rechtsgut ist und die Tötung eines unbewaffneten Flüchtlings durch Dauerfeuer ein „derart schreckliches und jeder vernünftigen Rechtfertigung entzogenes Tun war, daß der Verstoß gegen das elementare Tötungsverbot auch für einen indoktrinierten Menschen ohne weiteres einsichtig, also offensichtlich war".[1025] Zudem sei den Grenzsoldaten bei der Schulung gesagt worden, daß sie Befehle, die gegen die Menschlichkeit verstießen, nicht zu befolgen hätten.[1026]

Die Frage der mittelbaren Täterschaft bei den Mitgliedern des Nationalen Verteidigungsrates der DDR hinsichtlich der Todesschüsse an der innerdeutschen Grenze stellt sich allerdings nur dann, wenn man - wie der Bundesgerichtshof - davon ausgeht, daß eine Rechtfertigung der Mauerschüsse nach DDR-Recht nicht in Betracht kommt. In der folgenden Auseinandersetzung soll diese (allerdings sehr problematische[1027]) Annahme nicht näher untersucht, sondern als Prämisse vorausgesetzt werden, da es hier allein um die Frage geht, ob eine mittelbare Täterschaft der „Schreibtischtäter" im Rahmen von organisatorischen Machtapparaten begründet werden kann, oder ob es sich bei diesen Fällen nicht vielmehr „nur" um eine Teilnahme (Anstiftung) handelt.

1025 BGHSt 39, 34. Demgegenüber zu recht kritisch *Miehe,* Rechtfertigung und Verbotsirrtum, Festschrift für Gitter, S. 647 (S. 663ff.)

1026 BGHSt 39, 35

1027 Vgl. zu recht kritisch *M. Köhler,* Das angeborene Recht ist nur ein einziges..., in: Vielfalt des Rechts, S. 62: „Gilt der Grundsatz: Strafbarkeit muß nach all ihren Voraussetzungen zur Tatzeit durch das staatliche Gesetz des Tatorts bestimmt sein - internationalrechtlich folgt aus der Staatensouveränität der Vorrang des Tatortstrafrechts, so muß daran auch für den Fall des späteren Beitritts eines Staates zu einem anderen festgehalten werden. Es widerspricht daher dem Grundsatz, hinsichtlich der Grenzwächter der früheren DDR einen gesetzlichen Rechtfertigungsgrund (Grenzgesetz der früheren DDR) für Verletzungshandlungen nicht gelten zu lassen und tatbestandsmäßiges Strafunrecht anzunehmen. Denn wie immer man es wendet, - ob unter Berufung auf Naturrecht oder eine 'an sich richtige' Auslegung oder unter Anwendung einschränkender, vom betreffenden Staat aber nicht transformierter Völkerrechtssätze: im Subjekt- und Inhaltswechsel der Staatspositivität liegt der Bruch."; *ders.,* AT, S. 110ff.; vgl. auch kritisch *Amelung,* NStZ 1995, S. 29; *Jakobs,* GA 1994, S. 1ff.; *Miehe,* Rechtfertigung und Verbotsirrtum, Festschrift für Gitter, S. 647 (654ff.); im Ergebnis der Rechtsprechung zustimmend dagegen *Hassemer,* Staatsverstärkende Kriminalität als Gegenstand der Rechtsprechung, in: 50 Jahre Bundesgerichtshof, Band IV., S. 439ff.

1. Begründung der mittelbaren Täterschaft nach der Rechtsprechung des Bundesgerichtshofs und der Tatherrschaftslehre

Entscheidendes Kriterium für die Herrschaft hoher DDR-Funktionäre ist nach Ansicht des Bundesgerichtshofes und der Tatherrschaftslehre ihre Weisungsmacht und die mit ihr verbundene Sicherheit der Erfolgsherbeiführung durch die Grenzsoldaten. Der Hintermann bediene sich eines Apparates, der unabhängig von den einzelnen Mitgliedern „nahezu automatisch“[1028] funktioniere. Diese Austauschbarkeit der Vordermänner führe zur Täterschaft der Hintermänner und unterscheide sie von der Anstiftung. Während der Anstifter sich erst seinen Täter "suchen", ihn für seinen Tatplan gewinnen und unter Umständen dessen Widerstand überwinden müsse, müsse der „Schreibtischtäter“ kraft seiner Überordnung nur einen Befehl erteilen und die Tat werde ausgeführt.[1029]

Die Fungibilität der Vordermänner und die mit ihr verbundene Erfolgssicherheit erwächst damit zu einem tatherrschaftskonstituierenden Moment. Daß die „Tatmittler“ in ihrer Freiheit und Verantwortlichkeit nicht eingeschränkt, sondern als schuldhaft handelnde Täter zu bestrafen sind, soll für die Herrschaft des Hintermanns dagegen keine Rolle spielen, „weil von seiner (des Hintermanns) Warte aus der Handelnde sich nicht als freie und verantwortliche Einzelperson, sondern als anonyme, austauschbare Figur darstellt. Der Ausführende ist, so wenig an seiner Handlungsherrschaft gerüttelt werden kann, doch gleichzeitig nur ein in jedem Augenblick ersetzbares Rädchen im Getriebe des Machtapparates, und diese doppelte Perspektive rückt den Hintermann neben ihn ins Zentrum des Geschehens.“[1030] Ebenso weist der Bundesgerichtshof darauf hin, daß bei Fallgestaltungen „der Hintermann durch Organisationsstrukturen bestimmte Rahmenbedingungen ausnutzt, innerhalb derer sein Tatbeitrag regelhafte Abläufe auslöst. Derartige Rahmenbedingungen mit regelhaften Abläufen kommen insbesondere bei staatlichen (...) Organisationsstrukturen und bei Befehlshierarchien in Betracht. Handelt in einem solchen Fall der Hintermann in Kenntnis dieser Umstände, nutzt er insbesondere auch die unbedingte Bereitschaft des unmittelbar Handelnden, den Tatbestand zu erfüllen, aus und will der Hintermann den Erfolg als Ergebnis seines eigenen Handelns, ist er Täter in Form mittelbarer Täterschaft.“[1031]

Die mittelbare Täterschaft der Mitglieder des Nationalen Verteidigungsrates ergibt sich somit nach der Rechtsprechung des Bundesgerichtshofs und der Tat-

---

1028 BGHSt 40, 218 (236); vgl. auch *Roxin,* GA 1963, S. 200

1029 *Roxin,* JZ 1995, S. 50; *ders.* Täterschaft und Tatherrschaft, S. 681

1030 *Roxin,* Täterschaft und Tatherrschaft, S. 245

1031 BGHSt 40, 218 (236); vgl. auch *F.-C. Schroeder,* Der Täter hinter dem Täter, S. 152, 168

herrschaftslehre daraus, daß aus ihrer Perspektive ihre Beschlüsse aufgrund der Struktur des Staatsapparates bewirkten, daß die (austauschbaren) Grenzsoldaten quasi automatisch zur Erschießung der Flüchtlinge an der innerdeutschen Grenze übergingen.

2. Kritik und eigene Lösung

Insgesamt scheint hinter der Konstruktion des "Täters hinter dem Täter" kraft organisatorischer Machtapparate und konkret hinsichtlich der überragenden Stellung der Mitglieder des Nationalen Verteidigungsrates für die Befehlslage an der Grenze und damit für die Tötungen der Flüchtlinge das *rechtspolitische* Bedürfnis zu stehen, nur eine Annahme von Täterschaft könne der besonderen Position der Funktionäre „gerecht" werden. So erklärt denn auch Roxin: „Die Annahme einer Anstiftung hätte die Angeklagten zu, wenn auch einflußreichen, Figuren am Rande des Geschehens herabgestuft; daß sie die wahren Entscheidungsträger waren, wäre nicht hervorgetreten."[1032] Ein solches rechtspolitisches Bedürfnis kann aber nicht den Maßstab für rechtsdogmatische Lösungen angeben, sondern gibt nur einen rein intuitiven Zugang zu Entscheidungen, die mit Gerechtigkeitserwägungen nichts mehr zu tun haben. Der einzelne kann nicht zum Objekt der Bedürfnisse anderer gemacht werden, sondern für seine Strafbarkeit muß die von ihm begangene konkrete Tat entscheidend sein.

Bei der Begründung der mittelbaren Täterschaft durch den Bundesgerichtshof und die Tatherrschaftslehre zeigt sich aber, daß nicht von der *konkret* begangenen Straftat ausgegangen, sondern die Tatherrschaft der Hintermänner allein mit der Gewährleistung des Funktionierens des automatisierten Machtapparates begründet und damit von der konkreten Tat abstrahiert wird. Die Täterschaft zeichnet sich aber - wie dargelegt - dadurch aus, daß der Handelnde das im Tatbestand vertypte Unrecht konkret verwirklicht, er derjenige sein muß, "der das tatbestandsmäßige Geschehen in den Händen hält". Die Frage, ob Täterschaft vorliegt, bestimmt sich immer in Bezug auf eine konkret begangene Unrechtstat. Im Rahmen „organisierter Machtstrukturen" soll nun aber nach der Tatherrschaftslehre und der Rechtsprechung für die Frage der Herrschaft der Hintermänner nicht mehr die konkrete Tat herrschaftsbegründendes Moment sein, sondern konstitutiv soll für die Tatherrschaft vielmehr das Ausnutzen „regelhafter Abläufe" sein, in denen die Vordermänner nur „austauschbare Rädchen im Getriebe" darstellen. Das Abstellen auf eine mögliche Austauschbarkeit der unmittelbar Handelnden ist aber nur eine hypothetische Annahme, die ansonsten anerkanntermaßen für die Bewertung eines realen Kausalverlaufs im Strafrecht

---

1032 *Roxin,* JZ 1995, S. 49

unberücksichtigt bleiben muß.[1033] Die Frage, wer die Tat gegenüber wem konkret verwirklicht hat, kann für die Verantwortlichkeit des einzelnen nicht unerheblich sein. Verletzt eine andere Person das Rechtsverhältnis, wird das Geschehen auf eine andere interpersonale Ebene gehoben. Mag der äußere Erfolg (z. B. der Tod eines anderen) auch derselbe sein, die bewirkte Verhältnisverletzung ist eine andere.[1034] Die Tatherrschaft der Hintermänner, insbesondere hoher DDR-Funktionäre, kann damit nicht mit der hypothetischen Erwägung der Austauschbarkeit der unmittelbar handelnden Grenzsoldaten begründet werden. Die fehlende Beherrschung zur Zeit der Tat kann durch das Ausnutzen regelhafter Abläufe nicht einfach ersetzt werden.[1035] [1036] Ausräumen läßt sich das Argument auch nicht dadurch, daß - wie Roxin meint - das Funktionieren des Apparates Realität ist und keine Hypothese darstellt. Seines Erachtens widerspricht es sachgerechten Prinzipien „sozialer, historischer und auch juristischer Täterzurechnung“, wenn Hitler und Stalin nur als Anstifter anzusehen sind.[1037] Roxin übersieht dabei, daß sich die Strafbarkeit nach der jeweiligen Einzeltat und der damit verbundenen konkreten Handlung des Täters richtet. Es ist sicherlich richtig, daß die Grenzsoldaten indoktriniert waren und es sehr wahrscheinlich war, daß sie die Tötungen vornehmen werden. Damit werden die handelnden Menschen aber nicht gleichsam zu Automaten, zu Werkzeugen anderer, sondern auch bei einer noch so eng organisierten Machtstruktur bleibt der einzelne weiterhin Subjekt und kann nicht mit dem Apparat gleichgesetzt oder als Teil eines "seelenlosen Apparates"[1038] identifiziert werden.[1039]

1033 Vgl. statt aller *Roxin,* Strafrecht AT, § 11 Rn. 12, 19f.

1034 Vgl. auch bereits die Kritik an der Lehre von der objektiven Zurechnung und der Ansicht Samsons, hypothetische Ersatzursachen seien hier zu berücksichtigen, 4. Kapitel, D. 1b) cc).

1035 Vgl. auch *Renzikowski,* Restriktiver Täterbegriff und fahrlässige Beteiligung, S. 89; *Rotsch,* ZStW 112 (2000), S. 518 (526ff.)

1036 Auch eine Mittäterschaft kommt aus diesem Grunde nicht in Betracht. (So aber *Jakobs,* AT 21/103; *ders.* NStZ 1995, S. 26 [27]; *Jescheck/Weigend,* AT, § 62 II. 8. [S. 670]; *Samson* in Systematischer Kommentar [6. Auflage], § 25 Rn. 110). Es fehlt zum einen eine Mitwirkung und damit die Tatherrschaft der Funktionäre im Ausführungsstadium. Zum anderen liegt kein gemeinschaftliches Handeln vor, welches sich gerade dadurch auszeichnet, daß die Personen durch arbeitsteiliges Agieren gleichberechtigt zusammenwirken. Das bestimmende Hinwirken auf eine konkrete Tat erfolgt hier aber nicht wechselseitig, sondern einseitig, da die Befehlsgeber den unmittelbar Handelnden rechtlich übergeordnet waren, so daß sich diese in einem Abhängigkeitsverhältnis zu jenen befanden. Insoweit zutreffend *Küpper,* GA 1998, S. 519 (524); vgl. auch *M. Köhler,* AT, S. 513ff., 521

1037 *Roxin,* Täterschaft und Tatherrschaft, S. 680f.

1038 So *Herzberg,* Täterschaft und Teilnahme, S. 42; ähnlich *Bloy,* GA 1996, S. 424 (440);

Es ist daher bereits fraglich, ob eine Erfolgssicherheit aus der Sicht der Hintermänner, bedingt durch die Organisationsstruktur des Machtapparates, überhaupt bestanden hat, wenn zwischen den Weisungen von oben und dem Ausführungen der Tat eine Person bzw. mehrere Personen zwischengeschaltet sind, die jeweils selbst als regelreflektierende Subjekte zu begreifen sind. So weist auch der Bundesgerichtshof daraufhin, daß die Mauerschützen „einen gewissen Handlungsspielraum gehabt (haben), weil sie beim plötzlichen Erscheinen des Flüchtlings auf sich allein gestellt waren“ und daher selbst als verantwortliche Täter zu behandeln sind.[1040] Im Gegensatz zur bloßen Naturkausalität wirkten die Mitglieder des Nationalen Verteidigungsrates mit ihren Entscheidungen, Anordnungen und Befehlen (zumeist sogar nur mittelbar) auf Menschen ein. Auf die von diesen ausgeführten Tötungen hatten sie dagegen keinen Einfluß. Auch wenn es sich hier um eine straffe Organisationsstruktur handelte, haben die Grenzsoldaten in dem Bewußtsein gehandelt, einen anderen Menschen zu töten. Sie sind damit nicht automatisch „technische“ Werkzeug der Organisation, sondern bleiben Herr ihrer Tat.

Gleiches ist auch dann anzunehmen, wenn man - gegen den Bundesgerichtshof - einen unvermeidbaren Verbotsirrtum der Grenzsoldaten annimmt und die Schuld der unmittelbar Handelnden verneint.[1041] Denn auch ein Schuldausschluß würde an den tatsächlichen Herrschaftsverhältnissen selbst nichts ändern. Die Entscheidung der Grenzsoldaten, die Tötungen auszuführen, beruhte auf einer Einsicht in die tatsächlichen Sachverhaltsumstände. Sie realisierten damit nicht die Verletzungsmaxime der Hintermänner, sondern ihre eigene. Sie blieben in der Lage, sich selbstbestimmt zum Richtigen zu entscheiden. Damit ist bereits die Prämisse des Bundesgerichtshofs und der Tatherrschaftslehre nicht richtig, daß durch die Mitwirkung an den Beschlüssen bereits eine Erfolgssicherheit gegeben sei.[1042] Auch ist es widersprüchlich, wenn der Bundesgerichtshof einerseits das automatische Funktionieren unterstellt und gleichzeitig annimmt, die Vordermänner handelten freiverantwortlich.[1043]

Zudem ist die empirisch gesicherte Erfolgwahrscheinlichkeit kein taugliches Abgrenzungskriterium zur Anstiftung. Denn auch bei dieser besteht durch die willensbestimmende Einwirkungshandlung auf den Vordermann eine hohe Wahrscheinlichkeit, daß der Angestiftete dem Ansinnen des Hintermanns Folge

---

Amboß, GA 1998, S. 226 (234)

1039 Vgl. auch *Murmann,* GA 1996, S. 269 (274)

1040 BGHSt 39, 1 (32)

1041 So zu recht *Miehe,* Rechtfertigung und Verbotsirrtum, Festschrift für Gitter, S. 647 (S. 663ff.); *M. Köhler,* AT, S. 108f., 111

1042 Vgl. auch *Murmann,* GA 1996, S. 269 (S. 273f.)

1043 Vgl. auch *Murmann,* GA 1996, S. 269 (273f.); *Rotsch,* NStZ 1998, S. 491 (493)

leisten wird. Wer einen anderen in ein Abhängigkeitsverhältnis setzt, indem er ihn z. B. in eine Zwangslage bringt, rechnet auch damit, daß dieser die Tat ausführen wird. Die Erwartung des Hintermanns, daß der Vordermann die Tat aufgrund der straffen Organisationsstruktur realisieren wird, kann damit nicht tatherrschaftsbegründend sein.

Die Annahme einer mittelbaren Täterschaft verdeckt daher, daß die unmittelbar Handelnden an sich selbstbestimmt zu den Tötungshandlungen übergegangen sind. Mögen sie in ihrer Entscheidung auch insofern unfrei gewesen, als sie der willensbestimmenden Macht des Regimes unterlagen, waren sie hinsichtlich der Realisierung der konkreten Taten an sich selbstbestimmt. Die Grenzsoldaten standen zwar gegenüber den Machthabenden in einem Abhängigkeitsverhältnis, dadurch ändern sich aber nicht die Herrschaftsverhältnisse hinsichtlich der konkret ausgeführten Taten. Das Be- und Ausnutzen der Machtstrukturen rechtfertigt es, die Hintermänner aufgrund ihrer willensbestimmenden Macht gleich einem Täter zu bestrafen. Die zuständigen Funktionäre, die die Beschlüsse für die Tötungen an der innerdeutschen Grenze gefaßt haben, sind daher als Anstifter anzusehen.[1044]

1044 Vgl. KG NJW 1991, S. 2653 (Fall Honecker); *Renzikowski,* Restriktiver Täterbegriff und fahrlässige Beteiligung, S. 90f.; *M. Köhler,* AT, S. 510f.

Zusammenfassung der Ergebnisse

I.

Die Arbeit hat im *ersten Kapitel* dargelegt, daß in der historischen Entwicklung der Gesetzgebung die Differenzierung von mittelbarer Täterschaft und Anstiftung nicht selbstverständlich ist und sich die beiden Beteiligungsformen in ihrer Strafwürdigkeit auch heute nicht unterscheiden. Im *zweiten Kapitel* konnte im Rahmen der Auseinandersetzung mit dem gegenwärtigen Diskussionsstand aufgezeigt werden, daß die Anerkennung der Autonomie der Person nicht hinreichend Eingang in den Argumentationsgang findet. Auch die heute herrschende Tatherrschaftslehre erinnert in ihrer Begründung an ein im Kausaldogma verhaftetes Denken, wenn die Mittelsperson sowohl bei der mittelbaren Täterschaft als auch bei der Anstiftung als ein „unbeherrschbar wirkender Kausalverlauf" betrachtet wird. Die interpersonalen Handlungsstrukturen werden in Rechtsprechung und Lehre nicht hinreichend erfaßt und können daher auch keine „gerechten" Aussagen über die Bestimmung der Abgrenzungskriterien der beiden Beteiligungsformen machen. Kritisiert wurden dabei insbesondere die Lehren, die eine Abgrenzung von Täterschaft und Teilnahme nicht anhand der Handlungsstrukturen der Menschen, sondern vor allem nach normativen (positivistischen) Kriterien vornehmen wollen. Denn auch die festgesetzten Normen sind nicht losgelöst von den agierenden Subjekten, sondern sind aus der Freiheit des einzelnen selbst zu deduzieren, sollen sie für ihn einsichtig sein und Verbindlichkeit haben. Das Recht wie das Unrecht betrifft die handelnde Person selbst und kann daher nicht von ihr getrennt werden. Maßstab und Grenze muß das praktisch handelnde Subjekt in seinen freien und endlichen Bedingungen sein.

II.

Auf der Grundlage der Einsichten Kants und Fichtes konnte aufgewiesen werden, daß die Personen bedingt durch ihre Vernunft in einem Anerkennungsverhältnis stehen, welches sich durch praktisch-richtiges Verhalten begründet. Erst von dieser Basis aus läßt sich begreifen, daß sich die Rechtsgüter als Momente der Freiheit des einzelnen nicht erst durch das gesetzte Recht konstituieren, sondern Produkt der wechselseitigen Anerkennungsleistung der handelnden Subjekte sind. Aufgabe des Staates und seiner Organe ist es daher, dieses von den einzelnen selbst eingesehene Recht gültig für alle allgemein festzulegen, die Rechte der einzelnen zu sichern und durchzusetzen. Die positive Bestimmung des Rechtsbegriffs als allgemein-gültige Anerkennung der Freiheitssphäre des Gegenübers ist damit Voraussetzung für die Bestimmung des Unrechtsbegriffs als der von einer Person bewirkten Verletzung des garantierten Freiheitsverhältnisses (*drittes Kapitel, A-C*).

III.

Dargelegt werden konnte zugleich, daß die einzelnen bedingt durch ihre Vernünftigkeit und Endlichkeit bewußt und gewollt zusammenagieren können. Indem sie die "eine" Welt durch ihr tätiges Handeln verändern, gestalten sie zugleich auch die Welt der anderen mit. Sie können sich so die Endlichkeit und damit auch Fehlbarkeit des anderen zunutze machen und sie für ihre eigenen Unrechtszwecke einsetzen. Daraus resultiert zum einen überhaupt die Möglichkeit der Zurechnung und Mitzurechnung von Unrechtstaten anderer, aber auch die Abgrenzung allgemein von Täterschaft und Teilnahme hat sich an dieser Einsicht zu orientieren. Im Rahmen der materiellen Rechts- und Unrechtsbestimmung konnte aufgezeigt werden, daß eine Unterscheidung von Täterschaft und Teilnahme bedingt durch die interpersonalen Handlungsstrukturen notwendig ist. Die in unserem Strafgesetzbuch vorgenommene Unterscheidung von Täterschaft und Teilnahme entspricht damit den intersubjektiven Handlungsstrukturen.

IV.

Die rechtsphilosophischen Erkenntnisse konnten im *vierten Kapitel* für die strafrechtlichen Begriffsbestimmungen fruchtbar gemacht werden. Denn auch Begriffe wie Tatbestand, Rechtswidrigkeit und Schuld ergeben sich aus der Handlungsstruktur des einzelnen und sind ihrem Inhalt nach dieser zu bestimmen. Dabei hatte sich gezeigt, daß nicht jede irgendwie geartete Mitwirkung einem Dritten (mit-) zugerechnet werden kann. Es muß eine solche sein, die mit dem unmittelbar Handelnden in einem spezifischen Wirkzusammenhang steht. Zudem konnte aus dem personalen Handlungsbegriff der Begriff der Tatherrschaft deduziert werden. Die Tatherrschaft kommt nur demjenigen zu, der das im Unrechtstatbestand vertypte konkrete Anerkennungsverhältnis negiert. Eine Sonderpflichtenstellung oder eine besondere Absicht und ein irgendwie gearteter Kausalbeitrag kann demgegenüber für sich nicht genügen, um eine solche Tatmacht zu begründen. Erforderlich ist nicht nur, daß das Verhalten kausal für den Erfolg ist, sondern daß der tatbestandsmäßige Erfolg tatsächlich als ein vom Handelnden bewirkter erscheint. Vom Begriff der Täterschaft konnte der Begriff der Teilnahme abgegrenzt werden. Im Gegensatz zum Täter wendet der Teilnehmer das Gleichheitsverhältnis nicht unmittelbar in ein Unrechtsverhältnis. Voraussetzung für die Teilnahme ist eine fremde vorsätzliche rechtswidrige Haupttat. Solange sich der unmittelbar Handelnde rechtmäßig verhält, besteht daher keine Möglichkeit an einer (rechtswidrigen) Teilnahmehandlung. Denn auch diese zeichnet sich nicht durch das Ingangsetzen irgendeines Kausalverlaufs aus, welcher zu einer Rechtsverletzung führt, sondern dadurch, daß jemand an einer *Unrechts*tat teil-nimmt. Ein schuldhaftes Verhalten des Täters ist demgegenüber für die Teilnahme nicht vorauszusetzen, da sich der Verschuldensprozeß als selbstbestimmte Entscheidung zum Unrecht bei jedem Beteiligten individuell bestimmt. Die in den §§ 26ff. StGB zum Ausdruck kommende (limitierte) Akzessorietät der Teilnahme hat sich daher als notwendig erwiesen.

V.

Im *fünften Kapitel* wurden schließlich die Erkenntnisse des dritten und vierten Kapitels zusammengeführt und auf ihrer Grundlage die Abgrenzungskriterien von Anstiftung und mittelbarer Täterschaft bestimmt. Sie ergeben sich, ebenso wie die Möglichkeit der Mitzurechnung fremder Handlungen, aus der Vernunft und der Endlichkeit des handelnden Subjekts. Dabei wurde deutlich, daß eine (mittelbar) täterschaftliche Zurechnung nur dann möglich ist, wenn die unmittelbar handelnde Person nicht in der Lage ist, das tatsächliche Geschehen zu überblicken und damit nicht die Möglichkeit hat, sich überhaupt zum Richtigen zu bestimmen. Diese Seite der Endlichkeit muß der mittelbare Täter in der Weise ausnutzen, daß er seine Unrechtsmaxime *durch* die Mittelsperson zum Erfolg führt. Die bisher als typische Formen der mittelbaren Täterschaft bezeichneten Fälle, wie der Nötigungsnotstand, der Verbotsirrtum oder das Ausnutzen organisatorischer Machtapparate, sind solche der Anstiftung. Eine mittelbare Täterschaft kommt dagegen nur in Betracht, wenn der Vordermann sich in einem Tatumstands- oder Erlaubnistatumstandsirrtum befindet, sowie in den Fällen, in denen er aufgrund mangelnder Sachverhaltskenntnisse gerechtfertigt handelt. Die Anstiftung zeichnet sich gegenüber der mittelbaren Täterschaft dadurch aus, daß der Angestiftete an sich (wenn auch eingeschränkt) selbstbestimmt und hinsichtlich der tatsächlichen Voraussetzungen auch einsichtig handelt, seine Unrechtsmaxime aber von der willensbestimmenden Macht des Hintermanns abhängt. Die Mittelsperson hat weiter die Möglichkeit, sich zum Richtigen zu bestimmen, ist aber - bedingt durch den "drückenden Hintermann" - nicht in der Lage, diese Einsicht in ihrer Handlung umzusetzen. Ausreichen kann für eine in ihrer Straftatfolge tätergleiche Anstiftung aber nicht jede Form der Beeinflussung, sondern es muß eine solche sein, durch die der Vordermann in ein Abhängigkeitsverhältnis gerät bzw. der Hintermann ein bereits bestehendes Abhängigkeitsverhältnis für seine unrechten Zwecke nutzt. Alle anderen Fälle sind dagegen nicht solche der tätergleichen Anstiftung, sondern stellen Formen der (psychischen) Beihilfe dar (wie z. B. das Lohnversprechen).

Literaturverzeichnis

Abegg, Julius Friedrich Heinrich: Lehrbuch der Strafrechts-Wissenschaft, Neustadt a. d. Orla 1836

Ambos, Kai: Tatherrschaft durch Willensherrschaft kraft organisatorischer Machtapparate, GA 1998, S. 226

Amelung, Knut: Rechtsgüterschutz und Schutz der Gesellschaft, Frankfurt a.M. 1972

Amelung, Knut: Anmerkung zum BGH-Urteil vom 26.7.1994 - 5 StR 98/94 (Todesschüsse an der innerdeutschen Grenze), NStZ 1995, S. 29

Aristoteles: Die Nikomachische Ethik, aus dem Griechischen und mit einer Einführung und Erläuterungen versehen von Olaf Gigon, 3. Auflage, Zürich und München 1998

Bar, Ludwig von: Gesetz und Schuld im Strafrecht, Band II: Die Schuld nach dem Strafgesetze, Berlin 1907

Baumann, Jürgen: Die Tatherrschaft in der Rechtsprechung des BGH. Zur Entscheidung des BGH v. 10. 3. 1961, NJW 1962, S. 374ff.

Baumann, Jürgen/Weber, UlrichMitsch, Wolfgang: Strafrecht, Allgemeiner Teil, Lehrbuch, 10. Auflage, Bielefeld 1995

Beck, Lewis White: Kants „Kritik der praktischen Vernunft“, München 1974

Beling, Ernst: Methodik der Gesetzgebung, insbesondere der Strafgesetzgebung, Berlin-Grunewald 1922

Bernsmann, Klaus: „Entschuldigung“ durch Notstand: Studien zu § 35 StGB, Köln, Berlin, Bonn, München 1989

Binding, Karl: Die Normen und ihre Übertretung, Band II 2, Neudruck der 2. Auflage, Leipzig 1916

Birkmeyer, Karl von: Über Ursachenbegriff und Kausalzusammenhang im Strafrecht, Rostock 1885

Birkmeyer, Karl von: Die Lehre von der Teilnahme und die Rechtsprechung des Deutschen Reichsgerichts, Berlin 1890

Birkmeyer, Karl von: Teilnahme am Verbrechen, in: Vergleichende Darstellung des deutschen und ausländischen Strafrechts, Hrsg. von Birkmeyer, Karl von und anderen, Allgemeiner Teil . II. Band, Berlin 1908

Bloy, René: Die Beteiligungsform als Zurechnungstypus, Berlin 1985

Bloy, René: Grund und Grenzen der Strafbarkeit der mißlungenen Anstiftung, JR 1992, S. 493ff.

Bloy, René: Grenzen der Täterschaft bei fremdhändiger Tatausführung, GA 1996, S. 424

Bolowich, Michael: Urheberschaft und reflexives Verständnis: Untersuchungen zur Grundlage einer strafrechtlichen Beteiligungslehre, Frankfurt a.M. 1995

Buri, Maximilian von: Über Kausalität und deren Verantwortung, Leipzig 1873

Buri, Maximilian von: Der allgemeine Theil des Strafrechts in dem Lehrbuch von H. Meyer, GS 28 (1876), S. 200ff.

Buri, Maximilian von: Über Causalität und Teilnahme, ZStW 2 (1882), S. 232ff.

Christmann, Jörg: Zur Strafbarkeit sogenannter Tatsachenarrangements wegen Anstiftung, Frankfurt am Main 1997

Dierlamm, Alfred: Anmerkung zum BGH-Urteil vom 11.12.1997 - 4 StR 323/97 (Betrug durch Fortführung eines Betriebes trotz Zahlungsunfähigkeit), NStZ 1998, 568

Engisch, Karl: Die Kausalität als Merkmal der strafrechtlichen Tatbestände, Tübingen 1931

Engisch, Karl: Vom Weltbild des Juristen, 2. Auflage, Heidelberg 1965

Feuerbach, Paul Johann Anselm: Lehrbuch des gemeinen in Deutschland gültigen Peinlichen Rechts, 14. Auflage, Gießen 1847

Fichte, Johann Gottlieb: Grundlage der gesammten Wissenschaftslehre, 1794, 1. Teil, aus: Sämtliche Werke hersg. von Immanuel Hermann Fichte, Band I Berlin 1971

Fichte, Johann Gottlieb: Grundlage des Naturrechts nach Principien der Wissenschaftslehre, Jena und Leipzig 1796, von Fritz Medicus hrsg. Auflage von 1922, 3. Nachdruck, Hamburg: Meiner 1979 (zitiert: NR, Seitenzahl)

Finger, August: Lehrbuch des Deutschen Strafrechts, Erster Band, Berlin 1904

Frank, Reinhard: Das Strafgesetzbuch für das Deutsche Reich, 18. Auflage, Tübingen 1931

Freund, Georg: Strafrecht, Allgemeiner Teil, Berlin, Heidelberg, New York 1998

Frisch, Wolfgang: Tatbestandsmäßiges Verhalten und Zurechnung des Erfolges, Heidelberg 1988

Gallas, Wilhelm: Beiträge zur Verbrechenslehre, Berlin 1968

Geppert, Klaus: Die versuchte Anstiftung (§ 30 Abs. 1 StGB), Jura 1997, S. 546ff.

Geib, Gustav: Lehrbuch des Deutschen Strafrechts, 2. Bd., Leipzig 1862

Goltdammer, Theodor: Die Materialien zum Straf-Gesetzbuche für die Preußischen Staaten, Theil I., Berlin 1851

Goltdammer, Theodor: Ueber den Kausalzusammenhang und dessen Zurechnung bei fahrlässiger Tötung, GA 15 (1867), S. 15ff.

Groteguth, Thomas: Norm- und Verbots(un)kenntnis: Über § 17 Satz 2 StGB, Berlin 1993

Häberlin, Carl Friedrich: Grundsätze des Criminalrechts nach den neuen Strafgesetzbüchern, Bd. I, Leipzig 1845

Hassemer, Winfried: Staatsverstärkende Kriminalität als Gegenstand der Rechtsprechung. Grundlagen der „Mauerschützen“ - Entscheidungen des Bundesgerichtshofs und des Bundesverfassungsgerichts, in: 50 Jahre Bundesgerichtshof, Band IV. Strafrecht, Strafprozeßrecht, Herg. von Claus Roxin und Gunter Widmaier, München 2000, S. 439

Hegel, Georg Wilhelm Friedrich: Rechtsphilosophie, Werke in zwanzig Bänden, Band 7,Theorie Werkausgabe, Frankfurt a. M. 1970

Heghmanns, Michael: Überlegungen zum Unrecht von Beihilfe und Anstiftung, GA 2000, 473

Heine, Günter: Die strafrechtliche Verantwortlichkeit von Unternehmen, Baden-Baden 1995

Henrich, Dieter: Die Deduktion des Sittengesetzes, in: Denken im Schatten des Nihilismus, Festschrift für Wilhelm Weichschedel, hrsg. von A. Schwan, Darmstadt 1975

Herzberg, Rolf Dietrich: Täterschaft und Teilnahme, München 1977

Herzberg, Rolf Dietrich: Grundfälle zur Lehre von Täterschaft und Teilnahme. Erster Teil. Täterschaft und Tatherrschaft, JuS 1974, S. 574

Hilgendorf, Eric: Was meint „zur Tat bestimmen“ in § 26 StGB, Jura 1996, S. 9ff.

Hippel, Robert von: Deutsches Strafrecht, Band II, Berlin 1930

Hobbes, Thomas: Leviathan, Hrsg. und eingeleitet von Iring Fetscher, übersetzt von Walter Euchner, Frankfurt a. M. 1994

Höffe, Otfried: Das Verbot des falschen Versprechens, in Otfried Höffe, Kategorische Rechtsprinzipien, Frankfurt a. M. 1990

Höffe, Otfried: Immanuel Kant, 4. Auflage; München 1996

Horn, Arnold: Causalität und Wirkensbegriff, dessen empirische Feststellung und criminalrechtliche Bedeutung, GS 54 (1897), S. 321ff.

Hume, David: Ein Traktat über die menschliche Natur, Band I, II übersetzt und herausgegeben von Theodor Lipps, Unveränderter Nachdruck der 2. Auflage 1904/1906, Hamburg 1973

Jakobs, Günther: Schuld und Prävention, Tübingen 1976

Jakobs, Günther: Über die Behandlung von Wollensfehlern und von Wissensfehlern, ZStW 101 (1989), S. 516ff.

Jakobs, Günther: Strafrecht Allgemeiner Teil. Die Grundlagen und die Zurechnungslehre, Studienausgabe, 2. Auflage, Berlin, New York 1993

Jakobs, Günther: Untaten des Staates - Unrecht im Staat. Strafe für die Tötungen an der Grenze der ehemaligen DDR?, GA 1994, S. 1

Jakobs, Günther: Akzessorietät. Zu den Voraussetzungen gemeinsamer Organisation, GA 1996, S. 253ff.

Jakobs, Günther: Anmerkung zum BGH-Urteil vom 26.7.1994 - 5 StR 167/94 (Mittelbare Täterschaft der Mitglieder des Nationalen Verteidigungsrates), NStZ 1998, S. 26

Jescheck, Hans-Heinrich/Weigend, Thomas: Lehrbuch des Strafrechts Allgemeiner Teil, 5. Auflage, Berlin 1996

Kahlo, Michael: Das Problem des Pflichtwidrigkeitszusammenhangs bei den unechten Unterlassungsdelikten, Berlin 1990

Kahlo, Michael: Die Handlungsform der Unterlassung als Kriminaldelikt, Frankfurt a.M. 2001

Kant, Immanuel: Werke in 12 Bänden, hrsg. Wilhelm Weischedel, Frankfurt 1968

Kaufmann, Armin: „Objektive Zurechnung" beim Vorsatzdelikt?, in: Festschrift für Hans-Heinrich Jescheck zum 70. Geburtstag, hrsg. von Theo Vogler in Verbindung mit Joachim Herrmann, Berlin 1985, S. 251ff.

Kaufmann, Arthur: Die Bedeutung hypothetischer Erfolgsursachen im Strafrecht, in: Festschrift für Eberhard Schmidt zum 70. Geburtstag, Hersg.: *Bockelmann*, Paul/*Gallas,* Wilhelm, Göttingen 1961, 200ff.

Kaufmann, Arthur: Einige Anmerkungen zu Irrtümern über den Irrtum, in: Festschrift für Karl Lackner zum 70. Geburtstag am 18. Februar 1987, hrsg. von *Küper,* Wilfried in Verbindung mit *Puppe,* Ingeborg und *Tenckhoff,* Jörg, München und Berlin 1954, S. 185

Kaufmann, Arthur: Tatbestand, Rechtfertigungsgründe und Irrtum, JZ 1956, 354, 393

Kienapfel, Diethelm: Der Einheitstäter im Strafrecht, Frankfurt am Main 1971

Kienapfel, Diethelm: Erscheinungsformen der Einheitstäterschaft, in: Strafrechtsdogmatik und Kriminalpolitik, Hersg.: Heinz Müller-Dietz, Köln, Berlin, Bonn, München 1971, 21ff.

Kienapfel, Diethelm: Das Prinzip der Einheitstäterschaft, JuS 1974, 1

Kienapfel, Diethelm: Grundriß des österreichischen Strafrechts, Allgemeiner Teil, 5. Auflage, Wien 1994

Klesczewski, Diethelm: Selbständigkeit und Akzessorietät der Beteiligung. Grundlegung zu einer strafrechtlichen Lehre von Täterschaft und Teilnahme (noch nicht erschienen)

Klesczewski, Diethelm: Kants Ausdifferenzierungen des Gerechtigkeitsbegriffs als Leitfaden der Unterscheidung von Unrechtsformen, ARSP Beiheft Nr. 66 (1997), S, 77ff.

Köhler, Michael: Die bewußte Fahrlässigkeit, Heidelberg 1982

Köhler, Michael: Vorsatzbegriff und Bewußtseinsform des Vorsatzes, GA 1981, 285ff.

Köhler, Michael: Nötigung als Freiheitsdelikt, Festschrift für Heinz Leferenz zum 70. Geburtstag, hersg. von Hans-Jürgen Kerner, Heidelberg 1983, S. 511ff.

Köhler, Michael: Der Begriff der Strafe, Heidelberg 1986, S. 44ff.

Köhler, Michael: Strafbegründung im konkreten Rechtsverhältnis, in Festschrift für Karl Lackner, Hrsg.: Wilfried *Küper,* Berlin, New York 1987

Köhler, Michael: Zur Begründung des Rechtszwanges im Anschluß an Kant und Fichte, in: Fichtes Lehre vom Rechtsverhältnis, Hrsg.: Kahlo/Wolff/Zaczyk, Frankfurt a. M. 1992, 93

Köhler, Michael: Rechtsbegriff und Rechtsgeltung, in Rechtsphilosophische Hefte Bd. 1, 1993, 79

Köhler, Michael: Über den Zusammenhang von Strafrechtsbegründung und Strafzumessung erörtert am Problem der Generalprävention, Heidelberg 1993

Köhler, Michael: Iustitia distributiva, ARSP 79 (1993), S. 457ff.

Köhler, Michael: Das angeborene Recht ist nur ein einziges... Menschenrecht, Grundrechtsverhältnisse und Rechtssystem, in: Vielfalt des Rechts, Hrsg.: Karsten Schmidt, Berlin 1994, 61

Köhler, Michael: Strafrecht Allgemeiner Teil, Berlin, Heidelberg, New York 1997

Köhler, Michael: Der Begriff der Zurechnung, in: Festschrift für Hans Joachim Hirsch zum 70. Geburtstag, Hersg.: Thomas Weigend und Georg Küpper, Berlin New York 1999, S. 65ff.

Kohlrausch-Lange: Strafgesetzbuch mit Erläuterungen und Nebengesetzen, 41. Auflage, Berlin 1956

Köstlin, Christian Reinhold: Neue Revision der Grundbegriffe des Kriminalrechts, Tübingen 1845

Koriath, Heinz: Grundlagen strafrechtlicher Zurechnung, Berlin 1994

Krey, Volker: Deutsches Strafrecht, Allgemeiner Teil, Band 1, Stuttgart, Berlin, Köln, 2001

Krey, Volker: Deutsches Strafrecht, Allgemeiner Teil, Band 2, Stuttgart, Berlin, Köln, 2002

Kühl, Kristian: Strafrecht, Allgemeiner Teil, 3. Auflage, München 2000

Küper, Wilfried: Die dämonische Macht des „Katzenkönigs“ oder: Probleme des Verbotsirrtums und Putativnotstandes an den Grenzen strafrechtlicher Begriffe, JZ 1989, S. 617ff.

Küper, Wilfried: Mittelbare Täterschaft, Verbotsirrtum des Tatmittlers und Verantwortungsprinzip, JZ 1989, S. 935ff.

Küpper, Georg: Zur Abgrenzung der Täterschaftsformen, GA 1998, S. 519ff.

Lackner, Karl/Kühl, Kristian: Strafgesetzbuch mit Erläuterungen, 14. Auflage, München 2001

Lang-Hinrichsen, Dietrich: Tatbestandslehre und Verbotsirrtum, JR 1952, S. 184, 302 und 356

Lang-Hinrichsen, Dietrich: Die irrtümliche Annahme eines Rechtfertigungsgrundes in der Rechtsprechung des BGH, JZ 1953, S. 362

Lange, Richard: In: Kohlrausch-Lange, Strafgesetzbuch mit Erläuterungen und Nebengesetzen, 41. Auflage, Berlin 1956

Larenz, Karl: Hegels Zurechnungslehre und der Begriff der objektiven Zurechnung, Aalen 1970 (Neudruck der Ausgabe Leipzig 1927)

Lask, Emil: Rechtsphilosophie (1905), in: Die Philosophie im Beginn des 20. Jahrhunderts, Festschrift für Kuno Fischer, Hrsg. von W. Windelband, 2. Auflage, Heidelberg 1907, S. 269ff.

Leipziger Kommentar zum Strafgesetzbuch: Herausgegeben von *Jähnke,* Burkhard/*Laufhütte,* Heinrich Wilhelm/*Odersky,* Walter, 11. Auflage, Berlin und New York 1994

Lesch, Heiko Hartmut: Das Problem der sukzessiven Beihilfe, Frankfurt a. M., Bern, New York, Paris 1992

Lesch, Heiko Hartmut: Die Begründung mittäterschaftlicher Haftung als Moment der objektiven Zurechnung, ZStW 105 (1993), S. 271ff.

Lesch, Heiko Hartmut: Täterschaft und Gestaltungsherrschaft - Überlegungen zu der gleichnamigen Monographie von Wilfried Bottke - , GA 1994, S. 112ff.

Ling, Michael A.: Die Unterbrechung des Kausalzusammenhangs durch willentliches Dazwischentreten eines Dritten. Eine dogmengeschichtliche Untersuchung, Berlin 1996

Liszt, Franz von: Der Zweckgedanke im Strafrecht, ZStW 3 (1883), S. 1ff.

Liszt, Franz von: Lehrbuch des Deutschen Strafrechts, *2. Auflage*, Berlin und Leipzig 1884 und *14./15. Auflage*, Berlin 1905

Luden, Heinrich: Handbuch des teutschen gemeinen und particularen Strafrechtes, 1. Band, Jena 1847

Lüderssen, Klaus: Zum Strafgrund der Teilnahme, Baden-Baden, 1967

Luf, Gerhard: Freiheit und Gleichheit. Die Aktualität im politischen Denken Kants, Wien, New York 1978

Luhmann, Niklas: Normen in soziologischer Perspektive, in: Soziale Welt 20 (1969), S. 28ff.

Luhmann, Niklas: Rechtssoziologie 1 und 2, Reinbek bei Hamburg 1972

Luhmann, Niklas: Das Recht der Gesellschaft, 1. Auflage, Frankfurt a. M. 1995

Maiwald, Manfred: Historische und dogmatische Aspekte der Einheitstäterlösung, in: Bockelmann-Festschrift, *Kaufmann*, Arthur/*Bemmann*, Günter/*Krauss*, Detlef/*Volk*, Klaus (Herg.), München 1979, S. 343ff.

Maurach, Reinhart: Deutsches Strafrecht, Allgemeiner Teil, 4. Auflage, Karlsruhe 1971

Mayer, Hellmuth: Strafrecht, Allgemeiner Teil, Stuttgart und Köln 1953

Mayer, Hellmuth: Täterschaft, Teilnahme, Urheberschaft, in: Festschrift für Theodor Rittler, hersg. von Siegfried Hohenleitner, Ludwig Lindner, Friedrich Nowakowski, Innsbruck 1957, 245ff.

Mayer, Max Ernst: Der Allgemeine Teil des deutschen Strafrechts, 2. Auflage, Heidelberg 1915

Meyer, Dieter: Das Erfordernis der Kollusion bei der Anstiftung - Ein Beitrag zum Verständnis des Unrechtstatbestandes des Anstiftungsdelikts-, Hamburg 1973

Meyer, Maria-Katharina: Tatbegriff und Teilnehmerdelikt, GA 1979, 252

Mezger, Edmund: Deutsches Strafrecht, München und Leipzig 1931

Miehe, Olaf: Rechtfertigung und Verbotsirrtum. Zum Stand der Diskussion über die Strafbarkeit der Todesschützen an Berliner Mauer und innerdeutscher Grenze, in: Festschrift für Wolfgang Gitter zum 65. Geburtstag am 30. Mai 1995, hersg. von Meinhard Heinze und Joachim Schmitt, Wiesbaden 1995, S. 647

Murmann, Uwe: Die Nebentäterschaft im Strafrecht. Ein Beitrag zu einer personalen Tatherrschaftslehre, Berlin 1993

Murmann, Uwe: Tatherrschaft durch Weisungsmacht, GA 1996, S. 269ff.

Murmann, Uwe: Zur mittelbaren Täterschaft bei Verbotsirrtum des Vordermanns, GA 1998, S. 78

Oppenhoff, Friedrich: Das Strafgesetzbuch für die Preußischen Staaten nebst dem Gesetz und den Verordnungen über die Einführung derselben, 5. Auflage, Berlin 1867

Otto, Harro: Kausaldiagnose und Erfolgszurechnung im Strafrecht, in: Festschrift für Reinhart Maurach zum 70. Geburtstag, hersg. von Friedrich-Christian Schroeder und Heinz Zipf, Karlsruhe 1972, S. 91ff.

Otto, Harro: Risikoerhöhung statt Kausalitätserfordernis als Zurechnungskriterium für Erfolgsdelikte, NJW 1980, 470ff.

Otto, Harro: Kausalität und Zurechnung, in: Festschrift für E. A. Wolff zum 70. Geburtstag, hersg. von Rainer Zaczyk, Michael Köhler, Michael Kahlo, Berlin, Heidelberg 1998

Otto, Harro: Mittelbare Täterschaft und Verbotsirrtum, in: Festschrift für Claus Roxin zum 70. Geburtstag am 15. Mai 2001, hergegeben von *Schünemann,* Bernd; *Achenbach,* Hans; *Bottke,* Wilfried, u. a.

Puppe, Ingeborg: Der objektive Tatbestand der Anstiftung, GA 1984, S. 101ff.

Puppe, Ingeborg: Zur Revision der Lehre vom „konkreten“ Vorsatz und der Beachtlichkeit der aberratio ictus, GA 1981, 1

Ransiek, Andreas: Unternehmensstrafrecht, Heidelberg 1996

Rath, Jürgen: Zur strafrechtlichen Behandlung der *aberratio ictus* und des *error in objecto* des Täters, Frankfurt am Main, Berlin, Bern, 1993

Rehr-Zimmermann, Michael: Die Struktur des Unrechts in der Gegenwart der Strafrechtsdogmatik, Hamburg 1994

Renzikowski, Joachim: Notstand und Notwehr, Berlin 1994

Renzikowski, Joachim: Restriktiver Täterbegriff und fahrlässige Beteiligung, Tübingen 1997

Rickert, Heinrich: Der Gegenstand der Erkenntnis: Einführung in die Transzendentalphilosophie, 6. Auflage, Tübingen 1928

Rotsch, Thomas: Individuelle Haftung in Grounternehmen, Baden-Baden 1998

Rotsch, Thomas: Die Rechtsfigur des Täters hinter dem Täter bei der Begehung von Straftaten im Rahmen organisatorischer Machtapparate und ihre Übertragbarkeit auf wirtschaftliche Organisationsstrukturen, NStZ 1998, S. 491ff.

Rotsch, Thomas: Tatherrschaft kraft Organisationsherrschaft?, ZStW 112 (2000), S. 518ff.

Roxin, Claus: Zur Kritik der finalen Handlungslehre, ZStW 74 (1962), S. 515ff.

Roxin, Claus: Straftaten im Rahmen organisatorischer Machtapparate, S. 193

Roxin, Claus: Zur Dogmatik der Teilnahmelehre im Strafrecht, JZ 1966, S. 293ff.

Roxin, Claus: Gedanken zur Problematik der Zurechnung im Strafrecht, in: Festschrift für Richard M. Honig zum 80. Geburtstag, hersg. von der Juristischen Fakultät der Universität Göttingen, Göttingen 1970, S. 133ff.

Roxin, Claus: Offene Tatbestände und Rechtspflichtmerkmale, 2. unveränderte Auflage, Berlin 1970

Roxin, Claus: Bemerkungen zum „Täter hinter dem Täter", in: Festschrift für Richard Lange, Hersg.: Warda, Günter; Hippel, Reinhard von; Meurer, Dieter, Berlin 1976

Roxin, Claus: Die Strafbarkeit von Vorstufen der Beteiligung (§ 30 StGB), JA 1979, 169

Roxin, Claus: Bemerkungen zum Regreßverbot, in: Festschrift für Herbert Tröndle zum 70. Geburtstag, hersg. von Hans-Heinrich Jescheck und Theo Vogler, Berlin, New York 1989, 177ff.

Roxin, Claus: Täterschaft und Tatherrschaft, 7. Auflage, Berlin, New York 2000

Roxin, Claus: Täterschaft und Teilnahme, in: Leipziger Kommentar zum Strafgesetzbuch, Herausgegeben von *Jescheck*, Hans-Heinrich/*Ruß*, Wolfgang/*Willms*, Günther, 11. Auflage, Berlin und New York 1993

Roxin, Claus: Strafrecht Allgemeiner Teil, Band 1. Grundlagen Aufbau der Verbrechenslehre, 3. Auflage, München 1997

Roxin, Claus: Anmerkung zum BGH-Urteil v. 26.7.1994 - 5 StR 98/94, JZ 1995, S. 49ff.

Samson, Erich: Hypothetische Kausalverläufe im Strafrecht, Frankfurt am Main 1971

Samson, Erich: § 34 StGB, in: Systematischer Kommentar zum StGB, Band 1 Allgemeiner Teil, 7. Auflage, September 1999

Schaffstein, Friedrich: Der Täter hinter dem Täter bei vermeidbarem Verbotsirrtum und verminderter Schuldfähigkeit des Tatmittlers - zugleich eine Besprechung von BGH - 4 StR 352/88, NStZ 1989, S. 153ff.

Schild, Wolfgang: Täterschaft als Tatherrschaft, Berlin und New York 1994

Schmidhäuser, Eberhard: Der Unrechtstatbestand, in: Festschrift für Karl Engisch, Frankfurt am Main 1969, 433ff.

Schmidhäuser, Eberhard: Strafrecht, Allgemeiner Teil, Lehrbuch, 2. Auflage, Tübingen 1975

Schmidt, Eberhard: Die Mittelbare Täterschaft, in: Festgabe für Reinhard von Frank, Bd. 2, Tübingen 1930, S. 106ff.

Schönke/Schröder: Strafgesetzbuch Kommentar, begründet von *Schönke,* Adolf, fortgeführt von *Schröder,* Horst, 26. Auflage, bearbeitet von *Lenckner,* Theodor/*Cramer,* Peter/*Heine,* Günter/*Eser,* Albin/*Stree,* Walter/*Perron,* Walter/*Sternberg-Lieben*, Detlev, München 2001

Schottky, Richard: Untersuchungen zur Geschichte der staatsphilosophischen Vertragstheorie im 17. und 18. Jahrhundert, München 1966

Spendel, Günter: Der „Täter hinter dem Täter“ - eine notwendige Rechtsfigur?, in: Festschrift für Richard Lange, Hersg.: Warda, Günter; Hippel, Reinhard von; Meurer, Dieter, Berlin 1976

Schroeder, Friedrich-Christian: Der Täter hinter dem Täter. Ein Beitrag zur Lehre von der mittelbaren Täterschaft, Berlin 1965

Schumann, Heribert: Strafrechtliches Handlungsunrecht und das Prinzip der Selbstverantwortung der Anderen, Tübingen 1986

Schumann, Heribert: Anmerkung zum BGH-Urteil v. 15. 9. 19888 - 4 StR 352/88, NStZ 1990, S. 32ff.

Schwinge, Erich: Teleologische Begriffsbildung im Strafrecht, Bonn 1930

Seel, Gerhard: Sind hypothetische Imperative analytische praktische Gesetze?, in: Grundlegung zur Metaphysik der Sitten. Ein kooperativer Kommentar, Herausgegeben von Otfried Höffe, 2. Auflage, Frankfurt a.M. 1993, S. 148ff.

Spendel, Günter: Gegen den Verteidigungswillen als Notwehr-Erfordernis, in: Festschrift für Paul Bockelmann, hersg. von Arthur Kaufmann, Günter Bemmann, Detlef Krauss, Klaus Volk, München 1979, 245ff.

Spendel, Günter: Leipziger-Kommentar 1985, § 32

Spendel, Günter: Notwehr und „Verteidigungswille“, in: Festschrift für Dietrich Oehler, hersg. von Rolf Dietrich Herzberg, Köln, Berlin, Bonn, München 1985, 197ff.

Stratenwerth, Günter: Strafrecht, Allgemeiner Teil I. Die Straftat, 4. Auflage, Köln, Berlin, Bonn, München 2000

Stübinger, Stephan: - Nicht ohne meine „Schuld"! - Kritik der systemtheoretischen Reformulierung des Strafrechts am Beispiel der Schuldlehre von Günther Jakobs, Kritische Justiz 26 (1993), S. 33ff.

Systematischer Kommentar zum Strafgesetzbuch: von *Rudolphi,* Hans-Joachim/*Horn,* Eckhard, mitbegründet von *Samson,* Erich, fortgeführt von *Günther,* Hans-Ludwig/*Hoyer,* Andreas, Bd. 1 Allgemeiner Teil, 8. Auflage, Stand: 36. Lieferung (April 2001), Neuwied/Kriftel

Trechsel, Stefan: Der Strafgrund der Teilnahme, Berlin 1967

Triffterer, Otto: Österreichisches Strafrecht. Allgemeiner Teil, 2. Auflage, Wien, New York 1994

Volk, Klaus: Tendenzen zur Einheitstäterschaft - Die verborgene Macht des Einheitstäterbegriffs, in: Festschrift für Claus Roxin zum 70. Geburtstag am 15. Mai 2001, Hersg.: *Schünemann,* Bernd/*Achenbach,* Hans/*Bottke,* Wilfried u. a., Berlin und New York 2001, S. 563

Weber, Hellmuth von: Negative Tatbestandsmerkmale, in: Festschrift für Edmund Mezger zum 70. Geburtstag am 15. 10. 1953, Hersg.: *Engisch,* Karl/*Maurach,* Reinhart, München 1954, S. 183

Weis, Ludwig: Das Strafgesetzbuch für das Königreich Bayern, Erster Band, Nördlingen 1863

Wellmer, Albrecht: Ethik und Dialog. Elemente des moralischen Urteils bei Kant und in der Diskursethik, 1. Auflage, Frankfurt a. M 1986

Welzel, Hans: Kausalität und Handlung, ZStW 51 (1931), S. 803ff.

Welzel, Hans: Naturalismus und Wertphilosophie im Strafrecht. Untersuchungen über die ideologischen Grundlagen der Strafrechtswissenschaft, Mannheim, Berlin, Leipzig 1935

Welzel, Hans: Studien zum System des Strafrechts, ZStW 58 (1938), 491 ff.

Welzel, Hans: Das Deutsche Strafrecht, 11. Auflage, Berlin 1969

Welzel, Hans: Die deutsche strafrechtliche Dogmatik in der (!) letzten 100 Jahre und die finale Handlungslehre, JuS 1966, S. 421ff.

Welzel, Hans: Ein unausrottbares Mißverständnis? Zur Interpretation der finalen Handlungslehre, NJW 1968, S. 425

Welzel, Hans: Das Deutsche Strafrecht, 11. Auflage, Berlin 1969

Wessels, Johannes/Beulke, Werner: Strafrecht Allgemeiner Teil, 31. Auflage, Heidelberg 2001

Widmaier, Gunter: Der mißverständliche Bestechungsversuch, JuS 1970, S. 241

Wolff, Ernst Amadeus: Der Handlungsbegriff in der Lehre vom Verbrechen, Heidelberg 1964

Wolff, Ernst Amadeus: Kausalität von Tun und Unterlassen, Heidelberg 1965

Wolff, Ernst Amadeus: Das Problem der Handlung im Strafrecht, in: Gedächtnisschrift für Radbruch, hrsg. von Arthur Kaufmann, Göttingen 1968, 291ff.

Wolff, Ernst Amadeus: Das neuere Verständnis von Generalprävention und seine Tauglichkeit für eine Antwort auf Kriminalität, ZStW 97 (1985), S. 786ff.

Wolff, Ernst Amadeus: Die Abgrenzung von Kriminalunrecht zu anderen Unrechtsformen, in: Strafrechtspolitik, in: Hassemer, Winfried (Hrsg.), Strafrechtspolitik, Frankfurt a. M., Bern, New York 1987, S. 137ff.

Wolff, Ernst Amadeus: Die Grenzen des dolus eventualis und der willentlichen Verletzung, in: Festschrift für Wilhelm Gallas, hrsg. von Karl Lackner, Berlin, New York 1973, S. 197ff.

Wolff, Ernst Amadeus: Ehre und Beleidigung, ZStW 81 (1969), S. 886ff.

Zaczyk, Rainer: Das Strafrecht in der Lehre J.G. Fichtes, Berlin 1981

Zaczyk, Rainer: Das Unrecht der versuchten Tat, Berlin 1989

Zaczyk, Rainer: Die Struktur des Rechtsverhältnisses (§§ 1-4) im Naturrecht Fichtes, in: Fichtes Lehre vom Rechtsverhältnis, Hrsg. Kahlo/Wolff/Zaczyk, S. 9ff.

Zaczyk, Rainer: Strafrechtliches Unrecht und die Selbstverantwortung des Verletzten, Heidelberg 1993

Zaczyk, Rainer: Gerechtigkeit als Begriff einer kritischen Philosophie im Ausgang von Kant, ARSP-Beiheft 56 (1994), 105

Zaczyk, Rainer: Über Begründung im Recht, in: Festschrift für E. A. Wolff, *Zaczyk*, Rainer/*Köhler,* Michael/*Kahlo*, Michael (Hersg.), Berlin, Heidelberg, New York 1998, S. 509ff.

Zaczyk, Rainer: Schuld als Rechtsbegriff, in: Ulfried Neumann und Lorenz Schulz (Hrsg.), Verantwortung in Recht und Moral (2000), S. 103ff.

Zaczyk, Rainer: Staat und Strafe – Bemerkungen zum sogenannten „Inselbeispiel" in Kants Metaphysik der Sitten, Veröffentlichungen Joachim Jungius-Ges. Wiss. Hamburg, 87 (1999), S. 73

SCHRIFTEN ZUM STRAFRECHT UND STRAFPROZESSRECHT

Herausgegeben von Manfred Maiwald

Band 1 Christian-Peter Frees: Die steuerrechtliche Selbstanzeige. Zur kriminalpolitischen Zweckmäßigkeit des § 371 AO. 1991.

Band 2 Norbert Joachim: Der Hörensagenbeweis im Strafverfahren. 1991.

Band 3 Alfred A. Göbel: Die Einwilligung im Strafrecht als Ausprägung des Selbstbestimmungsrechts. 1991.

Band 4 Karl-Heinz Vehling: Die Abgrenzung von Vorbereitung und Versuch. 1991.

Band 5 Heiko Hartmut Lesch: Das Problem der sukzessiven Beihilfe. 1992.

Band 6 Dirk Schwerdtfeger: Besondere persönliche Unrechtsmerkmale. 1992.

Band 7 Stefan Göhring: Polizeiliche Kontrollstellen und Datenverarbeitung. § 163 d StPO und novellierte Polizeigesetze der Länder zwischen Strafverfolgung, Gefahrenabwehr und vorbeugender Straftatenbekämpfung. 1992.

Band 8 Werner Kemper: Horizontale Teilrechtskraft des Schuldspruchs und Bindungswirkung im tatrichterlichen Verfahren nach der Zurückverweisung. §§ 353, 354 Abs. 2 StPO. 1993.

Band 9 Ovvadias Namias: Die Zurechnung von Folgeschäden im Strafrecht. 1993.

Band 10 Jan Zopfs: Unfallflucht bei eindeutiger Haftungslage? Unverzüglichkeitsgebot und Wahlmöglichkeit in § 142 Abs. 2 und 3 StGB. 1993.

Band 11 Stefan Hiebl: Ausgewählte Probleme des Akteneinsichtsrechts nach § 147 StPO. 1994.

Band 12 Ralf Krack: List als Straftatbestandsmerkmal. Zugleich ein Beitrag zu Täuschung und Irrtum beim Betrug. 1994.

Band 13 Henning Radtke: Zur Systematik des Strafklageverbrauchs verfahrenserledigender Entscheidungen im Strafprozeß. 1994.

Band 14 Bernd J. A. Müssig: Schutz abstrakter Rechtsgüter und abstrakter Rechtsgüterschutz. Zu den materiellen Konstitutionskriterien sog. Universalrechtsgüter und deren normentheoretischem Fundament – am Beispiel der Rechtsgutsbestimmung für die §§ 129, 129a und 324 StGB. 1994.

Band 15 Heinz Koriath: Über Beweisverbote im Strafprozeß. 1994.

Band 16 Burkhard Niepoth: Der untaugliche Versuch beim unechten Unterlassungsdelikt. 1994.

Band 17 Karsten Altenhain: Die Strafbarkeit des Teilnehmers beim Exzeß. 1994.

Band 18 Ina Walbaum: Schuldspruch in der Revisionsinstanz nach freisprechendem Urteil des Tatgerichts. 1996.

Band 19 Birgit Dalbkermeyer: Der Schutz des Beschuldigten vor identifizierenden und tendenziösen Pressemitteilungen der Ermittlungsbehörden. 1994.

Band 20 Thomas Hackner: Der befangene Staatsanwalt im deutschen Strafverfahrensrecht. 1995.

Band 21 Hartmut Loritz: Kritische Betrachtungen zum Wert des strafprozessualen Zwischenverfahrens. 1996.

Band 22 Heinz-Hermann Berghof: Therapie und Strafe im Betäubungsmittelrecht. Recht und Wirklichkeit der Behandlung Drogenabhängiger unter besonderer Berücksichtigung der §§ 35 ff BtMG. 1995.

Band 23 Oliver Mertens: Strafprozessuale Grundrechtseingriffe und Bindung an den Wortsinn der ermächtigenden Norm. 1996.

Band 24 Sönke Bahnsen: Das Akteneinsichtsrecht der Verteidigung im Strafverfahren. Dogmatische Grundlagen und Einzelprobleme im Lichte einer rechtsstaatlichen Verfahrensgestaltung. 1996.

Band 25 Dirk Schwieger: Der Vorteilsbegriff in den Bestechungsdelikten des StGB. 1996.

Band 26 Stephanie Meinecke: Die Auswirkungen von Verfahrensfehlern auf die Strafbarkeit nach den Aussagedelikten. 1996.

Band 27 Ute Lambrecht: Strafrecht und Disziplinarrecht. Abhängigkeiten und Überschneidungen. 1997.

Band 28 Carsten Momsen: Verfahrensfehler und Rügeberechtigung im Strafprozeß. Die Strukturen der Revisionsberechtigung unter besonderer Berücksichtigung des Begriffs "Rechtsnormen, die lediglich zugunsten des Angeklagten gegeben sind" in § 339 StPO. 1997.

Band 29 Ursula Epp: Die Abgeordnetenbestechung – § 108 e StGB. 1997.

Band 30 Bernd Scheiff: Wann beginnt der Strafrechtsschutz gegen kriminelle Vereinigungen (§ 129 StGB)? 1997.

Band 31 Ulrike Fontaine: Max Grünhut (1893-1964). Leben und wissenschaftliches Wirken eines deutschen Strafrechtlers jüdischer Herkunft. 1998.

Band 32 Claudia Keiser: Das Kindeswohl im Strafverfahren. Zur Notwendigkeit eines am Kindeswohl orientierten Umgangs mit minderjährigen Opfern und Zeugen, den Möglichkeiten de lege lata und den Erfordernissen de lege ferenda. 1998.

Band 33 Wiebke Schürer-Mohr: Erlaubte Risiken. Grundfragen des "erlaubten Risikos" im Bereich der Fahrlässigkeitsdogmatik. 1998.

Band 34 Stephan Voigtel: Zum Freibeweis bei Entscheidungen der Strafvollstreckungskammer. Eine Untersuchung zu ausgewählten Fragen des Beweisrechts im gerichtlichen Verfahren in Strafvollstreckungs- und Strafvollzugssachen. 1998.

Band 35 Volkmar Wißgott: Das Beweisantragsrecht im Strafverfahren als Kompensation der richterlichen Inquisitionsmaxime. Die Judikatur des Reichsgerichts zum strafprozessualen Beweisrecht. 1998.

Band 36 Susanne Merz: Strafrechtlicher Ehrenschutz und Meinungsfreiheit. 1998.

Band 37 Uwe Schlömer: Der elektronisch überwachte Hausarrest. Eine Untersuchung der ausländischen Erfahrungen und der Anwendbarkeit in der Bundesrepublik Deutschland. 1998.

Band 38 Michael Liedke: Die Vermögensstrafe gemäß § 43a StGB in ihrer kriminalpolitischen Bedeutung. 1999.

Band 39 Danja Domeier: Gesundheitsschutz und Lebensmittelstrafrecht. Zur Konkretisierung der Verkehrspflichten und ihrer Strafbewehrung, insbesondere mit Blick auf §§ 8 ff. LMBG. 1999.

Band 40 Ritva Westendorf: Die Pflicht zur Verhinderung geplanter Straftaten durch Anzeige. Eine kritische Betrachtung der §§ 138, 139 StGB im Kontext der Unterlassungsdelikte. 1999.

Band 41 Hans Theile: Tatkonkretisierung und Gehilfenvorsatz. 1999.

Band 42 Nicole Lange: Vorermittlungen. Die Behandlung des staatsanwaltschaftlichen Vorermittlungsverfahrens unter besonderer Berücksichtigung von Abgeordneten, Politikern und Prominenten. 1999.

Band 43 Tanja Gunder: Der Umgang mit Kindern im Strafverfahren. Eine empirische Untersuchung zur Strafverfolgung bei Sexualdelinquenz. 1999.

Band 44 Sven-Markus Thiel: Die Konkurrenz von Rechtfertigungsgründen. 2000.

Band 45 Jan Schlüter: Die Strafbarkeit von Unternehmen in einer prozessualen Betrachtung nach dem geltenden Strafprozeßrecht. 2000.

Band 46 Detlef Heise: Der Insiderhandel an der Börse und dessen strafrechtliche Bedeutung. Eine Untersuchung des neuen deutschen Insiderrechts speziell unter Bezugnahme auf die strafrechtstheoretischen und strafrechtsdogmatischen Grundlagen. 2000.

Band 47 Hermann Wichmann: Das Berufsgeheimnis als Grenze des Zeugenbeweises. Ein Beitrag zur Lehre von den Beweisverboten. 2000.

Band 48 Rainer T. Cherkeh: Betrug (§ 263 StGB), verübt durch Doping im Sport. 2000.

Band 49 Kristian Hohn: Die Zulässigkeit materieller Beweiserleichterungen im Strafrecht. Eine Untersuchung über Erscheinungsformen und Grenzen der Lösung beweisrechtlicher Probleme im materiellen Strafrecht. 2000.

Band 50 Malte Rabe von Kühlewein: Der Richtervorbehalt im Polizei- und Strafprozeßrecht. 2001.

Band 51 Donata Meinecke: Die Gesetzgebungssystematik der Versuchsstrafbarkeit von Verbrechen und Vergehen im StGB. 2001.

Band 52 Joachim Bock: Begriff, Inhalt und Zulässigkeit der Beweislastumkehr im materiellen Strafrecht. 2001.

Band 53 Gabriele Rose: Grenzen der journalistischen Recherche im Strafrecht und Strafverfahrensrecht. 2001.

Band 54 Wiebke Reitemeier: Täuschungen vor Abschluß von Arbeitsverträgen. Zum Verhältnis zwischen dem Straftatbestand des Betrugs und dem Anfechtungsrecht wegen arglistiger Täuschung (§§ 263 Abs. 1 StGB, 123 Abs. 1 Alt. 1 BGB). 2001.

Band 55 Peter Rackow: Das DNA-Identitätsfeststellungsgesetz und seine Probleme. 2001.

Band 56 Frank Zschieschack: Geiselnahme und erpresserischer Menschenraub (§§ 239a, 239b StGB) im Zwei-Personen-Verhältnis. 2001.

Band 57 Natascha Sëyfi: Das Sicherungsverfahren (§§ 413 - 416 StPO). 2002.

Band 58 Dirk Seiler: Die *Sperrwirkung* im Strafrecht. 2002.

Band 59 Dorothee Sydow: Die actio libera in causa nach dem Rechtsprechungswandel des Bundesgerichtshofs. 2002.

Band 60 Inga Metrikat: Die Unterbringung in einer Entziehungsanstalt nach § 64 StGB – Eine Maßregel im Wandel? Eine vergleichende, empirische Untersuchung zur Entscheidung des Bundesverfassungsgerichts vom 16.03.1994, BVerfGE 91, 1 ff. 2002.

Band 61 Sabine Caroline Bechtoldt: Die Erledigungserklärung im Maßregelvollzug des § 63 StGB. Eine empirische Untersuchung der Erledigungserklärung und zugleich rechtsdogmatische Erörterung ihrer Rechtskraftproblematik. 2002.

Band 62 Sandra Schulte-Nover: Strafrichter in Deutschland und England. Ein systematischer Rechtsvergleich im Hinblick auf die richterlichen Kompetenzen im Strafverfahren. 2003.

Band 63 Tim Schurig: Belehrung und Beratung des Beschuldigten über sein Aussageverhalten. Eine gemeinsame Aufgabe von Gericht und Verteidigung? 2003.

Band 64 Markus Laski: Die strafrechtlichen Bezüge des Bundes-Bodenschutzgesetzes. 2003.

Band 65 Gunnar Lüer: Die Versäumung im Berufungsverfahren. Das strafprozessuale Anwesenheitsprinzip im Spannungsfeld von autonomer Subjektstellung und öffentlichen Interessen am Beispiel des § 329 Abs. 1,2 StPO. 2003.

Band 66 Thomas Grützner: Die Sanktionierung von Submissionsabsprachen. Eine Untersuchung der bestehenden Möglichkeiten einer Bekämpfung von Submissionsabsprachen unter besonderer Berücksichtigung des § 298 StGB. 2003.

Band 67 Bettina Noltenius: Kriterien der Abgrenzung von Anstiftung und mittelbarer Täterschaft. Ein Beitrag auf der Grundlage einer personalen Handlungslehre. 2003.

Band 68 Bettina Kraft: Tendenzen in der Entwicklung des Jugendstrafrechts seit der Jugendgerichtsbewegung. 2003.

www.ingramcontent.com/pod-product-compliance
Ingram Content Group UK Ltd.
Pitfield, Milton Keynes, MK11 3LW, UK
UKHW021916290926
8980IPUK00015B/1297

9 783631 515204